国家哲学社会科学成果文库
NATIONAL ACHIEVEMENTS LIBRARY
OF PHILOSOPHY AND SOCIAL SCIENCES

真实链位探索
与当代国势学构建

邱东 著

科学出版社

内 容 简 介

异常激烈的国际竞争要求重新构建"国势学",本书先做五方面的经济统计常规分析:G20近30年的经济增长时间序列分析、"国外净要素收入"的国家间分配、碳排放的真实国别责任识别、国际竞争格局下的"真实链位"探索、对莫里斯"文明度量"的评价和修正。进而剖析全球视野的国势判断大背景:"文明等级论"是列强公然推行霸权行径的内在"法理"基础。第二次世界大战以来世界处于"后领土殖民时代",而非"后殖民时代"。帝国各种所谓的"形式正义",不过是列强争霸的副产品。"美国优先"的逻辑指向是全球独裁,而这恰恰是所有"他国"自主发展最大的外部障碍。新兴经济体的增长具备两重性,我们应该深入开展经济统计,推进国家信用建设,为社会各界研究和判断国势奠定更为扎实的认知基础。

图书在版编目(CIP)数据

真实链位探索与当代国势学构建 / 邱东著 . —北京:科学出版社,2023.6
(国家哲学社会科学成果文库)
ISBN 978-7-03-074971-0

Ⅰ.①真… Ⅱ.①邱… Ⅲ.①中国经济 – 研究 Ⅳ.① F12

中国国家版本馆 CIP 数据核字(2023)第 039034 号

责任编辑:徐 倩 王丹妮/责任校对:贾娜娜
责任印制:吴兆东/封面设计:有道设计

科 学 出 版 社 出版
北京东黄城根北街 16 号
邮政编码:100717
http://www.sciencep.com
北京中科印刷有限公司 印刷
科学出版社发行 各地新华书店经销
*
2023 年 6 月第 一 版 开本:720×1000 1/16
2024 年 1 月第二次印刷 印张:38 插页:2
字数:520 000

定价: 268.00 元

《国家哲学社会科学成果文库》
出版说明

为充分发挥哲学社会科学优秀成果和优秀人才的示范引领作用，促进我国哲学社会科学繁荣发展，自 2010 年始设立《国家哲学社会科学成果文库》。入选成果经同行专家严格评审，反映新时代中国特色社会主义理论和实践创新，代表当前相关学科领域前沿水平。按照"统一标识、统一风格、统一版式、统一标准"的总体要求组织出版。

全国哲学社会科学工作办公室

2023 年 3 月

自　序

1. 当代国势学研究的目的与意义

国势判断是高质量发展不可或缺的认知基础，正如先贤所教诲："知彼知己，百战不殆。"需要强调指出的是：①"国势"具备其特定含义，不仅仅是通常所言"国情国力"，而更注重格局、结构、动态和软实力。国势判断本身是一个多维且动态的过程，需要持续地深化、提升和拓展。②在全球化已经深入到"经济社会距离"需要多元定义的大背景下，国势判断决不能仅仅局限于一国，而需要"从世界看中国"（周光召语），还需要跳出中国看世界。③国势判断本需深究，是为"国势研判"。

纵观古今中外，人类逐步形成判断国势的认知习惯，17世纪晚期更是形成作为"国之重器"的专门学问——在欧陆是国势学，在英国则是政治算术。然而后来的学科发展并不尽如人意：学科分设的做法肢解了综合性学问，精确化追求导致误用数理代替"事理"，在20世纪下半叶国民核算的"黄金30年"后，经济统计学科反而几近"终结"了自身方法论演进的历史。

在发达国家经济学教科书中，经济统计学非常初级的内容被压缩成为宏观经济学的第一章，似乎偌大学科的"须知"内容仅此而已。在所谓主流经济学教科书压倒性引进的背景下，社会各层将国民核算体系（system of national accounts，SNA）的所谓核心指标作为公理加以接受，对国势的判断往往简化为对国内生产总值（gross domestic product，GDP）的解读，而缺乏经济统计方法论改进的自觉意识，并不知晓 GDP 原本是一个存在重大测度陷阱的指标。

缺乏经济统计学意识，缺乏经济测度、国民核算和国际比较的方法论支撑，缺乏系统、翔实的数据构造和挖掘，国势判断往往容易得出种种似是而非的结论。诸如：因为有密切的经济往来作为"压舱石"，中美关系斗而不破；因为贸易差额占中国 GDP 的比重很低，所以中美贸易战对中国经济影响不大；中国是全球化最大赢家；美国要搞逆全球化；中国制造业的大国地位不可替代；中国制造业齐全，不怕列强围堵压制；等等。国势论断，有的直接违背了事物发展的基本规律，有的显示出论者缺乏经济统计的基本常识，有的则只看到了问题的局部或表象。面临重大变局，国势判断的不确定性非常大，很难得出清晰的结论，因而需要不同观点的争辩和交锋。

但是从种种国势判断的进路上，却可以发现一些基本偏误。其一，事物本身是多元、多面的，好多人在做国势判断时却只讲"单面事实"，没有注意与此类事实必然连接着的另一面事实，虽然所讲的也是事实，但却非常片面。其二，对国势的判断往往只做"是否"的极化判断，要么极端地是，要么极端地否，似乎只存在零和博弈，而现实事物往往介于是否之间，国势判断恰恰应该关注事物在其中的演变程度。其三，往往将公共管理一般性问题意识形态化，每个国家都存在公共管理的一般性问题，如有的地方存在官民矛盾，现在国家竞争中往往愿意将对手的此类问题"意识形态化"、特殊化。然而需要注意的是，这种污名化的竞争效果并不对等。就公共管理能力和经验看，有的新兴国家的政府官员比之发达国家的政府官员，其谋求"形式正义"的手法不熟练，自我保护的意识和能力也比较弱，但此种"能力问题"往往被对手标识为"体制问题"，被标识为文明程度低下。

国势判断，如何比较非常重要，保证判断中的可比性也就非常重要。这里有两点特别需要注意：①言行上的可比性。用西方强国的言（言论）来评判东方弱国的行（实践），而不是用西方强国的行为比较东方弱国的行为，似乎西人言行一致（那种比较中隐含的判断）。再者，用西方强国的"善行"一面来比较东方弱国行为中不完善的一面，似乎西方强国只是行善，而东方弱国只有恶的一面，结论总是西方优于东方。②尺度上的可比性。由于种种主客观原因，不同国家处于不同的发展水平。可是还要注意将不同国家放在一个相对公平的尺度上比较，如在同样的人均 GDP 水平下，社会福利达到了什么样的程度，不能要求新兴国家的福利赶上高度发达国家的福利水平。而如果在某一方面新兴国家的福利水平甚至超出了高度发达国家，那么说明新兴国家的社会资源用对了地方。

对一国的评价和判断，不可脱离其所面临的国际环境。例如，如果按照现行生产率测度的话语体系（根本不考虑生产中的"组织效率"因素，英国独立学者史密斯先生特别强调了这个概念），中国劳动力对经济增长的贡献比例确实很低，因为他们得到的劳动报酬非常少，这被记录为他们对生产的贡献少。这样中国的增长就成了美国的恩赐，表现在测度上还是美国资本的贡献最大。显然这种生产率测度并不符合基本事实，史密斯先生和荷兰阿姆斯特丹大学的缪格教授都揭示了常规经济统计所隐含的测度偏误，特别值得我们在判断国势时借鉴。

应该看到，东方的欠发达往往是西方发达所致，至少二者关系隐含了这种前因后果的历史影响。脱离了全球历史背景，"西方文明史"何以可能为史？何以能有其真实的史学意义？西方列强正是在对"他者"（尤其是东方）的武力征服中，是在对殖民地资源和财产的掠夺中成为强者的，恰恰是其野蛮的行为成就了其所标榜的强势文明。相反相成，脱离了"他者"（东方），西方列强就不成其为西方。

仅就当下而言，国家作为国际社会中各种力量相互作用的基本单位，各国彼此互为各自发展的社会环境。但是，强国在社会环境中的作用力大，弱国的作用力则往往会被抵消。而且，强国和弱国之间不只是力度上的差异，更重要的是作用力的方向，强国的问题和毛病可以转嫁给弱国，但弱国的问题和毛病则往往需要自己承担和消化。最为典型的就是美元，如同美国政客公开宣示，美元是美国的货币（工具），却往往是他国（包括欧洲发达国家）不得不面对的问题。弱国的发展努力可能轻易地被强国（甚至跨国公司）的副作用抵消，弱国的发展时常"被停滞"（如被逼进"中等收入陷阱"），甚至"被倒退"。不考虑这种国际竞争过程中的不平等关系，而只讲"发展一般"，只在经济学理论模型里做文章，无法给出符合现实的真知灼见。

历史不可以一时（一域）论短长，而应该采用多个时间（空间）维度，长短结合来比较。不要轻易相信所谓的运气、轮回、周期，发展快慢并非必然的国家间轮替。要分析种种变化后面的动因，还有种种动因的变化趋势等。

无论如何，类似的国势判断需要系统地梳理和质疑，需要一一辨明真伪。国势判断的偏误将影响我们的发展质量和博弈对策，也将影响中国国家信用的建设。例如，如果美国真的搞逆全球化，就比较容易应对；但如果美国其实是在搞"去中国的全球化"，就将是致命的，需要格外小心。判断不同，对策的差异很大。

对世界格局，对作为世界第一强国的美国往往存在两种相反的极端判断。一种是迷信美国真的是其所自诩的"山巅之城"，确认美国为自由、民主和平等的国度，有意无意接受了西方的"文明等级论"，误入了美国"身份政治"的圈套。另一种则是"美国崩溃论"，幻想在所谓"中美对决"中一举获胜，将中国崛起与美国崩溃作为零和游戏的两面，但这种极端判断存在着致命的风险。

第一，对国势判断的偏误相当大。GDP 总量大，未必就是"经济大国"，或许只是"经济流转总量"比较大，反映了经济活动在本土比较活跃，至于收益如何分配还需要其他指标来反映。GDP 总量并非衡量新兴国家国势的合宜指标，"经济总量大国"，乃至"经济流转总量大国"与"经济大国"存在非常大的区别。在判断国势时，当然要看到总量、流量和数量之"大"，但同时也要看到均量、存量和质量之"小"。认真领会《中共中央关于制定国民经济和社会发展第十四个五年规划和二〇三五年远景目标的建议》，我们就应该明确"两个仍然"：中国仍然是发展中国家，仍然处于社会主义初级阶段，对此做了清醒的判断。国势判断就应该将中央的这个基本判断采用系统的指标表现出来，为高质量发展奠定真实可靠的信息基础。

第二，这种"对决认知"在国际博弈中远不够智慧。中国国力的确得到了快速增强，但这个"强"仅是针对我们自己的过去而言，远没有强到了可以与最大发达国家"对决"的程度。典型的例证如美国对华贸易战，由于进出口贸易差额方向和数量的不同，在互相追加关税时我们就无法实施"对等制裁"。从发展中国家向发达国家的升越，并不单单是人均 GDP 数量的超过标准值，其中包含着需要靠耐力完成的社会建设，"补课"的任务相当繁重，不可能一蹴而就。只有实时监测"可持续发展目标"进程，才能把自己的事情做好，让人民群众的获得感随着经济发展而增大，不让美国为干涉中国内政而制造借口，保障国家安全。

之所以出现极端的国势认知，一个重要原因是缺乏经济统计的意识，总以为经济指标非常简单，相当普遍地误用数据，误读数据。对发达国家制定的指标也是当成国际标准盲目照搬，没有深入地反思，不考虑其对新兴国家的适用性，没有察觉到其中隐含的测度陷阱。没有认识到，中国在社会经济统计信息的系统构建上，还有相当大的差距。典型的如投入产出表，40 多年过去了，分类才能达到 150 多个部门，而发达国家则是 500~1000 个部门，这个差距靠一时突击无法弥补，所以，高质量发展一定需要奠定扎实的社会经济统计基础。

本书从五个重要方面进行常规的经济统计分析，就一些热门话题提出不同的见解，从而说明经济统计思考对国势判断的基础重要性，呼吁社会各界重视这个进路的研究。经济统计视角的分析直接指向了所谓"政治算术"中的政治内涵，影响乃至扭曲国势判断最为基本的理念就是"文明等级论"，应该从这个"认知基准问题"出发进行系统性反思，才能更为充分和深刻地认清中国发展的外部环境，也才能将中国置于新兴经济体这个历史现象中，真正明确高质量发展的战略意义和相应措施。

当然，本书提出的看法不过是一个"靶子"而已，仅代表个人观点，未必完全正确，有些质疑也尚未给出答案，但是如果能够引起社会对所讨论议题的重视，激发进一步的思考，也就为中国高质量发展做出了贡献。

2. 国势学探索所使用的研究方法

本书在研究方法上主要有两个显著特点。

第一，经济统计常规分析方法。

笔者提出，经济统计学初级和中级的基本内容可用八个字概括：意义（相关性，即为什么要做这个研究？）；对象（定义域四要素：谁、什么、时间、空间）；方法（怎么做定量分析）；机理（为什么这么计算，需要什么假定前提条件？存在哪些测度陷阱等）。

经济统计常规分析，即分组方法和指标方法的应用，仍然大有用武空间。"政治算术"，难不在计算，而在于政治。确保社会经济意义上的"可加性"和"可比性"，才能得出合乎国际社会现实的认知分析结论。

定量方法并非越复杂越好。常规方法通常基于所分析"基本事实"的"基层逻辑"，"基础数据"（笔者将这三者概括为"三基"）与现实依据之间的逻辑节点通常都比较直观和清晰，受到的计算约束比较少，因而更容易具备方法应用的普适性。复杂模型需要更多的假设前提和条件，这些假设如果与经济社会现实不那么吻合，就容易使模型的适用范围比较狭窄，数据结论的有效空间比较小。通常，越是比较精确的数据结论，其所能指认的现实空间就越小，对之做推广判断的可靠性也就越差。

本书刻意使用经济统计常规分析方法，试图用国势研究和判断的实例表明其"知识生产力"。按照"奥卡姆剃刀原则"，经济统计常规分析应该是国势定量研究和判断的起点，只有其能力空间释放殆尽时，才考虑计量方法的变换。故而，本书并不刻意追求定量模型的复杂性，反而尽量避免模型假设可能带来的偏误。

第二，重视历史学视角和史料运用方法，力求文史哲的贯通，以构建"国势研判"的格局。

用史料说明观点，特别是注意挖掘通常被主流理论、概念和测度指标所忽略的史料（因其非主流而需要格外的梳理工作），此外，因为国势判断涉及"文明等级论"，故而，还应该注重从历史学（特别是成长中的"全球史"）、文学（真正的文学乃人学！）著作中汲取有关反映文化基因的史料和隐喻，作为国势思考拓展、深化和提升的一个进路。笔者的科学理念是，文史哲三位一体不可拆分，"若社会科学不人文，则研究无意义"。

本书偏重采用最接近社会现实的基础数据和典型史料，并加工整理出相关指标的时间序列，希望用以作为国势研究的公用平台，最理想的是构建国势研究数据库。基于数据平台进行偏于公理的第一性思考，试图以人们都能接受的道理来校正国势判断，得出更接近社会现实的新认知。

本书在叙述上力求条理清晰，有的小节采用人们容易接受的谈心方式，用生活事例说明自己的创新观点，增强代入感，引发不同思考的撞击。

3. 本书的主要内容、重要观点和对策建议

本书包括四个部分。

第一部分，阐述国势判断的经济统计学基础，即第 1 章。

第二部分，进行国势五个重要方面的经济统计常规分析，分为五章：第 2 章侧重于 G20 近 30 年的经济增长时间序列分析；第 3 章侧重于"国外净要素收入（net factor income from abroad，NFI）"的国家间分配；第 4 章侧重于鉴定

碳排放的真实国别责任；第 5 章分析国际竞争格局下的"真实链位（real chain-position）"；第 6 章是对莫里斯"文明度量"的评价和修正。

第 2 章指明，即便 GDP 指标可用，学界也有可能没有用好，可能存在误读和误用，从而对国势产生误判。第 3 章指出国民总收入（gross national income, GNI）以及"国外净要素收入"对国势判断更为重要，可以部分地弥补迷信 GDP 所带来的偏差。第 4 章从收益的反面 —— 成本角度，揭示环境成本可能给新兴国家带来的阻碍，碳排放的"国别责任测度"需要深入且系统地开发。第 5 章作者提出"真实链位论"的基本内容，强调全球化发展的大格局下，新兴国家尤其要注意全球生产链与全球价值链（收入链和财富链）的差异，需要深究自己在全球链中的真实地位。第 6 章文明度量是某种综合性的国势判断，作者提出新的测度角度和指标，以表明多元文明需要多维测度，如此方能打破"非西方文明低下"的刻板印象。

第三部分，通过对"国势"经济统计常规分析所揭示的新认知，进而深入剖析全球视野的国势判断大背景，分为三章：第 7 章剖析"文明等级论"。"文明等级论"是西方文化产品的底色，已经弥漫到成为一种"政治无意识"的地步。应该认识到，文明排序是帝国对所有"他者"的一种文化暴力，是列强公然推行霸权行径的内在"法理"基础，这是我们进行"国势研判"必须辨明的一个"认知基准问题"。第 8 章进一步补充强调：第二次世界大战之后我们处于"后领土殖民时代"，而非"后殖民时代"。殖民并没有消失，而是以经济殖民和文化殖民为主的方式进行得更为广泛和深入，帝国更是达到巅峰状态，而帝国各种所谓的"形式正义"，不过是列强争霸的副产品。第 9 章专论最大的外部存在——美国，"美国优先"的逻辑指向是全球独裁，而这恰恰是所有"他国"自主发展最大的外部障碍。

第四部分，本书刻意将中国的发展置于新兴经济体的背景之中，在面临美欧列强空前强暴的打压时，更需要关注中国与其他新兴经济体在增长过程中的共性，需要从成本和效益两个基本方面关注已有增长的两重性。内容分为两章：第 10 章为新兴经济体增长的两重性；第 11 章为国家信用建设与经济统计的基础性贡献，关注社会基础结构，包括社会经济统计体系的构建。

4. 本书提出的主要观点

本书围绕着国势研究和判断展开，提出了一系列创新性的观点，其要者包括但不限于以下几点。

（1）国势判断需要避开"测度陷阱"，深入研究当代经济统计规则和方法论，需要构建新视角的时间序列数据，以支撑高质量的国势判断。

（2）对经济增长速度的预判不能仅仅采用"对标法"，还需要从产能市场实现、投入产出关系、人口规模对应的达标缺口、经济周期影响等方面系统地定量分析，才能做出相对可靠的估计。对中国潜在增长率的争论，关键并不在于数值的高低优劣，而在于剖析问题的逻辑思路，是否具备经济统计学思考应有的品质。

（3）GDP 不是新兴国家判断国势的合宜指标，需要补充计算"国外净要素收入"指标，系统分析全球化过程中国家之间的收益分配，是否呈偏态分布。

国家是个基本利益单位，因而也应该是基本的测度单位，然而现有的一些指标实质上隐含了"平均国"的处理，所以需要加以甄别，使用时尽量剔除测度陷阱的负面影响。

应该关注国外净要素收入的国家间分配，解读该指标数据，可将国家分成"NFI 赤字国"和"NFI 盈余国"。美国是世界上最大的 NFI 盈余国，高达全球总盈余的 40% 以上，超出了排名第 2、3、4 位的日本、德国和法国三家的净盈余总和。从国外净要素收入看，美国才是全球化的最大赢家，"美国吃亏论"不仅不成立，数据结果恰恰相反。而新兴经济体是主要的 NFI 赤字国，且在一定时期内 NFI 赤字随 GDP 增长而扩大。中国也位列其中，可见从收入角度看，中国并不是全球化的最大赢家。

（4）中国不能盲目接受"碳排放总量"排名第一的测度结果，环境国别责任需要深入甄别，除了从人均角度、历史累积角度外，还特别应该坚持"谁做粗活谁排放"（笔者坚持的观点）和"谁消费谁担责"等原则，应该从相对比较的角度设计系列指标体系，多维地识别更为真实的国别责任，新兴经济体尤其需要提防"环保竞赛"给发展带来的阻滞。

（5）认清中国在全球链条中的"真实链位"，认清不同"链位"对产业关联弹性（刚性）的影响程度，认清新兴经济体在全球生产链中的历史角色，从而探讨产业转型和提升的可行进路。

"全球生产链"与"全球价值链"有所不同，"全球价值链"又有"全球财富链"（存量）与"全球收入链"（流量）之别，在不同的全球链条中，各国的"链位"有所不同，需要加以区分，才可能辨识出国家的"真实链位"。本书提出"真实链位论"，并概括十条认知作为其基本内容。"微笑曲线"需要加以宏观解读，提升微观认知的层级及其联系。

（6）"文明等级论"是西方文化产品的底色，文明排序是对所有"他者"的一种文化暴力，是列强公然推行帝国行径的内在"法理"基础，"文明等级论"原本是帝国推行"身份政治"的观念准备。这是我们进行国势研判的必须辨明的一个"认知基准问题"。

由于"文明等级论"的客观存在，我们对于世界上所有以真善美之名所推广的事物，都需要进行"主体追问"——"谁之问"。例如，"人人生而平等"，其中"人"是否特指？人家在宣扬时包括我们了吗？或者，包括了多少？再如，"效率"提升固然可创造出更多的财富，可究竟是谁的效率？还有，"可持续发展"固然应该奉行，然而是谁更多地承担其成本？是谁更多地得到其效益？仍然需要深究。

（7）二战后，我们并非处于"后殖民时代"，而是处于"后领土殖民时代"。殖民并没有消失,而是以经济殖民和文化殖民为主的方式进行得更为广泛和深入,帝国更是达到巅峰状态,国际博弈中所谓的"形式正义"不过是列强争霸的副产品。

(8)"美国优先"的逻辑指向是全球独裁,这是所有"他国"自主发展最大的外部障碍,要充分认识美国这个最重要的外部力量,既不能盲目崇拜,也不应该轻易接受所谓"中美对决"的说法。国家间的不平等已经被美国政客推向极致,要充分注意这种态势对中国和平崛起的负面影响。

要深入认识美国。"布兰戴斯悖境"(本书给出这个概括)表明,美国民主需要高度质疑。美国社会结构的一个特点是由大资本及其代理政客对人员、时机和事项三者进行"无关紧要"和"关键"的划分:"无关紧要的多数"在无关紧要的日常对无关紧要的事项行权,而"关键的少数"在关键的时刻对关键事项行权。埃利斯岛和常春藤高校都是美国的移民筛选机构,美国持续在全球进行人才"撇奶皮",是其保持国家活力的战略动作,是美国的最大战略优势。

(9)需要充分注意到新兴经济体增长中在成本和效益上的两重性,高质量发展更需要注重"软实力",在"实物基础结构"快速构建之后,还需要着力构建"社会基础结构"。

开放(opening-up)与放开(let-go)不同,并不是"一放就灵",二者相匹配才能带来增长和发展,应该认清高质量发展背景下坚持开放的特质和要求,做好"开放 2.0"——"高质量开放"。

5. 本书提出的相关政策建议和应用价值

本书提出的政策建议主要包括以下几点。

(1)充实国势学的建设和运用,系统提升"识国能力"。系统构建产业统计信息系统,系统构建高质量的、切实管用的社会经济统计信息系统。像重视高楼、高速、高铁等"实物基础结构"那样,高度重视系统构建中国的"社会基础结构"。需要研究投入产出表分类细化的工作条件，否则，国势判断就缺乏基础数据的切实支撑。

（2）联合新兴国家建立高质量的信用评级机构，打破美国对主权信用评级的垄断，为推进高质量的开放和发展奠定"国家信用"基础。

（3）实时监测各地区的"可持续发展目标（sustainable development goals, SDGs）"进程，以此为抓手，巩固全面脱贫的成就，增大人民群众的获得感，扎实推进高质量发展。

本书的应用价值主要体现在以下几个方面。

（1）本书只是构建当代国势的一个框架性探索，其中提出的独特观点和诸多质疑未必完全成立，但可以作为辩论的靶子，为激发新的思考发挥作用。

（2）本书基于"基础数据"和"基本事实"进行"基层逻辑"思考，揭示某些所谓常识中存在或隐含的认知缺陷（有不少尚无解决办法），或许有利于调适或校正学界某些极端的国势判断。同时，这种基于第一性思考的研究和写作风格，也便于与国外学者进行文化交流。

（3）本书提供了作者与合作者所设计和加工的五方面相关议题的时间序列数据，希望能够构建主题式数据平台乃至专业主题的国势学数据库，为进一步的国势研究和判断奠定更为坚实的、较为系统的量化基础。

（4）本书所揭示的国势判断矛盾，直指经济学中一些基本概念隐含的思维陷阱，需要系统地梳理和反思，故而，本书可以作为经济学基本概念系统反思的经验基础。笔者将在《"使女"的揭露：当代经济学的基础性缺陷》（当代经济统计学批判系列之五）中展开论述。

目　录

CONTENTS

CHAPTER 10   DUALITY OF GROWTH IN EMERGING ECONOMIES

第1章

深入开展经济统计指标的机理挖掘，夯实
"国势研判"的专业基础

通常我们都说，"要想富先修路"，这典型地表达出"基础结构（infra-structure）"对经济增长的重要性。然而，基础结构不仅仅是物质的，除了"物质基础结构（physical infra-structure）"，还应该包括"社会基础结构（social infra-structure）"。越是到了发展的高级阶段，社会基础结构就越重要。

国民经济统计是社会基础结构和国家软实力（包括国家治理能力）的重要组成部分，是高质量发展不可或缺的公共产品。研究和判断中国国势和世界竞争格局、提升国家治理能力，需要全面、翔实的经济统计数据基础。判断国势应该借助于经济统计学视角和工具。笔者认为，仅凭经济统计学视角和工具，未必就能得出高质量的国势判断；但如果轻视甚至摒弃经济统计学视角和工具，则根本无法得出高质量的国势判断。

本章主要阐述五个方面：①经济统计意识和工具对国势判断的不可或缺性；②国势认知格局；③"国家"应该作为基本的测度单位，警惕国家视角被淹没在国际统计标准的"平均国"处理之中；④国势的定量分析往往采用线性处理手法，故而需提防"线性思维"对国势判断的负面影响；⑤常规经济统计分析在国势判断中大有应用空间。

1.1 "国势研判"——提升国家治理能力需要坚实的经济统计基础

1.1.1 轻视经济统计基础危及国家经济安全

身处信息时代，人们在国势判断中都愿意使用定量指标，然而若轻视经济统计，忽视数据基础，玩弄计量程序，因而，基石沦为危卵，海市蜃楼炫目。虽模型新精尖、理念高大上，却与社会现实相隔，某些策论自说自话，难以真正落地。长此以往，误判国势，给国家带来的损失不可估量。

典型的如中美贸易差额，区区一个对外贸易统计的指标，双方对所谓事实的确认不同，争议很大，我们的基础数据不足，无法支撑自己的观点。2018 年被时任总统大肆炒作，成了美国对中国发动贸易战的起点。长期瞧不起"部门统计"，代价竟然如此之大。

与经济统计相关的重大事项并不少，如人口预测与生育政策调整、资产负债核算与流量核算的长期对应、信用评级与融资成本等，都需要总结经验教训，也需要认真应对。经济统计数据基础与国家经济社会安全存在非常密切的相关性。笔者这些年来多次在不同场合呼吁，希望引起社会的广泛重视（邱东，2021）。

轻视经济统计的一个重要原因就在于，好多人以为经济指标很简单，果真如此吗？以当前格外重要的国际经济统计为例，荷兰阿姆斯特丹大学的缪格教授明确指出：测度中我们往往偏好那些可计算的、易于量化的实物产品，这也夸大了国际经济关系中"贸易和生产线中心（trade and assembly hubs）"的规模及其重要性。为了标识双边贸易关系的特征，我们原则上需要关注两国所交换的"国内制造产品（domestically manufactured products）"的数量。如果产品中包含了几个国家的投入，我们应该将"第三国的贡献（third-country contribution）"从双边关系中剔除，以免它们扭曲经济图像。

"指标口径"，包括什么与不包括什么，很多人瞧不起，无非加加减减，看似没有技术含量，过程烦琐枯燥。其实这是在确定指标的定义域，实乃进行数据计算的前提。对数量分析而言，忽视指标口径实在荒唐，指标即变量，如果连其外延和内涵都搞不清楚，后面的计算，无论技术、方法、模型多么高深，就都失去了本应具备的社会经济意义。而今，世界的走向处于关键时刻，切实服务于深度的"国势研判"，应该成为经济统计的第一要务。

1.1.2 国势判断需要避开测度陷阱，深入研究当代经济统计规则和方法论

采用统计指标判断国势和世界竞争格局，需要注意避开各种"测度陷阱"，因为统计指标看似计算简单，但在"可加性"和"可比性"的达成上隐含了相当多的不确定性。这种不确定性不仅可能是随机的，更可能是模糊的，故而仅仅采用数理统计方法还无法全面应对。

国势学需要定量研究，但是作为一种"政治算术"，在计算中更需要重视其错综复杂的社会经济含义。例如，在 GDP 总量的动态比较上，美国、欧盟、中国和日本位于前几位，指标数值及其经济体之间的差距在演变，排位的名次也在演变。除了计算所采用的价格基础可以选择[①]外，这里还有一个认知陷阱——"GDP 总量距离"与"排名位次距离"其实是两种经济距离，尤其在排行榜的前列，二者所包含的质量蕴含大为不同。一位之遥，内涵复杂，相期难定。

而且 GDP 的线性推演未必能够准确预测增长态势，大国竞争可能出现出乎意料的结果，未必按照哪一方的意愿演化。比如，有些国势判断认定美国经济走弱，倘若果真如此，那么欧盟国家的经济就有走强的机会。英国脱欧看似欧盟失去一个较大的经济体，却可能有利于提升欧盟决策的时效性，

---

① 现价、固定价格，还有流行的购买力平价（purchasing power parity，PPP）调整等。

反而具备某种"正效应"。多维度地考察历史，柏林墙推倒后世界经济竞争的主战场就还是美欧争霸，虽然如今美国已经构成国际政治上独霸的架势，但欧盟经济体无论如何演变，都与美国的发展态势高度相关。

　　本书中提出"真实链位论"①，试图给出一个更加符合全球化现实动态的考察框架，揭示了经济测度的内在难度。"链位分析"需要多维度考察，动态地相互印证，方能给出大致的判断。

　　如果一定要分出经济体的水平高低，就需要把分析所用到的各主要因素合成，或者用"等价收入法"模拟得出一个综合值。各种排名都是合成方法得出的，合成方法存在三个基础性缺陷，其中最为关键的就是用"数学可加性"代替"社会经济可加性"，在"当量转换"中存在随意性，故而合成结果很难具备稳健性。

　　合成方法看似经过科学处理，其实排名结果的人为操作空间并不小，如果要利用它达成预先想得到的排名，并非难事。例如，算出中国在六个排名维度中四项超过美国，窍门就在于如何选定"构成指标"及其权重，其实按照该手法，完全可以算出中国全面超过美国，哪怕在军事和教育上，都照样不在话下。因此，我们在使用这种极端理想化的预测结果时，需要格外小心。

　　养兵千日，用兵一时。经济统计方法与国际规则研究是社会基础架构的重要构件，也需要平日里认真建设和积累，否则在贸易争端、国际比较时就派不上用场。比如中澳、中欧、中日韩、中国与东南亚的贸易差额应该如何计算？现在不认真研究，积累数据基础，将来一旦与哪一方出现贸易争端，拿什么作为依据去辩论和谈判？事关中国经济"外循环"的维系和动态构建，在美国率众围堵的严峻格局下，需要估量各种不同的博弈结果，落实到预估各种结果的可能程度。这就需要经济统计的坚实数据基础，而基础坚实与

----

　　① 第 5 章展开阐述这个专题。

否，经济统计方法与国际规则的研究不可或缺。

1.1.3　经济统计基础需要国家配置资源长期构建

经济统计数据是需要高智力才能产出的公共产品，而公共产品通常是先天性供给不足，故而，需要国家配置资源，长期构建系统的宏观数据平台。

需要特别强调的是，由于国民核算的复杂性，制定核算方案与实际核算工作水平的提升是两回事。中国 1992 年就宣布核算体系转型，实施以联合国 SNA 为主的新核算体系，然而经过 30 年的实践，中国实施 SNA 的实际操作水准并不高。GDP 的分组数据不够细致，指标的统计频率也不够高，投入产出表的产品和部门分类还无法满足增加值精细核算的要求，资金流量核算有待于实现实物与资金、国内与国际、流量与存量的常规化对接。最新 SNA 方案已经修订，但尚待切实地、系统地推进落地。

中国社会统计的态势比经济统计更令人担忧[①]。联合国发布了 SDGs，相应地开发了一套 SDGs 指标体系，要求各国提供基础数据，以动态监测进程，助力在 2030 年实现该目标。中国还有相当大的基础数据缺口，剩下不到 8 年时间，如何弥补这些缺口，也非轻而易举之事。需要加紧谋划，不然，与中国的大国地位不大相称。

作为新兴经济体，中国应该参与国际经济统计规则修订，而且事关国家利益更不宜忽视，而这需要拥有中国本土的经济统计人才。目前经济统计学人才的培养处于萎缩态势，不少高校将经济统计学当作理学模式管理，不仅否定了经济统计学的国势学（政治算术）初心，甚至连经济学知识也被忽视，只是强调所谓现代统计，畸形的"唯数理"知识结构无法服务于社会经济管理实践，社会难以招募到真正管用的经济统计人才，年轻学子就业后需要补

[①] 本书第 11 章第 5 节展开阐述这个专题。

充的专业知识过多。

发达国家大学的经济学系和国际组织拥有专业研究团队和经济统计专家，而中国在 SNA、国际比较项目（international comparison program，ICP）等诸多方面的研究参与过少。应该抓紧布局，定向培养能够在国际舞台参与交流的经济统计人才，否则，参与修订国际规则就是一句空话。

1.2   大格局：用经济统计思维帮助导出国势认知框架

1.2.1   经济统计作为"国之重器"助力提升"知国能力"的历史过程

"知国能力"为"治国能力"的构成部分，或为其基础部分。经济统计作为一种社会基础结构，也是一种"国之重器"。但对于如何使用这个工具却充满了矛盾和辩论，经济统计本身的发展也与"国势研判"若即若离，可谓波澜起伏。

第一，政府统计与社会不同主体的利益博弈。

比较典型的是美国联邦政府统计的产生和发展历史，揭示了宏观经济统计的形成过程（Rockoff，2019）。看似非常简单的三大基本宏观统计：价格统计、就业统计和收入统计，其统计标准往往涉及不同经济主体的经济利益，是各类经济主体争吵才吵到如今的程度，这是一个非常激烈的针对指标概念和口径的博弈过程。

广义政府、企业、居民、非政府组织（non-governmental organization，NGO）（包括学者）和"国外"，这五大经济主体都参与其中，各有作用。而政府参与经济统计的博弈，又有不同形式，如设置专职机构、设立专门委员会（外部委员会）、政府官员参加相关活动等。

应该注意到，这些关于政府统计的争议基于一个公共信念，或者说理性前提，即各经济主体都接受或坚持：经济见解应该基于现实。因此，需要由专家构建的、非政治的和精确的公共统计。显然，这种专业信念是经济统计作为社会公共产品的文化基础。

第二，经济统计学的顶峰与光影掩盖下的测度难题。

历史上，德国"社会统计学派"更强调统计的社会相关性，偏重福利内容的测度，但受制于指标的可行性而难以推进。而经济统计因其内容似乎可借助价格（价值指标）作为"同度量因素"，初步解决了综合（宏观）统计的加总问题，即可加性问题。这个进路逐步趋向于经济统计的核算方法，逐步形成了国民收入统计、资金流量统计、国际收支统计、投入产出统计乃至资产负债核算，最后达成了 SNA。

20 世纪 40 年代开始，国民生产总值（gross national product，GNP）[①]为现代宏观管理提供了经济测度、国民核算和国际比较的方法论基础，现代经济统计学以 SNA 的方式达到顶峰。得到欧美社会的高度认可，理查德·斯通教授等数位经济学家因为其在国民经济统计方面的突出贡献而获得了诺贝尔经济学奖，形成了经济统计学发展所谓的"黄金 30 年"（20 世纪 50~70 年代）。

但应该认识到，SNA 无疑是片面的，核算还不是测度的全部，体系设计者当时就把人口和社会统计的相关内容另行安排处理了，其原因是基于方法论，社会和人口统计体系（system of society and demographic statistics，SSDS）的内容太过复杂，无法被纳入 SNA 的平衡关系式，因为两个领域的平衡关系存在根本性差异，顶多只能独立安排为另外一个平行的核算体系。

而后 SSDS 同样由联合国公布，却没有流行起来，这个历史过程说明，对社会统计进行类似 SNA 那样的平衡核算难以实行，思路和进路上都还存在

---

① 即现在的国民总收入，后来才是 GDP。

无法解决的测度难题，社会统计只能以指标体系或合成指标的路径推进。

第三，SNA 的成功也削弱了经济统计的相关性。

祸福相依相伏、相辅相成。SNA 的成功，使得外界误以为经济统计学的方法论问题得到了解决，方法足够用了，经济统计的基本指标仅被安排为宏观经济学教材的第一章，个别比较重视经济统计学的则安排两章，无非经济总量核心指标（近 30 年来通常为 GDP）、价格指标和就业指标，即宏观经济统计的三项基本内容，新手误以为经济统计的全部内容也就是这些。经济学教材对经济统计基本指标的介绍中，没有测度机理的剖析，没有测度陷阱的提示，甚至如何解读指标、统计表和统计图都被忽视，经济统计常规分析都因其技术手段不够"前沿"而受到忽视。

这种简化在相当程度上表现出经济统计学的学科终结——当然是黑格尔意义上的学科"历史终结"。经济实证者越过了经济统计学的指标（变量）基础，满足于套用数理方法搞实证分析，所谓方法论研究则侧重于经济计量模型的深度发展，并不理会其"有效空间"相应收窄的负面约束。

总之，经济统计的相关性与其方法论的进步二者之间正反相依，历史经验和教训值得后人关注。

1.2.2　分组和指标体系是落实系统观、构建国势认知格局的常规手段

构建国势认知格局存在两个重要问题，亟待解决。

第一，专业分割的影响。

现代社会分工造成了学科的分化，国势学原本带有综合性，但在学科分化过程中难以独立发展，其相关内容也被分割。国际关系、国际贸易、国际金融、人类学、国际政治、经济统计、社会统计等学科，都涉及国势学，也都需要国势学基础，但是又都不能将国势学的内容系统地推进，从而影响了

国势判断的质量。

至少以下三点需要特别关注：①国势学不仅仅是一个国家的形势，必须把国家放在全球大背景下考虑。②在研究视角和学科分化的情形下，如果要保障国势判断的系统性，不同的国势认知就应该彼此之间需要交叉，学者不能自说自话，对相同论题但与自己不同的观点需要给予回应。③还需要构建动态调校机制。尽可能避免一些似是而非的国势判断。从美国压制中国打贸易战以来，社会舆论中出现了好多误判国势的言论和观点。为实现"不二错"，需要加以厘清。

第二，缺乏以国势学为母科学的经济统计学支撑。

国势判断非常重要的专业素质之一，应该是具备经济统计意识，这种意识应该成为一种专业自觉，在观察思考社会经济问题时能基于"经济统计学视角"。主要体现为"三基"：基本事实、基层逻辑和基础数据，这是建立认知、取得共识的"最大公约"基础。

在经济统计常规分析中提炼方法论，在现实经济的定量分析中挖掘对象的基层逻辑，在"测度悖境"的应对中发现和避免测度陷阱，或减少测度约束的负面影响，在分析的拓展中发现和提供更多的观察维度。要注重概念、指标和变量三者的内在关系。人类的思考和交流都离不开"概念"，而如何定义概念，则是"社会认知"的出发点。一个概念内涵和外延的范围究竟有多大？多维地、系统地加以理解：深度、广度、厚度、高度、曲度、透明度等，不一而足，都应该在"定义域"①里面。在抽象世界里，维度可以约化到纯数量，而在现实世界（"事理空间"）里，仅仅考虑自变量的取值范围远远不够，必须把概念的定义域梳理得更为通透，社会认知和国势判断于是得以进步。

---

① 从数学里借用一个基本概念 ——定义域（domain of definition），自变量的取值范围。这名字太棒了，不应该仅由数学私用。

1.2.3 国势研究和判断与经济科学理论的关系

那么，如何看待经济统计学与经济学科的关系？经济统计（测度）或国势学①，固然应该以经济学理论作为学科基础。但是需要注意的是：

第一，经济测度（或经济统计学）与经济理论的关系绝非单向作用，而应该交互作用。一方面，经济测度时要注意指标计算的理论和现实依据，政治算术，算术仅是手段，政治则为实质。经济正是政治的日常形式②，人们不可能将政治与经济截然分开。从另一方面看，经济测度（经济统计学）也可以为经济学科的理念深化、提升和拓展提供数据支持，提出需要思考的问题，提供解决问题的思路。

第二，经济科学是一个学科群，作为其中一个基础性分支（国势学或当代政治算术），经济测度与经济学科群的相互作用绝不能单单局限于宏观经济学的范围，不能局限于某个经济学流派，即便局限于主流经济学也不行。当下流行的主流经济学远远不足以作为国势判断和政治算术的依据。好多经济学者甚至处于一种对经济统计学的"学科无意识"状态，根本不具备深入进行国势研判和政治算术所应有的人文关怀。

甚至，作为经济统计理论基础的，不能局限于经济学科，而要拓展到整个社会科学，特别是政治学、社会学、社会认知理论，还应该包括人文科学，特别是历史学。任何学科，如果要具备高端品质，就需要具备历史科学的特征。当然文学也非常重要，文学就是人学，没有对作为经济主体的人深刻的认知，经济统计就失去了其本质。

---

① 笔者坚持认为，政治算术无非"定量的国势学"。而且，由于 statistics 现在已经被普遍地当作数理统计理解，应该开创并采用一个新的英文单词，如 statustics，作为 statistics 原本表达"国势学"之意的替代。

② 笔者赞同，战争则是政治的最高形式。

"文明等级论"①是一个认知基准问题。西方所有人文和社会科学的文献，其基调往往都建立在"文明等级论"之上，其判断或公开或隐含着"文明等级论"这个基础性观点，由此出发的推论往往有偏。经济统计的指标和数据中也完全可能隐含着"文明等级论"的底色，测度方法的构建和使用都可能逃不开文明等级的意蕴，数据结果也可能强化了这种等级的划分。所以，发展中国家的学者在学习和借鉴现有研究成果时，应该自觉意识到这个基本概念，需要提防政治无意识所诱导的偏误，需要深刻地反思和内省。

1.3　国家是个利益单位，因而也是一个基本的测度单位

国家作为社会作用的基本单位，各国互为发展的社会环境，强国在社会环境中的作用力大，弱国的作用力往往会被抵消，而且不只是力度上的差异，更重要的是作用力的方向，强国的问题和毛病可以转移给弱国，但弱国的问题和毛病则往往需要自己承担和消化。典型的就是美元，其是美国的货币和工具，却是他国（包括欧洲发达国家）不得不面对的问题。弱国的发展努力可能轻易地被强国（甚至跨国公司）的副作用抵消，弱国的发展"被停滞"甚至"被倒退"。不考虑这种国际竞争过程中的不平等关系，而只讲"发展一般"，不顾各国的国情，只在理论模型里做文章，无法给出符合现实的真知灼见。

国家是一个基本的利益和测度单位，似乎广为接受，似乎是个常识，为什么需要特别加以强调？

---

① 本书第二部分（第 2 章至第 6 章）选择了五个方面进行多维的测度，试图说明单维度地确定文明等级并不科学，现有等级认知不应该是经济测度得出的必然结果，第 7 章至第 9 章专门批判"文明等级论"和帝国行径，试图为当下的国势判断提供较少偏误的认知基础。

1.3.1 强国博弈实质上更强调国家作为基本利益单位

尼克（2017）先生在《人工智能简史》为我们介绍了日本研发第五代计算机系统的过程和美欧的反应，可以让我们对国家作为基本利益单位产生更为清醒的认识。

早在 1978 年，日本通商产业省（Ministry of International Trade and Industry，MITI）就委托计算机界大佬元冈达（Tohru Moto-Oka）研究下一代（第五代）计算机系统，作为日本从制造业大国到经济强国转型计划的一部分。日本对五代机的自信来自 DRAM 存储芯片的成功，20 世纪 70 年代日本半导体工业在 MITI 的协同下，很短时间内研发全面超越美国。而且，日本并不满足于跟随美国，要在整个 IT 领域树立自己的标准。

在《知识信息处理系统的挑战：第五代计算机系统的初步报告》（简称"元冈达报告"）发表的第二年，美国政府决定成立 MCC（Microelectronics and Computer Consortium），由曾任美国国家安全局局长和美国中央情报局副局长的美国海军上将英曼担任 MCC 的董事长兼 CEO（chief executive officer，首席执行官）。除了 IBM 和 AT&T 之外的美国所有重要高科技公司都参与，这在美国历史上还是头一次，国会特批免除"反垄断法"的限制。美国国防部高级研究计划局（Defense Advanced Research Projects Agency，DARPA）还建立了另外三个国防项目：无人驾驶车、飞行员辅助系统和战场管理系统（battle management system，BMS）。

英国政府 1982 年婉拒了日本邀请联合开发五代机的倡议，而是开发自己的阿尔维计划（Alvey Program）①。1983 年欧洲启动了"欧洲信息技术战略计划（EAPRIT）"。

---

① 根据尼克先生的介绍，阿尔维计划的负责人奥克利（Brian Oakley）1991 年撰文说，把繁荣寄望于研究。

从日本五代机研究项目到美欧的国家反应，我们可以清楚地认识到，国家作为利益单位的至关重要。由此可知，国势分析不能缺乏"国家单位意识"。

还应该注意到，美国、欧盟诸国的政府出手干预经济根本不用什么理由，他们自认为是民主国家，享有充分的自由，而主流经济学"自由市场竞争"的教导只是让发展中国家用的，是用来规范"后来者"的，对他们自己国家并没有什么约束力。

曾几何时，美国纽约的埃利斯岛就是一个典型案例，如果切实坚持自由市场经济，生产率要素的自由流动就应该是其本意，劳动力的自由流动自然应该包含在其中。然而仔细观察可以发现，鼓吹自由市场经济的，哪个同时主张劳动力在国家间自由流动呢？不能说绝无仅有，也笃定寥寥无几。

对比来看，强国政客千方百计地、软硬兼施地要求新兴国家打开国门，开放市场，如稀土等稀缺原材料出口市场，特别是金融市场①。哪个国家如果没有按照其要求开放，如果想搞类似埃利斯岛的那种资格筛选，那就是政府干预市场，就是野蛮专制。

至于别国（特别是发展中国家）的平民愿意去美国，那么无形的埃利斯岛早就预备好了。前总统建造隔离墙，并不是不要移民②，而是要沿用"埃利斯机制"移民。再者，美欧资本和政客早就把能搬移的、"适合"穷国百姓的工作送出国外了，穷国穷人用不着出国就可以为他们打工了。不是那么多低端生产线搬过来作为投资吗？连美国自己的"红脖子（redneck）"都不管不顾了，把原来属于他们劳工的岗位给搬家了。不过同样是穷人，在不同国度待遇也有不同。富国之穷与穷国之穷压根儿就是两码事，"红脖子"毕竟是所谓山巅之国的同宗子民，只消享用新兴国家运去的低价消费品就可以了。

不怎么讲"国家利益单位"的典型反例，恐怕是有的北欧国家，难民相

---

① 也即金融资本和高端金融人才的获利空间。
② "山巅之国"中，不少美国人不屑去做"低端"工作，故而填补"低端岗位"的移民不可或缺。

对大规模地涌入，造成某些原本安宁的地方治安混乱，富裕白人被迫向大城市集中。而讲究国家利益单位的典型正例则是日本，长期以来，日本尽管人口老龄化造成劳动力紧缺，但对外来移民仍然严格控制，社会很少受难民的影响。应该看到，美墨边境墙具有深刻的社会寓意，它凸显了"美国优先"的国家区别理念，凸显了"国家是一个基本利益单位"这个命题。

我们比较容易忽略国家作为基本利益单位的实质意义。东方文化中的"天下"意识造成我们好多人的世界主义心态，当初五四运动大潮，知识界有的学术权威居然连汉语都不要了。东方文化对经济博弈也有负面影响，遇事不订契约，讲究心领神会，但时过境迁后，所有付出都没人认账。

当初在 2008 年美国爆发金融危机，引发全球衰退，中国竭力拉动全球经济，但西方列强并不领这个情，他们根本不记得中国的好，在他们的内心里，中国人就应该是他们的苦力，即便格外挽救世界经济也理所应当，至于为世界经济发展而承担的环境资源责任①，他们也不认账。西方甚至对中国国内的发展也不认可，实现全球最大规模的减贫，他们竟然无动于衷，还整天讲我们在人权上做得如何不好。对穷国来说，最大的人权，正是免于贫困的权利。在这方面中国做得最好，但在西方政客基因里的"文明等级论"阴影下，往往都化为乌有。

1.3.2　照搬国际统计规则存在损害国家利益的风险

有人会说，全球 GDP 就是各国 GDP 的加总，这不是把各国当作经济测度的基本单位吗？是的，从形式上看，国家表现为世界经济统计的单位。但在国际统计规则里，实质上存在（隐含）"平均国"的设定②，在统一的指标规定中，各国经济的特质往往被淹没了，作为基本利益单位本应具有的特

---

① 本来"谁干粗活谁排放"是天经地义的。
② 别忘了，统计学是平均数科学，统计指标方法本身的一个特性，是以平均法作为基本手段。

殊测度要求也被淹没了，这样，实质意义上作为测度基本单位的性质也就难以得到保障。

　　更值得注意的是，国际规则往往由发达国家制定，针对着发达国家的经济现实和统计实践，服务于列强竞争过程中的"国势判断"和国际比较需要。广大后发国家在国际统计规则制定时，并不"在场"，过后参与往往只能接受既定现实，即便形式上作为一个基本单位，测度时的实际权重也相当小。

　　由于上述两个基本原因，完全照搬国际统计规则，就可能放弃了国家作为测度基本单位的应有权利。然而，人们在使用统计指标时却往往容易忽略这一点，好多人认定，经济统计就应该照搬国际规则，不应该搞国家特色。

　　实际上，国际规则本来允许各国相机调整，只是遵循其基本原则即可。但容易造成结果不平等的原因在于，同样的允许调整空间，发达国家具备这种调整能力和相应的数据基础结构，而"欠发达国家"却往往并不具备这种调整能力和数据基础结构。所以，这种看似各国平等的"允许"事实上成了发达国家的某种"专利"。典型的例子是，SNA 作为全球各国通用的核算体系，但美国并不实行，他们实施的是"国民生产和收入账户（national income and product accounts，NIPAs）"，即具备"美国特色"的国民核算体系。但场景转换到中国，如果有人主张从事具备"中国特色"的国民核算，就容易受到人指责，似乎大逆不道。

　　还要看到，"发展中国家"这个概念未必与全球各国经济现实相符，从测度视角看，好多所谓"发展中国家"的经济往往处于停滞或基本停滞乃至倒退的状态中。它具有某种麻醉剂效应，似乎所有"欠发达国家"都在进步之中。

1.3.3　国家作为测度单位与"事实判断"、"价值判断"

GDP 统计，究竟是"事实判断"，还是"价值判断"？这是一个需要深入思考的问题。应该看到，现实世界并不存在某些被我们称为 GDP 的对象实体，GDP 只是我们对一个经济体在一段时期内经济活动成果的概括表述，哪些项目应该计入 GDP，哪些项目不能计入 GDP，而被计入的项目又应该以多大的权重计入，都必然涉及测度者的主观判断，固然统计中要尽可能地基于生产成果的现实客观基础，但要想完全剔除主观影响是不可能的。

从哲学角度思考，事实与价值二分法早就是一个充满了争议的问题，不同哲学家秉持不同的观点。美国著名哲学家普特南（2006）（Hilary Whitehall Putnam）曾经撰写过《事实与价值二分法的崩溃》一书，值得我们深入探讨。无论如何，要想清楚地将"事实判断"和"价值判断"切割开来，恐怕不现实。

下面我们来看指标选择和设定的例子，其中就包含了"事实判断"与"价值判断"模糊问题。

第一是环境污染的国别责任[①]究竟如何辨识？

在新兴国家的增长过程中，发达国家确实投入资金，并输入生产线。只是有一点需要提请注意，这些"恩赐"给我们的生产线好多属于"非清洁生产"。新兴国家替全世界做了那么多"粗活"，却又落下一个污染环境的罪名。美欧富国倒是非常讲究可持续发展：垃圾出口，"非清洁生产线"出口，进口清洁产品和清洁能源设备（如太阳能设备）时，对设备生产过程中的废料也并不理会。真是"斐而泼赖"[②]：市场机制嘛，能把污染转移出去是自

---

① 本书第 4 章将专门展开阐述这个测度专题。

② fair-play，绅士风度地与他者耍赖，用"形式正义"包装"实质性非正义"，此其谓也。正是考虑到这种虚伪，笔者将其中文译名的前两个字改为"斐而"以贴近表达其内涵。

己的本事。污染治理上奉行"邻避主义（not in my backyard，NIMBY）"，反正不在自己后院就成，推出国门之外，于是罪不在自己。

机关算尽，苍天在上。可惜地球太小，这些污染物部分又飘了回去。明面上，是发展中国家的钢铁厂冒黑烟，可生产出来的优质钢材不少出口给美欧了，这环境污染的责任究竟应该怎么算？难道都是新兴国家的责任？如果发展中国家不炼铁炼钢，美国生产特种钢的原材料哪里来？他们难道真的就可以凭空搞出高端清洁产品吗？

笔者曾就此提出了"烤乳猪"隐喻。贵族在豪华餐厅享用烤乳猪，有没有资格指责厨师残忍？有没有资格指责餐馆耗费过多食材？有没有资格指责后厨不如餐厅干净？"厨余垃圾"的产生是不是为了餐厅享受？如果接受"烤乳猪"隐喻，则富国倡导可持续发展应该具备三个前提：①停止向穷国输出垃圾；②停止向穷国输出非清洁生产线；③对生产清洁能源设备的国家提供"废料处理补贴"。需要明确的是，富国不仅仅是历史上"造害"于全人类，欠下了大量的环境资源旧债，时至今日还在转嫁环境和资源的危机。

循着这个道理，经济统计的任务又来了，应该区分"污染发生国"和"污染实际责任国"，不应该单看"碳排放总量"指标，而应该用各国"碳排放累积量"排名，应该用"人均碳排放量"排名，应该用"单位制造业增加值碳排放量"排名……由此可见，如果真的以国家作为经济测度单位，需要改革的经济统计事项多着呢。

第二是国别不平等的研究为什么被忽视？

如今全球经济不景气，斯蒂格利茨教授 2018 年主持出版了经济测度报告（Stiglitz-Fitoussi-Durand 测度报告，简称"SFD 测度报告"），其中专门设置一章研究经济下行的测度，这是前所未有的事情，还分别用四章来研究不平等测度（Stiglitz et al.，2018）。然而需要注意的是，研究这么些不同角度的"不平等"，对于不同国家之间（特别是发达国家与发展中国家之间）

的"国别不平等"却较少涉及。这是经济统计诸多测度陷阱得以产生的一个基础性原因，故而笔者呼吁，切实将国家作为一个基本利益单位和测度单位。

对新兴国家来说，当然需要加快推进技术进步。可是，技术越是先进，企业越是需要"上云"，但上云后保密性如何确保？技术越先进，越容易成为目标，如果保护意识和能力不足，成为猎物从而失密的可能性就越大，二者相悖。不"上云"则进步慢，"上云"又会给竞争对手提供更便利地打击自己的机会，尤其是作为赶超经济体的企业就更为困难。

第三是从哪个角度定义"国家"更符合现实的国际利益分配？

从哪个角度定义"国家"？应该注意不同时代对不同空间测度规定的影响，应该注意测度重心的转变。"国土原则"是从"经济领土"角度定义国家，而"国民原则"是从行为主体的国家归属来定义国家，不同定义对不同类型国家的意义不同。在"领土主义"时代，列强注重殖民地，所以"国土原则"相对而言非常重要；而到了"经济主义"时代，列强更注重经济殖民，则经济行为主体的国家归属更为重要，此时按测度原理说更应该关注"国民原则"。

对新兴经济体而言，尤其应该注意到，GDP 往往只表现了一国领土上经济活动的活跃程度[①]，至于这些活动所产生的利益分配如何[②]，利益最终属于谁，GDP 并不能确切表现，甚至还有掩盖真相的副作用。

在此需要注意"今日特价饭店"隐喻。设想一个设置"今日特价"菜品的饭店，如果食客进去只点当天所设那款低价菜品，到这家饭店就餐的食客可能会比较多，但是不是一定盈利？会不会"贴钱赚吆喝"？明白了"今日特价饭店"的隐喻，有助于看透经济流转量（经济活跃程度）与增加值、收入的关系，有助于区分"经济大国"、"经济总量大国"与"经济流转总量

---

① 本书第 2 章将论及 GDP 指标的测度陷阱。
② 本书第 3 章将专门展开阐述这个测度专题。

大国"，有助于比较冷静和客观地看待经济增长成果，有助于更好地看出增长与发展的区别，或者说"低质量发展"与"高质量发展"的区别。

还应该考虑到，究竟如何看待所谓"人口红利"？这个概念实质上映射了"外资利源人口"的低水平劳动报酬，从增加工作机会的角度看，固然有利于解决低端就业问题；但若从收入份额角度看，我们客观上成了资本高额利润的低端基础，是在打苦工。

但是，测度的国际规则由美欧强国制定，他们并不在意国际收益分配的测度问题，因为他们是既定分配格局的既得利益者，甚至，他们中有人刻意掩盖国家间不公平的利益分配格局。现在有的欧美学者强调收入分配的测度，但是往往更关注国内的收入分配，至于国家间收入究竟如何分配，很少有学者关注，主流经济学家对此更是选择忽略。

总之，国家既然是基本的利益单位，就应该作为经济测度的基本单位，因而要注意并深入研究，经济测度的单位设定对国势判断的影响究竟如何？

1.4 提防和减弱国势判断中"线性思维"的危害

1.4.1 线性处理手法容易导致线性思维

全面地掌握经济统计方法论，应该注重其中包含的指标体系意识，是大格局意识的体现，是多元思维，而不是平面的，不是直线的，更不是点状的。

然而，基于可行性考虑，经济测度还往往需要进行线性处理。可如果我们误以为指标的数据结果所示即现实，所表现的线性关系就是对现象的真实描述，那就容易误入歧途。

总量指标方法本身隐含着缺陷，测度的线性处理主要是出于实际操作的可行性，而不是现象本身的"实然性"。线性缩放，并没有考虑现象演变过程中规模与结构之间的正效应和负效应，即便两个方向的作用可以相互抵消，也需要说明这个抵消过程的存在和机理。误以为现象本身就是呈线性变动，或彼此之间存在线性关系，便是这种处理手法的认知副作用，测度导致认知偏误。

例如，需要注意，中美经济规模的差距并非线性变小，而是一直波动的。波动性才是事物的本来面目，唯变不变，变者亦变。线性处理即人为地"熨平"波动，统计学是平均数科学，用东方文化概括就是讲求"大致"，并非对现实的如实反映和描述。在一定条件和假设下，可以线性处理，但是不应该因此依赖线性思维。

1.4.2 线性思维容易给决策带来潜在风险

在对经济的线性思维中，心理预期往往不愿意或不允许"正指标"①的数值下降，也就是不允许经济出现波动。哪怕是短期下降，也被认定为指向了经济下行。

从经济测度角度看，短期业绩的显示度高，而长期成本或隐性成本不容易被观察到，偏重业绩的测度指标就容易误导对国势的判断。再用短期业绩来论证长期发展的目标和路径，就容易面临因测度不当造成的风险。例如，当零售商品总额到达高位，就得出了中国消费市场规模全球第一的判断，如果没有进一步分析其结构和相应的支撑数据，如果没有意识到这种市场规模也可能出现波动状况，似乎上去了就下不来，进而将市场规模作为我们进行大国博弈的资本，就非常容易得出过分乐观的国势判断。

线性推断的危险，还在于总量波动，将导致经济结构相应地变化，误测和误读指标，往往容易被总量的变化所吸引，而忽视结构的潜在变化。而为

---

① 例如，成果指标通常是越大越好。

维持线性增长格局，恐怕需要付出额外的成本。由于增长目标压力，实际操盘者容易忽视对成本的管控，特别是对长期隐性成本不那么在意，只要达成短期业绩即可，只要自己不被问责即可。在工作条件不宽松的形势下，基层只能搞所谓"底线操作"，而这种工作方式的结果往往是，发展质量不容易提升。从宏观层面上看，中国的经济结构调整屡次被打断，其原因往往就在于，短期增长目标总是在取舍中占上风。

注重短期业绩，注重增长速度，容易偏向于见效快的工作。工作本身往往有效果快慢之分，有的工作本身就是常规性的工作，是非常耗费时间的工作，特别是基础性工作，往往不能靠突击来完成。

非常典型的是经济测度和国民核算工作，就不可能，因而也不应该，搞跨越式发展，跳过了必要的基础步骤，需要深度分析数据时，未必能达成经济测度、国民核算和国际比较的真正目的。例如，在文明城市评比过程中，特别是在考察组逗留期间，有的地方会临时关闭农贸市场，以维持城区的清洁状态，这属于非"自然"或非常规的环保措施，对提升城市的文明水平而言，显然不可持续。

结构调整对提升发展质量非常重要，但往往会面临效益和成本之间长期与短期的选择。例如，"腾笼换鸟"用意在于提升产业水平，但也面临风险。先腾空了"旧鸟"，如果换不来"新鸟"，就会有"空笼"的威胁。甚至绿色发展，虽然说起来高大上，搞不好也会出现产业生存与否的风险。

须知，可持续发展是很可贵的，但也是很贵的。发达国家也未必玩得起，更不要说发展中国家。例如，澳大利亚不可能放弃煤炭出口，印度也决不承诺：全然放弃其碳排放的权利。在制定战略动作时，我们需要注意这些结构调整过程的关键点。布置"减排"任务时，需要当心受环保过度竞争的拖累。

按照欧美的路子，我们在国内各地区进行碳排放的责任分配，碳排放交易，这种行为本身就意味着已经认可了碳排放的国别责任，认可了欧美主导的环保世界格局。不过，长期目标的坚守与实施过程的弹性并不矛盾，其中的操作空间还比较大，注意动态地学习发达国家和某些新兴国家的做法，或许可以更多地维护中国的国家利益，也可能提升中国的国家信用。大政方针既定，还得注意实施中的相机抉择，不能刚性地照搬、照转国际标准，因为其中隐含着欧美对我们提出的过分要求。

1.4.3 细化投入产出核算的分类有助于减弱线性思维的负面影响

线性思维，可能来自于对经济测度的误读和误用，但深化国民核算又有助于减弱线性思维的负面影响。因为投入产出核算的主要手段就是线性推断，用直线关系代替投入和产出之间原本的曲线关系，这种替代能够成立的条件就是，尽可能缩小测度单位。显然，用 N 段直线来代替曲线，效果必定优于用 1 段直线去替代。

就投入产出表而言，就是将产品和部门尽可能地细分。可见，投入产出表的分类细化最具实质性的核算意义。试想，如果投入产出表只有三次产业的划分，其表格数据又能说明什么呢？

然而，投入产出分类的细化，并不是靠临时加班突击就可以立刻达成的，编表所用的基础数据需要系统搜集，需要多年产业统计的构建和常规维护，还需要有专业统计人才的教育和实战摸索。编制详细实用的投入产出表是一项非常烦琐的工作，专业地从事这项常规性工作，还需要一批具有奉献精神的统计工作者长期坚守。

再论及国民核算体系构建和发展，众所周知，SNA 包含国民收入统计（广义）、投入产出、资金流量、国际收支和资产负债五个既相互关联又独立发展的子系统。从历史经验看，发达国家通常都是先搞流量核算，具备条件再搞存量核算。因为资产负债核算的关键在于定价，相比而言，可供参考的基础数据并没有流量核算那么可靠，所以通常都需要用多年的流量数据来校验。

如果资产负债表编制的测度和流量核算基础不那么充分，典型的例如，如果投入产出表的分类过粗，则核算表的实际作用就没有那么大，因此，即使编制了资产负债表，对经济家底也只能是一个粗略的估计，对其数据结果并不能过分依赖。

1.5　经济统计常规分析大有用武空间

1.5.1　经济统计学的学科层级概述

好多人把经济统计学仅仅当作数理统计中经济领域的应用，这是从交叉学科角度来定义的。需要注意的是，这种流行看法其实忽视了经济统计学科的本意。须知，经济统计学最早发端于"国势学（statistic）"和"政治算术（political arithmetic）"，已经经历了 360 多年的历史，而"数理统计（mathematical statistic）"这个名词是其后 100 多年才产生的。

也有的人把经济统计学当成 SNA，这个说法也不全面。经济统计的主体内容其实应该是经济测度，国民核算不过是诸多宏观测度指标中能够形成平衡关系的部分。此外，国际比较也是宏观经济统计的重要内容，因为国势认知从来都是在国际比较的背景下进行的。因此，比较全面的学科认识如下：经济统计学是经济学学科群中的基础构成或分支，属于社会科学，是关于"经济测度（economic measurement）"、"国民核算（national accounting）"和"国际比较（international comparison）"的方法论学科[①]。

如何概括表述经济统计学的基本内容？

---

① 如果用英文字头概括表示，就是 MAC。

一种概括是"学科八个字（4M①）"：意义 meanings（implications）；事件（问题，也即对象）matters；方法 methods；机理 mechanism（organic analysis）。

将上面的概括稍加拓展，就可以用"W4WHW"表示学科的四个方面，主要包括初级、中级内容。

第一方面，意义（W，即 Why）：为什么要做这个研究？意义何在？（意在保持学科方法论研究的相关性）。

第二方面，事件的四要素（4W）：即研究对象的界定（定义域），类似"新闻四要素"：谁 who、什么 what、时间 when、空间 where。

第三方面，方法（H）：怎么做定量分析，或政治算术，用什么工具（方法）？其中也包含最基本的方法原理，通常采用手册（handbook）描述，属于学科的初级内容。

第四方面，机理，即为什么这么计算（W）：为什么可以用这个方法工具？为什么此定量结论可靠？进而，这么计算需要什么假定前提条件？还存在哪些测度陷阱等。机理含义的"W 问题"属于学科的中级内容，以机理挖掘为主的应该属于经济统计学的"脑书（Headbook）"②，然而，这方面的研究无论是国内还是国外都还很不够（邱东，2018）。

经济统计学的高级内容包括学科内部和外部"一致性研究"：诸种测度指标方法间的关系，经济统计学与相关学科关系。就学科现状而言，这个层次的研究就更为缺乏，正需要在国势研判和社会经济问题的实证研究中逐步深化。

---

① 这里四方面都用 M 表示只是便于记忆。

② "脑书（Headbook）"，是笔者为经济统计学学科层次的表述特意新创的英文单词，仿照 handbook 和 Facebook，这样造词应该可以成立。有了这个单词，人们对学科的高层次发展或能更为在意。

1.5.2　经济统计学独立的常规分析功能

对经济统计学科有了概要认知，就需要进一步知晓其社会功能。经济统计学是一门基础学科，但有的人对基础的理解比较片面，以为经济统计就只是为计量经济分析和数理方法应用提供基础数据（因为经济统计的指标不过就是模型中的变量）。

的确，经济统计是各种数理方法①与社会科学"交叉"之桥，经济统计数据是计量经济模型的原材料。但与此同时，断不可忽视其独立作用，即经济统计常规分析表现的"国势学"内容。笔者认为，"政治算术"即"定量的国势学"，这个传统在西方其实从亚里士多德时期就已经存在，在东方比较著名的则有商鞅先生的主张——治国需知"十三数"。到了 17 世纪后期，国势学在德国大学作为专门学问加以研究和传授，而在英国则是威廉·配第先生开创的"政治算术"。

说到学科传统，有的人可能会不屑一顾。都 21 世纪了，都"大数据时代"甚至"人工智能时代"了，做什么事情得讲究"现代"两个字。然而此言有其不当之处，其一，"现代"未必前沿，人类开始探索"后现代"已经好几十年了，与之相比，"现代"其实是个落伍的用语，用鼓吹"现代"来标榜自己研究的前沿性，其实是露怯的表现。其二，仔细看看多数人能够理解和使用的数学工具，好多都有二三百年的历史，并不现代，却非常传统。典型如微积分，就是 17 世纪下半叶开创②的，难道可以弃之不用？

比照而言，经济统计常规分析，即分组方法和指标方法的应用，仍然大有用武空间。应该明确的是，"政治算术"，难不在计算，而在于政治。毕竟，人类不能为了使用数学方法而随意处置对象，将其中客观存在的社会因

---

① 不单单是数理统计。
② 经济统计学科恰与其同时代产生。

索剔除，假装其不存在。最典型的事例是，将"政治经济学"简化为"经济学"，学科其实就等于进入了抽象空间，失去了其历史属性，从客观对应性角度看，其实很不科学。

讲究科学性未必是追求模型的复杂化，首要一点是切合社会实际，如此才能为科学决策提供认知基础。回说到经济统计，"加乘运算"本身倒是容易，但确保社会经济意义上的"可加性"和"可比性"，需要探究的内容实在丰富，测度陷阱也非常之多。西谚云不能把苹果和橘子加在一起，是说风马牛不相及的东西加在一起，毫无意义。两样东西能不能相加？加的结果意义何在？人类的测度正是在这个由微观到宏观的探索过程中，也正是由于对计算内在机理的追问，才可能取得认知"国势"的进步。

1.5.3　经济统计学常规分析的著述实例

我们先来看下面四个典型例子。

第一个例子。2020 年，杰弗里·萨克斯（Jeffrey D. Sachs）教授出版了《全球化简史》（the Ages of Globalization），阅读这部书我们会发现，其中立论主要依靠经济统计常规分析，并没有使用什么高深的数理计量模型，给出了人类发展的宏观线索。

第二个例子。2014 年，安格斯·迪顿（Angus Deaton）教授撰写、崔传刚翻译的《逃离不平等：健康、财富及不平等的起源》（the Great Escape: health, Wealth, and the Origins of Inequality）中文版出版。迪顿教授是 2015 年诺贝尔经济学奖获得者，著名的微观计量经济学大师，但是在本书中，却并没有使用什么计量经济模型，倒是对经济统计方法论时有高论，所占篇幅颇多。笔者以为，这部书可以当作经济统计学的教材去研读。其中对贫困统计、国际比较和经济测度一般方法论都有独到的见解，令人颇受启发。

第三个例子。2010 年，彭慕兰教授著、史建云翻译的《大分流：欧洲、中国及现代世界经济的发展》(*the Great Divergence：Europe，China，and the Making of the Modern World Economy*)由江苏人民出版社出版，原著作者彭慕兰 (Kenneth Pomeranz)是美国加州大学尔湾分校教授，该书 2000 年由普林斯顿大学出版社出版，并在当年获美国历史学会东亚研究最高奖——费正清奖和世界历史学会年度奖。

这本书也可以作为经济统计学教材使用。彭慕兰教授主要用经济统计常规分析得出了新的历史结论，从经济统计方法论角度看，仅仅分析结构的设定（即如何分组？），比较对象的再确定，并没有什么高深的数学模型，就得出了全新的认知，为进一步定量和定性分析提供了坚实的基础。

第四个例子。如今资源环境问题成为定量分析的热点选题，早在 2007 年，邱东、陈梦根教授在《统计研究》第 2 期发表了论文《中国不应在资源消耗问题上过于自责——基于"资源消耗层级论"的思考》，这是一篇采用经济统计常规分析进行的研究。该文特别抓住了资源消耗"国别责任"判定这个关键点，提出区分"名义资源消耗量"和"实际资源消耗量"两种指标，表明了仅仅用排放等总量指标做出国别责任判断的弊端。

对比而言，如果盲目接受所谓环境污染的"中国责任"，简单地采用碳排放总量数据，即便代入复杂的计量模型而进行精致分析，对辨明国别责任也无助益，或许还会得出南辕北辙的结果，那样势必为中国发展制造道义上的障碍。可见，选择什么指标，其实隐含着国家立场。

尤其值得注意的是，国际组织通常都采用人均指标进行数据分析，然而在资源环境领域，却选择碳排放总量指标进行排名，导致近些年所谓"中国责任"备受关注，这种数据导向值得深思，不能当成国际通用标准而迷信和接受。统计学是一门平均数科学，好多宏观指标隐含着"平均国"设定，这种处置对处于发展阶段低端（全球生产链低端）的国家不利，而发达国家并不大在意"国家间分配问题"①，这就需要我们自己格外注意，争取避免或减少类似测度陷阱的负面影响。

上述四个例子表明，尽管没有数学方法复杂化，常规方法也能胜任宏观分析的重任，也能提出新的认知，做出新的学术贡献。这意味着，对经济统计学而言，最重要的并不是数学难度的提升。

1.5.4　经济统计常规方法具有复杂模型并不具有的优势

通常人们都会认为，实证分析中，所用方法越复杂，数学程度越高，就越先进，数据结果就越精确，分析质量也就越高。基于这个判断，人们也就对经济统计学的常规方法不大感兴趣，什么分组，什么指标，都太过简单，看上去无非加减乘除，小学课程就接触到的算术，怎么能成为研究工具？方法选用时往往趋难而避易，生怕在形式上就失去用户对分析的信任。

然而，需要深入进行经济统计常规分析与复杂模型的优劣比较。常规方法通常是基于被分析事物的底层逻辑，数值与现实依据之间的逻辑节点通常都比较直观和清晰，受到的计算约束比较少，因而更容易具备普适性。复杂模型则需要更多的假设前提和条件，这些假设如果与经济社会现实不那么吻合，就容易使模型的适用范围比较狭窄，数据结论的有效空间比较小。

应该认识到，模型假设前提条件就是其有效空间的边界约束，一般而言，越是复杂的模型及其较为精确的数据结论，其所能指认的有效现实空间就越小，对之做推广判断的可靠性也就越差。

---

① 然而国际经济统计界近年来却比较关注富国的国内收入分配问题。

参 考 文 献

迪顿 A. 2014. 逃离不平等：健康、财富及不平等的起源. 崔传刚译. 北京：中信出版社.

尼克. 2017. 人工智能简史. 北京：人民邮电出版社.

彭慕兰. 2010. 大分流：欧洲、中国及现代世界经济的发展. 史建云译. 南京：江苏人民出版社.

普特南 H. 2006. 事实与价值二分法的崩溃. 应奇译. 北京：东方出版社.

邱东. 2018. 经济测度逻辑挖掘：困难与原则. 北京：科学出版社.

邱东. 2021. 基石还是累卵：经济统计学之于实证研究. 北京：科学出版社.

邱东, 陈梦根. 2007. 中国不应在资源消耗问题上过于自责——基于 "资源消耗层级论" 的思考. 统计研究, 24（2）：14-26.

萨克斯 J. 2021. 全球化简史. 王清辉，赵敏君译. 长沙：湖南科学技术出版社.

Mügge D. 2020. International economic statistics：Biased arbiters in global affairs?. Fudan Journal of the Humanities and Social Sciences，13（1）：93-112.

Rockoff H. 2019. On the controversies behind the origins of the federal economic statistics. Journal of Economic Perspectives，33（1）：147-164.

Stiglitz J E, Fitoussi J, Durand M. 2018. Beyond GDP：Measuring What Counts for Economic and Social Performance. Paris：OECD Publishing.

附录 1.1　东坡《题西林壁》与统计评价[①]

　　下笔先申明：挺大的论文题目，其实只是一篇小随笔，颇有大题小做之

[①] 作者邱东，载于《中国统计》2021 年第 5 期，第 65–67 页。

嫌。而且，诗与统计，1000 年前古贤之幽思与当代宏观管理运作，在外人看来简直是八竿子打不着的两桩事儿，我却来做"连连看"的游戏，练练眼力，其实是试图练练心力。

或有看官喝问，你的游戏与我有何干系？居心赚你眼球，底气在于：统计竟然跟哲学差不多，也是无所不在、无时不在的。试想一下，你可以不"搞统计"，但你多多少少得"用统计"，直接或许你不喜欢用，可间接肯定得用统计来做支持，没有哪个人可以决然脱离统计而生存。大数据时代来临，甚至在你压根儿不知情的情况下，你本人用不用统计也一概不管，你还"被统计"，不管怎么小心也完全可能成为"样本"。跑得了和尚跑不了庙，世上人只分为这么三种，或搞统计，或用统计，或被统计，概莫能置身于统计之外。

可不，街头路旁的，这"干系"说来就来了。国学班流行，我们时常可以听到黄口小儿诵经一般地背读：

"横看成岭侧成峰，

远近高低各不同。

不识庐山真面目，

只缘身在此山中。"

谁都知道，这是宋代哲人苏轼的著名诗篇《题西林壁》。它的意思似乎不难解：头两句的字面是说，庐山从正面看，它是一道道连绵起伏的山岭；从侧面看，它是一座巍然耸立的险峰。从远处近处高处低处看，庐山呈现出迥然不同的形象。实际的意思是指，同一个事物在不同的空间和不同的时间看是不一样的。

后两句告诉我们，虽然亲身到了庐山，却往往识不得其真面目，而这恰恰是因为，我们自己就在这座大山里面。那么，"不识"的原因究竟如何？是庐山太大、变化太快、内容太过丰富？还是看者识者本身就成了被看被识的一部分，主体同时也成了客体？苏轼点到为止，深邃的观点并没有展开，留给我们自己去诠释、去探究、去发挥。

黄口小儿可以有嘴无心，可以"快闪"，大人就不该无动于衷了。那么"走心"，又该怎么个走法呢？都说仁者见仁，智者见智，可能人们大多比较在意自己的专业见解，不管撞到什么，都习惯用专业眼光去看，毕竟多年沉浸其中，情有可原。

情人眼里出西施，东坡这首诗在我眼里，实在是道出了统计评价的要义，似乎就是给统计人写的。当然，产生这想法笃定是一种"移情"作用，这有点像那种高超的人物画像，无论你从哪个角度看，那目光总是对着你的，眼珠似乎在盯着你转，对你情有独钟。

无论是国学博大精深，还是统计如影随形，我都公然提倡：我们从事统计评价时，应当将苏轼的《题西林壁》作为方法论总的指导思想。哪怕别的诗背诵不了，这一首却是统计业者无论如何都应该烂熟于心的，座右铭是也。

有点夸张吗？不然。至少我有个佐证，这不是我一个人硬要胡乱联想。陕西省有一位王振龙教授曾经提出其独特观点："统计是一门亚哲学"，还写成博士论文，系统加以论证，我深以其为然。

或许就是因为统计与哲学内在精神的契合，让我觉得，东坡先生这首诗不仅哲思深远禅意涵蕴，而且实在富有统计味道，跟统计评价有着太密切的关系。稍加思索和梳理，便可以扯出以下四条：

首先，观察角度不同，认识和评价结论可能有很大不同。同一座山，到底是岭是峰？横看和侧看就有了变化，景跟步移，山随目转。

对搞统计的来说，进行统计评价前，自当注意评价角度的选择。现实条件总是有限的，允许我们从哪些角度来进行评价，在不同角度中哪个角度更为适用，又更容易保持评价的可持续性，这些都需要认真考量。角度选择合宜，也可收事半功倍之效。

多数人只是统计的用户，在解读评价结果时，要注意辨明其角度的定位，评价指标是从哪个角度来统计的，这角度对理解评价结果的意义究竟如何，评价方法里有没有什么需要注意的问题，诸如"统计陷阱"之类的如何提防。东坡先生的"横侧之辨"当是一贴清醒剂，有助于我们保持"角度意识"。

其次，观察的时空距离不同，观察格局不同，认识和评价结论又可能有很大不同。东坡先生只用四个字便给出了两类观察格局："远"和"高"重总体（宏观格局），"近"和"低"偏样本（微观格局）。这是人们认识和评价事物的主要格局，所谓中观格局不过是相对而言的。

认识和评价通常都为着一定决策目的，从决策角度看，怎样的格局才能客观地反映所认识和评价事物的实际？或者，怎样将两类格局结合起来进行评价？无论是统计的业者还是用户，这可是绕不过去的坎儿。

观察问题，"角度意识"固然重要，但"格局意识"恐怕更为重要，只有将所认识和评价的事物放在宏观格局下，明了大系统中的层次结构关系，并将之与微观格局的考察有效地结合起来，才会得到相对确切的评价结果。

再次，有一点需要指明，认识和评价的角度和格局选择也即统计权重确定。统计权重说白了，就是把诸评价因素中的哪个看得更重些，给的分量重一些，计算时给数值高一些。由此可以推断，无论是角度的确定，还是格局的选择，实际上都是确定统计权重的过程。横看侧看，就体现了权重选择的意味。远近高低，实质上也就是权重究竟如何摆放。

进而可知，对评价来说，统计权重是个贯穿始终的"全程概念"，并不是计算时做加权处理了才有权数，不加权就没有权数。做加权处理时采用的权数是"显在权数"，而确定评价角度和格局时相应确定的权数是"隐含权数"，虽然它们没有表现出来，但实质上却是客观存在着的。最简单的例子是，当我们选取指标进行统计评价时，有的指标入选，有的却被淘汰，那些被淘汰的指标实际上权数即为零。自然，统计权重不同，评价结果当然会有很大差异，故而统计评价必须注重"权重意识"。

统计权重确定实际上是一个主观与客观相结合的过程，既要反映现实状态，重其重者；又要重视统计评价的目的性，适度发挥人的主观能动性，重其当重。话好说，"度"难"适"，事儿难做。统计权重可是相当难以把握的，搞不好，哪里能识得庐山真面目呢？甚至识得个庐山假面目，也未可知。假作真时真亦假，只有数量，没有见解。

最后，统计评价的客观性和主观性都得充分加以重视。苏轼先生开了个口子，摆出了"不识"的原因——识者就在被识客体之中，再深一步呢？他搁那儿了。相对于被识客体而言，到底是识者把握能力有缺？还是识者与被识客体的界限不清？究竟缘何"不识"？我以为，两个方面原因都有，这都涉及评价的客观性与主观性。

相对于偌大庐山，个人太过渺小。虽然在山中得以亲自体会，不过"眼见"仍然难以"为实"。人可以跑来跑去地看，可庐山在变，气候在变，时间在变，不同的"眼见"固然可以拼凑出一幅全景图，但你断不敢说它绝对"为实"。不同的人可能有不同的庐山全景图，都是"眼见"，怎么你的见就"为实"了呢？

统计评价也是如此，面对经济社会这个复杂系统，评价因素难以考虑周全，权重难以分配适度，角度和格局选取既有如何优化的问题，还有统计评价投入和时间的限制。你可以比较靠近真实，但你不可能声称自己绝对得到真实。

更为麻烦的是，统计评价存在着"中性悖律"。就是说，一方面，统计评价应该是客观的，客体怎样就如实地加以评价，评价者不应该用自己的主观臆断先验地影响评价结果。但另一方面，统计评价是由人来操作的，任何人都无法做到完全客观地去评价事物，他或他们的先验认识或主观认识，或多或少，总会影响评价的结果。你看，应该客观，但做不到完全客观，用传统的说法这是一个"二律背反"，笔者便把评价中的这种规律性现象概括为"中性悖律"。

人在庐山，方便对庐山的认识，但也更容易受特定视角所限，得出对庐山的独特认识。身份不同，在评价庐山时，角度、格局和权重选取大有不同。在诗人、画家、旅游者眼里，庐山只是用来观赏的。在地质学家、气象学家、植物学家等专家眼里，庐山是难得的一个调查、研究和保护的专业样本。而在居民眼里，庐山的好只是在于他们生活资源比较丰富而已。这不同的看法可能和平共处，甚至可能互补共赢，但也可能彼此打架。

一旦产生矛盾，看者识者就会坚持预设的立场，对"事实究竟如何"的影响可就大发了。在某些外人眼里，庐山当地人的某些行为是"煞风景"的，是破坏资源的，似乎他们不配属于庐山。而在庐山人看来，外地人好多是扰民的，更不该出现。如果搞个第三方评价，这络绎不绝的所谓外来者应该如何划分，他们到底是不是庐山真面目的一个组分呢？只在庐山待那么短的时间，怎么可以把他们与庐山相连？可作为那么著名的旅游景区，如果去掉了络绎不绝的游客，又怎么全面定位庐山呢？

是，或者不是，这的确是个问题。地球如今都成了村，你胆敢吊销哪一位的身份证？

由于评价者客观和主观的界限难以完全划清，评价的结果就隐含着相对性，就不宜做绝对的解读，很多情形下，评价结果其实只有好差之分，并没有对错之决。无论评价者还是其用户，都应该心存警惕，谁要是非得拿着"只是"和"必定"来压迫你，你就应该用"未必一定"还有"何以见得"来反抗。

更重要的一点是，经济社会评价与自然科学实验不同，这里的实验室是很难有"围墙"的，难以造成一个其他条件都相同的封闭环境。评价者总是身在其中，如果只是注重计量，而忽视对质的比较，忽视对具象和背景的甄别，计算结论就可能跑偏，这是社会经济统计与数理统计相当重要的区别。

一听统计两个字，多数人就联想到计算器，而我却把它跟东坡先生扯在一起，就是因为这个缘由。

话头扯出这么四条，心中依旧忐忑。把苏轼的诗意与貌似冷酷的统计评价混搭到一块儿，到底靠不靠谱？统计人内心该不该有一面题着苏公此诗的"西林壁"？如果二者的精气神确实相投，那么，还会不会有第五、第六之类的进一步解读呢？或许还可以另辟蹊径，例如，从时间角度的观察差异：

日看成岭夜成峰，

春夏秋冬各不同。

不知庐山真面目，

只缘身隔雾雨风。

虽然是狗尾续貂，倒也开了又一个视角。不过展望而言，我这随笔又不过抛砖引玉，大题还期待大作。

附录1.2　"黄河如丝"与统计观察的格局和立场——也说"事实判断"与"价值判断"[①]

说起黄河，我们能记取多少脍炙人口的诗句呢？可能是我记忆力不大好，打小就没有这方面的训练，又在小学三年级时遇到了"文化大革命"，实在是少有积淀。好在如今有了手机，通过数据平台一查就大有斩获，人家已经为我们充分地准备好了，洋洋洒洒地、甚或眼花缭乱地排了一大串：

"君不见黄河之水天上来，奔流到海不复还"，出自李白的《将进酒》；"经天亘地，滔滔流出，昆仑东北"，出自许有壬的《水龙吟·过黄河》；"一支黄浊贯中州"，出自王安石的《黄河》；"黄河怒浪连天来"，出自温庭

---

① 作者邱东，载于《中国统计》，2021年第7期，第68-70页。

筠的《拂舞词》……

这些吟唱和感叹，都和我们心目当中的"黄河印象"差不多，毕竟我们不少人亲口唱过《黄河大合唱》，还有不少人亲自去过壶口瀑布，亲眼亲耳亲身感受过"黄河在咆哮"的动人场景。

李白在《赠裴十四》中把黄河摆得非常高："黄河落天走东海"，元好问在《水调歌头·赋三门津》中也写过"黄河九天上"，似乎在印证王之涣《凉州词》中的句子："黄河远上白云间"；刘禹锡用浪淘沙的词牌记下了这样的描述："九曲黄河万里沙"，恐怕是经历了多处观察后的感悟；当然，不同时节看黄河，景象也可能不同，毛泽东在《沁园春·雪》中写下了气势直贯的句子："大河上下，顿失滔滔"。

不过，李白善于变化，英伦的凯恩斯也常常前后所论迥异，让人跌破眼镜，大概其才情横纵的人都有这个特性吧。同样的黄河，到了《西岳云台歌送丹丘子》里，竟然有了这样的描述："西岳峥嵘何壮哉，黄河如丝天际来"。这一个"丝"字着实打眼。倒还仍然是高高在上，可那"大河"那"奔流"那"滔滔"那"落天"那"怒浪"那"黄浊"统统不见了，竟然化成了"丝"？用黄永玉惯常的湘西腔调来设问，这是要闹哪样？

似乎，一旦与巍峨西岳相对，黄河就被矮化了，当然，别的大山也有这般功效，胡秉正在《咏贺兰山》中写过"俯瞰黄河小"。我的解读稍微朝文化偏一下，这种描述似乎隐藏了阴阳相对的蕴涵，在山和水的比较中，山为阳，水为阴。较真做回"杠精"，如果这时候再说"黄河在咆哮"，恐怕就有"河东狮吼"的意味了。不过我们应该意识到，"相对"本身也是相对的。例如，"凤"与"龙"放在一起有阴阳相对的意思，而与"凰"相对，"凤"又被赋予了雄性的成分。

或许，并不是观察者善变，根源在于客观事物本身，它们并非单一的、同质的、机械的、固化的存在，反倒是多元的、动态的、有机的、交织的，一种混沌的存在。如果把黄河当作观察对象，观察主体是谁？在哪里看？看黄河的哪一段？什么时间看？如此等等，诸多的问题，仔细地琢磨，不同解答所对应的观察结论就可能大相径庭，比如有人宣称"黄河不黄"，你敢断然加以"全称否定"吗？

同样时空下的黄河，观察者不同，对黄河的着眼点就不同，认知也就不同。在地理学家、地质学家、水利学家、军事学家、政治家、人文学家、历史学家、文人、环境保护者、桥梁建造者、运输部门管理者、旅游者、当地的居民等诸多观察者眼里，黄河的定义可能五花八门，且可能各不相让。

观察者并没有生出千里眼，这种局限竟然让有的人憋出了一种理直气壮的偏好和豪情：弱水三千，独取一瓢饮。问题在于，谁都喜欢"我执"，至少在内心里如此：自己的观察才是客观的和本质的，才是事物的本来面目，而别人的观察则不然，起码等而下之。

这样一来，就有了"事实判断"与"价值判断"能否断然切割的辩论，而这与统计观察的科学把握密切相关。

有的人主张："事实判断"与"价值判断"截然可分，认知时首先得把客观事实搞清楚，然后才能判断主观价值的利弊优劣。不过按照这种认知的路径，"事实判断"又得进一步分为"个案层面"和"范式层面"。不打自招？这种论断要命的矛盾在于，"范式"这个词一出，"价值判断"其实就已经悄然跟进了。

前面说到观察黄河的"诸子百家"，每一种其实都秉持自己所信奉的某种认知范式，都包含着或隐含着不同观察的格局和立场。就拿单纯要过河的当地居民或者游客来说，再或者对桥梁的建造者来说，所谓"黄河如丝"，简直就是李白酒喝多了信口开河，主观臆想而已，哪能算得上"事实判断"？毕竟，只有少数登上西岳云台的游客，他们有钱有闲有体力有情怀，才有那份幸运，可以体会到李白的远见和冲天豪气，印证并认可李白当年在华山之巅亲眼看到的确凿事实——"黄河如丝"。观察立场的改变，的确会感受到对事物不同的认知。再例如，在黄河上游看到其涓涓细流、清澈晶莹的人，或者在黄河下游看到其大河漫阔、缓缓而去的人，才更有兴致亲自跑到壶口，去听那"黄河在咆哮"，去看那浊浪跳跃，去体会母亲河那令人心潮跟着起伏的激动，又一种不一样的黄河。

笔者以为，并不存在截然离开"价值判断"的"事实判断"，任何所谓的"事实判断"都隐含着一定成分的"价值判断"。事实本身多元，判断自然多维，阁下选择哪些维度来做判断？"事实判断"聚焦于何处？这选择之中也就包含了某种价值观。我们并非认定二者完全相同，只是其区别并不能截然断开，判断究竟是基于事实，还是基于价值，恐怕仅仅在于主观成分的程度高低而已。

一个比较典型的例子，人们往往以为语言是中性的，其实并不然。在全球化发展的大背景下，语言也分化发展。英语最为流行，其分化也就最为严重，世人说着英式英语、美式英语、澳式英语、加式英语、印式英语，不一而足。自然其中还应该包括中式英语，我们自嘲为洋泾浜的英语，近年来倒是很有些独创词汇，还得到了许多老外的认可，居然进入了比较权威的英语词典。然而，这种语言分化本身在某些人眼里也就是离经叛道，前两年实在是惹恼了英国女王伊丽莎白二世，擒贼先擒王，她公然昭告全世界，根本没有美式英语这种东西，有的只是英语和其他错误（语言）。

女王的这个"事实判断"中，当然有对英伦本土文化的捍卫，不过其中恐怕也有国际市场交易的考虑。1992年笔者到英国做访问学者，发现当地享用的粮食和蔬菜大多靠进口。跟一位教授闲聊说起此事，人家并不以为然，毕竟英国的服务贸易大有斩获，在出口净盈余大项中，除了金融、教育外，还有语言呢！试想，如果新兴市场都去使用被女王视为错误的美式英语，那纯正的正宗的英语还能卖给谁呢？从英伦三岛到日不落帝国，作为推行其所谓高尚文化的工具，英语可是卖了不少力气。如今国势再窘迫，也不甘心让Queen's English 余晖燃尽吧。然而事与愿违，即便尊贵如英国女王说了也不算，她老人家的"事实判断"没能成为事实，连"一半事实"都成不了，或者说，没能改变美式英语大行其道的事实，没能变成唯一的"价值判断"。

现实社会就是这么残酷，往往喜欢打脸，而且特别愿意让断言者下不了台。这应该引起学界注意，我们写论文往往愿意使用"结论"这个词，动不动就 conclusion，其实，事物本身还在发展，还远没有完结，我们对其的认知怎么就可以有"结论"呢？顶多可以有点"小结"罢了。

"事实判断"与"价值判断"剪不断理还乱，这种复杂关系四处可见。例如，当前国际社会就存在着一个重大问题，碳排放的"国别责任"究竟如何？究竟应该按什么指标来测度？似乎这应该属于"事实判断"的项目，可"价值判断"却紧紧咬着不放。当然，在发达富国看来不成问题，但对中国等新兴经济体客观上却很成问题，需要深度自省。

发达国家和国际组织，在国势判断中通常比较喜欢使用人均指标，可是在碳排放上却一直用总量指标，于是，这十多年来中国始终名列榜首，似乎是污染全球的首要责任国。可要是按照人均量排列呢？如果切实秉持"人人生而平等"的崇高理念去测度，那中国大致处于全球主要"碳排放国"的十名开外。环境保护，人人有责，但并不仅仅是中国人的责任。再例如，前一段网上热炒的话题，少吃肉以保护环境。国人吃肉比过去多一些，这才几年工夫啊？且不说人类不必为保护地球环境而吃素，即便从总量指标上看，中国也还算不上肉食消费大国呢。英国《经济学人》对中国人的建议实在有些无厘头，笃定出自某种"价值判断"，而绝非"事实判断"。

"中国人是不是人"？"丁仲礼之问"掷地有声，可对碳排放"国别责任"的质疑到这里并没有完结，还应该特别注意的是，"碳排放发生国"与"碳排放最终责任国"存在着事实上的重大区别。从事实判断角度看，相当部分的事实并没有被判断、被传播。西方发达国家虽然是提倡可持续发展理念的主力，可同时不容忽视的是，他们也是出口垃圾的主力，是输出"非清洁生产线"的主力，他们在进口清洁能源设备时，也并没有将该种设备生产时产生的废料一并带走，而是留在了中国和其他新兴国家。

所谓"新兴国家"，在笔者看来，就是挤进了全球生产链的发展中国家，主要通过廉价竞争，获得了某种资格，去承接低端和部分中端产品零部件的生产。从全球分工看，这些国家从事的主要就是与碳排放密切相关的低端生产，在这种国际分工格局下，怎么能把碳排放的责任全都归咎于这些国家呢？笔者在 2008 年就试问了一下：贵族在豪华餐馆享用烤乳猪，怎么能责备厨师残忍？怎么能认定餐馆耗费了过多的食材？怎么能埋怨后厨和仓库不如餐厅干净？

究竟按照什么指标来测度碳排放的"国别责任"，看起来是"事实判断"，实际上在指标选择后面大有文章，隐含着的是主导指标选择的"价值判断"。发达国家从贵族甚至到不少平民，往往以高等文明自居，而他们眼中的低等文明国度，原罪在身，只配为他们打苦工，还每每逃不掉污染环境的责任。

碳排放"国别责任"的测度其实非常复杂，如果我们天真地把它当成一种纯粹的"事实判断"，把按照碳排放总量的排名当成客观事实，心甘情愿地按照这个所谓事实去从事"碳交易"，中国需要格外付出多少发展成本？会不会被这种剑指中国的"环保竞赛"严重拖累？国人对此难道不应该深入思考多加警惕吗？

回到一般性的论述，尽管"价值判断"无法全然地从"事实判断"中剔除干净，但并不意味着我们可以放弃对"事实判断"的追求。人类认知的使命就是让不同的判断相互碰撞，如果二者粗略可分，那么就让不同的"价值判断"相互碰撞，让"价值判断"与"事实判断"相互碰撞，让不同的"事实判断"相互碰撞，正是在这种错综复杂的"判断碰撞"中，我们对事物的认知才能提升，才能深入，才能拓展。

复杂问题的测度，尤其是面对"模糊不确定性"问题时，社会经济统计就更应该派上用场了。当然，这需要我们更加在意统计观察的格局和立场。我国台湾有位学问家胡佛先生，他说，"致广大"是一种"宏观"，而"尽精微"是一种"微观"。我读到这"文化金句"的感觉是，这种说法，跟"统计"这两个字正相对应。格局上"致广大"，立场上"尽精微"，统计观察的结果便容易有"三个方能"：方能更接近于对客观事实偏误比较少的判断，方能尽可能地免于测度陷阱的损害，方能减少某种绝对"价值判断"对"事实判断"的扭曲和干扰，从而达成统计观察的初衷。

笔者以为，上面的话，多多少少可以衬托出些许黄河文化的底色，道理相通，这也是本文拿"黄河如丝"作为引子的缘由。笔者曾借助苏轼的"庐山观"来解析统计评价，这里又借助李白诸君的"黄河观"接续展开论述，山水之间，统计意在，等待我们去体会。

附录 1.3　小份额与断链效应的故事

一省区里有两个大城市，省会城市和海滨城市，经济规模上老大老二，海滨城市竞争力看着挺强，除了电力靠省会，其余产品都可外销，钱赚了不少。

老大怕被超越，找机会提出了严苛的供电条件，否则就停了贸易往来。滨城大学头牌教授告诉本市市长，与省会城市的贸易额只占本市生产总值的很小份额，真停了贸易往来，对本市也无所谓。

过后两个城市的经济合作谈判破裂了，来自省会城市的电真就停了。滨城的生产线一时玩不转了，原来靠外销产品赚钱，一下子这个来钱道断了。相反，不少东西得外购，倒贴钱，一正一反，地区生产总值也下来了。

于是，全市协力大搞火电、风电、太阳能那些，不出三年，滨城的电力就自给自足了。本打算立马开动原来的外销生产线，可订单却上不来。原来正是这三年的空档期，老主顾的订单已经被其他小城市瓜分了。而滨城的内需也有问题，因为这三年的生产缩减，工人的收入减少，一时还上不来。

本来挺红火的增长势头，就因为那么点外购电份额，而闹了个大反转？看来这"小份额"未必不重要，关键看它占整个产业链当中的什么位置。

附录1.4 新时代中国特色统计学问题研究与国际统计标准的中国参与①

社会科学"三大体系"建设是新时代中国实现"两个十五年"规划目标的基础性战略任务，是中国实现高质量发展提升人民福祉的社会基础结构，其重要性正如经济增长首先要构建物质基础结构。在社会科学发展的新格局中，中国特色统计学问题研究是"三大体系"建设和社会基础结构构建的重要组成部分，是基础的基础。

对社会科学领域的统计学而言，完成"三大体系"建设任务所面临的一个突出问题是，中国特色统计学问题研究与国际统计标准的中国参与，如何把握二者关系？有人以为，社会经济统计已有现成国际标准，中国执行开放国策参与全球化发展，就得执行国际统一标准，无需要再做什么研究，更不用关注统计学的中国特色问题。这是一种亟待澄清的误解，完全照搬国际标准的态度，对践行统计学学科使命构成极大的障碍。

社会经济统计是国际交流的语言，当然应该满足通用性。不少人采用语言来类比统计国际标准的必要性，要扩大国际交流范围，就得学好流行语言。同样要搞开放，就必须遵守经济统计的国际标准。什么都自己另搞一套，

① 本文主要内容曾发表于《光明日报》2021年4月21日第11版：理论。

与世界发展的潮流不合，对自身发展也非聪明的选择。尤其在全球化业已形成的格局下，完全封闭将相当困难。

问题在于，任何事情都要把握"度"。只讲一般性不讲特殊性，放弃了每个国家都应该具有的话语权，迷信国际标准，其实是一种偏执。我们应该深刻认识国际统计标准的多维属性：①国家历来是基本的经济测度单位；②国际统计标准一直在历史演化过程中；③国际统计标准完全可能隐含测度陷阱，不能确保公平和正义；④国际统计标准中隐含着经济测度的一个基本矛盾：一般性与特殊性。只有从学理上科学加以把握，才能切实意识到中国特色统计学问题研究的必要性和重要性，才能明确社会科学领域统计学"三大体系建设"的方向、重心和路径，才能切实完成我们的学科使命。

1. 国家历来是基本的经济测度单位

国家从来就是一个基本的利益单位，因而也是基本的测度单位。社会经济统计当然要反映"事实"，但世界本身是多维、多元的复杂有机体，有限的统计资源，究竟反映其中的哪些事实？势必出现最为基本的统计"相关性"问题。在现实国际社会中，也就出现了议题选择问题，也即社会经济统计的"国家立场"问题，并不存在纯粹的"描述统计"。

构建国际标准，以便国际事务的协调。作为宏观管理的工具，对"国势"做统计意义上的"反映"，其中往往隐含着平均化的处理，从某个特定视角看其综合"离差"最小，但由于无法顾及各国的国情特色，注定存在着其他视角下对现实国际关系的背离。

不同国家其经济统计的"相关性"不同。马斯洛的需求层次理论在统计重心上也有所体现。富国比较关注福利测度，特别是社会福利（广义福利），当下则比较关注中产阶层的状态。穷国比较关注生产和就业测度，主要是基本福利（物质福利），更关注贫困阶层的状态。

新兴国家的出现是全球化时代的新现象，是发展中国家的分层，新兴国家 GDP 总量在全球 GDP 总量中的比重加大，使得国际竞争出现了新的结构性变化，社会经济统计重心也需要做出相应的变革。然而，发达国家对此并没有准备，新兴国家需要自己提出统计主张。

国际标准应该是世界各国实践的一般化，将一般测度、核算原理与具体统计实践相结合。第一，需要研究标准如何落地。第二，需要各国对之做出反馈。第三，需要深入研究，并揭示其与本国实践矛盾之处。第四，国际统计标准设计并未齐全，不可能对所有现实疑问都给出明确的处理方案，仅仅照搬条文，无法满足统计实践的需要。执行国际标准，意在遵循其基本原则，还有大量社会经济统计难题亟待解决，学说的历史并未终结。中国这样的新兴大国，应该为国际统计标准的改进做出应有的贡献。

2. 国际统计标准一直在历史演化过程中

考察国际统计标准构建和执行的历史，行为主体主要有"制定者（maker）"和"接受者（taker）"，后来才有所谓"共同制定者（co-maker）"。当发达国家的数目增多，且发展中国家在世界经济中的地位有所提升时，现代国际标准才可能在各国博弈中形成，参与国在其中作用的大小，则取决于其经济和文化实力。

社会经济统计的国际标准最初由发达国家主导形成，这些国家最先完成物质基础和财富的原始积累，最先开始关注"软实力"建设，也最先遇到国际交流的数据需求，所以，这些国家的管理精英能够也需要放眼世界，思考社会经济统计国际交流的一般方法论问题。

世界上多数国家是国际标准的接受者，而非其制定者，发展中国家在其中的作用往往相当小。毕竟，社会经济统计是公共产品，穷国没有那么多资源用于"社会基础结构"的建设，初级阶段势必将重心放在硬件建设上，

"软实力"的构建和积累还有待于一定的物质基础。穷国往往受限于现有的资源约束，尤其在国际规则上，即便面对明显不合理的条款，修订和改变的主张也非常艰难。

各国在经济现实认知上存在矛盾，引发国际标准动态演化。但是，规则制定时不可能解决所有矛盾，有些议题能达成共识，有的则不能，从而需要妥协，产生一个在当时历史条件下博弈各方基本上可以接受的统计方案，以解当务之急。

在所制定方案的实施中，统计对象（社会经济现象）本身还在持续演化，可能与既定测度方案产生新的矛盾，从而产生指标如何与现实动态匹配的问题。在已有规则执行过程中，博弈各方也可能遇到标准所忽视的问题，这就需要局部的创新。同时还伴随着认知工具的改良，有助于发现问题和解决矛盾。矛盾积累到一定程度需要更新标准，标准更新的条件也积累到一定程度可以更新，于是博弈各方通过争论，达成新的共识和妥协，完成一个轮次的标准修订。

社会科学统计学的功能就在于：由表及里，由里及表；由彼及此，由此及彼。如何结合国情落实国际统计标准，如何按照发展中国家出现的新情况，如新兴国家现象，来改进国际统计标准，如何按照数字经济的发展来充实现有国际标准？都需要专门的方法论研究。这是一个长期过程，我们应该摒弃静态乃至固化的统计标准观。

3. 国际统计标准完全可能隐含测度陷阱，不能确保公平和正义

国际标准的权威性来自其本来应该具备的公平和正义，对各国的等效性，然而世界大同仅仅是一种理想，现实国际关系是各国间的竞争合作关系，不能只看其中一面，不能误以为国际标准完全秉持国际公平和正义。

第一，国际标准由人制定，必定包含弱点、缺点甚至错误，即使部分专家确实秉持国际主义态度，其学识和经验也会造成某种局限，他们很难切实知晓穷国的社会现实。国际标准与制定者的偏好高度相关，所以同样的"测度陷阱"，往往对发展中国家的危害更大。

第二，其背后可能隐含着制定者的利益，必定有某个具体国家不相适应的地方。欧洲有学者指出了国际经济统计中的"四大偏误"，也指出了新兴国家增长成果中的"GDP 幻觉"。就标准的实质而言，"带病运行"其实是常态。

第三，所有国际标准都是妥协的产物，对强者是固化既得利益，对弱者则是及时止损的博弈。国际标准还存在着理念对现实的妥协。例如，1993 年版 SNA，就是对核算标准使用范围扩展的一种妥协。

第四，世界上还存在着由跨国公司和 NGO 制定国际标准的现象。在实物生产中，做产品的与做品牌的地位层次不同，获利不同。扩展来看，接受国际标准的弱国与"做标准（规则）"的强国差距更大。"软实力"有很多种，其中之一就是做标准的实力，强国可以借力打力，通过维系国际标准，就能够达成维系本国利益的目的。在好多场合，这种"软实力"的功效并不亚于硬实力，特别是在后殖民时代，更可能成为比较方便和实惠的经济殖民手段。

典型的如信用评级机构，美国金融危机调查委员会在其最终报告中指出它们是 2008 年金融危机的"关键推动者"。欧盟央行的研究报告也曾指出，三大信用评级机构倾向于给其客户较高的评分。我们不应该将信用评级仅仅看作一种金融技术，误以为其客观公正。

究竟应该如何应对国际标准？典型的反例是美国，作为世界头号强国，美国在当代国民核算制度中是供给者。公共产品只供全世界使用，但美国自己却并不实施 SNA，而是坚持使用具有"美国特色"的核算制度 NIPAs，只是近些年才做了某些适应性调整，"美国例外论"是美国特色的极致。

坚持"国家立场"倒也无可厚非。毕竟，自转是地球实现其对太阳公转的必要方式，如果不允许地球自转，那么地球恐怕也就无法完成对太阳的公转。问题在于，若是其他国家像美国这样做，却往往会遭受打压，甚至难以与他国有效地交流。

研究当代国势的重大问题，如果照搬并迷信国际流行的指标，就放弃了话语权。那样可能扭曲对国势的判断，容易误导各种决策和政策的制定和实施。例如，中国是否应该接受按"碳排放总量"确定国家责任的做法？"丁仲礼之问"值得深思，如果真是"人人生而平等"，为什么发达国家在环境资源责任上坚持"国家单位"，而在其他测度上却特别强调"个人单位"？除了人均视角外，是否应该确立"多生产多排放"和"多消费多负责"的原则，并开发新的国家责任辨识指标？

按照 PPP 计算，中国已经成为世界上第一大经济体。这个结论被国内外多数经济专家接受。ICP 结果意味着穷国的 GDP 质量普遍高于富国，如中国 2017 年的 GDP 与美国相比，居然可以"以六当十"，其实是反常识的。究其原因，ICP 无法在国家间找到"同质产出"进行比较，隐含了"纯价比假设"和"等价比假设"，从而其结果存在系统性偏误。

多数人无视 GDP 与 GNI 的区别，深究 NFI 可以看到，美国自 2010 年以来，每年平均高达 3566 亿美元的盈余，超过了日德法三国盈余之和。再看中国近十年的 NFI，只有 2014 年该指标数值为正，平均每年负值为 376.57 亿美元，值得引起重视。我们长期用 GDP 排位，对中国在全球化中的"真实链位"缺乏更为理性的认知，容易造成国际竞争中的被动。

从社会经济统计专业视角深入挖掘，这种测度陷阱还有不少。后发国家面对不平等的现实，只能逐步改善发展的国际环境。但如果忽视国家作为基本利益单位的现实，什么都按照所谓国际标准套裁，缺乏对自己国情的认真考量，轻易放弃为国家正当利益的争辩，没有动态的国际标准观，往往会给本国人民造成不应该承受的损失。

4. 国际统计标准中隐含着经济测度的一个基本矛盾：一般性与特殊性

从社会经济统计的学理上看，统计社会功能的实现取决于其"相关性"，确定测度对象范围、选择测度因素都应该适于宏观管理要求，其隐含前提即"国家立场"。然而统计方法的核心特征在于"比较"，在全球化大背景下，各国面临着相悖的场景：究竟如何确定统计的相关性，更注重国际可比的一般性，还是与不同国家行为者决策相应的特殊性？

社会经济统计的重心究竟如何确定？如果没有统一标准，难以保证社会经济统计的可比性，无法满足国际交流的需要。但如果标准制定和执行过程中过于刻板，社会经济统计又难以服务于本国的特殊决策要求。这两种要求往往内在地矛盾，需要做出抉择。

问题在于，国际标准的"共同制定"能否真正落实？究竟谁在发挥主导作用？即便发达国家精英代表着先进技术和方法主流，但理念上仍然存在局限：他们往往只从其所处的高端经济环境看全球性问题，往往以为其理念和认知放之四海而皆准，往往断定其他国家只应该按照他们设定的道路前行。

发展中国家对国际准则大都尊敬有加，但限于自身条件又很难完全落实，往往陷于现实约束与发展预期的张力中彷徨。国家间的差异多元，经济发展水平差异只是其中一项。历史阶段差异、自然资源和环境差异、社会文化差异，对社会经济统计的需求都可能不同。

对不同时间和空间的行为主体而言，相关性不同，统计难以硬性标准化，应该且需要做出更为灵活性的制度演化安排。"测度倡议（measurement initiative）"作为"全球公共品"，当然应该经过认真的国际对话，否则容易产生法国学者莫热先生所指出的危险——"国际观念贸易"中的"错位误读"效应。只有各国将其特色的社会经济统计实践提升为新观念，并补充到国际标准中，标准才是可行的，才是真正世界意义的。

一般性与特殊性相反相成，正是基于这种辩证关系，我们强调"中国参与"，而非仅仅执行标准。特色实践需要理论指导，一般观念需要特色实践的验证，从而体系化。学术体系是学科体系的内涵，而话语体系是学科体系外在功能的实现。如果放弃话语权，遑论话语体系的构建？全球化发展导致国势研究更为重要，因此，我们应该持续地、系统地、开放地、深入地进行中国特色统计学问题研究。

第 2 章
G20 增长线路与预期增长率的要素

2.1 GDP 的测度陷阱

2.1.1 不同发展水平国家间 GDP 数值的可比性

从百姓生活到社会公务,搭好视野格局,经济统计的理解就便于深入了,这里的种种指标都需要定义域的辨明,并非一目了然。其根源便在于,社会经济统计所面临的对象往往具有模糊不确定性。

对多数人来说,个人利益与国运紧密相连,在全球化的背景下,各国竞争又如此激烈,于是,人们尤其关注本国国力的大小。有关大国竞争的种种论争,往往得用 GDP 作为数据基础,从而国力论争有时转变成为指标之争。GDP 被多数人当作国力的代理指标,虽然知道其存在种种问题,也还是离不开它。

在 GDP 的种种论争中,不少因对其的定义域理解不同而引发。一个总量指标,无非是加减乘除,能有多复杂呢?难就难在:社会经济意义的"可加性"与"可比性"能否得到满足?现实操作中测度陷阱立体化存在,任何办法都是利弊杂陈。严格而论,里面隐含着不少"百年争论"——"人类共同面临的测度难题",谁也没有圆满的答案。诸位数据用户应该知晓的是,GDP 的定义域并没有搞清楚,在终极意义上也搞不清楚,长期以来,人们不过是姑妄算之、姑妄用之。

本章就来剖析 GDP 的一个反常识特性，其曰：如若不同国家处于全球生产链的不同"链位"上，细究起来，它们的 GDP 并不可比。我们从以下三个方面加以剖析。

第一，同样数量的 GDP 质量不同，第二产业与第三产业的 GDP 质量可能并不相同。

有的人非常同意这个说法，不过在认知方向上恐怕存在问题。例如，网上有人豪迈地说，中国 GDP 主要是制造业，实实在在；美国 GDP 主要是服务业，很虚。对国家经济发展的自豪、自信当然好，可惜其中包含了一个错觉：我们往往习惯把服务业当作家常的生活服务，甚至脑子里的直观印象就是地摊和街边店，这样就有了一种服务业等而下之的感觉，这与其现代化发展的方向颇有出入。

与传统服务业的定义域不同，现代化服务业更主要在于为制造业的服务。而美国服务业中恰恰有相当部分在为全球制造业"服务"，实际上是制造业的高端设计等，为美国赢得了高额利润，就是通常所说的"微笑曲线"中左边的高端部分。当我们看到国内好多企业处于"微笑曲线"低端时，同时就应该想到其左右两个高端，处于优势地位的是哪些国家的企业。

国家发展和改革委员会（简称国家发改委）产业发展司的前司长年勇先生指出，在占其 GDP 81% 的美国服务业中，60% 以上为制造业服务，这些年占美国经济总量的 48%～50%，加上制造业本身的 11%，就占了六成左右。所以说，美国其实是一个制造业大国，美国从来没有放弃制造业，直到今天。读者诸君请看，如果对制造业定义域的划分不同，对产业态势的认知就可能发生根本性逆转。

还有人说美国 GDP 中的金融服务业比重高，所以国力比较虚。这些人恐怕忘了，2008 年美国发生"次贷危机"，是全世界为其买单，引发危机的当然是美国金融业，可为美国输出危机的也正是美国金融业。别忘了，金融业可是处于"微笑曲线"的右端高位，嘴角咧得很开呢。至于金融业的增加值究竟应该怎么算，国际统计界确实存有争论，不同学者所推荐的金融业增加值定义域不同。不过跨国金融交易中，通过现代金融手段把别国财富据为己有，那可是真金白银，一点也不虚。

网上有段话颇有道理：不仅要看 GDP，还要看背后的产业结构，当年英国 GDP 背后是工业经济结构，清朝 GDP 背后是农业经济结构，这两者无法同日而语。如果按照 GDP 的总量来计算的话，那么在 1840 年鸦片战争的时候，清朝的 GDP 是英国的 6 倍。历史车轮飞快，殷鉴其实不远。

所论对经济统计来说是致命的专业问题，如果 GDP 不同部分的质量不同，那么彼此之间就不可相加了，从增加值到 GDP，加法公式里的 $\sum$ 就放不上去了。满足不了"可加性"和"可比性"，严格而论，GDP 的总值就无法成立，至少其数值隐含着水分。不过需要特别注意的是，这个水分并不是虚报和瞒报造成的，而是指标定义域的差异所致，是内在的测度陷阱。GDP 统计形式上似乎只是小学算术，然而在经济统计中，"加法"作业并不容易做，切不可掉以轻心。

第二，处于全球产业链不同位置的国家，其产出总量中的"中间消耗（intermediate consumption）"含量很可能不同。

第一点说了经济统计的加法之难，再说说它的反面——减法之难。用"生产法"（或"增加值法"）计算 GDP，看上去很简单，说穿了就是个减法，把"总产出（output）"中的中间消耗扣除掉，剩下的就是"增加值"，即：增加值等于总产出减去中间消耗。

既然 GDP 是"增加值"之和，GDP 数值当然越大越好。GDP 越多，国力越强。理直气壮不假，不过得先看看"理"到底有多直。这种认知驱动着对 GDP 的追逐，却隐含着一个不可或缺的前提："总产出"中的"中间消耗"

必须扣除干净。如果没扣干净，那么所给出的"增加值"数值就虚了，就包含了部分本该扣除的"中间消耗"，并不是我们心目中的那个"增加值"。这么说，并不是废话，现实测度操作非常残酷，严格而论，"中间消耗"其实扣不干净，只能尽力而为。[①]

首先得知道"中间消耗"的定义域，可它并不那么确定。先看一个明显的反例，如今人们都喜欢"人力资本"的说法，却忽略了它与 SNA 的根本性矛盾。如果"人力"真算作"资本"，那么我们吃穿用等就不再是什么"最终消费"了，那只能是形成"人力资本"的"中间消耗"。这个定义域一变，原来的核算规则地动山摇。

此外，扣除"中间消耗"在现实操作上非常烦琐，并不是想扣就能扣掉的，起码有一个条件还大有问题——我们还缺乏扎实的产业统计基础。这里倒是可以用"你行你上"的流行语，打个豪赌，质疑 GDP 算法者，或看笑话者，自己亲自上手，照样算不准。

回想一下，中美贸易战是怎么打起来的？从技术上看，就是争论一个外贸统计的指标——中美进出口差额。美国说一个数值，中国说一个数值，两个数值竟然差别上千亿美元。同样是减法，进口项与出口项互相抵消，怎么会差了这么多？

归结起来，关键就在于这个"中间消耗"，双方对"进出口"项目的定义域并不一样，实践中的测度能力也不同，论争就起来了，就成了美国政客打压中国的借口，"中间消耗"成了南美的那只蝴蝶，翅膀稍微一动，居然引发了北美偌大的风暴。

第三，如果中间消耗扣除不力，GDP 就存在从增加值沦为"流转额"的可能。

---

① 读到这里，读者可能会笑话搞 GDP 统计的，这么简单的减法还做不好啊？居然连"中间消耗"都扣不干净？是的，库兹涅茨先生早就给经济统计这个行当定性了——tricky business。

投入产出表大家都熟悉，单从数学角度看，这种计算非常简单，似乎不上档次，但编制工作却十分烦琐。中国最早的表编制于20世纪80年代，虽然至今几十年过去了，我们的该表分类还比发达国家粗略很多，才150多个部门，美国、日本公布的投入产出表却是500多个部门，据说，美国的内部工作用表可以达到上千个部门。

部门分类不同，对中间消耗的扣除力度就不同，说起来，投入产出表的真正意义恰恰通过分类详尽而实现，粗略的投入产出表仅仅是形式化的动作，距该表功能的真正实现相去甚远。

编制投入产出表，与编制高质量投入产出表，中间还有很长的路要走。所谓"软实力"的差距，看似无形若幻，对提升、深化和拓展社会发展却往往是关键性的缺陷。新兴国家在硬件上看似可能超出了老牌发达国家，然而如果着眼于软实力，所欠的无形工作债却比较多。编制分类详尽的投入产出表就是一个突出例证，首先需要在现实数据中把产品和部门的定义域划定好。

经济统计一个看家的工作就是分类，很多人瞧不起分类。其实，"瞧不起分类"这种行为很外行，一种很"土豪"的举动。须知，分类其实就是定义域的初步划定，虽然属于基础性工作，却是指标或变量计算的前提——对数据结果具有颠覆性。

不是到了人工智能时代了吗，是不是问题自动得到解决了？不然，问题反而突显出来：大数据分析首先需要"数据清洗"，这就得先把数据分类，就某种分析目的[①]而言，识别哪些数据是噪声，需要剔除其影响，哪些是有用的信息，分门别类地保存起来待用，两方面都是数据的定义域问题。所以，基础性问题也可以是前沿问题，二者并不矛盾，需要我们理直气壮地加以重视。

---

① 基于分析目的是划分的前提，通常无法做一般化处理。

指标定义又与国势判断相联系。不少人说中国是"经济大国"，这其实是从总量角度定义的粗略说法。再准确一点，则应该说中国是"经济总量大国"。然而还可以更准确一些，如果"中间消耗"扣除不力，那么增加值有可能沦为"流转额"，这样一来，"经济流转总量大国"才是对当今中国增长状态更为准确的定义。

因此，我们对 GDP 总量数值并不能那么放心，不能将其与发达国家的 GDP 直接对比，因为其中混杂更多的"中间消耗"。至于究竟混杂了多少，正是中国经济统计工作者需要努力搞清楚的。

2.1.2　从总量指标演变看政府与市场真实关系——为什么经济理论"净化"对象的处理与宏观指标口径扩展相悖而行？

经济理论革命对自己所研究的对象做了一个非常大的"净化"处理，原来是"政治经济学"，人为地将政治因素去掉，演变成"经济学"，数学工具就可以轻松地使用了。然而诸事都是利弊相间，这种"净化"其实是与宏观指标口径扩展相悖的。

宏观总量指标的一个首要功能就是界定"经济"的范围，即给出生产劳动范围的定义。1620 年以来经济的定义一直在演变，而总量指标的口径就体现了定义的演变过程。如果说"自由市场经济"的标志性指标是国民收入（national income，NI），那么，改用 GNP 就标志着所谓"混合经济"的正式登场。即有了 GNP，实质上就再无"自由市场经济"。

本来历史上政府就是经济行为的主体之一，而世界大战的爆发使得其经济作用大增，战时经济需要集中调度资源，需要使政府的作用"名正言顺"，以至于美国的国民核算不能再无视其存在，主要指标不得不从 NI 转变为 GNP，以满足战时宏观经济管理的需要。正是在这个背景下，美国率先用

GNP 再定义其经济。而二战后"马歇尔计划"的实施，又让 GNP 成了美国对受援国增长业绩的"考核指标"，从而使得 GNP 推广为欧洲各国宏观管理的基础性指标。

SNA 是对混合经济的一种核算总结，即将各种经济行为者概括为"五大经济主体"：居民户、企业、广义政府、NGO 和"国外"，从而设立相应的主体账户，以确定相互间的市场交易关系。

市场就是一个交易平台，并不存在没有政府参与的纯市场，政府是市场不可或缺的经济主体之一。我们说"政府与市场关系"，其实是指政府与市场中其他经济主体，特别是企业和居民户之间的关系。我们说"让市场机制发挥作用"，其实是指让市场中的企业和居民户多发挥作用。在社会现实中，企业追逐垄断利润的倾向不可改变，一旦垄断压制了公平交易，正是小企业和居民户强烈地要求政府介入，发挥应有的调节作用，以构建相对公平的市场竞争环境。美国西部开发的历史过程充分地说明了这一点。

就封闭经济而言，国民收入是消费与投资之和，而 GDP 在项目上看就是在国民收入之上再纳入"政府产出"，即

$$NI = C + I$$
$$GNP = C + I + G$$
$$GNP = NI + G$$

如果否认 SNA 的"市场主体观"，在采用 SNA 数据时就应该做出相应的调整，仍然采用 NI 作为基础指标。否则，理论观念与统计数据不一致。

与总量"指标口径"扩展相悖的，是理论界从"政治经济学"到"经济学"的转向，即经济学科范围的收缩。可见，所谓"经济学"其实是一个"最大的抽象"，而这正是哈耶克所说的"知识的僭妄"，似乎理论家真的可以将政治从经济中剥离，且抽象后真的可以具有实践指导意义。

有的经济学教科书曾有"两部门模型"和"三部门模型"的论述和图示，

从真实的历史发生顺序看，这种模型表述非常容易引发歧义。似乎先有居民户和企业之间的交易，后来才出现公共部门，但在经济史演变中，是先有政府与居民户两个部门，而企业部门则是从居民户当中分化出来的。

如果深入分析，当今发达国家的市场中，所谓自由交易的部分其实相当有限，往往限于市场末端，其作用幅度也较为狭窄。自由市场经济，最为关键的判定因素应该是定价权，普通民众究竟是"价格决定者（price maker）"，还是"价格接受者（price taker）"？或者，究竟在多大程度上是"价格决定的共同参与者（price co-maker）"？试想，如果没有了经济民主，怎么能够存在真正的民主？

笔者认为，美国实质上是世界上最大的政府主导型经济体。这表现在以下几个方面。

（1）美国实施"三权分立"下的"法治经济"，这两个基本判断叠加在一起，就意味着美国的经济由政府主导，因为立法和执法部门都是"广义政府（general government）"的组成部分，其对国内经济的作用相当大，对美国跨国公司的支持和国际竞争的作用更是惊人，可以说"三权分立"成为其国际竞争的一项重大优势。这方面的典型案例比较多，比如，波音自身出现技术危机，业务受损，美国法院旋即对空客实施巨额罚款制裁，客观上平衡了航空业"双寡头"的市场力量。再如，美国通用电器对法国阿尔斯通的强行收购，行使了全球范围的"治外法权"。

（2）美联储名义上是 NGO，但实质上却发挥着美国中央银行的作用，甚至在某种程度上起到全球中央银行的作用。

（3）美国国家治理广泛地采用"委员会制度"，在各种所谓市场事务中间接地发挥政府作用，充分体现了其宏观调节中的软实力。

（4）美国政治精英的职业形成了一种"旋转门"制度，巧妙地连接了美国政府、企业和高校的人脉，从而使得美国统治集团（阶层）的意志和作用得到非常充分的和持续的发挥。

（5）美国同样存在相当大的国有企业，如美国邮政署（United States Postal Service，USPS）和田纳西河流域管理局（Tennessee Valley Authority）等。

（6）在资产方面，美国联邦政府占有 28% 的美国土地，在经济产出方面，2016～2020 年美国政府支出占 GDP 的比重平均是 24.42%（2020 年高达 32.19%）。

（7）当美国企业在国际竞争中处于不利地位时，美国政府就会直接出面进行干预，最典型的案例就是特朗普总统和拜登总统两任行政首脑对中国企业华为的直接压制。我们一些学者认为美国政府没有"产业政策"，2021 年拜登总统亲自召开了全球芯片峰会，制定了超出国门的产业政策，建立唯独排除中国的芯片企业联盟，这对主张完全放任企业自由竞争的学者而言，可谓一个典型的反例。

2.1.3　提防 GDP 的其他测度陷阱

上述两节所揭示的 GDP 测度陷阱，往往是隐含着的，不为人们重视，除此之外，这类测度陷阱还有不少，可见指标认知并不容易。本节列示若干。

ICP 对发展中国家"实际产出"的额外"肯定"确实可靠吗？ICP 从 1968 年开始试算，目前已经被联合国统计委员会（Statistical Commission）确定为常规统计，似乎方法论已经成熟。按照最新一轮 ICP 结果（以 2017 年为基年），人均 GDP 水平低的国家，其产值与发达国家相比，居然可以"以少当多"，如按照 ICP 的标准，中国 2017 年 0.62 个单位 GDP 相当于美国 1 个单位的 GDP。这个结果有悖于常识，唯一的解释只能是中国产出的质量总体上高于美国，单位产出的权重大于美国。不独中国如此，多数发展中国家的 ICP 结果相对而言都大于其汇率法（the market exchange rate method，MER）

结果，存在着一种系统性偏差。

邱东撰写了《国际比较机理挖掘：ICP 何以可能》[1]，认为其原因在于，ICP 的 PPP 估算基于"纯价比假设""等价比假设"等，与经济现实相差较大，使得不同经济体之间所谓"同一产品"中隐含的质量差异无法完全剔除，操作中实际上将其作为价格因素进行比较，从而发达国家 PPP 中隐含的质量因素较多，偏大的 PPP 数值从其名义 GDP 中剔除，造成其所谓"实际 GDP"相对偏小。而发展中国家的情形正好与此相反。

从国家间经济比较角度看，GDP 与 GNI 之间的关系也非常重要，经济学界有的人误以为二者数值相差不多（1% 的绝对值在时间比较和空间比较中意义大有区别，不可混淆），可以互相替代，忽视了不同国家间 NFI 的重大差异，而这个指标恰好揭示了全球生产链、全球交易链与全球收入链的差异。[2]

还需要深入探索的 GDP 专业问题主要有：①测度"绿色 GDP"确实可行吗？②福利测度所倚重的"生产净值"究竟如何测度？③"无酬家务劳动"纳入生产范围与就业统计的存废到底是什么关系？④人力资本核算与最终消费测度如何逻辑一致？⑤非法活动能否计算产值——经济统计能做道德判官吗？⑥消费与投资能截然区分吗？等等。

2010 年，以斯蒂格利茨（J. E. Stiglitz）、森（A. K. Sen）和菲图西（J. P. Fitoussi）为首的"经济表现和社会进步测度委员会"发表报告《对我们生活的误测——为什么 GDP 增长不等于社会进步》（Stiglitz et al.，2010），比较系统地讨论了相关问题。邱东撰写了《经济测度逻辑挖掘：困难与原则》（邱东，2018）、《基石还是累卵——经济统计学之于实证研究》（邱东，2021），作为当代经济统计学批判系列，对相关问题提出了更为深入的看法。对于指标及其数据的用户而言，这些测度方法论的探索，应该有助于

---

① 邱东：《国际比较机理挖掘：ICP 何以可能》，北京：科学出版社，2021。
② 参见本书第 3 章"GDP 不是新兴国家判断国势的合宜指标"。

避免实证过程中的偏误。

应该认识到,并不存在完美的理想指标,或者说,无论什么指标,在实证分析中往往都是带病运行的。GDP 受到如此之多的诟病,实际工作中还是离不开它,从而需要明确这些测度陷阱的所在,以得出相对可靠的数据。到底是"超越 GDP",还是"GDP 及其超越"(Beyond GDP,or GDP and Beyond)?不仅仅是把单词调换顺序,而涉及经济统计的根本分歧,究竟是另起炉灶,还是"做加法"?其实就是"非加总派"与"加总派"的争论,由来已久,甚至在经济统计"黄金 30 年"(20 世纪 50~70 年代)就已经存在了。

2.2 如何分析 GDP 的"三驾马车"

2.2.1 GDP 三驾马车贡献分析存在的测度问题

市场经济大发展,国人对 GDP 之类的经济指标也比较熟悉了,像"三驾马车"之类的说法也耳熟能详。

按照常规统计方法,也是国际惯例,经济界往往会在 GDP 总量指标的基础上做进一步结构分析。比如把消费、投资和净出口比作拉动经济的"三驾马车",看看三个分量占 GDP 总量的比重,再看看三方面增长对经济总增长的贡献率,即分项增量占总增量的比重。这种结构分析看上去非常简单,计算上无非加减乘除。然而,落实到对中国近年来发展过程的分析,人们会发现一些不可思议的数据结论,需要深入探索。

比如 Wind 数据显示,2019 年,消费、投资、净出口占中国 GDP 的比重分别为 55.4%、43.1%和 1.5%,对经济增长的贡献分别为 57.8%、31.2%和 11%。令人诧异的数据结果在于,2008~2019 年,竟然有 7 个年度"净出口"对经济增长的贡献率为负,2018 年甚至低至-8.6%。相比而言,消费成了拉动中国经济快速发展的骏马，而"净出口"则成了驽马。中国经济结构的真相的确如此吗？

中央财经大学客座研究员张启迪博士，对这些"问题数据"并不认可，他认为"传统框架计算外需贡献存在严重错误"（张启迪，2020）。他假设一种极端情况，该国消费品和投资品全部从国外进口，但如果按照常规统计方法，结果还是本国的消费和投资拉动了 GDP 增长，而实际上本国并没有进行什么消费品和投资品的生产，数据结论与经济现实明显不符。

张博士认为：压根儿不应该在"出口额"中扣除"进口消费品"和"进口投资品"，因为这些"与出口没有任何关系"。需要扣除的，只是"与之相对应的进口部分"，即加工贸易部分。相应地，进口消费品应该放在消费品项扣除，进口投资品应该在投资品项扣除，否则就会严重夸大"内需"对经济增长的拉动作用，同时，严重低估"外需"对本国经济增长的拉动作用，歪曲了"三驾马车"的作用结构。张博士认可对进口消费品和进口投资品做扣减处理，但对在哪里扣除提出了异议。

张启迪的论文引发了学者对此论题的深入思考，有一位张佐靖先生列出了一个更细致的关系式，以说明 GDP 支出法的合理性。他将消费、投资和进口产品都做"二分处理"，进而得出更为深入的分析结论。不过笔者还要指出一点，对消费品和投资品进一步做国内产、国外产的区分没有问题，不过需要注意的是，在张佐靖先生的算式中，进口品只包含进口消费品和进口投资品，忽略了"为出口而进口"（加工贸易）这部分，还忽略了进口用作国内生产中间消耗的部分。

2.2.2　如何面对 GDP 三驾马车贡献分析的测度问题

张启迪博士探讨三驾马车的指标口径，是一个典型的经济统计方法论问题，作为专业学者当然不应该置身事外，而应该积极参与，并从学科和专业角度深入、拓展和提升对该问题的研究。笔者以为，从经济统计学专业角度看，有这么几点值得引起关注。

第一，直接与间接之区别。

首先需要明确的是，这里测算的贡献率只是测度其"直接贡献"，而非其"间接贡献"。一国与他国间经济活动（SNA 用"国外"部门概括之）的间接影响，其正效益和负效益，比如"乘数效应"和"断链效应"，不是简单的比重指标（如"进出口差额占 GDP 比重"）所能刻画的，开发适于测度间接效应的指标，是当代经济统计面临的测度难题之一。

美国对中国发动贸易战之初，有的经济专家判断，中美贸易差额占中国GDP 比重很小，即使真打贸易战，对中国经济影响也不大。这种论断显然只看到了"国外"部门的直接贡献，而严重忽略了其间接影响，混淆直接效应和间接效应，将前者作为因素影响的全部。

第二，"国外"部门负的贡献率不可接受。

即使从直接贡献的角度看，"国外"部门的贡献率那么低，甚至为负数，也是不可接受的。从国家角度看，产品进口部分当然应该从本国生产成果中扣除，设置"国外"部门作为 SNA 的五大经济主体之一，正是为了确立本国与国外的经济平衡关系。

但从"国外"这个虚拟主体部门的角度看，进口额都在出口项中扣除，完全可能导致偏离实际、有悖常识的贡献率结论，故而考虑某种指标口径的调整完全正当。如果偏重结构分析，确实存在着进口额究竟应该在哪里扣除的指标口径设计问题，需要深入思考。不能因为"间接贡献"的存在和测度困难，就放过了"国外"部门"直接贡献"被忽视的测度陷阱。

第三，进口额为什么需要从 GDP 中扣除？

深入思考，进口额扣除实际上存在两个原因：其一侧重于指标项目，因为一国 GDP 不应该包含中间消耗部分，无论其来源如何，这部分都不是增加值。其二侧重于国家单位，因为 GDP 要测度的是本国增加值之和，不应该包含国外的增加值。否则，会出现不同国家间产出成果的重复计算，无法实现"全球 GDP"与"各国 GDP 总和"之间的平衡。在认识和调整指标口径时，我们需要注意这两种扣除原因之间的差异，进口额用于国内消费和投资的部分只是国外的增加值，还差了一部分。

第四，进口额究竟应该分成几部分？

张启迪博士将进口额三分，用于国内消费部分，用于国内投资部分和用于再出口部分，分别在相应的部门扣除，这样的确比较容易刻画消费部门和投资部门和"国外"部门对 GDP 的直接贡献，但也带来一个问题：进口额中用于国内生产中间消耗的部分怎么办？

张博士的调整看漏了这个部分，进口额一分为三（$M=M_1+M_2+M_3$）的处理还缺了一块。然而，用于国内生产中间消耗的这部分不加以扣除，数据结果肯定有误。我们测度的是 GDP，即增加值之和，故而中间消耗必须扣除干净，至少在理论和指标方法论定义上不能出现漏洞。如果指标中还残留着中间消耗价值，就不是增加值了，这是 GDP 测度的"上位要求"，不能违反。否则就会产生因方法设计原因造成的"数据水分"，容易让增加值实际上沦为某种带有"流转额"性质的指标。

至于"进口额"在消费、投资或"国外"哪个部门扣除，则属于测度的"次位要求"。从指标重要程度看，首先是 GDP 总量有多少，其次才是不同部门各贡献了多少。这里面对着这样一个二难选择：一个是采用"进出口差额"的处理方法，让 GDP 中的中间消耗扣得比较干净，但在部门贡献测度上出现误差；再一个是部门贡献测度得比较清楚，但中间消耗在 GDP 中残留比较多。两害相权取其轻，从经济统计的原则要求看，还是取前者为佳。当然，在本国 GDP 总量测度准确的前提下，部门间的调整处理将改善测度部门贡献率的准确性，这涉及经济结构测度，是经济统计学方法论的提升，也应该尽可能把指标口径（内部边界）搞清楚。

第五，指标口径调整的主要测度困难之一。

还面临一个测度困难，中间消耗与最终使用划分的时间界限问题。

第六，指标口径调整的主要测度困难之二。

调整面临的另一个测度困难是，如何区分进口用于国内消费部分与用于国内投资部分。这种区分通常可以从产品入手，但消费品和投资品的区分并不容易。有的产品既可以用作消费品，也可以用作投资品，无法事先就做截然划分，需要看其实际用途。

第七，应该注重"模糊不确定性问题"。

笔者特别强调的一个学科理念：经济统计面临更多"模糊不确定性问题"，这里又是一个典型的例证。如何解决这个指标口径问题，仅仅采用随机不确定性问题的方法行不行？是否应该采用"隶属度"理念来提升和深入指标口径的科学处理？还需要持续的专业努力。

第八，如何切实提升社会科学领域学者的经济统计意识？

张博士主要做金融研究，他对测度方法改善的工作本是经济统计学者应该大力作为的。国际经济学界，比较有名的是皮凯蒂先生（T. Piketty），他带领团队研究"收入分配核算账户"，这也本应该是经济统计学者大力作为的领域。应该说，他们都是社会科学领域里经济统计意识比较强的学者。可惜的是，这类学者还远远不够，我们看到更多的是，好多学者缺乏经济统计基本概念的认知，经济学的基本功底不够扎实。

尤为重要的是，我们还需要校正本学科领域的基本认知。如果经济统计学者只是满足于套用数理统计或经济计量公式，而对本领域大量存在的测度问题熟视无睹，这是不是对本学科历史使命的不恭？对专业缺乏敬畏之心，还能奢谈什么学科前途呢？

2.3　G20 的增长线路剖析与特征归纳

2.3.1　GDP 增长态势分析隐含的测度前提和思考

本章 2.1 节和 2.2 节剖析了 GDP 指标存在的种种测度缺陷,但当下经济统计的现实是,还并没有更为合适的指标去替代,只能勉强继续使用 GDP 指标,也就是说,"超越 GDP" 还做不到,只能是 "GDP 及其超越"①。故而需要我们在使用指标时多加注意。基于分析全球经济增长态势的社会要求,专业态度是尽可能明确测度的前提。第一,分析基于 "数据可得性" 也即指标测度的可行性。第二,分析时对各种测度陷阱有比较明确的自觉意识,知晓此种指标分析是 "带病运行"。但注意对指标口径的可能调整,解读时指明可能存在的测度陷阱,尽可能地给出一个相对更接近于现实的统计表述。

这种经济统计自觉意识主要表现在以下四点:其一,尽可能地对所采用指标做出调整,避免测度陷阱可能带来的偏误。其二,不对数据结果做出过于倾向性的解读,同时指出解读数据时需要注意的问题。其三,不是单纯的定量操作,始终与经济理论和经济统计方法论思考相联系,用理论和方法论思考去挖掘事物的内在逻辑和机理,从而考虑调整经济测度的手法。其四,通过基础数据的处理,发现经济测度和分析所需要改进的问题,至少指出问题所在,便于人们提防测度陷阱的误导,也给出进一步研究的可能进路。

---

① 国际上围绕 "GDP" 指标的今后两个主要走向的争论。

2.3.2　G20 经济体 GDP 增量态势分析的基础指标

1. GDP 增量态势分析选定的经济体

为什么选用 G20 作为范围？其 GDP 占全球 GDP 的比重一直在 84%以上。故而基本上可以代表说明全球经济的态势。

欧盟参与全球主要经济体的博弈，作为一个整体，欧盟在全球经济中的地位和作用非常重要。如果欧盟作为一个经济体，G20 则为 17 个经济体。[1]

发达经济体目前进入 G20 的有 7 个[2]：美国①、欧盟③、日本④、英国⑤、韩国⑧、加拿大⑨、澳大利亚⑩。

拓展分析可以参考国际组织关于发达国家的标准及其变化，也应该分析 G20 中为什么只有韩国演变成为发达国家。

在 G20 中的新兴经济体数目有 10 个[3]：中国②、印度⑥、巴西⑦、俄罗斯、墨西哥、印度尼西亚、土耳其、沙特阿拉伯、阿根廷、南非。其中沙特阿拉伯作为"资源依赖型国家"，在 G20 中比较特殊。

2. 所采用的基础指标

本书的增长态势分析采用以固定价格计算的 GDP，相关的指标包括：各经济体年度 GDP、各经济体年度 GDP 增量、各经济体年度 GDP 增速、各经济体年度 GDP 增量占全球 GDP 增量的比重、不同年度各经济体 GDP 占全球 GDP 的比重。

关于指标处理口径的选择有两个问题需要明确：其一，为什么不按现价 GDP 比较？这是为了剔除价格因素对描述经济增长的影响。其二，为什么不

---

① 采用欧盟作为经济体分析时，德国、法国、意大利就不再独立作为一个经济体加以分析。

② 按 GDP 占全球 GDP 比重大小排序，国家名称后面圆圈内的阿拉伯数字表示在 17 个经济体中的位次。

③ 按 GDP 占全球 GDP 的比重排序，国家名称后面圆圈内的阿拉伯数字表示在 17 个经济体中的位次，俄罗斯后面依次为第 11 到 17 名。

用经过 PPP 调整的 GDP 比较？因为 ICP 方法论存在着测度和比较陷阱（邱东，2022），其数据未必就比按固定价格计算的 GDP 更为可靠。

3. G20 增长分析的三个重心

将 G20 国家分成发达经济体和新兴经济体两个类型，对其 GDP 增长态势进行分析。对单个经济体都分别进行三方面分析：①年度增速、增量及其变化；②年度 GDP 增量对全球贡献及其变化；③GDP 占全球 GDP 比重及其变化。同时，分别给出反映发达经济体和新兴经济体增长态势的整体图景，给出两大类别在全球 GDP 中比重演变的态势比较。通过这种 GDP 增长的态势分析，试图给出一个动态演化图景，校正媒体炒作所造成的刻板印象。

2.3.3　发达经济体在全球经济增长中的态势

1. 美国 GDP 增长态势

美国以固定价格计算的 GDP 增长态势如表 2.1 所示。

表 2.1　美国以固定价格计算的 GDP 增长态势

年份	GDP /亿美元	GDP 增速 /%	当年 GDP 增量 /亿美元	当年全球 GDP 增量 /亿美元	年增量占全球比重 /%	全球 GDP /亿美元	美国 GDP 占全球比重/%
1993	104 182.3	—	—	—	—	377 846.6	27.57
1994	108 379.6	4.03	4 197.3	12 457.5	33.69	390 304.2	27.77
1995	111 288.7	2.68	2 909.1	12 058.1	24.13	402 362.3	27.66
1996	115 487.2	3.77	4 198.4	14 540.7	28.87	416 903.0	27.70
1997	120 547.6	4.38	5 060.4	16 130.5	31.37	433 033.5	27.84
1998	125 949.8	4.48	5 402.2	12 095.3	44.66	445 128.8	28.30
1999	131 936.5	4.75	5 986.7	15 599.4	38.38	460 728.2	28.64
2000	137 382.1	4.13	5 445.7	20 738.7	26.26	481 466.8	28.53
2001	138 753.7	1.00	1 371.5	9 629.9	14.24	491 096.7	28.25

年份	GDP /亿美元	GDP 增速 /%	当年 GDP 增量 /亿美元	当年全球 GDP 增量 /亿美元	年增量占全球比重 /%	全球 GDP /亿美元	美国 GDP 占全球比重/%
2002	141 170.4	1.74	2 416.7	11 478.3	21.05	502 575.0	28.09
2003	145 209.5	2.86	4 039.2	15 879.0	25.44	518 454.0	28.01
2004	150 725.9	3.80	5 516.4	23 227.1	23.75	541 681.1	27.83
2005	156 021.2	3.51	5 295.3	21 929.2	24.15	563 610.3	27.68
2006	160 475.6	2.85	4 454.4	25 338.4	17.58	588 948.7	27.25
2007	163 486.4	1.88	3 010.8	26 142.6	11.52	615 091.3	26.58
2008	163 263.1	−0.14	−223.3	12 307.7	—	627 399.0	26.02
2009	159 121.5	−2.54	−4 141.6	−8 200.2	—	619 198.8	25.70
2010	163 201.0	2.56	4 079.5	27 832.1	14.66	647 030.9	25.22
2011	165 732.0	1.55	2 531.0	21 609.1	11.71	668 640.0	24.79
2012	169 460.2	2.25	3 728.2	17 873.1	20.86	686 513.1	24.68
2013	172 581.8	1.84	3 121.6	19 530.3	15.98	706 043.4	24.44
2014	176 941.2	2.53	4 359.4	22 013.5	19.80	728 056.9	24.30
2015	182 383.0	3.08	5 441.9	23 067.6	23.59	751 124.4	24.28
2016	185 504.4	1.71	3 121.4	21 220.2	14.71	772 344.6	24.02
2017	189 831.6	2.33	4 327.2	26 216.6	16.51	798 561.2	23.77
2018	195 519.8	3.00	5 688.2	26 110.3	21.79	824 671.6	23.71
2019	199 745.3	2.16	4 225.5	21 448.7	19.70	846 120.3	23.61
2020	192 944.8	−3.40	−6 800.5	−27 866.9	—	818 253.3	23.58

注：GDP 以 2015 年不变价美元计

资料来源：根据世界银行 DataBank 数据库数据整理得到

从表 2.1 可见：

（1）从 1993 年到 2020 年的 28 年，美国以固定价格计算的 GDP 总量将近倍增，从 104 182.3 亿美元到 192 944.8 亿美元。

（2）从美国 GDP 的年均增量变化看，2008 年之前，从 1994 年到 2007

年的 14 年，平均年 GDP 增量为 4236.0 亿美元。其后，从 2010 年到 2019 年的 10 年，平均年 GDP 增量为 4062.4 亿美元。降低幅度为 173.6 亿美元。

（3）从每年 GDP 增长对全球增长的贡献看，从 1994 年到 1999 年 6 年平均为 33.48%，占全球的 1/3，其中 1998 年为 28 年中的最高年份。从 2000 年到 2007 年 8 年平均为 20.44%，增长贡献比前一段下降了 13.04 个百分点。从 2010 年到 2019 年 10 年平均为 17.90%，增长贡献又下降了 2.54 个百分点。

（4）从 GDP 占全球的比重看，美国一直是"最大占比国"。1999 年达到最高点，从 1993 年到 2006 年都维持在 27%～29%。2007 年之后该比重逐年下降，从 26.58% 到 2020 年的 23.58%，十多年下降了 3 个百分点。不过，该比重在近 5 年仍然超出中国（该比重排在第二位）7 个百分点以上。

2. 欧盟 GDP 增长态势

欧盟作为全球主要经济体，应该做出专门的分析和关注，其按固定价格计算的 GDP 增长态势如表 2.2 和表 2.3 所示[①]。

表 2.2　欧盟（EU）以固定价格计算的 GDP 增长态势

年份	GDP /亿美元	GDP 增速 /%	当年 GDP 增量 /亿美元	当年全球 GDP 增量 /亿美元	年增量占全球比重 /%	全球 GDP /亿美元	欧盟 GDP 占全球比重 /%
1993	111 021.4	—	—	—	—	377 846.6	29.38
1994	114 184.7	2.65	3 163.3	12 457.5	25.39	390 304.2	29.26
1995	117 199.9	2.66	3 015.2	12 058.1	25.01	402 362.3	29.13
1996	119 511.0	1.88	2 311.1	14 540.7	15.89	416 903.0	28.67
1997	123 132.5	2.65	3 621.5	16 130.5	22.45	433 033.5	28.43
1998	126 869.4	3.01	3 736.8	12 095.3	30.90	445 128.8	28.50
1999	130 618.8	2.95	3 749.4	15 599.4	24.04	460 728.2	28.35

---

① 表中 EU 代表将欧盟作为一个经济体整体进行分析，即德国、法国、意大利不再独立作为一个经济体加以分析，同时 2020 年英国脱欧也在数据上有所体现；EU* 代表将欧盟的德国、英国、法国和意大利四个单独列入 G20 的核心国去掉，即"非核心欧盟"的数据。

续表

年份	GDP /亿美元	GDP 增速 /%	当年 GDP 增量 /亿美元	当年全球 GDP 增量 /亿美元	年增量占 全球比重 /%	全球 GDP /亿美元	欧盟 GDP 占全球比 重/%
2000	135 662.0	3.90	5 043.3	20 738.7	24.32	481 466.8	28.18
2001	138 589.1	2.18	2 927.1	9 629.9	30.40	491 096.7	28.22
2002	140 366.0	1.11	1 776.9	11 478.3	15.48	502 575.0	27.93
2003	142 151.2	0.91	1 785.2	15 879.0	11.24	518 454.0	27.42
2004	145 776.7	2.59	3 625.5	23 227.1	15.61	541 681.1	26.91
2005	148 751.7	1.92	2 974.9	21 929.2	13.57	563 610.3	26.39
2006	153 711.4	3.49	4 959.7	25 338.4	19.57	588 948.7	26.10
2007	158 324.1	3.15	4 612.7	26 142.6	17.64	615 091.3	25.74
2008	159 098.4	0.64	774.3	12 307.7	6.29	627 399.0	25.36
2009	152 208.2	−4.35	−6 890.2	−8 200.2	—	619 198.8	24.58
2010	155 601.1	2.25	3 392.9	27 832.1	12.19	647 030.9	24.05
2011	158 385.1	1.86	2 784.0	21 609.1	12.88	668 640.0	23.69
2012	157 854.8	−0.71	−530.4	17 873.1	—	686 513.1	22.99
2013	158 332.0	−0.03	477.3	19 530.3	2.44	706 043.4	22.43
2014	161 222.9	1.58	2 890.8	22 013.5	13.13	728 056.9	22.14
2015	165 038.2	2.31	3 815.4	23 067.6	16.54	751 124.4	21.97
2016	168 428.1	2.01	3 389.9	21 220.2	15.98	772 344.6	21.81
2017	172 961.8	2.81	4 533.6	26 216.6	17.29	798 561.2	21.66
2018	176 406.4	2.07	3 444.6	26 110.3	13.19	824 671.6	21.39
2019	179 566.1	1.82	3 159.7	21 448.7	14.73	846 120.3	21.22
2020	138 857.6	−5.96	−40 708.5	−27 866.9	—	818 253.3	16.97

注：GDP 以 2015 年不变价美元计

资料来源：根据世界银行 DataBank 数据库数据整理得到

表 2.3　欧盟（EU*）以固定价格计算的 GDP 增长态势

年份	GDP /亿美元	GDP 增速 /%	当年 GDP 增量/亿 美元	当年全球 GDP 增量 /亿美元	年增量占 全球比重 /%	全球 GDP /亿美元	欧盟 GDP 占全球比 重/%
1993	35 090.4	—	—	—	—	377 846.6	9.29
1994	36 214.8	3.20	1 124.3	12 457.5	9.03	390 304.2	9.28
1995	37 523.4	3.61	1 308.6	12 058.1	10.85	402 362.3	9.33
1996	38 691.6	3.11	1 168.2	14 540.7	8.03	416 903.0	9.28
1997	40 137.4	3.74	1 445.8	16 130.5	8.96	433 033.5	9.27
1998	41 709.1	3.92	1 571.8	12 095.3	12.99	445 128.8	9.37
1999	43 366.4	3.97	1 657.2	15 599.4	10.62	460 728.2	9.41
2000	45 344.9	4.56	1 978.5	20 738.7	9.54	481 466.8	9.42
2001	46 551.4	2.66	1 206.5	9 629.9	12.53	491 096.7	9.48
2002	47 600.1	2.25	1 048.6	11 478.3	9.14	502 575.0	9.47
2003	48 657.2	2.22	1 057.1	15 879.0	6.66	518 454.0	9.39
2004	50 492.3	3.77	1 835.1	23 227.1	7.90	541 681.1	9.32
2005	52 077.1	3.14	1 584.7	21 929.2	7.23	563 610.3	9.24
2006	54 362.8	4.39	2 285.7	25 338.4	9.02	588 948.7	9.23
2007	56 625.2	4.16	2 262.5	26 142.6	8.65	615 091.3	9.21
2008	57 298.3	1.19	673.1	12 307.7	5.47	627 399.0	9.13
2009	55 068.8	−3.89	−2 229.6	−8 200.2	—	619 198.8	8.89
2010	55 903.7	1.52	834.9	27 832.1	3.00	647 030.9	8.64
2011	56 445.1	0.97	541.4	21 609.1	2.51	668 640.0	8.44
2012	55 878.9	−1.00	−566.2	17 873.1	—	686 513.1	8.14
2013	55 901.1	0.04	22.2	19 530.3	0.11	706 043.4	7.92
2014	57 012.8	1.99	1 111.7	22 013.5	5.05	728 056.9	7.83
2015	59 169.0	3.78	2 156.3	23 067.6	9.35	751 124.4	7.88
2016	60 636.8	2.48	1 467.7	21 220.2	6.92	772 344.6	7.85
2017	62 730.5	3.45	2 093.7	26 216.6	7.99	798 561.2	7.86

续表

年份	GDP /亿美元	GDP 增速 /%	当年 GDP 增量/亿 美元	当年全球 GDP 增量 /亿美元	年增量占 全球比重 /%	全球 GDP /亿美元	欧盟 GDP 占全球比 重/%
2018	64 637.4	3.04	1 906.9	26 110.3	7.30	824 671.6	7.84
2019	66 344.7	2.64	1 707.3	21 448.7	7.96	846 120.3	7.84
2020	62 963.1	−5.10	−3 381.6	−27 866.9	—	818 253.3	7.69

注：GDP 以 2015 年不变价美元计

资料来源：根据世界银行 DataBank 数据库数据整理得到

从表 2.2 和表 2.3 可见：

（1）从欧盟 GDP 年均增量看，从 1994 年到 2007 年 14 年是 3378.8 亿美元，其间 GDP 年增量波动不小，最高达 5043.3 亿美元，而最低只有 1776.9 亿美元。从 2014 年到 2019 年 6 年是 3539.0 亿美元，这段比较平稳。

（2）从欧盟年增量占全球增量的比重看，从 1994 年到 2001 年 8 年平均是 24.34%，从 2002 年到 2007 年 6 年平均则为 15.92%，下降了 8.42 个百分点。从 2014 年到 2019 年 6 年平均是 15.16%，比之前稍有下降[1]。

（3）从欧盟 GDP 占全球比重看，这 28 年的下降比较平稳，从 1993 年的 29.38%到 2019 年的 21.22%，一共下降了 8.16 个百分点。2020 年因英国脱欧，欧盟 GDP 的占比下跌至 16.97%。

（4）如果将欧盟的德国、英国、法国和意大利四个单独列入 G20 的核心国去掉，看看"非核心欧盟"的数据，这个群体在欧盟中的地位和比重是上升的。GDP 年增量占欧盟的比重从前期的 41.57%（1994～2001 年），到后期的 49.18%（2014～2019 年），增加了 7.61 个百分点。与此同时，这个群体在世界中的地位和比重是下降的。GDP 年增量占全球的比重从前期的 10.12%（1994～2001 年）下降到后期的 7.46%（2014～2019 年），减少了

[1] 2008 年到 2013 年波动较大，没纳入比较。

2.66 个百分点。GDP 占全球比重从前期的 9.33%（1993～2007 年）到后期的 7.85%（2014～2019 年），减少了 1.48 个百分点。可见，所谓"非核心欧盟"在欧盟中处于上升态势。

3. 日本 GDP 增长态势

日本是美国和欧盟之外的第三发达经济体，其按照固定价格计算的 GDP 增长态势如表 2.4 所示。

表 2.4　日本以固定价格计算的 GDP 增长态势

年份	GDP /亿美元	GDP 增速/%	当年 GDP 增量/亿美元	当年全球 GDP 增量/亿美元	年增量占全球比重/%	全球 GDP /亿美元	日本 GDP 占全球比重/%
1993	36 523.2	—	—	—	—	377 846.6	9.67
1994	36 885.9	0.99	362.7	12 457.5	2.91	390 304.2	9.45
1995	37 856.4	2.63	970.5	12 058.1	8.05	402 362.3	9.41
1996	39 042.7	3.13	1 186.4	14 540.7	8.16	416 903.0	9.36
1997	39 425.8	0.98	383.1	16 130.5	2.37	433 033.5	9.10
1998	38 925.0	−1.27	−500.8	12 095.3	—	445 128.8	8.74
1999	38 795.0	−0.33	−130.0	15 599.4	—	460 728.2	8.42
2000	39 867.6	2.76	1 072.5	20 738.7	5.17	481 466.8	8.28
2001	40 021.5	0.39	153.9	9 629.9	1.60	491 096.7	8.15
2002	40 038.3	0.04	16.8	11 478.3	0.15	502 575.0	7.97
2003	40 652.9	1.54	614.6	15 879.0	3.87	518 454.0	7.84
2004	41 541.6	2.19	888.7	23 227.1	3.83	541 681.1	7.67
2005	42 291.0	1.80	749.4	21 929.2	3.42	563 610.3	7.50
2006	42 871.4	1.37	580.4	25 338.4	2.29	588 948.7	7.28
2007	43 507.6	1.48	636.2	26 142.6	2.43	615 091.3	7.07
2008	42 974.9	−1.22	−532.7	12 307.7	—	627 399.0	6.85
2009	40 528.3	−5.69	−2 446.7	−8 200.2	—	619 198.8	6.55
2010	42 189.1	4.10	1 660.8	27 832.1	5.97	647 030.9	6.52
2011	42 199.1	0.02	10.0	21 609.1	0.05	668 640.0	6.31
2012	42 779.3	1.37	580.1	17 873.1	3.25	686 513.1	6.23
2013	43 637.0	2.01	857.8	19 530.3	4.39	706 043.4	6.18
2014	43 766.3	0.30	129.3	22 013.5	0.59	728 056.9	6.01

续表

年份	GDP /亿美元	GDP 增速/%	当年 GDP 增量/亿美元	当年全球 GDP 增量/亿美元	年增量占全球比重/%	全球 GDP /亿美元	日本 GDP 占全球比重/%
2015	44 449.3	1.56	683.0	23 067.6	2.96	751 124.4	5.92
2016	44 784.4	0.75	335.1	21 220.2	1.58	772 344.6	5.80
2017	45 534.7	1.68	750.3	26 216.6	2.86	798 561.2	5.70
2018	45 789.1	0.56	254.5	26 110.3	0.97	824 671.6	5.55
2019	45 912.9	0.27	123.8	21 448.7	0.58	846 120.3	5.43
2020	43 807.6	−4.59	−2 105.3	−27 866.9	—	818 253.3	5.35

注：GDP 以 2015 年不变价美元计

资料来源：根据世界银行 DataBank 数据库数据整理得到

从表 2.4 可见：

（1）从 GDP 年均增量看，日本变化不大。从 1994 年到 2007 年的 14 年，GDP 年均增量是 498.9 亿美元，从 2012 年到 2019 年的 8 年，GDP 年均增量也是 464.2 亿美元。当然后期同幅度的年均 GDP 增量已经意味着增速放缓，但需要注意的是，这些数字表明，日本经济以固定价格计算的 GDP 增量而论，并不是"失去的 30 年"。

（2）从 GDP 增量占全球的比重看，日本经历了大致 3 个台阶：从 1994 年到 1997 年，4 年平均占比是 5.26%；从 2000 年到 2007 年，8 年平均占比是 3.05%，下降了约 2 个百分点；从 2011 年到 2019 年，是 1.87%，又下降了 1.18 个百分点。

（3）从 GDP 占全球的比重看，日本呈现平稳的下降趋势，28 年经历了 5 个台阶：从 1993 年到 1997 年占比在 9%～10%；1998 年到 2001 年占比在 8%～9%；从 2002 年到 2007 年占比在 7%～8%；从 2008 年到 2014 年占比在 6%～7%；从 2015 年到 2020 年占比在 5%～6%。不过，日本仍然是全球第四大经济体。

4. G20 中 7 个发达经济体 GDP 总体增长态势

G20 中 7 个发达经济体以固定价格计算的 GDP 增长态势如表 2.5 所示[①]。

表 2.5　G20 中发达经济体以固定价格计算的 GDP 增长态势

年份	GDP /亿美元	GDP 增速 /%	当年 GDP 增量 /亿美元	当年全球 GDP 增量 /亿美元	年增量 占全球 比重/%	全球 GDP /亿美元	其 GDP 占 全球比重 /%
1993	263 340.4	—				377 846.6	69.70
1994	271 792.9	3.21	8 452.5	12 457.5	67.85	390 304.2	69.64
1995	279 479.8	2.83	7 686.9	12 058.1	63.75	402 362.3	69.46
1996	287 926.0	3.02	8 446.3	14 540.7	58.09	416 903.0	69.06
1997	307 018.7	6.63	19 092.7	16 130.5	118.36	433 033.5	70.90
1998	315 915.8	2.90	8 897.0	12 095.3	73.56	445 128.8	70.97
1999	327 051.5	3.52	11 135.7	15 599.4	71.39	460 728.2	70.99
2000	340 095.9	3.99	13 044.4	20 738.7	62.90	481 466.8	70.64
2001	345 261.1	1.52	5 165.2	9 629.9	53.64	491 096.7	70.30
2002	350 839.2	1.62	5 578.1	11 478.3	48.60	502 575.0	69.81
2003	358 268.8	2.12	7 429.6	15 879.0	46.79	518 454.0	69.10
2004	369 630.9	3.17	11 362.1	23 227.1	48.92	541 681.1	68.24
2005	379 978.6	2.80	10 347.7	21 929.2	47.19	563 610.3	67.42
2006	391 308.7	2.98	11 330.1	25 338.4	44.72	588 948.7	66.44
2007	401 479.0	2.60	10 170.4	26 142.6	38.90	615 091.3	65.27
2008	402 370.9	0.22	891.9	12 307.7	7.25	627 399.0	64.13
2009	388 787.5	-3.38	-13 583.5	-8 200.2	—	619 198.8	62.79
2010	399 394.4	2.73	10 607.0	27 832.1	38.11	647 030.9	61.73
2011	405 916.1	1.63	6 521.6	21 609.1	30.18	668 640.0	60.71
2012	410 736.1	1.19	4 820.1	17 873.1	26.97	686 513.1	59.83

---

① 加拿大 1993~1996 年以固定价格计算的 GDP 数据缺失。

年份	GDP /亿美元	GDP 增速 /%	当年 GDP 增量 /亿美元	当年全球 GDP 增量 /亿美元	年增量 占全球 比重/%	全球 GDP /亿美元	其 GDP 占 全球比重 /%
2013	416 285.3	1.35	5 549.2	19 530.3	28.41	706 043.4	58.96
2014	424 868.9	2.06	8 583.6	22 013.5	38.99	728 056.9	58.36
2015	435 598.7	2.53	10 729.8	23 067.6	46.51	751 124.4	57.99
2016	443 403.1	1.79	7 804.4	21 220.2	36.78	772 344.6	57.41
2017	454 287.5	2.45	10 884.4	26 216.6	41.52	798 561.2	56.89
2018	464 984.8	2.35	10 697.3	26 110.3	40.97	824 671.6	56.38
2019	473 474.7	1.83	8 489.9	21 448.7	39.58	846 120.3	55.96
2020	451 748.8	−4.59	−21 725.9	−27 866.9	—	818 253.3	55.21

注：GDP 以 2015 年不变价美元计

资料来源：根据世界银行 DataBank 数据库数据整理得到

从表 2.5 可见：

（1）28 年来发达经济体（7 个）的增速放缓，从 1998 年到 2007 年十年年均 GDP 增量为 9446.0 亿美元，而从 2010 年到 2019 年的年均 GDP 增量则为 8468.7 亿美元，年均 GDP 增量下降了 977.3 亿美元。

（2）从 GDP 增量占全球增量的比重看，从 1998 年到 2001 年 4 年平均为 65.86%，而从 2002 年到 2006 年 5 年平均为 47.06%，下降了近 19 个百分点。在 2010 年到 2019 年期间，则又下降了 9.74 个百分点，年均为 37.32%。

（3）从发达经济体占全球 GDP 的比重看，呈现逐年下降的平稳趋势，从最高 1999 年的 70.99% 到最低 2020 年的 55.21%，下降了近 16 个百分点。

5. 美国与欧盟的 GDP 增长态势比较

美国与欧盟按固定价格计算的 GDP 增长态势如表 2.6 所示。

表 2.6　美国与欧盟按固定价格计算的 GDP 增长态势

年份	美国GDP/亿美元	欧盟GDP/亿美元	美欧差距/亿美元	年份	美国GDP/亿美元	欧盟GDP/亿美元	美欧差距/亿美元
1993	104 182.3	111 021.4	−6 839.1	2007	163 486.4	158 324.1	5 162.3
1994	108 379.6	114 184.7	−5 805.1	2008	163 263.1	159 098.4	4 164.7
1995	111 288.7	117 199.9	−5 911.2	2009	159 121.5	152 208.2	6 913.3
1996	115 487.2	119 511.0	−4 023.8	2010	163 201.0	155 601.1	7 599.9
1997	120 547.6	123 132.5	−2 585.0	2011	165 732.0	158 385.1	7 346.8
1998	125 949.8	126 869.4	−919.6	2012	169 460.2	157 854.8	11 605.4
1999	131 936.5	130 618.8	1 317.7	2013	172 581.8	158 332.0	14 249.8
2000	137 382.1	135 662.0	1 720.1	2014	176 941.2	161 222.9	15 718.3
2001	138 753.7	138 589.1	164.5	2015	182 383.0	165 038.2	17 344.8
2002	141 170.4	140 366.0	804.4	2016	185 504.4	168 428.1	17 076.2
2003	145 209.5	142 151.2	3 058.3	2017	189 831.6	172 961.8	16 869.8
2004	150 725.9	145 776.7	4 949.1	2018	195 519.8	176 406.4	19 113.4
2005	156 021.2	148 751.7	7 269.5	2019	199 745.3	179 566.1	20 179.2
2006	160 475.6	153 711.4	6 764.2	2020	192 944.8	138 857.6	54 087.2

注：GDP 以 2015 年不变价美元计

资料来源：根据世界银行 DataBank 数据库数据整理得到

从表 2.6 可见：

（1）从 1993 年到 1998 年，欧盟 GDP 总量超过美国，美国确实在 6 年时间里成为"世界第二"。

（2）从 1999 年以后，美国才超过欧盟。

（3）从 1999 年到 2011 年，美欧 GDP 总量差距在 7600 亿美元之内，其中还有 5 年差距缩小。

（4）从 2012 年到 2019 年，美欧 GDP 总量差距从 11 605.4 亿美元扩大到 2019 年的 20 179.2 亿美元，进入"超万亿区"。

（5）2020 年美国 GDP 总量超过欧盟高达 54 087.2 亿美元，进入"超五万亿区"，差距再难以逆转。但是需要注意，若英国不脱欧，则美国超出欧盟的 GDP 总量仅为 25 171.1 亿美元，可见，英国脱欧是美国稳定超欧的决定性事件。

2.3.4　新兴经济体在全球经济增长中的态势

1. 中国 GDP 增长态势

中国按照固定价格计算的 GDP 增长态势如表 2.7 所示。

表 2.7　中国以固定价格计算的 GDP 增长态势

年份	GDP /亿美元	GDP 增速/%	当年 GDP 增量 /亿美元	当年全球 GDP 增量 /亿美元	年增量占全球比重 /%	全球 GDP /亿美元	中国 GDP 占全球比重/%
1993	14 602.4	—	—	—	—	377 846.6	3.86
1994	16 506.1	13.04	1 903.7	12 457.5	15.28	390 304.2	4.23
1995	18 314.1	10.95	1 808.1	12 058.1	14.99	402 362.3	4.55
1996	20 131.3	9.92	1 817.2	14 540.7	12.50	416 903.0	4.83
1997	21 990.8	9.24	1 859.5	16 130.5	11.53	433 033.5	5.08
1998	23 716.2	7.85	1 725.4	12 095.3	14.26	445 128.8	5.33
1999	25 533.3	7.66	1 817.1	15 599.4	11.65	460 728.2	5.54
2000	27 701.1	8.49	2 167.8	20 738.7	10.45	481 466.8	5.75
2001	30 010.2	8.34	2 309.1	9 629.9	23.98	491 096.7	6.11
2002	32 751.2	9.13	2 741.0	11 478.3	23.88	502 575.0	6.52
2003	36 038.8	10.04	3 287.6	15 879.0	20.70	518 454.0	6.95
2004	39 683.6	10.11	3 644.8	23 227.1	15.69	541 681.1	7.33
2005	44 205.4	11.39	4 521.8	21 929.2	20.62	563 610.3	7.84
2006	49 828.7	12.72	5 623.3	25 338.4	22.19	588 948.7	8.46
2007	56 919.8	14.23	7 091.1	26 142.6	27.12	615 091.3	9.25
2008	62 412.9	9.65	5 493.1	12 307.7	44.63	627 399.0	9.95

续表

年份	GDP /亿美元	GDP 增速/%	当年 GDP 增量 /亿美元	当年全球 GDP 增量 /亿美元	年增量占 全球比重 /%	全球 GDP /亿美元	中国 GDP 占全球比 重/%
2009	68 278.9	9.40	5 866.0	−8 200.2	—	619 198.8	11.03
2010	75 541.0	10.64	7 262.1	27 832.1	26.09	647 030.9	11.68
2011	82 755.8	9.55	7 214.8	21 609.1	33.39	668 640.0	12.38
2012	89 263.5	7.86	6 507.7	17 873.1	36.41	686 513.1	13.00
2013	96 195.8	7.77	6 932.3	19 530.3	35.50	706 043.4	13.62
2014	103 339.1	7.43	7 143.3	22 013.5	32.45	728 056.9	14.19
2015	110 615.5	7.04	7 276.4	23 067.6	31.54	751 124.4	14.73
2016	118 191.3	6.85	7 575.8	21 220.2	35.70	772 344.6	15.30
2017	126 402.3	6.95	8 211.0	26 216.6	31.32	798 561.2	15.83
2018	134 934.2	6.75	8 531.9	26 110.3	32.68	824 671.6	16.36
2019	142 962.4	5.95	8 028.2	21 448.7	37.43	846 120.3	16.90
2020	146 318.4	2.35	3 356.1	−27 866.9	—	818 253.3	17.88

注：GDP 以 2015 年不变价美元计

资料来源：根据世界银行 DataBank 数据库数据整理得到

从表 2.7 可见：

（1）从 1993 年到 2020 年的 28 年，中国以固定价格计算的 GDP 从 14 602.4 亿美元增长到 146 318.4 亿美元，总量大为扩展，这是人们称之为中国增长奇迹的主要依据。

（2）从 GDP 年增长速度看，大致可分为 3 个阶段，从 1994 年到 1999 年，逐年下降，从 13.04% 到 7.66%；从 2001 到 2007 年，逐年上升，从 8.34% 到 14.23%；从 2008 年到 2020 年，再度逐年下降（2010 年和 2017 年除外）。

（3）从 GDP 年度增量看，中国从 1994 年到 1999 年处于年均 1821.8 亿美元的阶段；从 2000 年到 2006 年逐年上升，从 2167.8 亿美元到 5623.3 亿美元；从 2007 年到 2019 年达到年均 7164.1 亿美元的增量，但 2020 年受疫情影响，年度增量只有 3356.1 亿美元。

（4）从对全球 GDP 增长贡献看，从 1994 年到 2000 年，中国处于 10%～16%阶段。从 2001 年到 2010 年，处于 20%～28%阶段（其中 2004 年是 15.69%；2008 年比较特殊，中国的 GDP 增量占比达到了当年的 44.63%；2009 年全球 GDP 负增长，无法按通常方法计算）。从 2011 年到 2019 年处于 31%～38%的阶段。

（5）与 GDP 总量的大幅增长趋势一致，中国 GDP 占全球的比重也逐年上升，从 1993 年的 3.86%到 2020 年的 17.88%。

2. 印度 GDP 增长态势

印度按固定价格计算的 GDP 增长态势如表 2.8 所示。

表 2.8　印度以固定价格计算的 GDP 增长态势

年份	GDP /亿美元	GDP 增速 /%	当年 GDP 增量 /亿美元	当年全球 GDP 增量 /亿美元	年增量占全球比重 /%	全球 GDP /亿美元	印度 GDP 占全球比重/%
1993	5 195.0	—	—	—	—	377 846.6	1.37
1994	5 540.9	6.66	345.9	12 457.5	2.78	390 304.2	1.42
1995	5 960.6	7.57	419.7	12 058.1	3.48	402 362.3	1.48
1996	6 410.6	7.55	450.0	14 540.7	3.09	416 903.0	1.54
1997	6 670.2	4.05	259.6	16 130.5	1.61	433 033.5	1.54
1998	7 082.7	6.18	412.5	12 095.3	3.41	445 128.8	1.59
1999	7 709.2	8.85	626.5	15 599.4	4.02	460 728.2	1.67
2000	8 005.3	3.84	296.1	20 738.7	1.43	481 466.8	1.66
2001	8 391.5	4.82	386.2	9 629.9	4.01	491 096.7	1.71
2002	8 710.7	3.80	319.2	11 478.3	2.78	502 575.0	1.73
2003	9 395.4	7.86	684.7	15 879.0	4.31	518 454.0	1.81
2004	10 139.8	7.92	744.4	23 227.1	3.20	541 681.1	1.87
2005	10 943.2	7.92	803.4	21 929.2	3.66	563 610.3	1.94

续表

年份	GDP /亿美元	GDP 增速 /%	当年 GDP 增量 /亿美元	当年全球 GDP 增量 /亿美元	年增量占全球比重 /%	全球 GDP /亿美元	印度 GDP 占全球比重/%
2006	11 825.3	8.06	882.1	25 338.4	3.48	588 948.7	2.01
2007	12 731.3	7.66	905.9	26 142.6	3.47	615 091.3	2.07
2008	13 124.2	3.09	393.0	12 307.7	3.19	627 399.0	2.09
2009	14 156.1	7.86	1 031.8	−8 200.2	—	619 198.8	2.29
2010	15 359.0	8.50	1 202.9	27 832.1	4.32	647 030.9	2.37
2011	16 164.0	5.24	805.0	21 609.1	3.73	668 640.0	2.42
2012	17 046.0	5.46	882.0	17 873.1	4.93	686 513.1	2.48
2013	18 134.5	6.39	1 088.6	19 530.3	5.57	706 043.4	2.57
2014	19 478.3	7.41	1 343.8	22 013.5	6.10	728 056.9	2.68
2015	21 035.9	8.00	1 557.5	23 067.6	6.75	751 124.4	2.80
2016	22 772.7	8.26	1 736.8	21 220.2	8.18	772 344.6	2.95
2017	24 320.2	6.80	1 547.5	26 216.6	5.90	798 561.2	3.05
2018	25 909.0	6.53	1 588.8	26 110.3	6.09	824 671.6	3.14
2019	26 956.1	4.04	1 047.1	21 448.7	4.88	846 120.3	3.19
2020	25 001.3	−7.25	−1 954.8	−27 866.9	—	818 253.3	3.06

注：GDP 以 2015 年不变价美元计

资料来源：根据世界银行 DataBank 数据库数据整理得到

从表 2.8 可见：

（1）从 1993 年到 2019 年，印度 GDP 总量从 5195.0 亿美元增长到 26 956.1 亿美元。

（2）印度 GDP 的年度增速相对而言比较均衡，27 年中低于 5%的只有 7 年，1999 年最高达到 8.85%。

（3）从年度增量看，1994 年至 2002 年年均增量 390.6 亿美元，2003 年至 2007 年年均增量 804.1 亿美元，而 2009 年至 2019 年年均增量则达到 1257.4 亿美元。

（4）从 GDP 增量占全球增量的比重看，1994 年至 2002 年印度增量年均贡献为 2.82%。2003 年至 2007 年为 3.57%，而 2009 年至 2019 年提升至 6.32%，多了 2.75 个百分点。

（5）印度 GDP 占全球的比重逐年上升，从 1993 年的 1.37%上升到 2005 年的 1.94%，处于 1%～2%的阶段；从 2006 年的 2.01%提升到 2016 年的 2.95%，处于 2%～3%的阶段；从 2017 年的 3.05%提升到 2019 年的 3.19%，处于 3%以上的阶段。

3. 巴西 GDP 增长态势

巴西按固定价格计算的 GDP 增长态势如表 2.9 所示。

表 2.9　巴西以固定价格计算的 GDP 增长态势

年份	GDP /亿美元	GDP 增速 /%	当年 GDP 增量 /亿美元	当年全球 GDP 增量 /亿美元	年增量占全球比重 /%	全球 GDP /亿美元	巴西 GDP 占全球比重/%
1993	9 670.2	—	—	—	—	377 846.6	2.56
1994	10 236.2	5.85	566.0	12 457.5	4.54	390 304.2	2.62
1995	10 668.6	4.22	432.4	12 058.1	3.59	402 362.3	2.65
1996	10 904.2	2.21	235.7	14 540.7	1.62	416 903.0	2.62
1997	11 274.4	3.39	370.2	16 130.5	2.29	433 033.5	2.60
1998	11 312.5	0.34	38.1	12 095.3	0.32	445 128.8	2.54
1999	11 365.5	0.47	52.9	15 599.4	0.34	460 728.2	2.47
2000	11 864.2	4.39	498.7	20 738.7	2.40	481 466.8	2.46
2001	12 029.1	1.39	164.9	9 629.9	1.71	491 096.7	2.45
2002	12 396.4	3.05	367.3	11 478.3	3.20	502 575.0	2.47
2003	12 537.8	1.14	141.4	15 879.0	0.89	518 454.0	2.42
2004	13 260.0	5.76	722.2	23 227.1	3.11	541 681.1	2.45
2005	13 684.6	3.20	424.6	21 929.2	1.94	563 610.3	2.43
2006	14 226.8	3.96	542.2	25 338.4	2.14	588 948.7	2.42

续表

年份	GDP /亿美元	GDP 增速 /%	当年 GDP 增量 /亿美元	当年全球 GDP 增量 /亿美元	年增量占 全球比重 /%	全球 GDP /亿美元	巴西 GDP 占全球比 重/%
2007	15 090.3	6.07	863.5	26 142.6	3.30	615 091.3	2.45
2008	15 859.0	5.09	768.7	12 307.7	6.25	627 399.0	2.53
2009	15 839.1	−0.13	−20.0	−8 200.2	—	619 198.8	2.56
2010	17 031.5	7.53	1 192.4	27 832.1	4.28	647 030.9	2.63
2011	17 708.4	3.97	676.9	21 609.1	3.13	668 640.0	2.65
2012	18 048.6	1.92	340.2	17 873.1	1.90	686 513.1	2.63
2013	18 590.9	3.00	542.3	19 530.3	2.78	706 043.4	2.63
2014	18 684.6	0.50	93.7	22 013.5	0.43	728 056.9	2.57
2015	18 022.1	−3.55	−662.5	23 067.6	—	751 124.4	2.40
2016	17 431.7	−3.28	−590.4	21 220.2	—	772 344.6	2.26
2017	17 662.3	1.32	230.6	26 216.6	0.88	798 561.2	2.21
2018	17 977.4	1.78	315.0	26 110.3	1.21	824 671.6	2.18
2019	18 231.1	1.41	253.7	21 448.7	1.18	846 120.3	2.15
2020	17 491.0	−4.06	−740.0	−27 866.9	—	818 253.3	2.14

注：GDP 以 2015 年不变价美元计

资料来源：根据世界银行 DataBank 数据库数据整理得到

从表 2.9 可见：

（1）巴西的 GDP 总量从 1993 年的 9670.2 亿美元增加到 2020 年的 17 491.0 亿美元，不过其总量的最高年份是在 2014 年，达到了 18 684.6 亿美元。

（2）巴西 GDP 的增速和增量都不够稳定，年度 GDP 增量最高可达 1192.4 亿美元，但在 2015 年和 2016 年却有两年较严重的负增长（2020 年因疫情的负增长不计），分别为−662.5 亿美元和−590.4 亿美元。

（3）1994～2014 年，巴西 GDP 增长对全球的贡献平均在 2.52%的水平[1]，

---

① 计算过程不包含当年 GDP 增量为负数的 2009 年。

但 2017～2019 三年仅为 1.08%。

（4）巴西 GDP 占全球的比重比较稳定，从 1993 年到 2015 年都在 2.40% 到 2.65% 之间波动，但 2016 年到 2020 年却平均为 2.19%，有所下降，与其 GDP 增量对全球贡献的下降相一致。

4. G20 中 9 个新兴经济体 GDP 总体增长态势

G20 中 9 个新兴经济体以固定价格计算的 GDP 增长态势如表 2.10 所示。

表 2.10　G20 中 9 个新兴经济体以固定价格计算的 GDP 增长态势

年份	GDP /亿美元	GDP 增速 /%	当年 GDP 增量 /亿美元	当年全球 GDP 增量 /亿美元	年增量占全球比重 /%	全球 GDP /亿美元	其 GDP 占全球比重 /%
1993	56 730.7	—	—	—	—	377 846.6	15.01
1994	59 153.7	4.27	2 423.0	12 457.5	19.45	390 304.2	15.16
1995	61 539.4	4.03	2 385.8	12 058.1	19.79	402 362.3	15.29
1996	65 053.2	5.71	3 513.8	14 540.7	24.17	416 903.0	15.60
1997	68 953.7	6.00	3 900.5	16 130.5	24.18	433 033.5	15.92
1998	70 848.6	2.75	1 894.8	12 095.3	15.67	445 128.8	15.92
1999	73 804.8	4.17	2 956.2	15 599.4	18.95	460 728.2	16.02
2000	78 401.1	6.23	4 596.3	20 738.7	22.16	481 466.8	16.28
2001	81 415.2	3.84	3 014.1	9 629.9	31.30	491 096.7	16.58
2002	85 332.7	4.81	3 917.5	11 478.3	34.13	502 575.0	16.98
2003	91 010.7	6.65	5 678.0	15 879.0	35.76	518 454.0	17.55
2004	98 230.2	7.93	7 219.4	23 227.1	31.08	541 681.1	18.13
2005	106 014.1	7.92	7 783.9	21 929.2	35.50	563 610.3	18.81
2006	115 485.7	8.93	9 471.6	25 338.4	37.38	588 948.7	19.61
2007	126 729.9	9.74	11 244.2	26 142.6	43.01	615 091.3	20.60
2008	134 828.3	6.39	8 098.4	12 307.7	65.80	627 399.0	21.49
2009	139 779.8	3.67	4 951.5	−8 200.2	—	619 198.8	22.57
2010	151 931.9	8.69	12 152.1	27 832.1	43.66	647 030.9	23.48
2011	163 061.8	7.33	11 129.9	21 609.1	51.51	668 640.0	24.39

续表

年份	GDP /亿美元	GDP 增速 /%	当年 GDP 增量 /亿美元	当年全球 GDP 增量 /亿美元	年增量占全球比重 /%	全球 GDP /亿美元	其 GDP 占全球比重 /%
2012	172 464.2	5.77	9 402.4	17 873.1	52.61	686 513.1	25.12
2013	182 653.1	5.91	10 189.0	19 530.3	52.17	706 043.4	25.87
2014	192 323.3	5.29	9 670.2	22 013.5	43.93	728 056.9	26.42
2015	201 693.3	4.87	9 370.0	23 067.6	40.62	751 124.4	26.85
2016	211 370.0	4.80	9 676.7	21 220.2	45.60	772 344.6	27.37
2017	223 195.5	5.59	11 825.6	26 216.6	45.11	798 561.2	27.95
2018	234 964.8	5.27	11 769.3	26 110.3	45.08	824 671.6	28.49
2019	245 037.7	4.29	10 072.9	21 448.7	46.96	846 120.3	28.96
2020	243 393.0	-0.67	-1 644.7	-27 866.9	—	818 253.3	29.75

注：GDP 以 2015 年不变价美元计

资料来源：根据世界银行 DataBank 数据库数据整理得到

从表 2.10 可见：

（1）先看年 GDP 增量。从 1994 年到 1999 年这 6 年，9 个新兴经济体的年均 GDP 增量为 2845.7 亿美元。经过了中间十多年的上升期，从 2010 年到 2019 年这 10 年，9 个新兴经济体的年均 GDP 增量已经高达将近 10 525.8 亿美元。

（2）再看 9 个新兴经济体 GDP 增量对全球经济增长的贡献。这 28 年大致经历了三个台阶：从 1994 年到 1999 年，6 年年均 GDP 增量占比为 20.60%，从 2000 年到 2007 年 8 年年均为 34.29%，而从 2010 年到 2019 年 10 年的年均高达 46.39%，这个幅度已经超过了 7 个发达经济体的年均 37.32%，表明 9 个新兴经济体对全球 GDP 增长的拉动已经开始占主导地位。

（3）9 个新兴经济体 GDP 占全球 GDP 的比重稳定增大，从 1993 年的 15.01% 增长到 2020 年的 29.75%，近乎倍增。这个增幅与 7 个发达经济体 GDP 占全球比重的下降幅度恰好相应。

新兴经济体在 G20 中占比达到一定程度，表明部分经济体经济增长迅速，从众多发展中国家中分离出来，这是通过最近一轮全球化实现的新现象。通过历史数据分析这种分离发生的时间，有助于进一步考察新兴经济体作为发展中国家分化的双重性。

进入 G20 的新兴经济体除了中国、印度和巴西外，大都排在 G20 的后面，从第 11 到第 17 都是新兴经济体，所以短期还不会有"非 EU 发达国家"退出 G20。单个新兴经济体也许能在 G20 中的位次上升，导致新兴经济体这个类别在 G20 中的比重上升。

或者，部分新兴经济体在进入和退出 G20 的边界上发生替换，即目前靠近 G20 的新兴经济体，如尼日利亚、泰国和埃及，其 GDP 总量如果超过已经进入 G20 但名次较后的新兴经济体，就会发生这种替换。

2.3.5 新兴经济体与发达经济体的增长态势对比

1. 中国与美国 GDP 增长态势比较

从表 2.6 和表 2.7 中可见中美 GDP 增长的态势比较：就以固定价格计算的 GDP 总量看，中国与美国差距从 1993 年至 2005 年 13 年之间逐年扩大，其中只有 2001 年、2002 年稍微缩小；而在 2006 年至 2020 年 15 年之间，这个差距逐年缩小。

所以，需要强调指出的是，中美 GDP 总量差距在 28 年期间实际经历了一个先扩大再缩小的演变，并不是人们通常所以为的那样，中国一直在赶超美国，即便仅是就 GDP 总量而言，赶超也只是近十几年的事情。

2. 中国与欧盟 GDP 增长态势比较

从表 2.6 和表 2.7 中可见中国与欧盟 GDP 增长的态势比较：就以固定价格计算的 GDP 总量看，中国与欧盟差距从 1993 年至 2001 年 9 年之间逐年扩大，而从 2002 年至 2020 年期间，这个总量差距逐年缩小。

这里需要注意两点：第一，中国与欧盟 GDP 总量差距进入缩小区比中美 GDP 总量差距提早了 4 年，是在 2002 年，而中国与美国 GDP 总量差距到了 2006 年才进入缩小区。第二，中国在 2020 年 GDP 总量超过欧盟，大约为 7460.8 亿美元。但若英国不脱欧，中国与欧盟 GDP 总量差距仍然会是负值，大约为–21 455.3 亿美元。如果中国保持对欧盟的 GDP 总量缩小势头，按近两年的中欧 GDP 总量差距降幅估计，还需要 4 年以上才能超过欧盟。

3. 发达经济体进入 G20 可能对两类国家的 GDP 全球占比产生微小影响

近些年，瑞士和挪威在 GDP 总量上靠近 G20 国家，如果 G20 排名靠后的某个新兴经济体被瑞士超过，跌出 G20，则会对发达经济体和新兴经济体 GDP 占全球比重产生微小的影响。

进入 G20 的经济体只有 17 个，却占有高达 84%以上的全球占比，最高曾达到 87%以上，占比的变动幅度仅为 2.35 个百分点，这充分说明：其他发展中国家所能获得的增长机会非常之少，这也可以解释，为什么发展中国家对引进外资如此积极，为什么引资条件又放得如此之低。实在是形势和种种约束所迫，并非自主的偏好。

2.4　微观与宏观态势的关联：应该如何解读"微笑曲线"？

"微笑曲线"理论的形成①，源于国际分工模式由产品分工向要素分工的转变，也就是参与国际分工合作的世界各国企业，由生产最终产品转变为依据各自的要素禀赋，只完成最终产品形成过程中某个环节的工作。最终产品

---

① 原创"微笑曲线（smile curve）"理论的是我国台湾宏碁集团创办人施振荣先生，其在 1992 年提出此概念，以作为"再造宏碁"的策略方向。经历了十多年修正，最终推出了所谓施氏"产业微笑曲线"。

的生产，经过市场调研、创意形成、技术研发、模块制造与组装加工、市场营销、售后服务等环节，形成了一个完整链条。

这个链条画出图形，就像微笑嘴型的一条曲线，两端朝上。在产业链中，附加值更多体现在两端，即设计和销售，处于中间环节的制造附加值最低。应该看到，这个概念对当今的"国势研判"具有非常重要的意义。30多年过去了，这个概念是否足以"定格"不变？笔者以为，究竟如何解读，还需要再下一番功夫。

2.4.1   应该注意从微观、中观和宏观三个层次全方位地考察"微笑曲线"

目前，用"微笑曲线"对产品和产业的剖析，主要基于微观和中观视角。从产品和产业看社会分工，在全球化时代，重心则是国际分工。不过如果从系统角度全方位地观察，还应该注意宏观层次上的思考。

从宏观层次上究竟怎么看"微笑曲线"？与微观、中观视角的"看"如何联系起来？需要深入或拓展的问题颇多。例如，投入产出表数据与"微笑曲线"的关系？我们宏观指标的产业统计基础如何？能不能将每个产业都画出"微笑曲线"？以深究其曲率及其经济含义。特别是对国家在"全球产业链"中地位的认知，如中美贸易争端如何用"微笑曲线"来解读？对这些问题的解答，正体现了经济统计"分析与综合"的方法功效。

2.4.2   不同产品产业曲线的曲率不同，程度上未必都是微笑

有的产品，由业务分工不同所决定的利益分配份额不同，不同行为主体的感受不同。现实国际政治经济生活中，未必都是"微笑"，有的是"大笑"，甚至是"狂笑"。一概称之为"微笑曲线"，其实不太准确，掩盖了不同"利益相关者（stakeholder）"之间"获利"的极大差异。虽然同在一条产业链

上，主从地位可是截然不同。对推动产业链分工的富国资本来说，分给低端制造的那点劳工费用，只是其所谓的"必要之恶"，不得已的"施舍"而已。故而，如果要更准确地称呼这条曲线，就应该更名为"利笑曲线"。

对于打苦工的企业和国家而言，能够进入某个产业链，也许得到了"笑"的资格，就此而言，比那些被全球化抛弃的国家来说，似乎进了一步，但多半不会是"大笑"，倒很可能是"苦笑"。试想，加工一双名牌鞋，中国工厂所得竟然不到 2 美元，而欧美市场上这种鞋子的销售价至少是 60 美元，利益比例极不协调，分布绝对偏态。

这不由叫人想起"面包屑隐喻"，美国物理学家罗兰教授 1883 年提出，当时美国经济总量即将超过英国。他在《为纯科学而呼吁》中指出："难道我们总是匍匐在尘土中去捡富人餐桌上掉下来的面包屑、并因为我们有更多的面包屑而认为自己比他更富裕吗？但我们忘记了这样的事实：他拥有面包，这是所有面包屑的来源。"

更需要当心的是，当下又出现了新险情。本来我们还试图解决"低端锁定"问题，以力推中国产业升级，但现在美欧资本和政客却要打破"低端"在中国的锁定，将我们踢出"全球生产链"。

中国改革开放之初，外国资本没有想到中国人这么肯吃苦，在那么艰苦和苛刻的条件下还能坚持"代工"，也不了解积少成多的"米饭效应"，几十年辛苦换来了中国 GDP 总量的快速增大。我们的成就竟然让他们感受到威胁，依此可知，他们并不乐见中国人生活水平的提高。

以中国为代表的新兴经济体涌现，在美欧争霸的国际格局下异军突起，规模和份额都不容小觑。美欧资本不愿意把鸡蛋放在一个篮子里，低端产业也要重新布局。对他们眼中的威胁者——中国，连低端的参与资格都要剥夺。美欧资本并不是要搞什么"逆全球化"，而是要搞"没有中国的全球化"，美国资本及其政客则要完全由美国主导全球化。

这样，发展中国家参与"全球生产链"，如果试图提升在链中的地位，就成了破坏国际经济秩序，就会遭受跨国资本及其代理人的打击。以为美国政客真要搞"逆全球化"，恐怕是严重误判。的确，低端产业"回流"发达国家，不过是其政客哄骗选民的口号，实现的可能性很低，不必设防。但低端产业外移到其他新兴国家，却是正在发生的事情，疫情过后，恐怕会愈演愈烈。"外流"与"回流"都会减少我们的产业份额，对中国产业格局变化的效用其实一样。忽视这一点，对坚守和提升中国在全球生产链中的"链位（chain-position）"非常不利。

2.4.3 注意产品制造阶段的再区分

有的"微笑曲线"阐述中，仅将中间部分笼统地定义为"制造阶段"，这与进行"微笑曲线"分析的初衷相悖。现实国际分工中，发达国家将产品低端制造阶段"外包"，资本跨国寻找单位劳动力成本最低的场所，以求得资本获益的最大化。而高端制造，如"核心零部件"的生产，则牢牢地控制在自己国家手中，绝对不许外放。因此，"一般零部件"与"核心零部件"的区分非常重要，这是富国资本家能够"笑"出来、能够"大笑""狂笑"的缘由。

甚至，富国资本家连零部件"库存"都严格限制，"核心零部件"往往从母国运过来，直接上生产线安装，以避免新兴国家得到研发和仿制的机会。这一点，2016年日本福岛地震已经明确地提醒过国人，当时由于日本运输力量和交通线忙于救灾，"核心零部件"无法及时运输出来，中国东莞的组装厂只好停工待料。

这个典型事件颇有启发意义。

其一，它表明了产品生产的"断链效应"。"核心零部件"的替代弹性最小，刚性最大，而"一般零部件"则可能具备较大的替代弹性，刚性较小。因此，不同层次的零部件对产品生产链的维系作用不同，掌握"核心零部件"的国家受"断链效应"的影响通常较小，而只掌握"一般零部件"的国家受"断链效应"的影响通常比较大。

其二，所谓全球化，就是单个国家生产链的"去完整"。因此从系统的角度看，在全球化背景下，采用"拥有产业中产品的比重"来论证所谓产业完整度，意义并不大，忽视了"断链效应"，容易引发盲目自满情绪。

其三，在全球化时代，产品组装厂标注产品制造地意义不大。因为其中"核心零部件"，或者产值利润比重最大的零部件，未必在组装厂所在国，而且多半不在。在这种情况下，标注"某国制造"意义不大，已经无法确切表明真实产出状况——该国在该产品生产中的实际地位了。

2.4.4　不可忽略金融和法律产业在"微笑曲线"中的隐性和间接作用

金融和法律产业这两个产业未必"虚"，关键时刻或许很"实"。现代市场实现是一个知识要素密集的过程，不仅仅包含市场营销和售后服务，其中还隐含着金融和法律服务，这些现代服务同样处于"微笑曲线"的右上端，并非可有可无，并非"虚置"。

想想美国怎么吞并法国阿尔斯通公司？主要就是靠法律手段。打官司这事儿可一点也不虚，实实在在的"利得"过程。一般而言，就是在一国国内，法律环境对市场正常发展也不可或缺。没有直接效用，还有间接效用。

再看金融，好多人过分迷信实物制造，总认为金融活动对产出的贡献是虚的，放弃产品制造去发展金融，就是"脱实向虚"。这种对当代产业的认知还停留在亚当·斯密时期，实际上遵循了确定"生产劳动"的"苏格兰方式"，拘泥于"斯密教条"。

金融产业未必虚，至少有以下三个极端事例值得我们注意。

（1）2008 年"次贷危机"在美国爆发，他们靠什么得以解脱？靠什么让全世界买单？正是金融手段。美国得病，传染给全世界，危害分担，这是多么实在的产业啊。对美国而言，世界上唯一的"铸币国"，金融的功能相当特殊，不光是获利，还可以转嫁经济危机。对全世界来说，美国这个国家都是一个最大的背景性存在，太大以至于不能倒（too big to fail）。从某种意义上看，全世界都被迫忍受着美国的恣意妄为，其中就包括其不管他国死活的金融操作，长期如此，至今如此。

（2）解决碳排放问题，为什么欧美主张不同？西欧国家碳排放技术比较强，采用碳排放"技术派"的主张。美国则对碳排放减少持"交易派"的主张，因其金融交易市场份额大。这么大的事由，采用金融交易的路径加以解决，就可以持续放大其获益机会。

（3）美欧政客为什么一直坚持要中国开放金融？是关心中国金融的全球化发展？美欧政客和资本家会这么善良吗？恐怕他们真正在乎的是美欧金融资本的利得机会。外资进入中国，并不是、从来不是搞慈善的。资本进来就是想获利，就是要"利笑"，不仅大笑，最好狂笑。至于获利后的选择也很简单，要么接着获利，要么回流母国，要么转到其他获利地区，最终都是要"跑路"的，本质上都是"热钱"。

2.4.5　国人应该健全对现代服务业的认知

一说起服务业，我们往往容易想到商店、餐馆，想到"地摊经济"，事到如今，只想到"快递小哥"也不够。现代服务业从服务对象看，可以且应该一分为二："为消费者服务的服务业"和"为生产者服务的服务业"。当然，有的服务业既可以为生产者服务，也可以为消费者服务，对这种情形更需要仔细剖析，究竟哪部分的比重大，因为这涉及产业结构的细分和层次判定。

"微笑曲线"的两端都属于为生产服务的服务业，发达国家正是这个部门所占的比重较高，我们在分析产业虚实时，不能只看制造业所占的比重高低，还要看为生产服务的服务业所占比重的高低，把制造业比重和生产服务业比重合在一起，才能更清楚和真实地判断一国的产业虚实。

为生产服务的那一块服务业离我们的生活比较远，不大容易看清楚，其实，这部分的产业份额在发达国家和发达地区非常之大，决不能忽略。光是一次、二次和三次产业的划分，太过粗放，还需要深入其产业的内部结构，才能对"国势"有更为清醒的认识。

2.4.6　注意不同全球链的差异、国家间产业格局的差异

"微笑曲线"基于"全球产业链"画出，但其背后还有"全球价值链"，按流量和存量的差别，后者又可分为"全球收入链"和"全球财富链"。需要明确的是，生产只是参与经济活动，收入和财富才是"利笑"的内在缘由。

一个国家在不同全球链中的"链位"又有所不同，新兴国家在"全球生产链"中可能靠前，部分产业进入中端，但在"全球收入链"，特别是在"全球财富链"中则未必。在"全球价值链"中的"链位"特别难以进步，往往被发达国家阻挡在低端，NFI 往往是负值。

还要看到，不同国家，其产业格局的范围不同。由此，产业的虚实与否，判别所应参照的范围也不同。好多人以为，美国真的"脱实向虚"了，这恐怕是中了美国政客的圈套。

首先，美国的军工产业一百年来都是世界上最强大的，而且美国"军工综合体"一直编造各种理由，要将其做得更强。要知道，军工是最实的产业，

高科技最大的动力和资金支持往往来自军工需求，而美国的产业体系一直是以军工为主体构建的。既然美国军工产业依然占据高位，总体上就并不存在所谓"脱实向虚"的问题，这是其可以"大笑"和"狂笑"的本钱。

其次，看一个国家产业虚实，要看其调配产品资源的影响力范围。美国所谓的"虚"产业确实不少，但有全世界的"实"产业作为其基础，这是其超级大国的地位所决定的。不同国家，产业基础的布局范围不同。对其他国家，产业结构比例表现了其虚实是否失调，但对美国而言，仅用其产业结构比例就容易失真，哪怕其制造业比例低，也未必就存在断链风险。或许，短期突发冲击会造成某些产品一时断供，但从长期看，只要其全球影响力还在，就不宜只看美国国内产业结构，该指标不足以判断其产业虚实。

2.5　预期增长率所基于的要素及其顺序——"对标法"的经济统计学评论

中国经济增长的走势究竟如何，国内外存在截然不同的看法，其实这也很正常，正所谓仁者见仁，智者见智。

但是专业人士应该注意到，预期的关键并不在于增长率数值的估计，今后一个时期内中国经济增长究竟5%，还是8%？既然是对"潜能"的判断，数值为多少都不能算错，预期数字本身无法"证伪"，因为"潜能"的真值无法测度。即使事后没达到某个预期值，完全可以归咎于"潜能"的发挥受到了意外阻碍，并非"潜能"本身不存在。

所以，评判预期质量的关键在于相关思考的专业质量：得出预期数值背后的逻辑思路是否切实连接；预判所隐含的假设是否能近似贴近于未来的中国发展实践；对制约经济增长诸要素的认知是否到位；预判的经济统计方法论基础如何。

2.5.1　预判经济增长潜力需要思考的要素和顺序

"对标法"或"参照法"把目标国与参照国（对标国）的"差距"等同于"增长潜力"。其隐含的理由是"人能我能"，既然有国家能够实现人均收入中高位水平上的快速增长，当然新兴国家也能实现，毕竟，新兴国家的显著特征正是快速增长。

然而，差距只是一种可能性，要把这种可能性落实为经济增长的现实，首先需要各种增长要素的齐备与合理组合，还需要真抓实干，充分发挥人的能动作用，所谓市场机制，其实不过是市场行为主体相互博弈所形成的动态关系。

估计增长潜力时需要充分思考其中隐含的多种增长要素。笔者认为，至少需要深入考虑如下五个宏观方面：外部发展环境、人口规模约束、产出的投入约束、经济周期大背景、生产能力的市场实现。同时，尽管这五方面因素彼此关联，但其需要优先考虑的顺序对预期的质量也很重要。

这里还有增长速度与发展质量的取舍问题。经济发展不是生豆芽，即便是生豆芽，也并不是发得越快越好，只是发芽速度这个因素比较重要而已。经济增长也并不是越快越好，在长期的发展过程中，存在增长节奏的自主把握问题。如果一个经济体总是需要靠增长速度来维系运转，这种无奈本身就说明发展质量还不够高，提倡高质量发展，一个含义就是尽可能摆脱对 GDP 总量扩展的单一追求。

2.5.2　基础指标的可靠性值得深究

对于基础指标的可靠性需要注意以下几点。

第一，"对标法"分析基于 GDP 和人均 GDP 国家间的差异数据，假设前提是该指标确实能反映出不同国家间的发展水平差异，这个前提如果不成立，或者说不那么充分成立，对分析结果的影响是什么方向的？会有多大程度？就需要深究。

笔者曾提出，GDP 不是新兴国家判断国势的合宜指标[①]，同样的 GDP 总量，其质量未必相同，对下一步发展的影响也不同。

第二，高潜能预期基于"奇迹持续假设"，从这 40 多年的历史经验看，别的国家能做到的，中国也能做到，还能做得更快，于是被称为"增长奇迹"。奇迹究竟奇到什么程度？深究整个过程，长期成本遗留了多少？隐含成本掩盖了多少？毕竟天下没有免费的午餐，成本效益分析中不能只看一个方面，不能被"短期收益"和账面收益所迷惑。

第三，不能将"或然因素"作为绝对判据。如果预期所依据的因素是或然的，则预期结果当然也就是或然的。大家都熟悉农妇的鸡蛋之梦，如果条件是或然的，就需要做出或然的预期，在什么样的条件下，预计会得出什么样的运行结果。

2.5.3 "对标国"与中国面临的外部发展环境恰恰相反

在人均收入中高位水平上持续高速增长的只有德国、日本和韩国，所以这三个国家被选为"对标国"。然而应该看到，此三国的高位快速增长存在着特殊国际背景，即都有大国博弈做背书，美国对他们的支持可以视为与苏联争霸的前沿阵地构筑，是对他们所溢出的"地缘政治"的红利。

然而不同国家所面临的国际背景大不相同，这是"对标国"选择时需要重点考虑的。当下，中国本来仅仅是"GDP 总量最大的发展中国家"，却被

---

① 本书第 3 章将展开阐述这个论题。

美国内外的各种"甩锅"力量推到了与"最大的发达国家"相"对决"的位置，所以，中国下一步发展所面临的地缘政治因素非常不利，主体上是负面的，作用力恰恰是，至少往往是反向的。

应该看到，前期中国的快速发展也包含了外部环境的影响。当时正好是美欧博弈上升为世界主要矛盾，对中国而言，客观上造成被列强压制的相对缓和期。

柏林墙倒塌后，大国竞争的主战场就是美欧博弈。欧洲国家的联合对美国而言已经失去了原有的、正面的战略意义，只剩下负面作用，因而对一直奉行"美国优先"基本国策的美国政客而言，首先要压制乃至消除的就是欧盟的发展。应该注意到英国脱欧过程中的美国因素，在特朗普总统执政时期表现得最为直接和明显，他直接道明：欧盟是美国的敌人。

尽管移民和难民的极端行为给欧盟一些国家发展带来了很大的困难，但在异族人口占总人口比重达到某种临界点之前，这都只不过是颠覆欧盟的游击队，其实与欧盟不宣而战的正规军就在西方内部，恰恰是美国的跨国资本。

同时要看到，也正是由于美国对欧盟、普京执政下的俄罗斯，包括日本、韩国，一直采取高压政策，这些国家才有将祸水外引的动机和动作，一个主要目标就是把中国往与美国"对决"的位置上推，借助此种博弈手段，求得自身从美国的高压中解脱。

美国这些年在全球剪羊毛，但美国不同类型资本，如产业资本、金融资本和数字资本之间矛盾颇深，失去苏联这个强大的竞争对手后，对国内百姓的利益也无须那么在意，尽管经济仍然增长（所谓"狭基型增长"），但美国大资本极其贪婪，分配不公的状态被推向极致，出现了 1% 与 99% 的严重分立，国内积怨甚多。美国前总统对此心知肚明，但根本无法兑现竞选诺言，怨气外引自然是最佳选择，而中国则很方便地成为其攻击目标。

现在，拜登总统接续对华极端遏制政策，还改变策略联合发达国家，包括某些与中国存在某种博弈关联的国家，合力围剿中国。一些国家在这个过程中选择与美国为伍，这反映出他们对中国与美国实力差距的真实判断，而在将中国送到与美国"对决"位置时种种所谓的中国强大，不过是博弈中的说辞，未必是他们内心真实的认定。

美国国内也存在这种用夸大中国实力来获益的做法。例如，"脸书"创始人马克·艾略特·扎克伯格在国会听证时争取政府支持，就是用中国可能的抢先发展来吓唬国会议员，此时他所说的中国"威胁"，显然就是一种机会主义的托词。所以，外人对中国增长潜力的浮夸之辞带有水分，不能作为高速增长预期的佐证。相反，对外部发展环境的负面约束却应该留出充分的余地，以免实际经济运行结果不如预期。

2.5.4　规模约束：人口总量不同所需弥补收入增量和增速都不同

在对标比较中，需要注意造成两类国家差异的因素。从经济统计的指标关系判断，在不同人口总量的国家中，弥补同样人均 GNI 差距所需要的 GNI 增量不同。人口大国要弥补同样的人均收入水平缺口，就需要更多的收入增量，人口相差多大倍数，收入增量就需要多出同样的倍数。这同时意味着，弥补相同的收入水平缺口，人口规模如果比较大，就需要更快的收入增速。（虽然需要更多的收入增量，但是收入基数作为分母也更大，因此，所需收入增速其实仍然是相等的。）

举例：假如有 A、B 两国，A 国人口为 1，B 国人口为 3，当期人均 GNI 都为 100，目标为人均 GNI 在下一期达到 200（相同的收入水平缺口）。

A 国：

人口——1；

GNI——100；

人均 GNI——100；

达到目标所需 GNI 为 200，增量 100，增速 100%。

B 国：

人口——3；

GNI——300；

人均 GNI——100；

达到目标所需 GNI 为 600，增量 300，增速 100%。

因此，在确定和比较"对标国"时，需要把人口规模约束这个因素考虑进去。尽管德国、日本和韩国也不算人口小国，但在数量级上与中国、印度还是无法相比，该因素对预期可靠性的影响不会小。

此外，人口总量和增量对增长潜力的影响是双重的。除了人均收入量估算中作为需求方外，还涉及增长要素的供给，即劳动力的供应质量和数量。不同人均收入水平的增长对劳动力的质量要求不同，现有和预期劳动力总量与结构是否能支撑所预期的增长？也应该纳入视野，需要与对教育数量、水平和质量的判断和预期相匹配，从而支撑并协调对教育政策的实施和调整。

2.5.5　应该更重视投入产出关联视角

对 GDP 应该做多维理解，不能只想到它作为成果的这一面。读到它用到它，尤其是在预期增长时，不管是否明示，这个数字都同时意味着一个投入产出比率，不仅仅是成果的产出，还意味着资源的投入。而且还要充分理解这样一点，增长的基数越大，同样增速所面临的投入约束就越大。

需要充分重视产出所需要的投入支撑，原材料供应，无论是数量还是投入节奏，对生产及其效益都至关重要。无米之炊和"少米之炊"的风险都需要当心，即便仅仅是"少米之炊"，也会使得我们高速增长的预期大打折扣。所以，决不能把增长的账算得太满，否则容易盲目乐观，执行下来往往低于预期。

当年奥巴马先生刚刚当选总统，就公然宣称，中国人过上美国人的日子，是地球的灾难，直接暴露出他与特朗普相同的"美国优先"底色，可见他内心深处并不信奉"人人生而平等"。但同时也要看到，他从资源竞争的角度看待中国增长问题，非常具有警示作用。

中国人对国家复兴和崛起总认为理直气壮，但外国人未必接受，因为地球的资源有限，在一定时期内资源占用具备零和游戏的性质，至少中国高速增长对资源的大量需求会抬高市场价格，即便数量上不会超出市场容量，也容易引起价格波动。所以高速增长的预期要充分考虑资源竞争的影响。

2.5.6　全球经济周期大背景对一国一定时期内经济增长的制约

不论哪个国家，经济总是在波动之中，受到全球周期的影响。在经济比较景气的周期背景下，快速增长就比较容易实现，即顺势而为。所以，对增长高速潜能的预判，就需要放在全球经济周期的背景下，在全球化时代更是如此。

需要回溯，"对标国"在中高位人均收入水平时继续实现高速增长，究竟是在什么周期背景下？不可脱离当时的全球背景做对比。还需要做出预判，当下全球经济处于长周期、中周期和短周期的什么段位？并预估其对经济增长潜能发挥的影响方向和程度。如果处于顺周期段位，那么预期可以偏向乐观；但如果全球经济处于下行周期之中，预期高速增长就意味着逆袭，就需要格外的对冲力量向上拉动经济，就需要格外的努力。是否可以调动这种对冲力量？至少需要做出格外的说明。

2.5.7　生产能力的市场实现：最为关键的因素

经济增长，即便只考虑生产，即便已经具备了充分的产能，第一位需要考虑的也是市场实现问题。马克思的《资本论》宏大叙事，最深刻的一条就是揭示资本主义经济危机的实质，即生产过剩的危机。马克思明确指出从商品到货币"惊险的一跃"，这是最不应该忘记的，商品生产过程，从商品到货币的转换至关重要，如果无法转化，货币就不是资本，就掉进了万丈深渊，哪里还有什么 GDP？怎么可以掉以轻心？

最重要的是，产能或产出得以实现的市场究竟在哪里？究竟有多大空间？是否足以让现有能力充分发挥？具备同样产能的同层次竞争对手如何？他们能占有多大的市场空间？已经拥有的客户能否持续保留？新的客户能否开发到手？或可能以什么样的代价拥有新客户？现有产能需要如何相应调整和提升？总之，并不是具备了某种产能就可以实现经济增长。

不能忘记，中国前几年曾经大力推行"三去一补"，其中重要一项就是"去产能"。这个历史教训告诉人们，产能本身既可以产生正效应，也可能产生负效应。能否实现经济增长，关键在于现有产能对市场而言是否动态地匹配。

对任何经济体的增长而言，市场实现都是第一位重要的，发达国家也不例外。最典型的证明是当年美国的"马歇尔计划"，如此大力推行欧洲战后重建，究竟是为了什么？或者，首先是为了什么？这是一个问题，一个值得深究的问题。

思考这个问题，需要仔细观察美国 20 世纪 GDP 的波动态势，其最高点在哪个时期？其最低点又在哪个年份？（居然不是大萧条的 1929～1933 年）如果搞明白了这种峰谷大逆转，就能修正美国一直以来对"马歇尔计划"的人道主义宣传，就能够得出深入表象的真实判断[1]，美国的马歇尔计划首先是挽救本国生产过剩的深度危机，必须开发出相当的市场空间，从而释放第

---

① 本书第 8 章 8.2 节将展开阐述这个论题。

二次世界大战期间所形成的庞大军工产能。

讨论市场实现问题，还应该记取一个历史故事，英国睡衣生产商的中国市场预期。这位资本家发现中国人口特别多，就非常兴奋，梦想着如果他的睡衣卖到中国来，一人只买一件，他的工厂就能赚大钱了！可惜后来他才知道，当时中国人睡觉根本不穿睡衣，睡衣生产极大增长的预期也就无从谈起了。

应该看到，只有在"短缺经济"背景下才无须考虑市场实现。中国人长期生存在短缺经济当中，思维习惯上对市场实现问题不敏感，现在既然经济在总体上突破了短缺格局，就得注意聚焦于这个观察要点。在预期增长时，首先得考虑产能与市场的匹配问题。严格来说，没有什么"落后产能"，需要淘汰的只是从长期看的"非匹配产能"，这种产能对市场需求而言才是负面的。

2.5.8　预测的社会功能

预测与测度不同。在经济统计历史上，测度究竟是以客观反映经济社会现实为准，还是以服务于政策和决策为准，存在着争议，不能定于一尊。预测是对未来的"测度"，显然是作为决策工具存在的，于是，需要关注预测的社会功能。

预测会出现自我实现的情况，如对小盘股股票来说，如果意见领袖预测某种股票上涨，并带头买进，该意见领袖的粉丝跟随买进，这只股票就会真的上涨，意见领袖的预测成功。预测也会出现"自我逆否"的情况。例如，某人要被飞来的石头砸中，旁人喊他躲开，就是一种对险情的预测，这位如果成功躲开，呐喊人的预测就没有实现。

增长潜力的预期是否应该考虑其社会功能，恐怕不同人有不同看法。市场经济发展，信心非常重要，如果预期偏于乐观，确实提振了社会信心，大家按照预期的方向共同努力，有可能真就实现原本理由不那么充分的乐观预期。但如果多数人感觉预期质量不高，并不能让人信服，对增长的促进作用就无从发挥。可见，乐观的增长预期未必能够发挥正面效应，故而，还是以多因素综合考虑为妥，不能简单地按照"对标国"的历史经验套裁自家的增长。

参 考 文 献

巴罗 R. 2001. 宏观经济学. 第五版. 沈志彦, 陈利贤译. 北京：中国人民大学出版社.

李晓. 2022. 双重冲击：大国博弈的未来与未来的世界经济. 北京：机械工业出版社.

邱东. 2018. 经济测度逻辑挖掘：困难与原则. 北京：科学出版社.

邱东. 2021. 基石还是累卵：经济统计学之于实证研究. 北京：科学出版社.

邱东. 2022. 国际比较机理挖掘：ICP 何以可能. 北京：科学出版社.

邱东, 蒋萍. 2008. 国民经济统计前沿问题（上、中、下）. 北京：中国统计出版社.

邱东, 吕光明, 等. 2016. 国家统计数据质量管理研究（上、下）. 北京：北京师范大学出版社.

邱东, 杨仲山. 2004. 当代国民经济统计学主流. 大连：东北财经大学出版社.

全国哲学社会科学工作办公室. 2021. 中国特色哲学社会科学发展报告："十三五"回顾与"十四五"展望（上卷）. 北京：中国社会科学出版社.

余淼杰. 2021. 新发展格局下的中国经济. 北京：科学出版社.

余淼杰, 于鸿君. 2021. 宏观经济学原理：中国视角. 北京：北京大学出版社.

张启迪. 2020. 张启迪：为纠正以三驾马车计算 GDP 贡献率的错误，我们重
　　新计算了外需对中国经济的重要性. https://www.jiemian.com/article/
　　4914964.html[2022-12-20].

Coyle D. 2009. 高尚的经济学. 李成，赵琼译. 北京：中信出版社.

Mankiw N G. 2015. 经济学原理宏观经济学分册. 第 7 版. 梁小民, 梁砾译. 北
　　京：北京大学出版社.

Putnam H W. 2007. 事实与价值二分法的崩溃. 应奇译. 北京：东方出版社.

Sachs J，Larrain F B. 2012. 全球视角下的宏观经济学. 费方域，等译. 上海：
　　格致出版社，上海三联书店，上海人民出版社.

Stiglitz J E，Sen A K，Fitoussi J P. 2010. Mismeasuring Our Lives：Why GDP
　　doesn't Add Up：The Report of the Commission on the Measurement of
　　Economic Performance and Social Progress. New York：New Press.

第 3 章
GDP 不是新兴国家判断国势的合宜指标①

　　20 世纪 90 年代以来的三十余年间，全球化蓬勃发展成为许多新兴经济体经济显著增长的重要推动力量，但也产生了明显的分配效应，导致发达国家得以在全球套利。2019 年底以来，全球疫情反复、经济复苏分化，对国际合作与竞争格局，以及国势的趋势判断产生了新的挑战。本章利用经济统计分析工具甄别量化指标，从国家间要素收入分配角度，利用 GNI 与 GDP 的差额 NFI 这一量化指标，揭示发达国家与新兴经济体之间国际合作与要素收入分配的竞争格局，辨别与洞察经济数据背后隐含的巨大国家利益和引致的国际经济关系。

　　对新兴国家国势分析而言，这一经济统计新视角可以为新兴国家与发达国家在国际经济事务中的博弈指明认知陷阱、破除数字迷幻；也为我国应对中美贸易摩擦和全球新冠疫情，量化"十四五"和二〇三五年远景目标实现，立足新发展阶段、贯彻新发展理念、构建新发展格局、推动高质量发展，提供坚实的方法论基础和实证支撑。这样，以中国为代表的全球新兴经济体才可能在国际合作与竞争新格局中争取较为主动的地位。

---

① 本章由笔者与北京师范大学王亚菲教授、北京工商大学王春云副教授合作完成。

3.1　NFI 指标关系和理论分解框架

反映国家经济规模的宏观总量指标最初是 20 世纪 40 年代国民经济核算开创时代的 GNP，即现在各国官方统计体系中使用的 GNI，后来由于国际经济所有权关系日趋复杂多变，20 世纪 90 年代才改为 GDP，被各国广泛使用（Carson，1975；Berndt and Triplett，1990；联合国等，2012）。

3.1.1　GNI 在反映国力上优于 GDP

GDP 是生产概念，表示一个国家经济总体所有常住单位[①]（residents）在一定时期内使用劳动、资本投入要素和原材料生产的最终产品，用增加值（等于产出减中间消耗）之和，再加上产品税减产品补贴（即生产税、进口税，再减去生产补贴和进口补贴）来测度（联合国等，2012）。增加值是严格的生产测度，它仅由产出和中间消耗决定；而产品税减补贴是针对生产和进口所征收的税和提供的补贴，因而 GDP 是一个完全意义上表征生产的指标。

与 GDP 不同，GNI 不是增加值概念，而是收入概念。GNI 是对参与生产过程创造增加值的劳动、资本等投入要素进行分配，以获取要素对生产的贡献而形成的初始收入，它本质是对直接参与生产的要素收入进行测度。因此，GNI 是常住机构单位或部门应收的初始收入总额（联合国等，2012），是生产意义上的收入分配格局。

就基本概念而言，GDP 是所有常住单位增加值之和，GNI 是所有常住单位初始收入之和。由于两个指标由相同的常住单位加总而得，即其测度对象

[①] 常住单位是国际统计标准对经济总体构成的一种分类方法，是与一国经济总体对应的全口径概念。它将一国的经济总体划分为五大机构部门，即非金融公司、金融公司、一般政府、住户和为住户服务的非营利机构。与常住单位对应的是非常住单位，即国外，表示与该国经济总体对应的国外部门。

都是由全体常住机构单位或部门所构成的经济总体，因此二者的差别不在于指标的口径与范围，而是二者的本质功能不同，GDP 指标测度产品生产，GNI 指标测度生产要素收入；两个指标所采用的国内（domestic）或国民（national）说法只是经济领域长期以来形成的使用习惯，均指本国常住单位，没有本质差异，重点强调的是常住单位的生产（产品）和收入（联合国等，2012）。

作为收入总量指标，GNI 反映一国国民（或国内、常住单位）通过劳动、资本等要素投入生产过程而获得的收入，即初始收入对应要素收入，体现本国常住单位从国内外经济活动中获取收入的能力，是国力积累的主要来源[①]；GDP 是生产总量指标，其数值更能反映本国常住单位在经济领土上经济生产的活跃程度，其中可能包括外资带来的本土低薪就业和收益，进而形成其他国家收入的生产活动。就反映本国经济主体（常住单位）获得收入、进行消费和积累的能力，即国家经济实力而言，GNI 在概念上优于 GDP，在数据可得性和统计实践中 GDP 优于 GNI。

3.1.2   GNI 与 GDP 是交叉指标

根据经济生产和初次分配逻辑，GNI 是通过国内生产创造的增加值（GDP）[②]减去应付给国外常住单位参与国内生产而获得的初始收入，加上本国常住单位参与国外生产而应收到来自国外的初始收入。二者的数值差别等于：国内从国外获得的初始收入与国内应付给国外的初始收入的差额。

[①] 安格斯·迪顿在 2020 年美国经济学年会上强调"我们不能消费非我所属"，即说明国力来源于收入而非生产。参见 Deaton A. GDP and beyond. Survey of Current Business, 2020, 100（6）: 1-3.

[②] 为简化说明，假设增加值采用生产者价格测度，等于基本价格测度的增加值与生产税减生产补贴之和，即增加值之和为 GDP。

在指标数值关系上，GNI 减去 GDP 等于 NFI，即"本国从国外获得的要素收入"减去"本国支付给国外的要素收入"。具体来说，GNI 等于 GDP 减去应付给国外的雇员报酬、财产收入（租金、利息和利润等）、海外企业留存收益，以及产品税减产品补贴，再加上应收自国外的同类项目（联合国等，2012）。

以 A 国为核算主体（经济总体），从国民收入的角度来阐述二者的关系。如图 3.1 所示，左右两个椭圆分别表示 A 国的 GNI 边界与 GDP 边界。其中，A 国的 GNI 包括本国国民在本国经济领土和国外经济领土获得的要素收入；而 A 国的 GDP 包括本国国民和外国国民在本国经济领土获得的要素收入。二者重合的部分"A 国国民在本国的要素收入"由于收归本国所有，没有悬念；二者差异的部分 NFI 则是对国际经济关系产生影响的关键，是需要重点关注的部分。

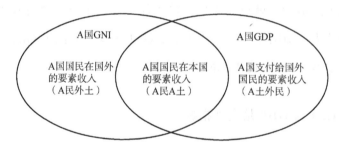

图 3.1　A 国 GNI 与 GDP 关系（A 国 NFI 概念模型）示意图

根据图 3.1 写出 GNI 与 GDP 的恒等式关系：

A 国 GNI–A 国国民在国外的要素收入

=A 国 GDP–A 国支付给国外国民的要素收入

可以推导出：

A 国 GNI–A 国 GDP

=A 国国民在国外的要素收入–A 国支付给国外国民的要素收入

=A 国 NFI

按照 NFI 的实际数值，本章定义 NFI 大于零为一国 NFI 盈余；反之，NFI 小于零为一国 NFI 赤字。如果 A 国 NFI 大于零，表示 A 国从其他国家生产活动中获得的要素收入大于本国生产活动提供给国外的要素收入，则 A 国可以从其他国家获得的净收入中增强本国的经济实力，即 A 国是净国力输入国；反之，A 国从其他国家生产活动中获得的要素收入小于本国生产活动提供给国外的要素收入，A 国生产活动创造的收入对其他国家国力的支持力度大于国外对本国国力的支持，即 A 国是国力净输出国。

3.1.3　国民收入在国家间分配的理论分解框架

将图 3.1 针对一个国家的 NFI 的概念模型扩展为图 3.2 多国要素收入分配情况，可以更加清晰地展示国家间的经济关系。假设全球经济系统中有 A 和 B 两个国家[①]，从行的角度看，各国生产活动创造的增加值在本国常住单位和参与本国生产的非常住单位之间进行分配，即在增加值基础上形成的初始收入，其分配去向包括本地收入和国外要素收入。A 国经济领土内的生产活动所创造的增加值除了分配给本国国民（常住单位）外（如 A 民 A 土），还分配给在 A 国参与生产 GDP 活动的 B 国国民（非常住单位/国外）（如 B 民 A 土）；同理，B 国生产活动创造的增加值也进行同样的分配。从列的角度看，各国的要素收入来源包括参与本国生产活动获得的要素收入（如 A 民 A 土）和参与其他国家生产活动获得的要素收入（如 A 民 B 土），即本地要素收入和来自国外的要素收入。以 A 国为例，A 国的国民收入包括本国常住单位在国内参与生产获得的要素收入（A 民 A 土），加上参与 B 国生产而获得的要素收入（A 民 B 土）。同理，B 国的收入来源类似（B 民 A 土+B 民 B 土）。

① 标准的统计概念应为"经济体"，这里为与前文概念模型保持一致，采用"国家"的说法。

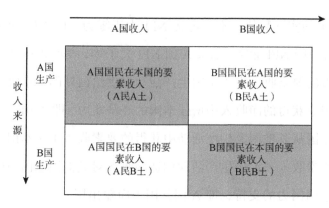

图 3.2　NFI 的两国分配理论框架

与图 3.1 类比，A 国为核算主体，B 国=“国外”

A 国 GNI 是最终形成 A 国国力的来源。A 国最终获得的国民收入为 A 国国民在本国参与生产活动获得的要素收入加上 A 国参与 B 国生产活动获得的要素收入减去 A 国支付给 B 国参与本国生产活动所获的收入。其中，A 民 A 土收入来自本国生产活动收入，是 A 国国家经济实力的本国来源（图 3.2 对角线）；A 民 B 土收入（A 国进口收入）与 B 民 A 土收入（A 国出口收入）的差额（图 3.2 非对角线左下角减右上角，A 国收入净进口），即 A 国 NFI 是 A 国国家经济实力的国际来源，体现 A 国与 B 国之间的生产要素往来关系。同理，B 国国力的来源类似。

需要注意的是，图 3.2 展示的两国 NFI 模型中，B 国 NFI 与 A 国 NFI 大小相同，符号相反（B 国 NFI 是图 3.2 非对角线右上角减左下角）。也就是说，B 国 NFI 是 B 民 A 土收入与 A 民 B 土收入的差额，正好与 A 国 NFI（A 民 B 土收入减 B 民 A 土收入）相反。其含义为：如果 A 国 NFI 大于零，则 A 国是 NFI 盈余国，说明 A 国的国外要素收入大于 A 国的国外要素支出，其收入来源是 B 国，A 国是要素收入输入国。相应地，B 国 NFI 小于零，是 NFI 赤字国，B 国是要素收入输出国，B 国将收入输出给 A 国，即就 B 国生产创造收入的输出部分而言，其目的地国实质上是 A 国。

图 3.2 两国 NFI 模型假设全球经济系统中只有 A 和 B 两个国家，那么 NFI 说明了 A 国的盈余来自于 B 国的赤字，即两国的经济生产所创造的收入，除了在本国积累形成国力来源的一部分外，剩余的部分则分配到国外，达成了两国之间的生产要素往来的实质或初始目的。如果 A 国和 B 国属于不同的国家类型，如分别为发达国家和新兴经济体，那么 A 国 NFI 盈余和 B 国 NFI 赤字对于两国来说则具有更为重要的含义。在全球化不断深化的情况下，如果 A 国作为发达国家处于全球价值链生产的高端（如美国），而 B 国作为新兴经济体处于全球价值链生产的中低端（如泰国、马来西亚），那么 A 国的国际要素收入（NFI 盈余）来源于 B 国的 NFI 赤字，即 B 国提供给 A 国的要素收入，构成 A 国的国家经济实力。

将 NFI 两国模型扩展为包括全球 200 多个经济体的模型，可以看出主要发达经济体的 NFI 盈余来源于众多新兴经济体的 NFI 赤字，新兴经济体生产所创造要素收入的一个重要分配去向是发达经济体，是发达经济体增强实力的主要来源。据此，本章首次提出：根据各国 NFI 盈余或赤字情况，将其划分为 "NFI 盈余国" 或 "NFI 赤字国"，可以反映国家间要素收入的来源与去向。这种划分方法在国际经济事务中长期被忽视，但它对深入认知经济大国之间的国际关系十分重要。

3.2　NFI 在国家间分配的情况

根据 3.1 节的理论分析，3.2 节从经济数据的角度给出实证分析证据[①]。

---

① 全球新冠疫情引发了不确定性，2019 年是新冠疫情前的最后一个年份，为保证分析结果的稳定性，本章分析基于世界银行 1990～2019 年数据。

3.2.1 核心 NFI 盈余国状况

1990~2019 年的 30 年间，全球 NFI 盈余 70%以上集中于美国、日本、英国、法国、瑞士和德国等核心发达国家。图 3.3 显示这一趋势在近十几年随着英国国力的衰退而主要集中于美日德法四国，这四国 NFI 盈余稳居全球前四位，四国的 NFI 盈余总额连续 15 年占全球盈余总额的 70%以上。其中，美国和日本两国的 NFI 盈余在全球占据了显著位置，尤其是美国的 NFI 盈余处于全球绝对优势地位。

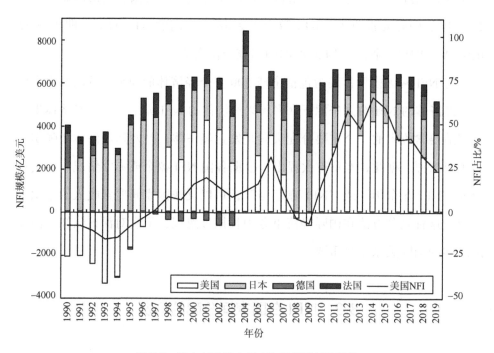

图 3.3　核心 NFI 盈余国占比及美国 NFI 规模

美国不仅总体上是 NFI 的盈利者，而且在主要发达国家中占据第一位。美国 NFI 盈余累计总额为 40 369 亿美元，年平均盈余额为 1346 亿美元，其 NFI 呈现十年一个发展阶段的特征。1990~1999 年，美国 NFI 从赤字转变为盈余阶段；2000~2009 年第二个十年，除 2008 年、2009 年受全球金融危机影响外，其他年份已经呈现千亿美元的 NFI 盈余规模。然而，2010～2019 年，美国 NFI 盈余迅速增长，累计获利 34 470 亿美元，年平均盈余 3447 亿美元，占 GDP 比重为 1.92%；2010～2019 年其 NFI 盈余额占全球 NFI 盈余总额的 40%，超过日德法三个 NFI 盈余大国的 NFI 盈余额之和，为其本国国力的积累贡献了显著份额。根据第一部分 GNI 与 GDP 的理论关系，美国在 2010～2019 年的全球化发展中，其国外获利巨大能力被其国内 GDP 规模所掩盖。

　　仅 NFI 一项指标就足以证明"美国吃亏论"绝对不成立。美国以外国直接投资（foreign direct investment，FDI）和跨国公司（multinational corporation）方式进行大规模的国际扩张。一方面，以寻求国际市场为目的横向 FDI，其收益大部分回到了美国，根据联合国贸易和发展会议（United Nations Conference on Trade and Development，UNCTAD）《世界投资报告》，自 2005 年以来，FDI 回报率在发展中国家（7%）和转型经济体（13%）高于发达国家（平均 5%），其中近 1/3 的 FDI 收益留在了东道国，2/3 回到了投资国（UNCTAD，2013）；跨国公司连续年份的海外投资积累收益大规模回到美国（UNCTAD，2019）。另一方面，由于美国跨国公司全球化的生产安排，借助许多发展中国家大规模参与全球生产和海外廉价劳动力，其越来越多的跨国公司和海外投资以全球规模来衡量，创造了垄断巨头和全球企业等赢家通吃的公司（史丹和余菁，2021），在全球各国进行套利（"剪羊毛"），从全球拿走了丰厚的劳动和资本等要素收入。

　　海外投资收益和海外要素收入（初次收入分配）回归国内后，在二次分配上加剧了国内收入分配问题，国内前"1%的人"由于资本获利，其收入份额不断攀升，收入总额奇高，主要赢家是高等技术工人、国外投资者和跨国公司；而中产阶层和普通工人则出现收入停滞不前、相对收入下降，这意味着美国国内财富分配比以往更加不均衡（Meng et al.，2017）。美国政客明知其国内收入分配差距不断扩大的问题，但没有意愿和能力解决劳动力收入差距扩大、雇员报酬占 GDP 比重不断下降的问题。例如，为逃脱责任，美国以美中贸易逆差为借口，让中国做其国内收入分配差距扩大的替罪羊，用来掩盖其在国际市场上获得的巨额利润和收入。

本章从经济统计的角度出发，提出应该采用衡量国力的国际标准收入概念——NFI 数据揭穿美国从全球获利这一问题的真相，让世界各国明辨是非，为各国清醒认识全球要素收入分配格局，尤其是从全球生产中获益的新兴国家认识贸易分配不均提供指导。

3.2.2　主要 NFI 赤字国状况

NFI 赤字国分布范围大，涉及几十个国家，主要是新兴经济体，尤其是发展中国家。本章根据世界银行数据库中的 GNI 和 GDP 数据，从全球 200 多个经济体中筛选出 34 个主要 NFI 赤字国，其中新兴经济体 NFI 赤字国 21 个[含 6 个 OECD（Organization for Economic Co-operation and Development，经济合作与发展组织）国家][1]，OECD 持续 NFI 赤字国家 5 个[2]，OECD 波动 NFI 赤字国家 4 个[3]，NFI 赤字特殊经济体 4 个[4]。1990～2019 年的 30 年间，34 个主要 NFI 赤字国的赤字额占全球赤字额的 72.36%，这一数字在 2000～2009 年和 2010～2019 年这两个 10 年稳定在 75% 左右，分别为 75.17% 和 75.71%；其中，21 个新兴经济体全球占比在 1990～2019 年以每 10 年约 10% 的速度增加，分别为 29.99%、40.95% 和 49.34%；其每 10 年增加 10% 主要来自 15 个非 OECD 新兴经济体，它们对应的占比分别为 22.83%、29.76% 和 38.67%。

---

① 21 个新兴经济体中包括：（1）15 个非 OECD 国家，其中，五个"金砖"国家：中国、巴西、印度、俄罗斯和南非，以及印度尼西亚、阿根廷、马来西亚、泰国、越南、秘鲁、安哥拉、尼日利亚、苏丹和哈萨克斯坦。（2）6 个 OECD 成员国：哥伦比亚、墨西哥、智利、波兰、捷克和匈牙利。
② OECD 净要素收入持续赤字的国家主要包括：爱尔兰、澳大利亚、加拿大、西班牙、新西兰。
③ OECD 净要素收入赤字的国家主要包括：芬兰、葡萄牙、以色列、意大利。
④ 特殊经济体包括：波多黎各、卡塔尔、卢森堡和新加坡。

在 2000～2019 年，尤其是全球金融危机后的 2010～2019 年，随着全球化的深入和全球价值链不断延伸与复杂性增加，这些新兴经济体成为全球上游低端生产链的主要参与者，为下游中高端参与者收割上游生产者创造的收入，供给核心 NFI 盈余国国力的增长提供了主要来源。这从 NFI 赤字国的角度提供了核心 NFI 盈余国从全球进行套利的证据。

新兴经济体 GDP 增长与 NFI 赤字存在加大的"剪刀差"趋势。新兴经济体正经历着快速的增长，它们有一定的工业基础和一定程度上规范的市场机制，尤其是本国大量劳动力进入制造业参与全球化生产网络，"新兴"本应该意味着这些经济体生产要素的"国外要素收入能力"增强。然而，通过对 34 个主要 NFI 赤字国数据比较分析发现，随着新兴经济体 GDP 总量的不断攀升，其 NFI 赤字额也出现了迅速增大的趋势，出现了显著的"剪刀差"趋势，这一现象[①]尤其在近年经济全球化过程中更为突出，出现"剪刀差"的典型新兴经济体包括：中国、巴西、俄罗斯、印度、墨西哥、南非、印度尼西亚、泰国、马来西亚、哥伦比亚、秘鲁等（参见本章附录"全球主要赤字国 NFI 与 GDP 的变化趋势"）。图 3.4 是我们从本章附录中提取的两个典型的新兴国家俄罗斯和墨西哥的数据，俄罗斯和墨西哥自 2008 年全球金融危机后出现了 GDP 增长与 NFI 赤字持续扩大的显著"剪刀差"趋势。

"剪刀差"趋势是新兴国家这一时期经济增长与国际收入分配格局的典型特征。从经济统计角度看，新兴经济体在全球化过程中所表现的快速增长，只是从生产角度直接衡量的结果，生产（增加值）对应的相当一部分要素收入以全球分配的方式被发达国家所获取，大大超出其本身从全球获取的要素收入（主要体现为雇员报酬和财产收入），即生产结果的相当部分为主要发达国家国力的增长做出了重要贡献，这是新兴国家尤其是发展中国家生产表

---

① 对比时剔除了两个指标间数量级差异的影响。

面繁荣背后隐含的巨大损失。可见，在要素收入上被主要发达国家"剪羊毛"是发展中国家力图"新兴"过程中所支付的巨大隐含成本。

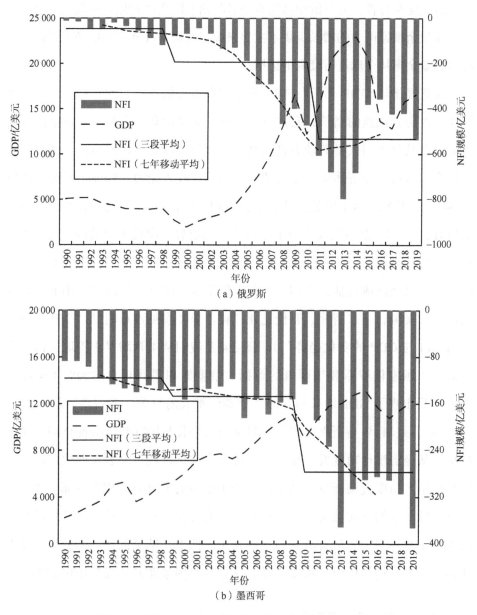

（a）俄罗斯

（b）墨西哥

图 3.4　1990～2019 年俄罗斯和墨西哥"剪刀差"趋势

随着 GDP 总量的增加，中国的 NFI 赤字在急剧增大。中国 1990~2019年这 30 年 NFI 赤字累计总额为 5113 亿美元，其中 2010~2019 年累计值为 3876 亿美元，占 30 年的 75%以上；2000~2019 年，仅 2007 年、2008 年和 2014 年三年出现小规模 NFI 盈余（图 3.5），总体未逆转中国 NFI 赤字国的位置。从国际比较看，1990~2019 年这 30 年中国 NFI 赤字额占全球 NFI 赤字总额的比重为 3.36%，在新兴经济体中排在第四位，排在巴西、俄罗斯和印度尼西亚之后，比印度多出 1743 亿美元；然而，2010~2019 年，中国 NFI 赤字全球占比蹿升至 4.74%，仅次于巴西和俄罗斯，在新兴经济体中排名第三，高于印度 1454 亿美元。这说明中国近年经济发展过程中所支付的隐含成本（要素收入外移）在迅速扩大，已经成为发达国家全球套利的主要来源国之一。2020 年，由于新冠疫情的影响，在全球跨国直接投资大幅下降 42%的情况下，中国全年 FDI 逆势增长，达到了 1443.7 亿美元，同比增长 4.5%，

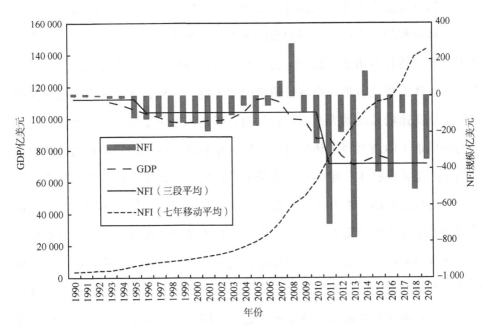

图 3.5　1990~2019 年中国 NFI 与 GDP 的变化趋势

美日荷德英法等发达国家仍是中国使用 FDI 的主要来源国（UNCTAD，2021）；从 NFI 的角度来看，预期主要的发达国家在未来仍会从中国获取大量要素收入，中国 NFI 赤字会持续扩大。

3.2.3　NFI 盈余与赤字的非对称性

全球 NFI 盈余与赤字在国家间呈现非对称分布特征。根据本章附录数据，美日德法四个核心 NFI 盈余国与 34 个 NFI 主要赤字国所占份额大致相当；15 个非 OECD 新兴经济体 2010～2019 年 NFI 赤字额合计占全球 NFI 赤字总额的比重为 38.67%，大多数年份在 40% 以上，最高占比的 2013 年达到 45% 以上。由此可见新兴经济体为追逐本国经济的快速增长而在全球化生产中呈现残酷的国际竞争，众多新兴经济体争相竞争被核心富国（"发达国家第一集团"）"剪羊毛"的机会。

从国外要素收入在国家间分配的角度看，NFI 非对称格局掩盖了核心富国在全球套利的严重性。全球收益的非对称分配体现的逻辑是：以美国为首的发达经济体日益增加的保护主义和新兴经济体踊跃深入全球生产的热情。新兴经济体需要竞争进入全球价值链的"入链"资格，才能从全球化中获取本国经济高速增长的动力与来源；然而，发达国家为了阻止新兴经济体获利能力的增加（即新兴经济体通过提高生产率和创新促进增长的能力；通过引进新生产工艺或技术，增强产品竞争力，以保障出口增长；或生产优质、创新的高附加值产品，提升中产阶级的购买力，驱动内需促进本国增长），保障富国处于全球价值链的中高端（拥有高技术和创新能力，生产高附加值产品，获取高额回报的能力），以稳定它们从全球新兴经济体获取高收益的可能性。对此，发达国家对发展中国家的定位与措施是：穷国应该加入全球价值链，但只能固化在低端。典型例子是：美国等发达国家认定中国不应该停止接收"洋垃圾"，认为中国限制进口"可再利用商品"严重干扰了全球废旧物资供应链，违反世界贸易组织（World Trade Organization，WTO）义务，区别对待国内和国外垃圾产业并采取过度贸易限制政策。发达国家合力阻击新兴经济体在全球价值链中地位的提升①，这是所谓"中等收入陷阱"②的重要外部原因。

3.3　解读 NFI 需要注意的指标口径问题

3.3.1　应该进一步计算"调整后的国外净要素收入"

按指标间平衡关系，在全球经济边界下，NFI 盈余总额与赤字总额之和应为零，但世界银行公布的数据多数年份盈余总额小于赤字总额。为处理此种情况，本章提出构建"调整后的国外净要素收入（adjusted NFI，ANFI）"指标，即将各国 NFI 加上相应的调整值，得到 ANFI。调整值的确定方法为：如果全球要素收入盈余总额大于其赤字总额，将多出的盈余额按照各国赤字额比例分配到各赤字国，则各赤字国的赤字额将增加；反之，各盈余国的盈余额将增加。

ANFI 指标对 NFI 盈余或赤字发生转换的国家国力分析相当重要，能够突出其国力的增强或减弱趋势。例如，老牌帝国英国的国力转换以 2000 年为界限划分为两个阶段（图 3.6）。2000 年之前，英国虽然出现 NFI 由盈余国转为赤字国的情况，但在 20 世纪 90 年代前半段，ANFI 相对于 NFI 呈现出

---

① 参考杜大伟、若泽·吉勒尔梅·莱斯、王直主编：《全球价值链发展报告（2017）——全球价值链对经济发展的影响：测度与分析》第五章"'中等收入陷阱'和沿全球价值链升级"，北京：社会科学文献出版社，2018，第 171~203 页.

② 中等收入陷阱（middle-income trap，MIT）是 Gill 和 Kharas 在 2007 年世界银行报告 An East Asian Renaissance: Ideas for Economic Growth 中首次提出。"中等收入陷阱"自提出后没有形成明确的定义，通常指经济快速增长的国家在达到中等收入水平后，停滞于该收入水平而无法追赶并跻身于发达国家行列的现象，即国家无法通过转变发展战略和经济结构实现持续高速增长。

翻倍的现象, 其盈余在全球占比为 20%~45%, ANFI 占英国本土 GDP 的比重为 5%~12%, 展示出英国国力在 20 世纪 90 年代以境外国民收入输入促其国力大幅增加的主要特征。2000 年以后, 英国除了 2000~2006 年 NFI 呈现小幅盈余, 且 NFI 和 ANFI 差距不大外, 2007 年以后的十多年间呈现长期赤字, 尤其是 2011~2019 年 ANFI 赤字显著增加并迅速攀升, ANFI 最大规模在 2014 年最高达到 830 亿美元的规模, 占全球赤字比例的 8%。显然, 英国 NFI 的输入大幅度减少, 明确指示出其国力减弱的趋势。相比之下, 美国在这个阶段替代英国在全球呈现出巨大的 NFI 盈余, 占据其在世界主要 NFI 盈余国中的霸主地位, 是这个阶段 NFI 的全球最主要获益者。

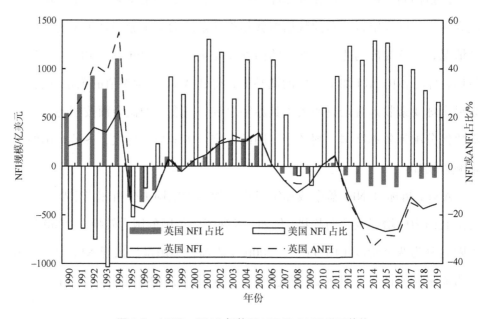

图 3.6   1990~2019 年英国 NFI 和 ANFI 发展趋势

3.3.2   GNI 往往偏于漏算

各国 GNI 数据是通过 GDP 加上 NFI 的估算值获得的, 二者可靠性不同，GNI往往偏于漏算。由GDP测度生产，各国按照产出减去中间消耗而获得的增加值作为生产测度已经相对完善；而NFI的估计涉及本国与国外（非常住单位）的要素收入与支付往来，包括应收应付的边境工人、季节工人和经济利益中心在本国的海外人员的雇员报酬，政府应收应付的生产税（减生产补贴）和进口税（减进口补贴），以及企业应收应付的利息、红利、投资收入和地租等财产收入。这些项目的统计与估算对于本国应付给国外的项目来说，由于核算主体是本国生产单位，参与国内生产的各个初始收入项目数据相对准确与完整，即应付给国外的要素收入的数据完整；而对于本国从国外应收的项目而言，各初始收入项目是参与国外生产而获得的收入，其数据基础来自国外基层单位，而非本国统计系统直接获取，因而这部分数据从本国统计角度来说，必须通过间接计算或估算等方式获得，收入数据的获取容易存在漏算问题，因而低估了本国从国外应收的要素收入。NFI是国内从国外获得的初始收入与国内应付给国外的初始收入的差额，因而，NFI存在漏算的风险。

相对"支出"（掏腰包）而言，对"所得"（income）不敏感是人性的弱点，容易视其收入为理所应当，在发达国家尤其如此。发达国家以海外投资和跨国公司的形式获得了大量的投资收益，通过技术创新和垄断等手段处于全球价值链高端，从而收割了上游中低端新兴经济体的收入，获取了大量资本收益，这一过程虽然可能存在漏算问题，然而实际获取的收益巨大，二者相比仍然是低估了其NFI盈余。因此，NFI的数据特征一般是低估发达国家的盈余，即低估新兴经济体的赤字。如果能够将这部分GNI漏算估计出来，则NFI的盈余和赤字差异将更为明显。

从现有NFI数据、ANFI数据和漏算GNI三个层次可以发现：富国和穷国在"国外要素收入能力"上存在巨大差异。三个层次的测度指标都指向"国外的要素收入"这一内容，也就是经济体从其他国家获取收入的部分（即

图 3.2 每一个经济体列上的非对角线矩阵)，假设全球要素收入的分布结构一定，除了积累在本国那部分国内收入，从全球各国获取生产要素收入的能力则决定了一国从外部获取国力的能力，即一经济体从外部雇员报酬、生产税净额和进口税净额，以及财产收入等方面，从全球获取要素收入的劳动、资本和技术等可能性。这种能力是判断一国国力的最显著指标之一，是决定全球要素收入国际分配格局的关键能力，这与新兴经济体高质量发展的基本诉求不谋而合，只有持续健康发展、增长潜力充分发挥、经济结构优化、创新能力显著提升，产业链现代化水平和地位才能明显提高。

3.3.3 应该关注 NFI 指标 "1%的绝对值"

根据世界银行数据，GDP 和 GNI 差异的相对数不大，多数国家 NFI 占其GDP 比重在 1%左右。从这个角度看，似乎 GDP 和 GNI 两个总量指标混用不会对经济分析和国力判断产生影响。然而，如果忽略 GDP 和 GNI 规模上的差异，主要使用 GDP 指标分析不同年份经济生产规模或收入水平的发展趋势和变化，对单一国家或许具有一定意义。但在进行国家间比较分析时，就可能存在较大的问题。因为少数核心发达经济体的 NFI 可能比很多国家的 GDP总量还多很多，例如，美国近 10 年的年均 NFI 超出全球 80%以上经济体的年均 GDP 总量，其中 2014 年达到最高，超过 86%的经济体的当年 GDP 总量。

国家间经济规模的空间分析不同于单个国家经济规模的时间序列分析，国家经济规模不同，则 NFI 指标 "1%的绝对值" 在国家间的差异巨大。如图3.7 所示，我们选择 1990～2019 年每 5 年一个时间点，比较 53 个经济体 NFI "1%的绝对值" 在时间和空间上的差异[①]。比较国家间的情况可以发现，NFI

---

① 根据世界银行数据库 GDP 与 GNI 两个指标 1990～2019 年数据计算得到，由于篇幅限制，本章末列出全部年份的结果。

盈余国相对于赤字国数量显著较少，核心 NFI 盈余国 NFI "1%的绝对值"显著大于其他国家的规模，这说明全球收益被少数国家（美日德法，尤以美国最为突出）拿走，2010~2019 年，尤其是 2015 年和 2019 年，主要的新兴经济体如俄罗斯、巴西、墨西哥、中国、印度尼西亚、印度等国，以及英国、澳大利亚、加拿大、新加坡等国家和经济体贡献了大部分全球收入。从时间上看，美国、英国、挪威、瑞典等发达经济体在不同时期都发生了 NFI 在赤字国和盈余国之间的转换，这说明 1990~2019 年 30 年间，发达经济体来自国际收益的国力展示了其在全球经济实力的变化，如美国 2000 年后是全球收益的绝对获益者，瑞典也体现出类似变化；而英国则出现了不同时段的波动，显示出明显的国力衰退；挪威则由赤字国转换为盈余国。

而且，NFI 在全球范围内有的国家是盈余，有的国家是赤字，一正一反，其经济含义对不同类型国家截然不同。主要发达国家对 NFI 差异不太关注是因为他们处于全球价值链顶端，通过安排全球成本纳入其他国家更低的要素成本，发达国家在全球范围内获得了显著的低成本竞争优势；通过前沿技术创新和数字化转型变革，促使其在全球价值链的地位不断提升，从中进行了大规模的套利，从总体上保持盈余格局。

而新兴经济体恰恰相反，数以亿计的发展中国家劳动力大规模融入了发达国家主导的国际生产体系，不断发展出熟练与高效的低端企业，逐步竞争得到了低端市场机会，表现为本国经济增长和贫困减少，但其在国际生产体系中处于相对不利的下游位置，所创造的大部分生产性收入被下游发达国家获取，导致 NFI 实际净值为负。因此，NFI 差异对新兴经济体判断自己在全球化链条中的真实地位相当重要。

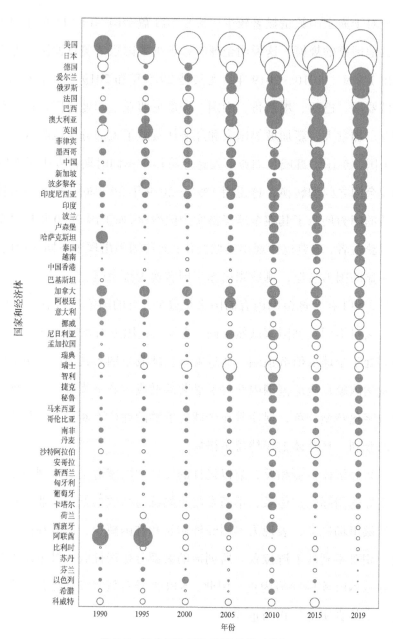

图 3.7　部分年份 NFI "1%的绝对值"

气泡面积表示 NFI 绝对值大小，单位：亿美元；灰色气泡代表 NFI 赤字，白色气泡代表 NFI 盈余资料来源：NFI 根据世界银行数据网站获取 GDP 与 GNI（现价美元）计算得到，数据更新于 2020 年 7 月 1 日，网址为 https://data.worldbank.org.cn

综上，GDP 不是普适指标，不能简单使用单一 GDP 作为国际经济事务和国际经济利益分配的唯一标准。对于不同类型国家需要区分使用 GDP 和 GNI，至少对发达国家和新兴经济体而言，这种区分的战略意义值得深思和重视。这一点对于以中国为代表的新兴经济体和发展中国家需要清醒的认识。

3.3.4　PPP 对 NFI 的放大作用

世界银行 ICP 一直以支出法 GDP 为基础计算 PPP，通过 PPP 转换的国家间可比 GDP，比较不同经济体的人均收入水平（基于 PPP 计算的人均GDP）和居民消费水平（基于 PPP 计算的人均实际个人消费）相对差异，进而测度国家间收入不平等和全球贫困。

我们认为，反映收入水平和居民生活标准应以表征收入的 GNI 为基础指标进行国际比较。然而，由于长期以来形成的 GDP 使用惯性，虽然经过 PPP 转换的可比支出法 GDP 组成包括消费、投资和进出口等项目，但支出法GDP 仅能从个人消费支出角度对居民生活水平的物质支出给予一定的比较，而无法真实反映一国的实际收入水平。

同时，PPP 对 NFI 具有放大作用。世界银行计算的 PPP 转换因子，对发展中国家而言通常 PPP 小于市场汇率；发达国家则相反。从全球范围来看，如果考虑 PPP 对 NFI 的放大作用，新兴经济体和发展中国家的 NFI 赤字被夸大，即实际输入到其他国家的国力大大增加；而发达国家的 NFI 盈余被进一步缩小，全球总体赤字与盈余的差距扩大，则 ANFI 盈余增加，发达国家从全球套利的实际规模扩大更多，发达国家的实际经济实力增加也更多。

以中美两国比较为例，以美国作为基准国，考虑 NFI 因素，中国经济实力会被现有国际统计比较方法夸大。1990～2019 年这 30 年，按照 PPP 计算的中国 GDP 被放大为现价 GDP 的 1.8～3.9 倍，相应地，NFI 也放大同样倍数。如果再考虑国际比较方法隐含的偏误，则经济规模将被夸大得更多。

3.3.5   "外包"的本质是一种隐性的全球套利方式

按照 NFI 逻辑，发达国家通过"外包（outsourcing）"，将低效高成本的生产环节大规模地转移到低劳动力成本的新兴经济体，是一种隐性的全球套利方式。新兴经济体大规模劳动力参与外包产品的加工组装，相较于外包产品最终销售价格（产品产出），其劳动力获得劳动报酬非常低，新兴经济体的这部分生产按照国际统计标准，计入本国 GDP；而发达国家通过控制产品的研发、设计、销售等技术创新和生产率较高的环节，获得大大高于外包成本的毛利润，这部分毛利润在国内以雇员报酬、政府税收和企业营业盈余的形式分配，相应地计入发达国家本国 GDP。

相比较而言，FDI 是发达国家以一种显性的方式，通过从全球获取资本要素收入（主要是投资收入）增加 NFI 和国力的方式；而外包则是发达国家通过在全球范围内寻找低成本劳动要素的优势，最大限度降低产品生产成本，以尽可能提高其营业盈余（利润）的方式。发达国家将低效高成本生产环节移到新兴经济体，表面上看，能够帮助新兴经济体实现劳动力就业、获得相应的劳动报酬，同时新兴经济体出口导向型的增长方式使其获得了较快的经济增长，GDP 规模迅速扩大。实际上，这是发达国家一种隐性的生产要素国外套利方式。因为按照 GDP 标准统计规则，发达国家通过产品产出销售（如垄断销售获得的大规模产出）与全球低成本的差额获得巨额利润，即营业盈余直接固化在本国 GDP 中，夸大了其 GDP 规模，实现了全球套利。

这种隐性方式以标准统计方法计算的 GDP 为表象：发达国家通过交易制度创新将新兴经济体创造的价值悄然改变为其增加值，似乎是他们技术创新和生产率提高的合理所得。20 世纪 50 年代联合国等国际组织正式发布的 SNA 若干版本是以新古典经济学为基础发展而来的，按照该体系标准的要素投入与产出测度方法，全球低成本战略和垄断利润显然得出发达国家技术进步和生产率提高的结论。然而，如果在全球范围内分析其要素流动的内在机理，可以发现：将体制因素误解为技术进步，这是全要素生产率分析所忽略的重要因素。因此，主流经济学领域里广泛使用的全要素生产率分析，需要关注技术进步中隐含的体制因素，以纠正由此产生的偏误和误导。

英国学者约翰·史密斯（John Smith）通过对苹果手机 iPhone、T 恤和咖啡三个全球性典型商品成本与利润进行分析，对全球外包现象引致的问题概括出"GDP 幻觉"：明明是强势者在国际交易中的获取值（value captured），却被测度为富国国内生产的增加值（value added）（Smith，2012）。按此分析，中美巨额贸易差额包含着美国对中国的巨额掠取。中国通过参与外包和全球价值链，大量出口加工组装产品，获得极低的雇员报酬和加工费，出口产品中的进口增加值比例较高（即组装的零部件大部分来源于其他经济体的生产），导致本国增加值在整个价值链中的份额较低。但按照贸易总值统计方式，出口额按照出口产品总值计算，从数字角度夸大了中国对美国的出口，形成了两国巨额贸易差额。主流经济学对这种批判没有积极回应，可能是因为这种计算方法颠覆了所有"货币计价指标（monetary indicator）"的法理性基础。然而，即使在现有计价的基础上分析，也足以发现隐含的国际经济关系偏误。

3.4　NFI 分析对中国国力和国势研判的主要启示

3.4.1　新兴经济体需提防 GDP 对经济测度和国力比较可能隐含的误导

GDP 至今仍是国际通行的所谓"核心"指标，是国际经济统计的沿用规则，但新兴经济体对此指标不应该全盘接受，需要提防其对经济测度和国力比较可能隐含的误导。联合国等五大国际组织联合发布的国际统计标准 SNA 以经济体的常住单位为统计基础，按照总产出减中间消耗的方法从生产角度核算 GDP，目前世界各国均遵循此规则核算了本国 GDP。由于该方法计算的 GDP 在理论概念上是反映本国生产规模的最佳指标,将此指标不加批判地用于经济测度或国力比较时，鉴于 GDP 生产单位常住性与生产要素常住性的范围差异，会导致 GDP 与 GNI 核算对象测度的内容并非完全对应，因此 GDP 是表征生产的指标而非表征要素收入的良好指标。

对于大多数国家来说，用 GDP 作为国力测度的代理指标，在要素国际流动不太频繁且规模不大，国力积累主要依靠国内生产的情况下，GDP 与 GNI 差距不大。但从 1990～2019 年这 30 年来经济全球化发展情况来看，由 FDI 和跨国公司引发的生产要素大范围流动和全球生产安排，尤其是 FDI 从全球范围内寻找投资收入来源，还有产品生产过程分解、"外包"方式流行，导致 GDP 与 GNI 的差异（NFI）在不同国家出现了巨大的分布差异，引发了发达国家和新兴国家尤其是发展中国家在全球层面上利益分配与经济发展实力的非对称博弈。

在这种情况下，如果仍沿用 GDP 作为表征国力的指标，一方面会掩盖发达国家全球套利的行为，造成新兴经济体尤其是发展中国家的错觉，误以为大规模劳动力参与全球生产引致的快速经济增长，必然带来国力增强；另一方面，随着新兴经济体在全球经济规模的不断扩大，对全球经济结构需要做出更为深入的分析,原有适用于发达国家的国际统计标准已经不适用。GDP 作为"20 世纪最伟大的发明之一"（赵彦云，伍业峰，2001），经过半个多世纪的发展与使用，已经不能适应当今世界不断发展变化对经济测度不断扩大的需求，新兴经济体对国际经济统计规则提出了新挑战和巨大需求。新兴经济体不应该仅仅作为国际统计规则的被动接受者，也应该成为国际统计方法和规则制定与改进的参与者，这是保障未来全球经济测度和国际事务比较的最重要统计基础。

"全球新冠疫情"引发的不确定性和疫情反复不定,对追踪全球化发展态势,密切监测疫情对国际经济的影响提出了更高要求。2020 年新冠疫情席卷全球,各国经济严重下滑,经济复苏分化,疫情演变及其后果还具有很大不确定性,新兴经济体的经济统计都迫切需要密切追踪和观察全球发展动向及其影响,研究减少疫情和逆全球化负面影响的措施。

以中国为例看新兴经济体的发展,从外部环境看,中国市场成为全球各个行业的大公司 2020 年和 2021 年业绩增长的主要市场,是跨国公司"避风港"和实现业绩增长的关键引擎;加上 2020 年和 2021 年中国 FDI 逆势增长,替代美国成为全球最大的 FDI 流入国,实现了引资总量、增长幅度、全球占比"三提升"。从国内情况看,中国应对疫情而提出的"加快形成以国内大循环为主体、国内国际双循环相互促进的新发展格局",以国内需求为基点,采用国内国际双循环模式,提升供给体系对国内需求的适配性,这一新的发展格局为全球提供了广阔的市场机会,成为吸引国际商品和要素资源的巨大引力场。

对于新兴经济体来说,当前外在条件和内在格局不仅从生产角度,也从收入角度将其推向了世界主要经济体的上升通道。但 GDP 作为衡量生产的指标不足以为新兴经济体提供判断国际合作与竞争的充分证据,还需要反映收入的 GNI 指标来表征一国要素收入能力即国力的真实情况,以及 NFI 体现国际要素收入能力的指标来充分反映国际投资和要素市场的动态变化情况。

3.4.2　GDP 批判缺少国家类型适用性的视角

近年来,对 GDP 批判主要是从福利测度角度着手(Jorgenson et al., 2014),缺少其对新兴经济体适用性的深入思考。OECD 于 2009 年发布的

《经济表现和社会进步测度委员会 SSF 经济测度报告》（Stiglitz et al., 2009，后文简称"SSF 测度报告"），强调福利测度的重要性和作用，明确经济理论与统计测度之间的协同发展，指明统计实践及其真实世界的结果通常隐含了大量假设，测度内容影响人们的行为决策，测度所忽略的内容导致人们无视某些内容的存在。在 2009 年工作基础上，2018 年 Stiglitz、Fitoussi 和 Durand 三人领导的"经济表现与社会进步测度高水平研究组"经过为期 5 年的研讨，出版了两个研究报告《超越 GDP：测度经济表现与社会进步的重要因素》和《优良测度方法：超越 GDP 的福利测度前沿研究》，讨论了 2013~2018 年全球突出性的问题（Stiglitz et al., 2018a, 2018b）。报告认为 GDP 是表征市场经济产出的单一指标，它作为替代性指标表示经济福利和综合性福利，其指标设计不具备这种功能；因而需要对 GDP 进行补充，使用更广泛的指标反映社会福利的分配及其在社会、经济和环境维度间的可持续性。2015 年国际社会一致通过的联合国 SDGs 设计了 169 个政策目标和 200 多个"全球监控"指标就是对开展"超越 GDP"批判后的一种改进措施。

　　但是，以发达国家为代表的国际组织所做的工作并没有从普适性角度（即国家类型适用性）批判 GDP，而这对新兴经济体非常重要。因为发展中国家和发达国家之间发展极其不平衡，体现在统计能力、经济结构和技术创新能力等各个方面，尤其是新兴经济体经济规模占全球份额越来越大，全球经济结构发生了相当大的变化。因而，新兴经济体经济统计数据基础对于评估当前全球性问题，如气候变化、全球收入分配与贫困等就变得异常重要。按照国际统计标准核算的 GDP，如果缺乏针对新兴经济体特点的考虑，就无法体现新兴经济体数据质量对全球的重要影响，那么现有的各种测度批判与改进，本质上仍是维系发达国家为主的利益格局，两类国家基于现有分工格局的套利行为导致真实发展差距进一步扩大，一般性地倡导福利测度是固然需要，却忽略了全球化带来的国际经济关系新特征。

3.4.3　经济统计是高质量发展的重要基础之一

高质量发展要求提升国家治理能力和"软实力（soft power）"。新兴经济体是发展中国家的先进者，在发展初期往往以"物质基础结构（physical infra-structure）"为重心。进入高质量发展阶段后，作为国家"软实力"的社会基础结构则成为发展质量提升的关键所在（邱东和王亚菲，2020）。然而，初期发展看重速度，忽略了社会基础结构的建设；从经济统计角度看，国际争端、国家经济安全和国际竞争等事关新兴经济体国家利益的关键事项都需要可靠的经济测度、国民核算和国际比较等方法论与经济统计数据作为基础支撑。因此，新兴经济体应该像建设高速公路和高速铁路等"物质基础结构"那样建设"社会基础结构"，其中，切实有效的经济统计数据则是其重要组成部分。

就中国经济统计而言，"中美贸易摩擦"应该是引发对其社会基础结构构建深入思考的导火索。中国经济统计的发展尚未与快速经济发展相匹配，经济统计作为社会基础结构建设中的重要组成部分，其方法论基础与中国本土化的适应性和统计实践还有很长的路要走，社会经济发展过程中的很多重大经济问题还缺少坚实可靠的经济统计数据支撑。以中美贸易摩擦为例，经济统计需要回答的关键性和基础性问题至少应该包括：中美贸易差额究竟是多少？对中国产业链的影响究竟如何？不同规模层级的贸易战对中国经济的影响究竟有多大？中欧、中日韩等贸易差额究竟是多少，如果出现贸易冲突，预计对中国产业链的影响有多大？中国的经济实力究竟如何？与美国、欧洲、日本等主要经济体的实力相比究竟如何？……这些问题都值得组织力量系统地、翔实地、持续地加以研究。没有可靠扎实的经济统计数据，在国际事务中的争辩就缺乏事实支撑。

经济统计的专业分析有助于确认中国现今的发展中国家地位。判断一个国家是不是发展中国家，不能只依据 GDP 总量指标。究竟应该依据哪些指标，本质是一个社会经济统计测度的专业问题，应该专题研究，构建一个指标体系，这一测度扩展也可用来回应发达国家给中国"戴高帽"所施加的压力。然而，目前存在一些误判和误导的概念，亟待澄清。例如，经济全球化深入后，"某国制造"、"制造业大国"和"世界工厂"等传统概念都大打折扣，对正确判断国势的意义不大，甚至可能会产生误导作用。从经济统计学的专业角度看，需要进行部门和产品分类详尽的、高频发布的供给使用表分析，才能准确判断全球生产链、供应链、价值链和财富链的格局及其变化趋势，尔后才能得知新兴经济体在其中的真实份额。国际贸易争端对新兴经济体经济的影响不能只看其占 GDP 的比重，秉持动态而非静态的视角，特别需要关注"断链效应"。

　　近些年来，中国成为世界经济流转总量大国，相应地需要增加在国际经济统计规则制定和修订中的话语权，比如计算国际贸易差额不再采用"总值法"，应改为"增加值法"。因此，如何准备和培养高层次国际经济统计人才，也是战略性布局中提升国家治理能力和软实力的重要措施之一。

参 考 文 献

联合国，欧盟委员会，经济合作与发展组织，等. 2012. 2008 国民账户体系（中译本）. 中国国家统计局国民经济核算司，中国人民大学国民经济核算研究所译. 北京：中国统计出版社.

邱东，王亚菲. 2020. 中国国民核算演变的公共品视角：模式选择、知识生产与体系构建. 统计与信息论坛，35（1）：3-13.

史丹，余菁. 2021. 全球价值链重构与跨国公司战略分化——基于全球化转向的探讨. 经济管理，43（2）：5-22.

赵彦云，伍业峰. 2001. GDP：20 世纪最伟大的发明之一. 经济统计，18（7）：52-56.

Berndt E R, Triplett J E. 1990. Fifty Years of Economic Measurement：The Jubilee of the Conference on Research in Income and Wealth. Chicago：

University of Chicago Press.

Carson C S. 1975. The history of the United States national income and product accounts: The development of an analytical tool. Review of Income and Wealth, 21 (2): 153-181.

Jorgenson D W, Landefeld J S, Schreyer P. 2014. Measuring Economic Sustainability and Progress. Chicago: University of Chicago Press.

Meng B, Ye M, Wei S. 2017. Value-added gains and job opportunities in global value chains. IDE Discussion Papers, (668): 35.

Qiu D, Li D. 2019. Logical mining of economic measurement: Difficulties and principles, criticism series of contemporary economic statistics. Salt Lake City: American Academic Press.

Smith J. 2012. The GDP illusion: Value added versus value capture. Monthly Review, 64 (3): 86-102.

Stiglitz J E, Fitoussi J P, Durand M. 2018a. Beyond GDP: Measuring What Counts for Economic and Social Performance. Paris: OECD Publishing.

Stiglitz J E, Fitoussi J P, Durand M. 2018b. For Good Measure: Advancing Research on Well-being Metrics Beyond GDP. Paris: OECD Publishing.

Stiglitz J E, Sen A, Fitoussi J P. 2009. Report by the commission on the measurement of economic performance and social progress. Commision on the Measurement of Economic Performance and Social Progress, Paris.

UNCTAD. 2013. World Investment Report 2013: Global Value Chains: Investment and Trade for Development. New York: United Nations.

UNCTAD. 2019. World Investment Report 2019: Special Economic Zones. New York: United Nations.

UNCTAD. 2021. World Investment Report 2021: Investing in Sustainable Recovery. New York: United Nations.

附录　全球主要赤字国 NFI 与 GDP 的变化趋势

1. 中国

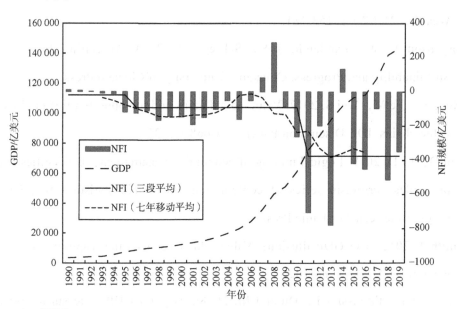

2. 巴西

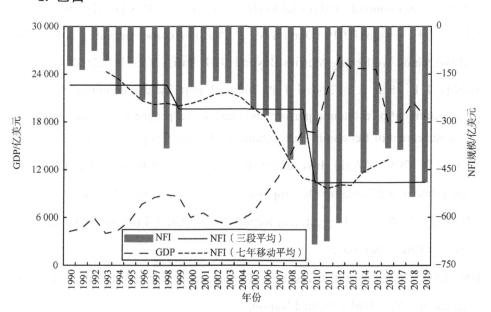

3. 俄罗斯

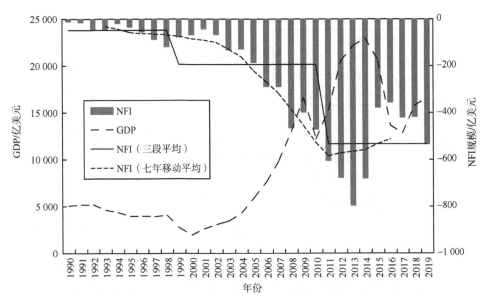

4. 澳大利亚

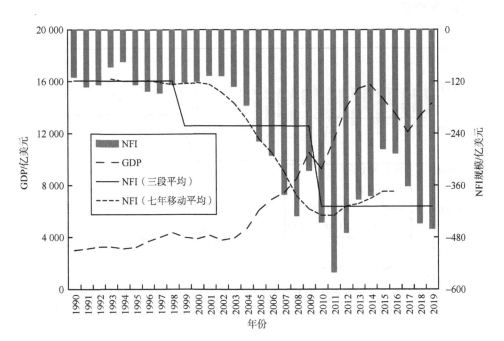

5. 意大利

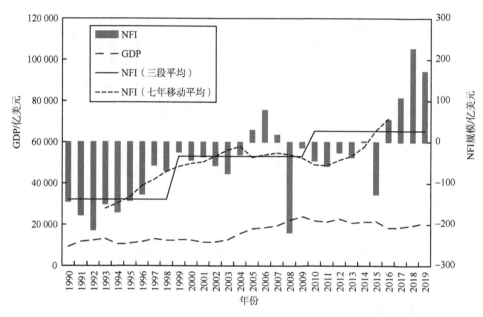

6. 西班牙

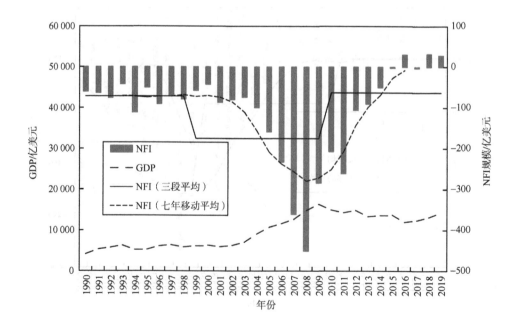

7. 爱尔兰

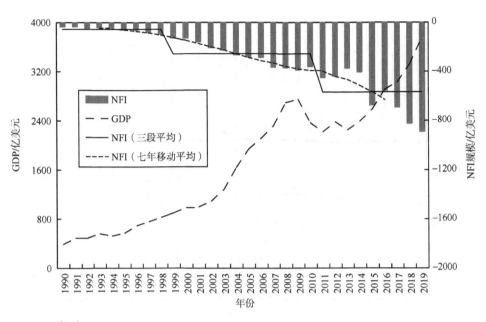

8. 印度

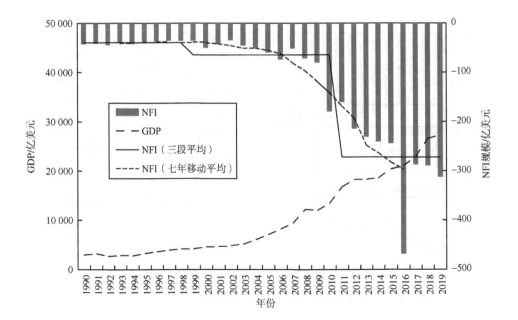

9. 加拿大

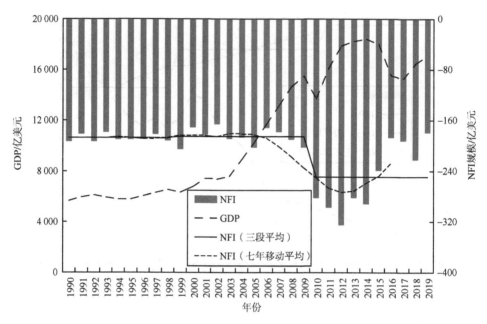

10. 墨西哥

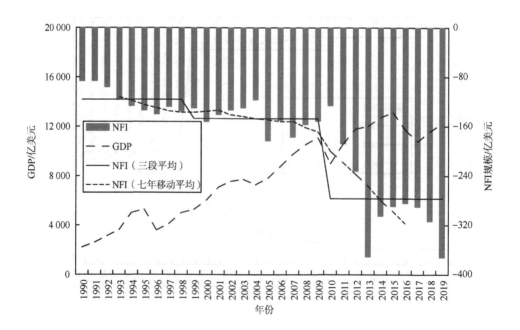

11. 印度尼西亚

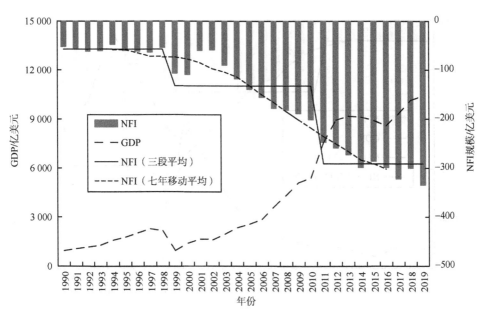

12. 泰国

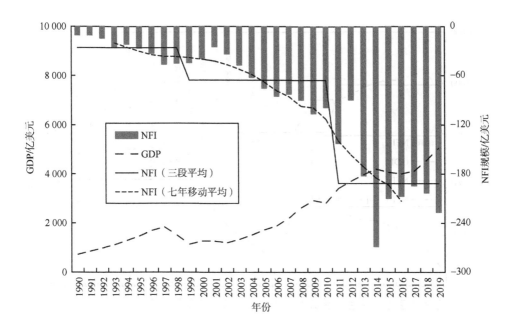

13. 尼日利亚

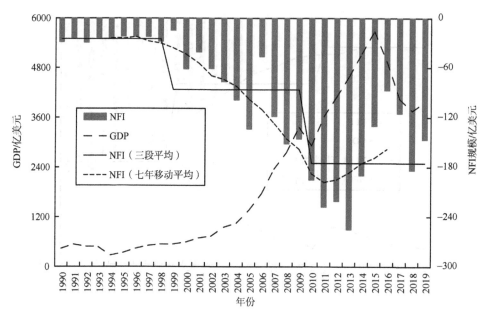

14. 阿根廷

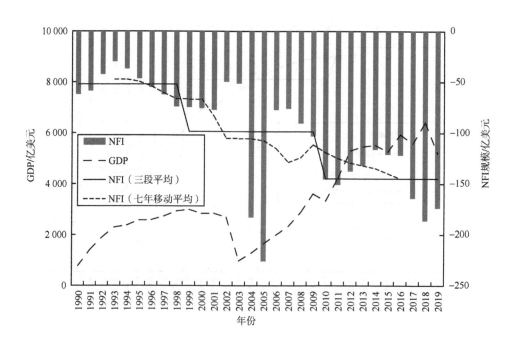

15. 波兰

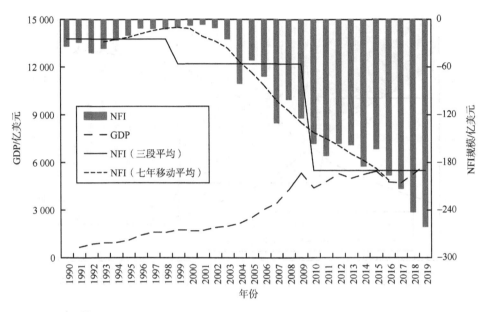

16. 智利

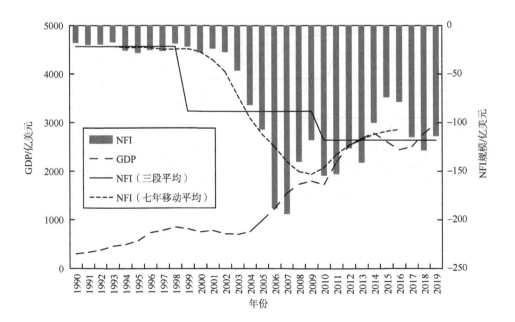

17. 波多黎各

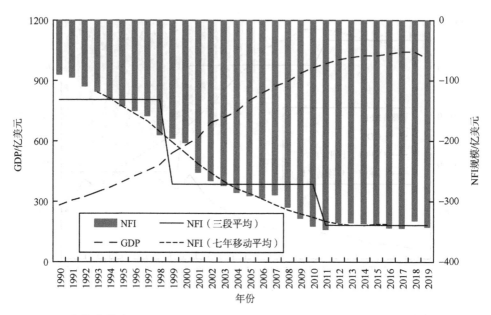

18. 哈萨克斯坦

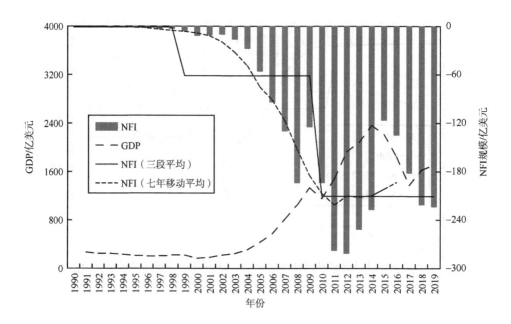

19. 捷克

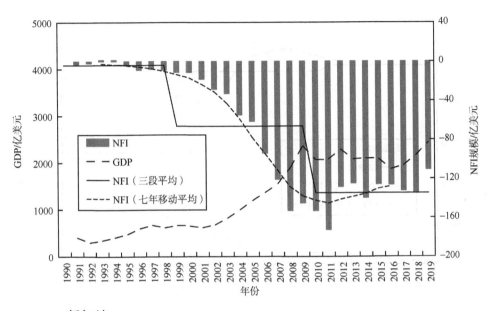

20. 新加坡

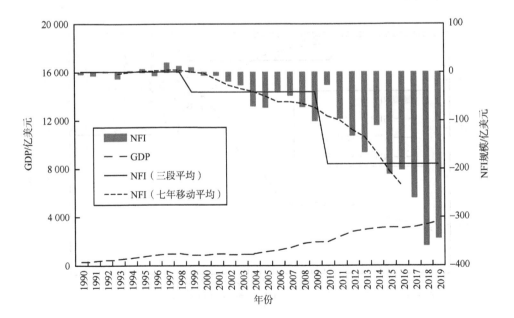

21. 越南

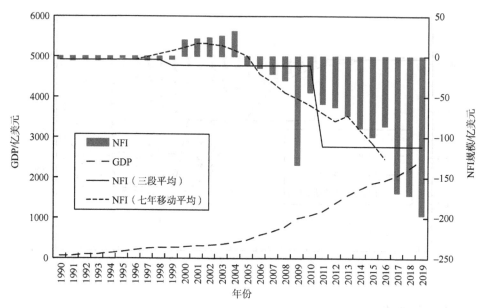

22. 卢森堡

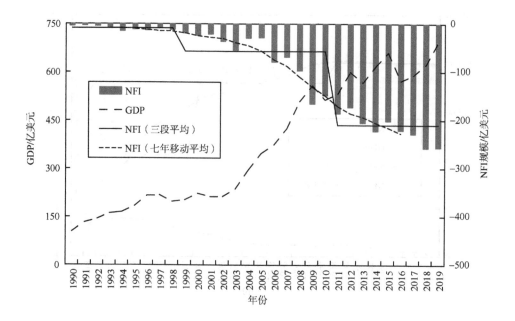

23. 苏丹

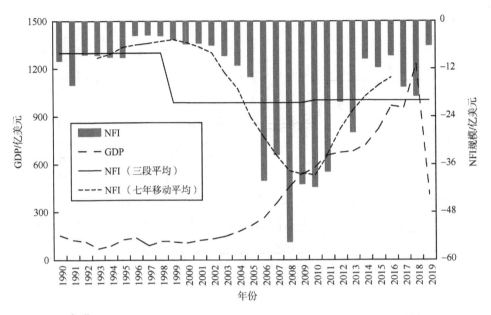

24. 南非

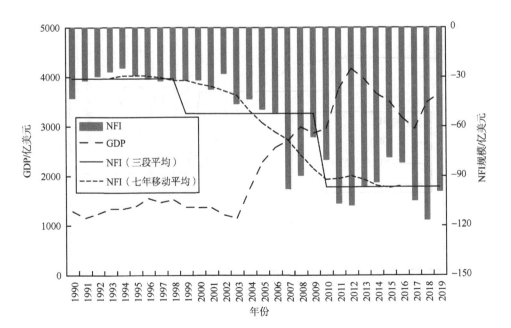

25. 马来西亚

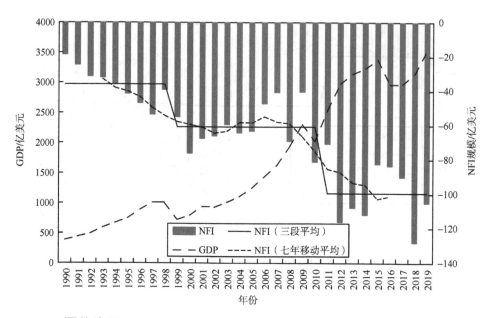

26. 哥伦比亚

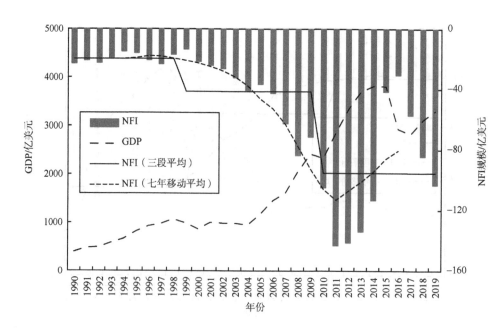

27. 秘鲁

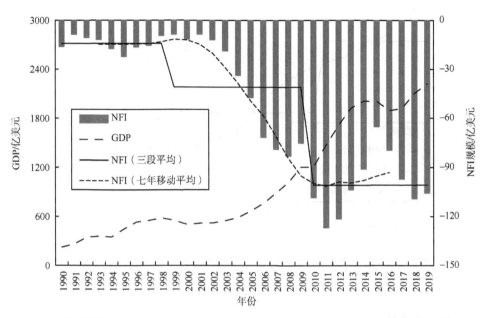

28. 安哥拉

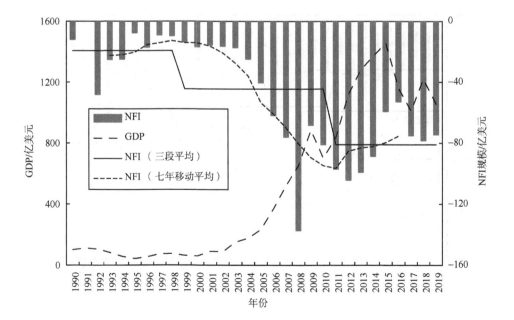

29. 匈牙利

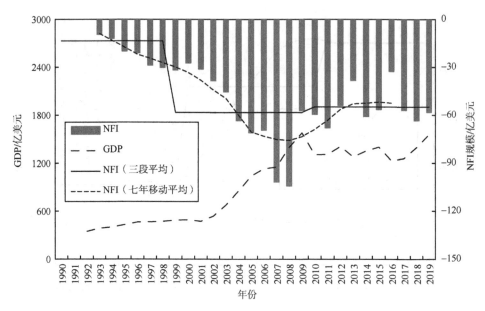

30. 新西兰

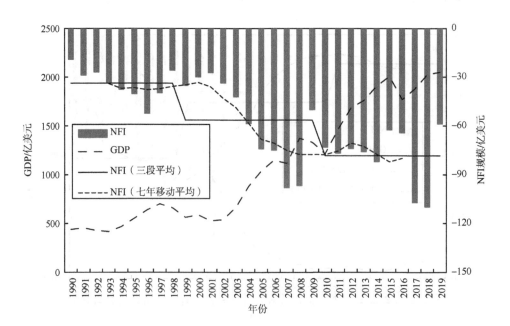

31. 芬兰

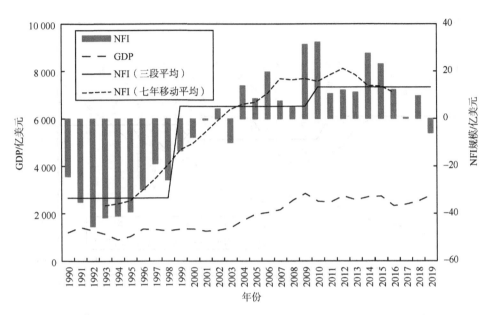

32. 葡萄牙

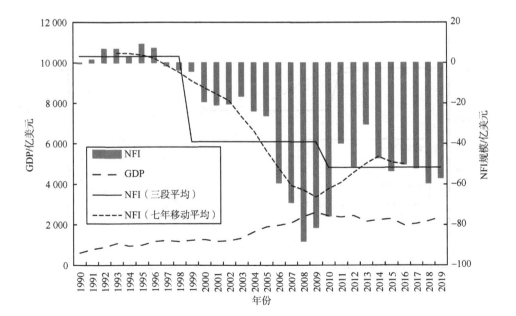

33. 以色列

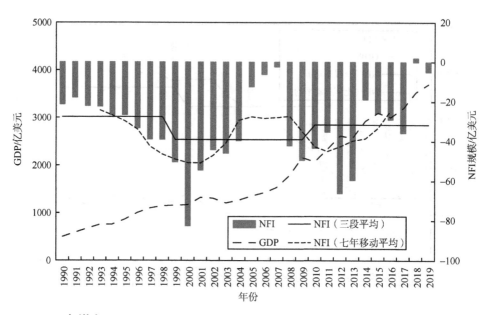

34. 卡塔尔

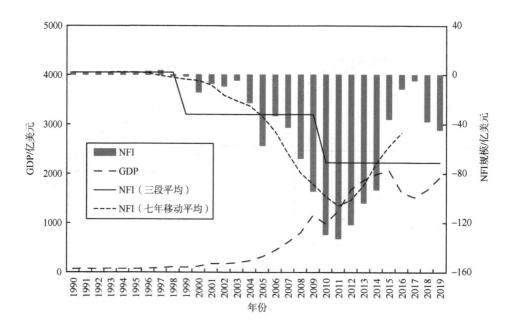

第 4 章
国际环境责任的国别测度与判别[①]

4.1 为什么要深入开展碳排放国别责任的测度？

4.1.1 中国碳排放大国的刻板印象与富国隐身的碳排放转移

2011 年，美国哈佛大学肯尼迪政府学院的约瑟夫·奈教授在《权力大未来》中指出[②]："今天，中国已经成为主要的温室气体排放国，但是，即使这些温室气体的输出会对其他国家有害，威胁用炸弹或巡航导弹把它们炸掉也是不大可能被接受的。"从字面上看，似乎约瑟夫·奈教授还比较仁慈，并不主张武力解决，但这段话却把中国不容置疑地安放在污染全球环境的被告席上，似乎只是指明了一个事实，实际上奈教授做此判断的国家立场却非常明显。

果真如此？按照国际上流行的测度[③]，中国从 2006 年起，碳排放总量的确列于世界第一。然而需要注意的是：第一，二氧化碳并不是温室气体的全部，至少甲烷也对温室效应作用不小。如果同时考虑甲烷排放，再考虑不同温室气体间的交叉效应，哪个国家会成为"主要的温室气体排放国"？第二，

---

① 本章由笔者与江西财经大学统计学院王静博士、郭同济博士合作完成。
② 奈 J：《权力大未来》，王吉美译，北京：中信出版社，2011，第 44 页。
③ 须隐含假设这些测度准确。

温室气体的输出对其他国家固然有害，难道世界上只有中国对国外输出有害气体吗？为什么单单把中国列出来呢？第三，国家之间本来是互为环境的，是否还存在其他"主要的温室气体排放国"？是否存在隐秘方式的碳排放转移？第四，《京都议定书》进入执行阶段后，发达国家达成"碳减排"目标的主要手段是什么？从时间点上看，主要"温室气体排放国"的顺序变化与碳排放转移存在什么样的关系？第五，从种种有别于"总量视角"的其他维度看，中国在碳排放上是否并没那么"主要"？粗暴武断的定论，需要质疑的问题多多，总之，需要真实测度碳排放的"国别责任"，需要坚持探究"问题导向"，而非"定论导向"。

发达国家常常抱怨发展中国家污染环境，对"地球村"造成了莫大的伤害，似乎发展中国家就是不文明。比如，日本曾经抱怨中国东北的工业粉尘飘过去，破坏了其原本清洁的环境。人家学者还专门做了科学研究，用数据证明了这一种事实。然而，不能以偏概全，坐在环境破坏"被告席"上的只是发展中国家吗？发达国家真的那么高贵，与全球环境污染无涉吗？只有多维度地深入剖析，"事实的其他方面"乃至"事实的整体"，才能充分暴露出来。

众所周知，发展中国家为了经济增长需要吸引外资，但发达国家投资往往采用输出生产线的方式，而这些生产线笃定不是高端的、不是用来生产核心零部件的，甚至相反，往往是"非清洁"的，从环境保护意义上看，所投的资金很可能也就是"脏钱"。

遗憾的是，人类总体上还不能仅仅靠"清洁生产"过活，这就产生了"非清洁生产"的国家间布局问题，究竟应该放在地球上的哪个区域？更为遗憾的是，这种布局往往由跨国垄断资本主导。发展中国家即便勉强挤进全球生产链，其"链位"往往处于整个链条的低端，如果足够努力，或许有局部从事"中端生产"的可能，至于核心产品和零部件的生产，则往往由发达国家高度垄断。

也就是说，从全球产业布局看，发展中国家所从事的往往就是碳排放必定多的"粗活"甚至"脏活"，此乃全球化以来的国际社会分工所致，所谓自由市场竞争的压力所致。并不是穷国"偏好"那些脏活累活，并不是穷国穷人对环境污染无动于衷，实在是市场的偏态分布作祟，把穷国穷人挤压在非常逼仄的窘境：囿于匮乏中生存，还是做脏活换取面包？选项实在有限，选择也就无法真实显示偏好。

特别明显的一个例子，就是美国从他国进口优质普通钢，加入稀有元素后形成特种钢，高价出口到全世界。资本赚了大钱，然而并不需要从澳大利亚等国进口铁矿石，先炼铁再炼钢，然后再生产特种钢。前面那些生产阶段过于低端，碳排放也多，"正好"有好多的外国企业"愿意"替他们承担排污责任，而就增加值更多的特种钢生产而言，多数国家却没有那个能力。

需要特别强调的是，这种产业"垂直型"布局意味着，当美国从外国进口普通钢的时候，他们实质上向国外输出了"碳排放"，生产过程本应包含的环境责任已经悄然转嫁出去了。一般而言，全球生产链低端国家，如果承接高端国家转嫁的非清洁生产线，碳排放量就高；而高端国家如果将其非清洁生产线转移到他国，其碳排放量就容易变少。

当然不仅是"非清洁生产线"的转移，发达国家还一直向穷国输出大量垃圾，他们造成的污染物并不是自己处理，而是卖出去。似乎穷国对垃圾真的心存"偏好"，真的就是所谓"粪坑"国家，而富国则通过市场机制轻松地达成了本国的清洁环境，真是他们标榜的"斐而泼赖"。中国 2018 年开始停止进口洋垃圾，韩国垃圾一时走投无路，欧洲媒体和某些精英便纷纷声讨中国失责，他们理直气壮的原因很简单，在他们的心目当中，中国就应该一直是发达国家的垃圾场。

再者，即便他们大量地使用清洁能源，如进口太阳能设备，也并没有将生产该类设备时势必产生的废料（严重污染物）一并带走，一向以人道主义卫士自居的发达国家，难道真的可以对此种"碳排放转移"心安理得吗？

笔者 2008 年曾提出"烤乳猪隐喻"：贵族有钱可以在豪华餐厅惬意地享用烤乳猪，但是并没有资格指责厨师残忍，没有资格埋怨餐馆耗用的猪肉等"食材"过多，也没有资格声称后厨的环境不如餐厅整洁和文明。

较起真来，发达国家出面来提倡环境保护，其实是一件比较滑稽的事情。资本家在国际交易中把弱国的收益压得那么低，还要弱国承担那么重的全球社会责任，这到底是要剪几遍羊毛呢？典型如中国的鞋工厂，加工一双名牌鞋何等辛苦，却挣不到两美元。发展中国家苦苦挣扎在所谓"微笑曲线"的最低端，而西方政客却反过来指责我们对环境保护投入过少。

试问，联合国等国际组织能不能发布禁令，不准许富国出口垃圾？如果富国输出非清洁生产线，是否应该同时向"被转嫁国"提供碳排放转移的补贴？消费国享用清洁能源设备时，是否应该同时为设备生产国提供环保补贴？这便是笔者主张的环保协商"三前提"。全球环保谈判，是否应该将这三个基本问题先行解决，然后再建立所谓的碳排放交易机制？

"污染发生国"和"污染最终责任国"，本来是两个截然不同的概念，不加区分，怎么可能公平地确定碳排放的"国别责任"？全球这种资源和环保责任不平等交易的现象比比皆是，只有将其充分挖掘出来，经济统计的测度功能才能真正得以发挥：如何开发并使用新的国别责任指标？如何做出比总量指标或人均指标更为准确的估计？我们的计算不能仅仅拘囿于"碳排放测度"本身，事关"共同但有区别的责任"这个基本原则能否得到真正落实，事关环境保护与"文明等级论"的深层次内在联系，事关人权究竟特指有限范围，还是关乎整个人类，事关富国究竟有没有资格在环境保护领域占据道德高地，对他国颐指气使，于是需要追问。

4.1.2 "丁仲礼之问"及之外的追问

"丁仲礼之问"是指丁院士在 2010 年与柴静女士对话时提出的一个基本问题，"中国人是不是人？"以此命名并不是无事生非，而是指向了测度碳排放国别责任时最为要紧的人权维度。美国政客历来信誓旦旦地高喊"人人生而平等"，然而他们言行之间的"离差"太大，所以需要外族人追问究竟的是，其中的"人人（all men）"是否包括美国白人以外的人？不能小看这种文明等级划分，这种隐含的分组是为其政治服务的。欧美政客其实非常讲究"身份政治"，在他们内心里，作为异教徒的"他者"并不可以向他们看齐。

而该问题的经济统计学背景是，在确定碳排放的"国别责任"时，到底应该采用总量指标，还是人均指标，或者其他指标？究竟什么样的指标才是客观和公正的？

按照世界银行数据，2000 年，中国人均碳排放量大约只有美国的八分之一，为 12.79%，即使到了 2020 年，中国人均碳排放量也仅相当于美国的一半，只有 52.86%（表 4.1、表 4.2）。

表 4.1　2000 年各国人均碳排放量排名

国家	人均碳排放量/千克	排名
美国	21 302	1
加拿大	18 463	2
澳大利亚	18 369	3
沙特阿拉伯	14 342	4
德国	10 946	5
俄罗斯	10 036	6
哈萨克斯坦	10 015	7
日本	9 968	8
英国	9 638	9
韩国	9 371	10
南非	8 412	11

续表

国家	人均碳排放量/千克	排名
波兰	8 304	12
意大利	8 263	13
伊朗	5 625	14
墨西哥	4 005	15
土耳其	3 634	16
中国	2 724	17
巴西	1 946	18
印度尼西亚	1 299	19
印度	927	20

资料来源：根据世界银行 DataBank 数据库数据整理得到

表 4.2　2020 年各国人均碳排放量排名

国家	人均碳排放量/千克	排名
沙特阿拉伯	17 967	1
哈萨克斯坦	15 534	2
澳大利亚	15 256	3
美国	14 303	4
加拿大	14 099	5
韩国	11 541	6
俄罗斯	10 944	7
伊朗	8 870	8
日本	8 191	9
波兰	7 894	10
德国	7 740	11
南非	7 620	12
中国	7 561	13
意大利	5 102	14
英国	4 903	15
土耳其	4 657	16
墨西哥	2 769	17
巴西	2 199	18
印度尼西亚	2 155	19
印度	1 769	20

资料来源：根据世界银行 DataBank 数据库数据整理得到

"指标选用"的差别非常微妙，故而需要提醒公众：在诸多社会事项的测度上，国际组织和强国都特别喜欢"人均指标"，可是到了碳排放这种全球大事，却一直采用"总量指标"。难道在碳排放的责任测度上不需要体现"人人生而平等"的理念？

而这种指标选用的结果是，中国这十多年来一直高居碳排放大国的榜首，"客观"数据的时间序列摆在那里，似乎铁证昭昭。也正是基于这一点，美国"气候沙皇"约翰·克里来中国"商谈"之前就做出了"裁决"：中国的碳排放行动"还不够好"。须知，中国的能源利用效率快速提高，中国在环境治理上力度也相当大，中国还率先在全球做出了"碳达峰"和"碳中和"的期限承诺，怎么还不够好？国人心里发虚的一点是，的确我们这些年的碳排放总量过多。

如今的经济学研究都喜欢搞计量，环保计量又成了热门课题，研究紧贴前沿当然没有错，而最大的毛病是拿来现成数据就算，开篇论述其选题意义时先照搬一个定论：中国是全球碳排放第一大国。笔者对之的追问是，何以见得？既是科学研究论文，难道不得研判和深究吗？否则还叫什么研究呢？

全球数据都公布多年了，你怎么还持"似乎"论？盯住所谓"定论"不放的关键在于，这不仅仅是经济测度的指标选用问题，还不可避免地涉及国际政治和全球可持续发展的大背景。事物本身时空多元、构成有机、因素交织，故而大有学问可做。如果切实采用多维视角加以观察和测度，如果充分发挥经济统计的"政治算术"作用，深究国势，对同一问题的看法可能大相径庭。同时，反观这个测度"逻辑挖掘"过程，超越忽略"较质"的所谓"数据挖掘"，它本身也深刻表明，经济统计的学理思考不可或缺，其对"国势研判"和国际战略博弈具有基础性作用。

从不同指标选用的效果看，"丁仲礼之问"非常必要，因为一旦采用"人均碳排放量"指标，中国在全球的责任位次就降到了十名开外，而美国则移至榜首（或前位），按照这个人均指标所表明的另一种事实，同样非常客观，甚至更为客观，这样，美国就不能总是甩锅，而应该在全球碳排放问题上承担更大的责任。

两种看上去都非常简单的指标，应该选用哪个作为确定碳排放"国别责任"的标准？丁院士诘问的倾向非常明确。我们还需了解的一种测算结果是，如果 2010 年我们真的认同欧美提出的全球环境治理方案，到 2020 年中国就需要每年拿出上万亿美元去购买所谓"碳排放权"。而且，如丁仲礼（2010）所述，发达国家提出的"50% 和 80%"方案隐含了一个巨大的"陷阱"：名义上，全球到 2050 年将减排 50%，其中发达国家减排 80%，但在总的 8000 亿吨二氧化碳排放空间中，发达国家将占用其中的 40%以上，尽管其人口不到全球总人口的 15%。这样在未来排放权分配上，发达国家人均排放量仍将是发展中国家的 3.5 倍之上（丁仲礼，2010）。

笔者在《可持续发展测度的可持续性》中曾指出，"可持续发展是可贵的，也是很贵的"。作为发展中国家能支付得起多少？应该算细账，新兴国家会不会被"环保竞赛"拖垮？也值得引起重视。俄乌战争爆发后，欧洲发达国家相应地调整了其能源政策，其中的意味和启示是什么？如果我们没有经济统计意识，不知道指标选择后面的政治背景，误把隐含政治倾向的指标当作客观事实或者国际标准，误把"政治算术"简化为抽象的"算术"，社会后果不堪设想。如果我们片面"客观"地接受中国污染全球的帽子，究竟意味着什么？很可能就会阻碍中国的发展。

为什么"人均指标"比"总量指标"在确定碳排放"国别责任"时更优？人为的碳排放产生于社会生产和消费过程之中，客观上，人类生存本身就伴随着碳排放过程，甚至可以说，排放碳也是人类生存权的一个组成因素。盲目接受"最大碳排放国"的帽子，就等于轻易放弃了基本人权，基于人作为"碳排放主体"的视角，人口多，客观上就势必会产生更多的碳排放，纳新吐故，这倒是天经地义。

不同国家的生产和消费水平不同，人口不同，其碳排放水平也不同，在这个社会背景下，过分强调"总量指标"，等于忽略了人口大国本应有的生存权利，而"人均指标"纳入了人口因素，则可以更准确地标示出一国的真实碳排放水平及其相应责任。可见，如果国际组织和强国切实地实施"人人生而平等"的理念，那么就应该参照人均指标来判定碳排放的"国别责任"。

还有一些社会经济指标，貌似客观，貌似公正，实则可能隐含了巨大的测度陷阱，所以我们需要当心。国人应该向丁院士学习，把指标背后的计算机理搞清楚，不然就容易在国际博弈中吃亏上当，多年的辛苦劳作化为乌有，甚至遭受无妄之灾。

当然，指标并不止于总量指标和人均指标，还存在更利于揭示事实真相的其他指标，如历史累积量指标，再如与产业分工相关的碳排放指标等。事实巨大而多元且多面，一旦引入其他维度的碳排放指标，全球碳排放的国别责任格局就可能发生重大变化，基于某个单一维度的数据结果就可能暴露出似是而非的可疑性，所以，在"丁仲礼之问"以外还需要再追问。

4.2　已有碳排放国别责任相关研究的启示

碳排放测度和国别责任分担是当下国内外学术研究的一个热门领域，从相关文献的学习中，我们以为，以下五个方面与碳排放国别责任的测度密切相关，值得重点关注。

4.2.1　《京都议定书》碳减排责任分担机制的执行效果测度

1992 年在巴西里约热内卢签署的《联合国气候变化框架公约》（United Nations Framework Convention on Climate Change，UNFCCC），是全球首个

应对气候变化的国际环境协议。该协议指出，发达国家是最主要的温室气体排放源，对温室气体排放负有历史责任，因此全球应对气候变化行动应秉承"共同但有区别的责任"原则。1997年，UNFCCC第三次缔约方会议召开，通过了《京都议定书》，这是应对气候变化领域首个具有法律约束力的气候协议。它规定了发达国家的强制减排责任：到2010年，所有发达国家的二氧化碳等六种温室气体排放量在1990年基础上下降5.2%；而对发展中国家则没有规定强制减排责任，仅要求在发达国家资金和技术帮助下，采取减排措施适应气候变化。然而，这一协议甚至在学术界都引发了相当大的争议。

Nordhaus等（1998）、MacCracken等（1999）、Nordhaus（2001）等学者指出，《京都议定书》在控制气候变化上是无效率的，但他们将其最主要原因归咎于制度设计缺陷：没有对所谓"非附件一国家"设置控制排放上限。

Oliveira-Matins等（1992）将这种单边行动或政策引发的碳排放变化明确表述为"碳泄漏"问题：有限范围的国家执行减排计划，将会导致"非附件一国家"的碳排放量上升。"碳泄漏"的三种途径是：①改变能源密集型产品的相对生产成本；②改变化石能源的国际价格水平；③污染产业在全球重新选址。

Felder和Rutherford（1993）、Babiker等（1997）等利用可计算一般均衡（computable general equilibrium，CGE）模型，模拟和估算了各种情景下的碳泄漏情况，证实了"碳泄漏"现象的存在。Paltsev（2001）利用一个静态的多部门、多区域可计算一般均衡模型模拟了实施《京都议定书》可能导致的碳泄漏现象，结果发现：发达国家碳泄漏的部门主要是化工行业，其次是钢铁行业；欧盟是最大的碳泄漏来源地，其次是美国和日本；最主要的碳泄漏方向是中国、中东和南非。

Gerlagh和Kuik（2007）模拟了《京都议定书》约束下贸易自由化对碳泄漏的影响。在该研究中，以乌拉圭多边贸易谈判中的进口关税的降低来反映贸易自由化，模拟结果发现进口关税的降低将总体上抬升发达国家对发展中国家的"碳泄漏率"，这意味着以往研究中对《京都议定书》造成碳泄漏的估计很可能是被低估的。

Babiker（2005）的研究结果显示，《京都议定书》执行中"碳泄漏率"的估计高达 130%，这足以使发达国家的减排效果被发展中国家增加的二氧化碳排放所抵消。主要原因在于污染行业选址依赖于市场结构，以及能源密集型产品的替代性，污染行业将显著地从发达国家撤离至中国、印度等发展中国家。因此认定《京都议定书》对控制全球温室气体排放无效，应当停止这种只规定发达国家强制减排的责任分担方法，实行全球一致性减排。

应该看到，之所以能够达成《京都议定书》，与当时发达国家在碳排放中的主要责任地位相关，各种基础指标的数据排序，包括碳排放总量，发达国家都名列前茅。而"碳泄漏"的出现，使得中国等新兴经济体在碳排放总量序列中排位迅速上升，恰恰说明发达国家运用了"巧实力（smart power）"转嫁环境保护责任，他们并不是采用技术进步的方式达成碳减排限额，而是将碳排放产业转移出国，这与他们一贯出口垃圾的"邻避主义"做法如出一辙。从本质上看，"碳泄漏"充分体现了资本唯利是图不顾公德的本性，典型地证明了环境保护领域中的"市场失败"，发达国家没有资格占据环境保护的道德高地。

在推动碳减排的过程中，的确有相当一批出于公心的政治家、学者和社会活动家，然而，他们的全球视野和善行往往被悬空，而真正发挥影响的却是跨国资本集团及其代理人，他们反倒利用全球碳减排的机会而牟利，或者将之作为打压他国和他者的竞争工具。应该看到，正是对发达国家碳减排的限制，才导致了生产者责任与消费者责任的分离。而且，如果明确限制发达国家的碳转移，即便只对发达国家进行碳排放限制，也可以达到全球大规模碳减排的目的。"碳转移"和"碳泄漏"现象的出现，使《京都议定书》在制度设计上的漏洞被利用，致使碳减排的实际效果与《京都议定书》制定时的初衷背道而驰，甚至其影响程度远超人们想象。同时，在发达国家、发展中国家和不发达国家间造成了新的"不公平"。厘清测度碳排放的合理指标，明确划分生产者责任与消费者责任，探讨责、权、利相匹配的减排责任分担机制，敦促发达国家承担起其应尽的环境责任，不以"全球减排目标"为工具对他国进行道德绑架，是切实实施可持续发展的当务之急。

4.2.2　《京都议定书》减排责任分担机制的成本和福利损失测度

Manne 和 Richels（1991）基于能源技术评估（energy technology assessment，ETA）模型和宏观经济增长模型（macro economic growth model）的组合模型模拟运行结果，对《京都议定书》的成本和福利损失也提出了尖锐批评。模拟分析着眼于短期成本和长期成本（假设《京都议定书》的执行跨越整个 21 世纪）两个方面。从短期看，在不允许碳排放权交易的情形下，估计美国 2010 年的 GDP 损失大约是 800 亿美元；而如果允许全球范围内碳排放权自由交易，则损失会下降近四分之一。这意味着如果让发展中国家也参与到强制减排中来会大幅降低减排成本。从长期来看，他们提出了最优排放路径，并比较了《京都议定书》与该路径的长期成本，发现前者带来的全球损失至少比后者高 40%。

Nordhaus 等（1998）利用气候-经济区域综合模型（regional integrated model of climate and the economy，RICE）指出，《京都议定书》的减排责任分担机制在空间上和时间上都无效率，它的执行带给全球的成本约 7160 亿美元，而其收益-成本比例为 1 : 7。即便允许国际碳排放权交易以降低减排成本，但减排对发达国家收入的影响仍然巨大，其中美国承担了约三分之二的全球减排成本，这成为后来布什政府决定退出签署《京都议定书》的理由。

对发达国家设限减排的做法并非对"不设限减排国家"没有影响，这种影响究竟是正面的还是负面的？也需要深入进行评估和分析。Babiker 和 Jacoby（1999）利用排放预测与政策分析模型（emissions prediction and policy analysis model，EPPA model）模拟碳减排过程，发现一些"非附件一国家"的福利损失仍然超过了"附件一国家"；而另一些"非附件一国家"，如中国、印度等则会获得净福利增加。主要原因是，"附件一国家"的减排行为可以通过改变国际贸易量和价格来影响"非附件一国家"的福利。这样，"非附件一国家"由于利益不一致可能划分为两个派别，其中的能源出口国会支持全球一致性减排，而能源进口国则反对。在《京都议定书》后续的气候谈判中，现实情况证实了他们的这一结论。

大部分相关研究都对《京都议定书》持质疑和反对态度，其核心观点就是由于没有规定发展中国家的减排责任，而使全球（特别是发达国家）的减排成本过高。然而，这些研究结果需要进一步深入思考。

首先，RICE 模型是对气候变化经济影响极度简化的模拟，模型可能忽视许多其他重要变量，如 Babiker 和 Jacoby（1999）的 EPPA 模型，就主要着眼于一种利益机制的影响，即国家间贸易条件结构的变化，如果同时考虑进出口产品结构的变化及其交互影响，数据结果未必如模型所示。而前述"非附件一国家"的两个派别，很可能与其是否需要从发达国家引进低端生产线相关，由此可见，真实情况的复杂性可能远远超出模型本身所能刻画的范围。

其次，即便是模型设定正确，最终估计结果也严重依赖于初始参数的设定，这些初始参数的设定值是否客观？恐怕需要基于所分析的具体场景进行多维度思考。

最后，模型通常假定的情景是永远执行《京都议定书》，这并不符合实际情况，中国就在全球减排行动中主动做出了持续的重要努力，因此这些研究对未来执行效果的预测，其可靠性可能非常有限。

此外还需要看到，这些貌似中性的定量学术探讨，其实隐含着学者的国家立场。试想，过去发达国家长期充当碳排放的主力军，为什么就没有人量化其因此获得的收益？而《京都议定书》对发达国家实施设限减排，为何就引发这么多对发达国家福利损失的估计？如果延长碳排放成本效益分析的时期，同时也回溯去分析累积排放量指标，发达国家在碳排放上的净效益究竟是多少呢？

4.2.3　涵盖人文发展"权"和"限"概念的碳排放治理主张

中国学者潘家华（2002）反驳了发达国家与发展中国家承担相同碳排放责任的主张。潘家华从阿玛蒂亚·森的后福利主义发展观出发，认为新古典经济学的发展理念没有涵盖人文发展"权"和"限"的概念。首先，新古典经济学追求个人效用最大化和社会总效用最大化，这个目标使其更容忍社会福利分配不均和收入差距问题，在理念上就不是"偏好"保护社会最弱个体和群体的基本发展权利和发展潜力。其次，新古典经济的发展理念以货币计量的收入增加来表示，因此可以实现无限增长，忽视了人文发展存在的"上限"。由于保障人文发展需要消耗一定的物资资源，潘家华认为，发展中国家的碳排放需求体现了人文发展的基本需求，而发达国家已经超出了发展的物质资源限制。因此，根据"限"的要求，发达国家应当降低其人均碳排放需求，而根据"权"的要求，发展中国家的这一需求可以继续增加。

根据这一思路，蒋金荷和姚愉芳（2003）具体计算了满足中国人文发展需求的人均碳排放量，指出当人均GDP为1万美元、人均碳排放量为2吨时才能满足中国人文发展的要求。潘家华和朱仙丽（2006）通过相应的计算，提出如果保持现有的能源结构不变，中国需要排放74亿吨的温室气体才能满足体面生活的基本需要。

潘家华提出的人文发展概念否定了新古典经济学关于发展的基本思想，也因此反驳了前述在新古典经济学研究范式下得出的"发展中国家应当承担强制减排责任"的结论。同时，这一概念的提出也提醒了发展中国家审慎参与国际合作，如是否参与无限制的碳排放权交易？虽然这可能增加货币收入，然而单纯的货币收入指标不能全面反映人文发展，故而用碳排放权换取收入的做法是在放弃今后人文发展的潜力。

如果人文发展存在"限"的概念，那么对于发展中国家来说，其碳排放增长也存在上限。何建坤等（2004）利用"两个趋同"的指标，具体明确了何时发展中国家应承担强制减排责任。他们认为，在分担全球碳减排责任时，应当秉承"两个趋同"原则：一是使各国在趋同年的人均碳排放量相等；二是使各国从 1990 年到趋同年的人均累积碳排放量相等。在这一原则下，根据计算结果，中国至少在 2050 年前不用承担强制减排责任。同时他们也指出，中国应优化经济结构、节约能源消耗以实现可持续发展。

中国学者的阐述从人文发展"权"和"限"的概念出发，道理深刻，追求的是人文意义上的"公平"。而自诩致力于维护"公平"和"人权"的发达国家，却有不少相关人士很难接受。双方争论的焦点实际上就在于发展中国家应不应当同发达国家一样承担强制减排责任。一些针对《京都议定书》的实证研究主张国际碳排放权交易应在全球范围内进行，认为这不仅能降低发达国家的减排成本，也能增加发展中国家的收益，这实际上是要求发展中国家同发达国家一样也承担强制减排责任。中国学者的论述恰恰运用了发达国家惯常使用的"人权""公平"等理念有力地驳斥了这一观点。

4.2.4　碳排放的生产者责任与消费者责任

二氧化碳排放同其他环境问题一样，本质上是人类经济活动对环境造成的负面影响。不同国家所承担的生产和消费活动的角色不同，要如何来分担这一环境责任才是公平的呢？

一般而言，认定环境责任最简单、最直观的方法是将其归咎于生产者，即将污染发生地的相关生产者判作影响环境的责任主体，生产者（属地责任）原则已成为判定各国二氧化碳排放量的主要依据。

但是，随着对环境问题产生原因更加深入地研究，在 20 世纪 90 年代兴起的"生态足迹"理论影响下，这一方法遭到了批评和质疑。生态足迹的概念最初由加拿大学者 Wackernagel 和 Rees（1992，1996）提出，生态足迹理论不仅形象地反映了人类对地球生态环境的影响，而且暗含着这种影响来源于人类的消费行为，即应当由生态资源的消费者来承担相应的环境责任。

Eder 和 Narodoslawshy（1999）将对环境压力的识别区分为三种：直接压力、区域累积压力和全部累积压力，这实际是将经济活动产生的环境影响区分为直接影响和间接影响。要求区域只控制本领域内直接产生的环境压力，是一种属地责任原则。应对这一原则，区域的最优策略是"碳转移"，即将环境压力密集型的生产环节向外转移，并进口相应产品。因此，如果一个区域没有产生直接的环境压力，很可能只是因为它从其他区域进口了污染密集型产品。这种环境责任认定方法不仅不利于激励该区域治理污染，也不利于实现全球可持续发展，需要其他原则来代替。

另一种碳排放责任认定方法是消费者责任原则。Wiedmann（2009）曾系统论述过以消费为基础的碳排放核算方法（consumption-based accounting，CBA）。它相对于生产者原则更具有优势：首先 CBA 方法揭示了导致温室气体排放的驱动因素，由此可以通过改变消费者行为和消费习惯来减少个人、政府和企业的间接排放，实现可持续的生产和消费过程；其次 CBA 方法体现了"共同但有区别的责任"，有利于降低发达国家对发展中国家的碳转移，促进国际气候治理目标的顺利实现；最后，CBA 方法还有利于气候环境政策的重新制定，如通过量化国家间经济和环境的贸易联系，实现碳排放权价格的统一。

但是，相比生产者原则下碳排放量计算的直观和简便，消费者原则的计算涉及大量的数据、缺失值和复杂的模型，因此在计算碳排放量时可能引发更多的不确定性（Peters，2008）。

另外，有部分学者也认为，即便造成环境影响的驱动因素是最终消费，完全不追究生产者责任也不合理，因为生产者拥有节约投入并使用清洁技术的能力，所以认定环境责任的公平做法是采取折中的原则，在生产者和消费者之间进行责任分担（Ferng，2003；Bastianoni et al.，2004；Lenzen et al.，2004；Rodrigues et al.，2006；Rodrigues and Domingos，2008）。这里需要注意三点：第一，生产者并不是一个整体，有的生产者拥有使用清洁技术的能力和动机，有的并没有。第二，所谓折中处理，将产生偏重哪一种责任认定原则的问题，即如何把握碳排放责任的测度之"度"。第三，采用消费者原则或折中处理原则所需要的大量基础数据和复杂统计技术，以及评价指标的合理性，都需要慎重考虑，以避免指标误测所诱导而出现新的"不公平"。

4.2.5　投入产出模型对碳排放国别责任的估计和评价

常用的测度模型是基于传统 Leontief 投入产出法而衍生出来的环境投入产出模型（environmental input-output model，EIO model）。利用 EIO 模型可以测算产品生产全过程中直接和间接的碳排放量，即隐含碳排放量。Walter（1973）最早利用该模型计算了美国对外贸易中的隐含碳排放量。Wyckoff 和 Roop（1994）通过对 6 个主要 OECD 国家贸易隐含碳排放量的估计，发现这些国家进口隐含碳占其总排放量的比重高达 13%，因此如果只考虑进行国内减排，全球温室气体排放将不能得到有效遏制。Kondo 等（1998）对日本进出口隐含碳排放量进行测算，发现截至 1985 年日本出口隐含碳大于进口量，但 1990 年开始这一情况发生改变。

除了针对单个国家贸易隐含碳的分析之外，还有学者对国家间双边贸易中隐含碳的流向进行了研究，发现中国等发展中国家往往是贸易隐含碳的出口国，而发达国家通常是进口国。上述实证结果一般是基于单区域投入产出模型（single-region input-output model，SRIO model），由于假设国内外相同的技术水平，它在计算时隐含了结果的不确定性。

随着全球经济和贸易数据库的建立，多区域投入产出模型（multi-regional input-output model，MRIO model）在分析中得到了更广泛的应用。例如，Wilting 和 Vringer（2007）建立了一个包含 12 个地区的多区域投入产出模型；Peters（2008）建立了一个包含全球 87 个地区、57 个部门的全区域模型。其他利用该类模型对贸易隐含碳的分析还可参见 Ackerman 等（2007）、Wiedmann 等（2008）、Reinvang 和 Peters（2008）等的研究。

通过计算进出口隐含碳排放量，可以分别构建基于生产者责任和消费者责任下的国家碳排放量测度指标。Munksgaard 和 Pedersen（2001）建立了生产者责任和消费者责任下碳排放量的确认指标，指出两者之间的区别在于前者考虑了出口，而后者减去出口加上进口。通过将进口隐含碳排放量与出口量相减，他们首次提出了二氧化碳贸易平衡的概念。利用丹麦数据对碳贸易平衡的计算表明，丹麦对外贸易中隐含碳排放量巨大，从 1987 年的净隐含碳进口国（盈余为 50 万吨），变为 1994 年的净隐含碳出口国（赤字 700 万吨）。

Peters（2008）在系统梳理基于环境投入产出模型分析贸易隐含碳的成果后，提出了在消费者责任原则下两种不同碳排放确认方法。第一种方法是双边贸易隐含碳排放（emissions embodied in bilateral trade，EEBT）方法，考虑双边贸易中的隐含碳排放量，在此之下，衡量消费者责任等于国内消费排放加上进口隐含碳排放量；第二种方法是基于 MRIO 模型的分析，将进出口区分为满足中间投入需求和满足最终消费的部分，这样可以比 EEBT 方法更好地测度最终消费的碳排放责任。

投入产出分析从技术上看并不复杂,但如果要用之达成对碳排放国别责任的真实认知,最主要的困难在于基础数据的质量。现实国际交易非常复杂,进出口并非单次完成,"为出口而进口","为进口而出口",往往呈现多轮次作用过程。再现这个繁杂过程,要求投入产出表的详尽分类,而且参与分析国家的产品部门分类程度要同等详尽,否则数据结果就可能误测现实。目前全球在"进出口差额"数据上争议相当大,瓶颈便是能否夯实基础数据,以采用"增加值法"替代"全值法",然而进展并不顺利。所以,采用分类足够翔实的基础数据,进而测度进出口所隐含的碳转移,属于难上之难,这恐怕是不同实证分析得出矛盾结论的主要原因。

另外,投入产出模型所隐含的一些前提假定,在现实中是否能得到完全的满足也是造成分析偏误的原因。例如,投入产出模型假定市场是完全竞争的,价格是完全竞争下的均衡价格。然而,事实并非完全如此。还有,进出口造成的碳转移,与全球产业链中的"链位"高度相关,特别在产业布局细化趋于"垂直分工"时,进出口交易的定价并非出于双方的偏好,很可能处于产业链高端的一方成为"价格决定者",而处于低端的另一方则沦为"价格接受者"。采用投入产出分析"碳转移",无法避开价格数据,但价格所表示的交易平衡关系未必属实,未必具备其本应具备的社会经济意义,这是进行实证分析和解读数据结果时需要特别当心的。

4.3　与可持续发展测度相关的基本理念

碳排放国别责任测度只是可持续发展测度的一个部分,判断如何进行碳排放国别责任的测度,也需要将之放在可持续发展测度的框架中进行全方位的思考。笔者在评价"SSF 测度报告"时曾提出过若干思考,本书第 1 章也就国势研判提出若干专业认识，这里再补充提出一些基本理念。

4.3.1 究竟如何看待社会经济测度的国际标准和学术前沿？

学者不宜将所谓学术前沿、所谓主流学派的研究成果当作"天经地义"全盘接受过来。人们在认知过程中尤其应该注意"天经"与"地义"的区别。人是社会动物，存在于天下，寄生于地上，与他者同天，但未必同地。对单个人而言，"天的同质性"大于"地的同质性"，"天经（常规、原则）"与"地义（正理）"未必处处贯通，即"天经"未必完全同于"地义"，"天经"更趋于一般性，"地义"则很可能趋于特殊性。有些道理，或许合于"天经"，但未必应于"地义"。

如何把握道理之间的关系，是"大道理"管"小道理"，还是"小道理"反作用于"大道理"，恐怕不能一概而言。故而，我们在学习已有所谓学术成果时，需要自醒自警，没那么多"天经地义"，学者的使命便是，探索"天经"与"地义"如何相合、相应？

在这个探索过程中，学者还需要当心的是，立地才可能顶天，光盯着高大上的东西，人就容易发飘。人人都有"阿喀琉斯之踵（Achilles' Heel）"，脚踏实地，才可能有力量，但也不过"可能"而已，达成切实的认知极难，并无止境。

对社会经济指标，人们往往存在"照搬国际标准即可"的求同意识。特别是后发国家的部分知识精英，很容易忘记自己的国家身份，只记得与发达国家的合作，而忽略了其中应该力争的本国利益。

发达国家之所谓"发达"，一个重要特征在于他们的"软实力"和"巧实力"，他们以秩序、规则等为口号，往往得以悄然实现其国家利益，这便是其实力"巧"之所在。如果我们不看穿国际标准和流行做法背后隐藏的私货，真以为天下大同已然来临，那就可能面临被"环保竞赛"拖累发展的巨大风险。

把所谓前沿、主流的研究成果当作"天经地义"全盘接受过来，即将其当作宗教信条看待，隐含的假定是，美欧的学科领军人物确实具备了所谓"上帝视野"，其所论所述，已然是一种"全球性抵达（the global reach）"，我们只能按照其引领的道路跟进。迷信的风险在于，这种学术研究往往成为国际标准的理论和方法论支撑。

国际标准必定是全球链中的高位者所制定。问题在于，西方列强最早搞全球化发展，他们在国家间博弈中提出了对相关争议事务的看法和做法，而此时，诸多的后发国家并不在场。列强在博弈中提出的游戏规则压根不会考虑"他者"的利益，这个历史背景是我们在学习发达国家知识时必须铭记的。

认可国际标准往往意味着接受其路线图的划定，往往假设占据高位者具备全球视野，是出于善意而提供全球公共品，往往接受了全球链高位者对道德高地的占领。应该看到，当下环境、资源保护正处于国际标准的制定和修订过程中，发展中国家特别是新兴国家应该吸取历史教训，需要及时参与，不能再三地被国际标准操弄。

西方学者虽然在课堂上鼓励提问，但在宏观上特别是在国际事务的裁定上，对"他者"却总是隐含着"学生角色"的定位，他们多数没有与"他者"真正进行思想交流的愿望，特别是在与发展中国家的"他者"打交道时，往往只带着嘴，没想带耳朵和眼睛，于是便呈现一种不那么耳聪目明的灌输，而非双向交流，这是我们需要警惕的。

4.3.2　国家作为基本利益单位和测度单位

国家是社会测度的基本单位，应该强化这种经济统计意识。人笃定是社会之人^①，从而需要家庭，需要社区，需要国家等空间单位，从而有了不同层级群体之间的博弈，当然会有合作，但也有且更有竞争。

放眼全球 500 年，国家是一个基本的利益单位，因而也就应该是基本的经济测度单位。既为博弈，我们就不能被指标所披露的某种表面现象所迷惑。所谓统计指标，未必"指"其"当指之向"，也未必"标"其"当标之处"。

与此类似，国际标准多由强者制定，新兴国家与发达国家的矛盾，往往就是出于由来已久的恃强凌弱。经济学教科书所言的国际关系往往失之于抽象，只有真材实料的经济史，特别是发达国家当年崛起的历史，强国之间互相博弈的历史，才会让我们切实认识国际标准的本质。

其中需要注意的是，社会经济指标，往往是国家间竞争的工具。不同格局、不同立场、不同视角，主张选用的指标不同，对指标数值的解读不同，指标数据结果对不同国家的影响也不同。正是由于这些不同，人类才需要"国势学"，需要"政治算术"^②，需要深入地研究社会经济统计指标。而国际竞争的后来者，每每被确定在"不得不（have-to）"的地位，对这种专业认知的需要就更为迫切了。

改善环境本身必定属于"卡尔多改进"，必定出现国家间博弈，其中最大的矛盾是发达国家与发展中国家的矛盾，集中表现在发达国家与所谓新兴国家之间。笔者认为^③，如果测度尺度超越价值指标，则"帕累托改进"不可能存在于现实世界。部分环境保护倡导者的确出于公心，但真正操盘的或影响格局者却往往是发达国家"巧实力"的发挥者，即跨国公司的资本集团及其代理人。

---

① 瓦尔登湖畔再优美，即便免费（free）享用，绝大多数人也不可能在那里独居一生，事实上，亨利·戴维·梭罗也只在那里生活了两年多。

② 笔者将之认定为"定量的国势学"。

③ 笔者将在《"使女"的揭露：当代经济学的基础性缺陷》（当代经济统计学批判系列之五）中对此命题展开论述。

环境本无国界，可持续发展应该是一个整体性概念，但当下只能以国家为单位进行环境保护，从而需要确定国别责任。发达国家与发展中国家"同等责任说"不妥，笔者在《可持续发展测度的可持续性》[①]中曾指出其四个理由。切实测度碳排放的国别责任，至少可以采用四种视角的指标：当期总排放量、人均排放量、历史累积排放量和生产相关排放量。指标的选取体现了国家间的博弈，主要表现为发达国家与所谓新兴国家之间。

4.3.3　碳排放领域的测度中性与国家立场

的确，新兴国家的经济统计研究应该有自己的立场，毕竟是"政治算术"啊，怎么能没有立场呢？而且，首先是国际上现有的经济统计指标已经采取了某种立场，而非其所声称的"上帝视角"。本论域最典型的争议是，有的主张采用"碳减排技术"，有的则主张采用"碳排放交易"途径，分歧便源于各自的资源和要素优势，不管这种优势潜在或显在，均为主张者的立场所系。"富国视角"之间（如欧美之间）都可能相异，遑论"全球视角"和众多的"穷国视角"。

正是由于不同人群、不同国家具有不同视角，且污染责任的国别测度是由人来操作，所以此种测度并非中性。测度关注点和指标选择都体现出或隐含着国家立场。对操盘者而言，提倡可持续发展很可能成为，或已经成为打压新兴国家的工具或手段，我们不能不防。

进行碳排放真实责任的国别测度，中国学者开展此研究，就是自我辩解，以摆脱这种独坐环境污染被告席的状态。即便我们所提出的测度有其偏执也不要紧，因为按照西方法律传统，我们不能自证其罪。现在的学术氛围和新闻氛围都有失底线，所以我们的表述更不能给对手提供方便，以免有

---

① 载于邱东：《经济测度逻辑挖掘：困难与原则》，北京：科学出版社，2018。

人断章取义。

矫枉需要、故而可以过正，即便是偏执的测度指标也不要紧，可以对冲另一种测度的偏执，诸多偏执的测度综合在一起就全面了，也才可能达成测度结果总体的平衡。混沌的国别责任描述恐怕好过清晰的某国责任。水原本并不清，多种指标方能还原其混沌状态。不要怕算出一笔混沌账，混沌账并不是糊涂账。例如，碳排放国别责任，清晰的中国责任，与混沌的"不知谁国责任"，哪个更接近于全球现实？现实一定是多元的，极端的认知往往远离现实，混沌账可能恰是现实的真实写照，多维测度刻画了多元事实。

用偏执来对冲偏执，就如同用准星有偏差的枪打靶。第一枪射出去，神枪手便知道准星有无偏差，若有偏差，其方向和幅度如何。如果正左方偏 2 厘米，则第二枪需要瞄准靶心的正右方 2 厘米处，才能击中靶心。

矫枉过正，涉及测度的中性要求，但这种要求只能动态达成。测度本身具有"非中性"的本质，即笔者所提出的测度"中性悖律"：测度应该中性，但却无法做到完全中性，想做到基本上中性都非常困难。更何况，还有人并不想让测度中性，或仅仅做到形式上的中性。

强调测度非中性，正是为了让测度趋于中性。正是要让人们注意在已有测度方法及其应用过程中，在所接受的现成知识（甚至常识）和信息中，所隐含的倾向性（主观性），尽可能减少这种倾向性的负面影响，以免这种倾向性成为一种"方法论无意识"，并且，还要自觉反省本人认知过程中的倾向性（潜意识或下意识地被他者的主观性塑造而成），自觉地进行不同倾向性之间的调适。

在动态的认知过程中，努力让认知更接近于客观社会现实，更趋于中性（有时非常需要用一种倾向性去刻意对冲与此相反的另一种倾向性，特别是在话语权的博弈处于弱势时），这才是真正科学的态度和精神，才可能使得研究更加科学。

矫枉过正也涉及"事实判断"与"价值判断"的分野。日常生活可以做我们的老师,如我们"遇到"这样一个基本问题:用智能手机拍出的照片是"事实判断",还是"价值判断"?多数人往往误以为照片应该是一种"事实判断",如同相机厂家广告所言,"所见即所得"。岂不知,智能手机在照相软件中内置了美化功能,可以让"傻瓜"都能把照片拍得更漂亮,"后期制作"已经"前置"在拍照过程中,指导思想便是基于美学原理的"价值判断",至于"美颜"功能,更是与流行的审美观密切联系。

把判断分成"事实判断"和"价值判断",并且偏好于仅仅做"事实判断",以中性、科学、客观自居,这类行为本身就可能沦为一种"价值判断",至少是一种基于或隐含着"价值判断"的"事实判断"。应该认识到,"偏好"在社会现实中普遍存在,而"偏好"的形成离不开"价值判断"。自然科学都很难逃开"价值判断",更何况社会科学,谁都逃不开"价值判断",人之所以为人,正是基于一定的"价值判断"。否认或藏匿自己行为的"价值判断",恰恰可能是基于某种凌驾于他者的"价值判断"。

4.3.4　常规经济统计分析作为计量基础之必要

社会经济测度,往往需要采用价格作为指标计算的基础工具,然而,这个"同度量因素"和"权数"并没有那么可靠。市场经济中,不同国家、不同经济主体的市场地位不同,有的是"价格决定者(price maker)",有的是"价格接受者(price taker)",只有很少的价格(或其涨落幅度)由大家共同制定。社会现实相当残酷,没有那么公平的市场经济,所谓充分自由竞争的市场经济,同样是一个乌托邦,现实市场中绝对没有那么多"价格共同制定者(price co-maker)",仔细想一想在集市(自由市场)里,我们讨价还价的余地能有多大?

由于价格工具内生的测度不确定性，我们对数据结果的解读就不能那么绝对。令人沮丧的是，人类测度社会经济现实通常又无法离开价格工具，于是，只能尽可能多维度地设计指标，相互参照，以提升社会经济测度的相对可靠性。在碳排放国别责任的测度上，就应该开辟其他维度，设计相应指标进行常规经济统计分析。

如果循着"谁消费谁担责"的思路，可以设计"单位最终使用额碳排放量"指标，这个指标与人均指标的思路比较接近。一个典型的例子是，地球人都喜欢穿牛仔裤，可其染色工序却集中放在中国广东的广州市新塘镇，所加工数量曾高达 2.6 亿条，该项污染的责任是否应该分摊出去？

如果循着"谁生产谁排放"的思路，还可以专门设计"单位制造业增加值碳排放量"指标（江西财经大学郭同济博士，笔者的科研助理，测算了世界主要国家的这个指标，参见本书第 4.5 节）。如果按照这个指标，中国的排名也是落在十名之外，与按总量测度碳排放的结果差异很大，而与碳排放人均指标的排名比较接近。这里需要当心一个测度陷阱，如果采用"单位 GDP 碳排放量"，就减轻了发达国家的环境责任，因为它们的 GDP 往往以第三产业为主，而该产业运行通常无须那么多的碳排放。

做基础数据和"原始数据的粗加工"，优势是距离现实比较近。虽然是经济统计常规分析，具备两个基本优势：第一，这种分析虽然貌似简单，却很有"知识生产力"，很有用武空间，可以帮助得出某些可靠的基于定量的新认知，或可以用以证明对事物的预见。第二，这种常规分析所依靠的假设比复杂模型更少，基于假设更少，跌入测度陷阱的机会也就相对少一些。方法虽然简单，但基于基本事实，偏重基本道理的思考，也有其计量优势，不可轻视。反而，倒是应该养成从常规分析出发的习惯，养成这种专业偏好，这是经济统计学看家本领，不可数典忘祖。

强调常规经济统计分析，还因为它可以构成计量模型的基础数据。计量模型本不应该搞成"普罗克拉斯提斯之床",将分析对象按照床的尺寸来填平补齐,与床尺寸不合的部分就去掉。遗憾的是,模型在套用中又往往被不少人搞成了"普罗克拉斯提斯之床",从而造成误测和误判被分析对象的态势。可测度性,与测度必要性往往存在矛盾,其解决之道,在于逐步改善并奠定比较雄厚的常规统计数据基础,多角度对照,提升经济统计指标的增加值,而不是一味追求计量模型是否前沿和流行。

4.4　构造碳排放国别责任的常规测度

4.4.1　碳排放国别责任测度的基本原则

按照 4.3 节的相关阐述,采用常规方法测度碳排放的国别责任,应该遵守以下基本原则。

1. 人均指标优于总量指标

在确定碳排放国别责任时,应该充分思考"丁仲礼之问"的社会意义,明确人均指标优于总量指标的权重处理。

2. "实际责任国"测度优于"直接责任国"测度

"直接责任国"也即"排放发生国","实际责任国"也即"最终责任国",这是两对截然不同的概念,全球生产链是一个相当复杂的分工过程,有分工就应该有权责利的合理分配,不能只看表面现象,而需要由表及里,从而才可能公平地确定碳排放的"国别责任"。

3. 相对比较优于绝对比较

对碳排放国别责任的国际比较,不应按同时期的指标值水平来进行横向比较。各个国家在全球价值链中所处位置不同,若取其同时期指标值水平进行横向比较的话，对位于下游的国家来说并不公平。因此需要考虑不同国家的产业分工、在全球生产链中的地位，以及工业化进程的不同阶段。

在全球化生产的背景下，从事低端产业的国家，为高端产业的国家提供低端产业产品，接受发达国家转移的碳排放量，这是由全球分工的角色决定的。

因此，不仅需要通过"单位 GDP 碳排放量"指标看哪个国家为全球生产做了多少贡献，还需要看这些贡献中涉及不同产业的碳排放比重有多大。显然，制造业相对于服务业需要更多的碳排放权利，这就需要计算"单位制造业增加值碳排放量"。

从国家间相对的角度看全球化分工对碳排放国别责任的判定，还需要分析各国的进口和出口数据。如果能够在各国进出口数据中区分消费品、高端中间产品、高端投资品与低端中间产品、低端投资品、石油煤炭等能源、低端原材料和垃圾，就可能大致分析出，哪个国家输出了碳排放，而哪个国家输入了碳排放，碳排放责任是如何在不同层次的国家之间转移的。

进出口目前还只能做典型分析，无法做一般性分析，因为不同国家投入产出表的部门、产品分类程度不同。这种数据分类差异会影响国别责任的测度，也涉及能否落实"谁消费谁担责"的测度思路。在碳排放国别责任的测度研究中，应该注意考察并明确"数据扣除"所需要的分类程度，作为推进研究的一个方向。

4.4.2　碳排放测度指标体系

国内外都还缺少对此的系统研究，还无法形成足够大的声音，以促进选用真正能够反映碳排放"国别责任"的指标，从而难以抵御全球环保治理中的误判风险。为此，我们提出以下指标体系。

1. 从生产端识别碳排放国别责任

从生产端测度一国的碳排放责任，可以考虑的相关测度指标应该包括单位 GDP 碳排放量、单位制造业增加值碳排放量等。相应的指标可以形成一个彼此关联的指标谱系，进一步比较这些指标的数值水平和相对数值，或可以更好地测度出不同类型国家的碳排放实际国别责任。

单位 GDP 碳排放量和单位制造业增加值碳排放量更多地与"谁生产谁排放"原则（即"谁承担粗活谁有权排放"的理念）相关联，而后者相对于前者而言，指标与测度理念的关联度更高。此种论断所依靠的基本假设是：碳排放主要发生在制造业。

2. 从消费端识别碳排放国别责任

从消费端测度一国碳排放国别责任，可以考虑的相关测度指标应该包括人均碳排放量、单位最终实际消费的碳排放量（如果没有该指标，则需要用"最终消费支出"代替）。人均碳排放量和单位最终实际消费的碳排放量更多地与"谁消费谁担责"原则相关联，而后者相对于前者而言，指标与测度理念的关联度更高。此种碳排放责任断定所依靠的设定是，不论所处国家及其生产力发展水平，人人生而平等。

通常，新兴国家的消费水平相比发达国家更低，而制造业占 GDP（全部产业）的比重更大。因此推断，按照"单位制造业增加值碳排放量"和"单位最终实际消费的碳排放量"计算国别碳排放的实际责任，应该更接近社会现实状况，有利于修正仅仅按照"碳排放总量"确定责任的粗放做法。

3. 碳排放国别责任测度的综合相对指数

设 C 表示碳排放总量，M 表示制造业增加值，E 表示最终消费支出，则有"比重之比"指标：

（1）生产者排放权使用状态$= (C/\sum C)/(M/\sum M)$。即"某国碳排放占全球碳排放的比重与该国制造业增加值占全球制造业增加值总和的比重之比"。

（2）最终消费者排放权使用状态$= (C/\sum C)/(E/\sum E)$。即"某国碳排放占全球碳排放的比重与该国最终消费支出占全球最终消费支出总和的比重之比"。

两个"比重之比"指标基于如下假设：

（1）谁生产谁排放，但这是名义排放，其中包含一部分替别国承担的转移碳份额；

（2）谁消费谁担责，消费多则责任大，这可以评估一国实际承担的环境责任；

（3）碳排放量的国别测度准确；

（4）"最终消费支出"反映了"实际最终消费"的状态（但实际上不同国家二者并不相同，美欧居民户从政府得到的"转移支付"不同，穷国穷人也得到不同的"实物转移支付"），但前者的"数据可得性"高于后者，故而测度国别责任时只好采用"最终消费支出"来代替"实际最终消费"。

双重比较有利于判断一国在全球范围内资源消耗的相对效率。若该比例大于 1，说明该国资源使用效率较低，生产相同的制造业增加值要排放更多的二氧化碳，也有可能说明该国在全球价值链中位于低端位置；反之亦然。我们可以根据指标取值进行如下的"国别责任"判断：

若$(C/\sum C)/(M/\sum M)$大于1，则该国过分使用了生产者的碳排放权，反之则使用不足，若等于 1 则说明该国行权恰当。

若$(C/\sum C)/(E/\sum E)$大于 1，则该国过分使用了最终消费者的碳排放权，反之则使用不足，若等于 1 则说明该国行权恰当。

4. 碳排放国别责任测度的指数体系因素分析

对碳排放国别责任的综合指数体系进行因素分析，可以对碳排放国别责任进行深化测度。以碳排放量为中心，对四个相关因素之间的关系分别进行因素分析。

设 C 表示碳排放总量，M 表示制造业增加值，E 表示最终消费支出，P 表示人口数量，G 表示 GDP，则有：

（1）（C，G，P）关系。

单位 GDP 碳排放量×人均 GDP=人均碳排放量，即

$$(C/G) \times (G/P) = (C/P)$$

（2）（C，G，E）关系。

单位 GDP 碳排放量=单位最终消费支出的碳排放量×最终消费支出占 GDP 比重，即

$$(C/G) = (C/E) \times (E/G) \text{ 或 } (C/G)/(E/G) = (C/E)$$

（3）（C，P，E）关系。

人均碳排放量=单位最终消费支出的碳排放量×人均最终消费支出，即

$$(C/P) = (C/E) \times (E/P)$$

（4）（C，M，E）关系。

单位制造业增加值碳排放量=单位最终消费支出碳排放量×最终消费支出与制造业增加值之比，即

$$(C/M) = (C/E) \times (E/M)$$

（5）（C，M，P）关系。

单位制造业增加值碳排放量=人均碳排放量/人均制造业增加值，即

$$(C/M) = (C/P)/(M/P)$$

若对前 n 个"碳排放总量大国"进行此种因素分析，需要计算的指标有：（C/G）、（G/P）、（C/P）、（C/E）、（E/G）、（E/P）、（C/M）、（E/M）、

（*M/P*），分析这些国家这 9 个指标的排序和指标数值差异及其变化，归纳成不同的国家类型，或许能对碳排放国别责任做出更接近实际态势的测度。

还可以拓展思考，是否还需要考虑其他因素？此四个因素间是否还存在需要考虑的关系式？无论如何，开展相对比较和因素分析，在判定国别责任上，都比只用碳排放总量指标更好。

4.5 碳排放国别责任测度的基础数据

4.5.1 基于生产端的责任评价

2020 年碳排放总量居于世界前列的 20 个经济体中，属于发达国家的有美国、日本、德国、韩国、加拿大、澳大利亚、英国、意大利共 8 个国家，其余 12 个经济体均为发展中国家。数据主要来自世界银行。

从生产端考察直接平均碳排放水平，我们可以选择单位 GDP 碳排放量、单位制造业增加值碳排放量等指标。表 4.3 数据显示，我国单位制造业增加值碳排放量排名在 7～12 位，且排名在持续下降。我国碳排放量和制造业增加值虽然都在增加，但前者增速要远低于后者，可见我国制造业清洁生产的进程是有效且快速的。

表 4.3　2000～2020 年中国生产端碳排放指标的数值及排名

年份	单位 GDP 碳排放量/千克（2015 不变价美元）	单位 GDP 碳排放量排名	单位制造业增加值碳排放量/千克（现价美元）	单位制造业增加值碳排放量排名
2000	1.24	5	—	—
2001	1.17	6	—	—
2002	1.18	5	—	—
2003	1.26	5	—	—
2004	1.32	5	8.36	7
2005	1.33	5	8.01	7
2006	1.30	5	7.27	7

年份	单位 GDP 碳排放量/千克（2015 不变价美元）	单位 GDP 碳排放量排名	单位制造业增加值碳排放量/千克（现价美元）	单位制造业增加值碳排放量排名
2007	1.23	5	6.07	7
2008	1.20	5	5.08	7
2009	1.16	5	4.89	8
2010	1.14	5	4.48	8
2011	1.15	5	3.94	8
2012	1.10	6	3.63	9
2013	1.03	6	3.39	9
2014	0.97	7	3.14	10
2015	0.89	7	3.08	10
2016	0.82	7	3.08	10
2017	0.78	7	2.87	10
2018	0.76	7	2.66	12
2019	0.73	7	2.74	11
2020	0.73	7	2.77	12

资料来源：根据世界银行 DataBank 数据库数据整理得到

1. 单位 GDP 碳排放量

本节计算了 2000～2020 年单位 GDP 碳排放量的平均水平[①]。结果显示，单位 GDP 碳排放量较高的哈萨克斯坦、伊朗、南非、俄罗斯等国均为自然资源丰富的主要能源出口国。单位 GDP 碳排放量较低的国家则以美国、日本、英国、意大利等发达国家为主，这些国家的特点是主导产业以第三产业为主，处于资源利用的第三层级[②]。2000～2020 年，中国平均单位 GDP 碳排放量为 0.98 千克，在 20 个国家中排名第 6，处于中等偏上水平。

通过考察我国单位 GDP 碳排放量的变化趋势，分析中国的相对生产碳排放效率水平。从表 4.4 中 2000～2020 年各国单位 GDP 碳排放量随时间变化趋势可以发现：①总体上看，除伊朗、沙特阿拉伯以外，大多数国家的单位

---

① 计算方法为将历年碳排放总量和历年不变价 GDP 分别加总，再进行相除。

② 资源消耗层级论。

GDP 碳排放量水平在这 21 年内均呈现下降态势。2000～2020 年，中国单位 GDP 碳排放量呈明显的逐年下降趋势，特别是进入 2011 年以后，碳排放效率提高的速度明显加快。具体来说，2020 年，中国单位 GDP 碳排放量为 0.73 千克，排名第 7，与 2000 年相比下降了 41.13%，年均下降 2.61%。2011～2020年，中国单位 GDP 碳排放量年均下降幅度更是达到了 4.92%，是全部国家中下降速度最快的。②从 2020 年"单位 GDP 碳排放量"看，发达国家大多排在 10 名之外，只有资源型国家沙特阿拉伯列于第 6；发展中国家大部分在前 10 名之内，墨西哥列于第 13 名，巴西列于第 14 名；中国列于第 7 名，该指标落后于伊朗、哈萨克斯坦、南非、俄罗斯、印度、沙特阿拉伯。

表 4.4　2000～2020 年各国单位 GDP 碳排放量变化（单位：千克）

国家	2000 年	2005 年	2010 年	2015 年	2020 年
伊朗	1.45	1.43	1.45	1.63	1.82
哈萨克斯坦	2.25	1.86	1.70	1.57	1.42
南非	1.71	1.55	1.50	1.30	1.35
俄罗斯	1.89	1.47	1.29	1.19	1.11
印度	1.22	1.08	1.09	1.08	0.98
沙特阿拉伯	0.81	0.89	1.02	1.03	0.96
中国	1.24	1.33	1.14	0.89	0.73
印度尼西亚	0.70	0.70	0.69	0.64	0.57
波兰	1.13	0.99	0.81	0.66	0.54
土耳其	0.56	0.50	0.51	0.44	0.39
韩国	0.55	0.49	0.47	0.43	0.37
加拿大	0.54	0.46	0.40	0.37	0.33
墨西哥	0.45	0.49	0.46	0.41	0.31
巴西	0.29	0.27	0.26	0.29	0.27
澳大利亚	0.40	0.38	0.34	0.30	0.26
美国	0.44	0.39	0.35	0.29	0.24
日本	0.32	0.31	0.29	0.28	0.24
德国	0.32	0.30	0.27	0.24	0.19
意大利	0.26	0.26	0.23	0.20	0.17
英国	0.25	0.22	0.19	0.14	0.11

资料来源：根据世界银行 DataBank 数据库数据整理得到

2. 单位制造业增加值碳排放量

单位制造业增加值碳排放量指标代表了期初和期末各国在单位生产上的碳排放责任,排名表明了各国生产端碳排放的责任位次。期初和期末各国单位制造业增加值碳排放量的差额和年平均下降速度,分别代表了各国在"单位增加值碳排放量"指标上的"绝对减少量"和"相对减少量",即各国在这个指标意义上对碳减排的贡献大小,进而可以对不同国家进行分类。因此,将基础指标由 GDP 改为制造业增加值,可以更好地贯彻"谁生产谁排放"的生产者责任确定原则,谁为全球承担更多的工业制造任务,谁就有资格实施更多的碳排放。这样得到的指标有利于辨明不同国家的碳排放责任。

表 4.5 展示了各国单位制造业增加值碳排放量随时间变化的情况。可以看到,除伊朗、日本以外,大多数国家的单位制造业增加值碳排放量水平均呈现出不同程度的下降态势。其中中国的单位制造业增加值碳排放量水平在这 20 个国家中处于中等偏低的水平。

表 4.5　2000~2020 年各国单位制造业增加值碳排放量变化(单位:千克)

国家	2000 年	2005 年	2010 年	2015 年	2020 年
澳大利亚	7.32	5.40	4.41	4.74	5.22
巴西	3.95	2.77	1.57	2.79	3.31
加拿大	4.47	3.67	3.45	3.69	—
中国	—	8.01	4.48	3.08	2.77
德国	2.25	1.52	1.25	1.17	0.92
英国	2.56	2.13	2.16	1.55	1.38
印度尼西亚	7.35	4.45	2.72	3.05	2.80
印度	13.12	9.05	5.88	6.92	7.01
伊朗	20.24	13.61	9.16	13.20	20.70
意大利	2.34	1.74	1.44	1.37	1.08
日本	1.13	1.25	1.02	1.35	—
哈萨克斯坦	49.39	29.34	14.86	15.39	13.03
韩国	2.89	2.08	1.90	1.63	1.47

续表

国家	2000 年	2005 年	2010 年	2015 年	2020 年
墨西哥	2.95	3.36	2.82	2.40	1.92
波兰	11.49	6.60	4.55	3.75	3.13
俄罗斯	—	12.92	8.25	9.61	8.02
沙特阿拉伯	16.27	12.63	8.90	8.13	6.89
土耳其	4.48	3.09	2.69	2.64	2.85
美国	3.88	3.62	3.17	2.53	—
南非	13.14	8.29	8.07	10.38	11.47

资料来源：根据世界银行 DataBank 数据库数据整理得到

另外，本章还计算了 2000～2020 年 20 个国家单位制造业增加值碳排放量的平均水平[1]，结果发现单位制造业增加值碳排放量的结果与单位 GDP 碳排放量比较相似。2000～2020 年，中国平均单位制造业增加值碳排放量为 4.00 千克，在 20 个国家中排名第 10，处于中等水平。

虽然美国、加拿大和日本 2020 年"单位制造业增加值碳排放量"的数据缺失，但是仍然可以看出：①多数发达国家仍然排在 10 名之外；②发展中国家大多数排在 10 名之内；③根据美国、加拿大和日本三国的历史表现，中国的排位大致在第 13 名，相比于单位 GDP 的碳排放量指标的位次，退后了 6 名，说明中国产业结构相对发展中国家而言也是集中于制造业，从而应该有更多的碳排放权。

可见，与发达国家（日本、德国）比，甚至与部分发展中国家（墨西哥）相比，中国的绝对生产碳排放效率依然偏低。

计算各国单位制造业增加值碳排放量的年平均下降速度，结果见表 4.6。

---

① 由于中国的不变价口径制造业增加值数据缺失严重，此处的制造业增加值指标采用现价美元口径。

表 4.6　各国单位制造业增加值碳排放量的年平均下降速度

国家	基期年份	单位制造业增加值碳排放量/千克	排名	报告期年份	单位制造业增加值碳排放量/千克	排名	排名变化	绝对变动/千克	排名	年平均下降速度/%	排名
俄罗斯	2002	28.50	2	2020	8.02	4	-2	-20.48	2	-6.80	1
中国	2004	8.36	8	2020	2.77	13	-5	-5.59	6	-6.67	2
哈萨克斯坦	2000	49.39	1	2020	13.03	2	-1	-36.36	1	-6.45	3
波兰	2000	11.49	7	2020	3.13	10	-3	-8.36	4	-6.29	4
印度尼西亚	2000	7.35	9	2020	2.80	12	-3	-4.55	7	-4.71	5
德国	2000	2.25	19	2020	0.92	20	-1	-1.33	13	-4.37	6
沙特阿拉伯	2000	16.27	4	2020	6.89	6	-2	-9.38	3	-4.21	7
意大利	2000	2.34	18	2020	1.08	18	0	-1.26	14	-3.78	8
韩国	2000	2.89	16	2020	1.47	16	0	-1.42	12	-3.32	9
印度	2000	13.12	6	2020	7.01	5	1	-6.11	5	-3.09	10
英国	2000	2.56	17	2020	1.38	17	0	-1.18	15	-3.04	11
美国	2000	3.88	14	2019	2.24	14	0	-1.63	10	-2.84	12
土耳其	2000	4.48	11	2020	2.85	11	0	-1.63	11	-2.23	13
墨西哥	2000	2.95	15	2020	1.92	15	0	-1.02	17	-2.11	14
澳大利亚	2000	7.32	10	2020	5.22	7	3	-2.09	8	-1.67	15
加拿大	2000	4.47	12	2018	3.40	8	4	-1.06	16	-1.50	16
巴西	2000	3.95	13	2020	3.31	9	4	-0.64	18	-0.88	17
南非	2000	13.14	5	2020	11.47	3	2	-1.67	9	-0.68	18
日本	2000	1.13	20	2019	1.06	19	1	-0.08	19	-0.36	19
伊朗	2000	20.24	3	2020	20.70	1	2	0.45	20	0.11	20

　　注：由于部分年份数据缺失，个别国家的基期年份与报告期年份略有差异。年平均下降速度指标基于期初期末时间跨度计算得到，能够较为准确地反映各国生产端减排贡献。同时，考虑到单位制造业增加值碳排放量数据短期内波动较小，笔者认为其他排名及其变化仍具有较高的参考价值。表中结果是基于未经过舍入修约处理的数据计算得到，所以造成结果存在出入

　　资料来源：根据世界银行 DataBank 数据库数据整理得到

从表 4.6 中可以看出：

（1）单位制造业增加值年平均下降速度的前 10 名以新兴经济体和资源型国家居多，后 10 名以发达国家居多，这表明从该指标表示的碳排放责任看，不同类型国家发生了不同的变化，新兴经济体在碳排放上的责任减轻得较多。

（2）期初期末顺序变化：以中国、印度尼西亚、波兰下降较多，而以加拿大、巴西、澳大利亚上升较多。

（3）对各国的"绝对变动"按其数值大小排序，前 10 位分别是：哈萨克斯坦、俄罗斯、沙特阿拉伯、波兰、印度、中国、印度尼西亚、澳大利亚、南非和美国，其中主要以资源型国家和新兴经济体居多。

（4）中国单位制造业增加值碳排放量由 2004 年的 8.36 千克（2000～2003 年数据缺失）稳步下降至 2020 年的 2.77 千克，下降 66.87%，降幅接近三分之二，年均下降 6.67%。相比而言，美国年均下降 2.84%（2000～2019 年），印度年均下降 3.09%，俄罗斯年均下降 6.80%，日本年均下降 0.36%（基期水平低）。可见，中国相对生产碳排放效率提高的速度明显快于大多数其他国家。

再看 2020 年各国的单位制造业增加值碳排放量，结果如表 4.7 所示。

表 4.7　2020 年各国单位制造业增加值碳排放量

国家	单位制造业增加值碳排放量/千克	排名
伊朗	20.70	1
哈萨克斯坦	13.03	2
南非	11.47	3
俄罗斯	8.02	4
印度	7.01	5
沙特阿拉伯	6.89	6
澳大利亚	5.22	7
加拿大	3.40	8
巴西	3.31	9

续表

国家	单位制造业增加值碳排放量/千克	排名
波兰	3.13	10
土耳其	2.85	11
印度尼西亚	2.80	12
中国	2.77	13
美国	2.24	14
墨西哥	1.92	15
韩国	1.47	16
英国	1.38	17
意大利	1.08	18
日本	1.06	19
德国	0.92	20

资料来源：根据世界银行 DataBank 数据库数据整理得到

2020 年，中国单位制造业增加值碳排放量为 2.77 千克，在 20 个国家中排名第 13，已经和国际先进水平比较接近。

综上，尽管中国生产碳排放效率和一些发达国家仍有差距，但是从纵向来看，近年来中国生产碳排放效率逐渐提高的趋势非常明显，中国相对生产碳排放效率正逐步得到改善，并且改善的速度明显快于世界其他国家。

3. 平均指标平均数

计算 2000～2020 年各国单位 GDP 碳排放量和单位制造业增加值碳排放量的平均数，结果如表 4.8 所示。

表 4.8 2000～2020 年各国平均指标平均数

国家	2000～2020 年平均单位 GDP 碳排放量/千克	排名	2000～2020 年平均单位制造业增加值碳排放量/千克	排名	排名变化
哈萨克斯坦	1.63	1	16.43	1	0
伊朗	1.54	2	12.41	2	0
南非	1.47	3	9.94	3	0

续表

国家	2000～2020年平均单位GDP碳排放量/千克	排名	2000～2020年平均单位制造业增加值碳排放量/千克	排名	排名变化
俄罗斯	1.32	4	9.89	4	0
沙特阿拉伯	0.93	7	8.53	5	2
印度	1.07	5	7.24	6	−1
澳大利亚	0.33	15	5.12	7	8
波兰	0.78	8	4.68	8	0
加拿大	0.41	13	4.05	9	4
中国	0.98	6	4.00	10	−4
美国	0.34	14	3.19	11	3
印度尼西亚	0.65	9	3.13	12	−3
土耳其	0.47	10	2.89	13	−3
墨西哥	0.44	12	2.66	14	−2
巴西	0.27	17	2.37	15	2
英国	0.18	20	1.94	16	4
韩国	0.46	11	1.85	17	−6
意大利	0.22	19	1.47	18	1
德国	0.26	18	1.28	19	−1
日本	0.29	16	1.25	20	−4

资料来源：根据世界银行 DataBank 数据库数据整理得到

可以看到，两种生产角度计算碳排放责任的指标之间排名顺序发生了变化，这些变化大致可分为三种情况：

顺序持平。表 4.8 中前四位的哈萨克斯坦、伊朗、南非、俄罗斯，还有第 8 位的波兰。

顺序变化 1 型。主要是澳大利亚、美国、加拿大、英国、意大利、巴西和沙特阿拉伯 7 个国家，其特点是，按照"单位 GDP 碳排放量"排名的顺序相比按照"单位制造业增加值碳排放量"排名的顺序更为靠后，即按前者计算的碳排放责任较小。这些国家主要是发达国家，巴西作为新兴国家在其中是个例外，且变化幅度较小（2 位），而沙特阿拉伯则是资源型国家。

顺序变化 2 型。主要是印度、中国、印度尼西亚、土耳其、墨西哥、韩国、日本和德国 8 个国家。其特点与顺序变化 1 型正好相反，按照"单位 GDP 碳排放量"排名的顺序相比按照"单位制造业增加值碳排放量"排名的顺序更为靠前，即按前者计算的碳排放责任较大。这些国家主要是新兴经济体，而其中三个发达国家也是制造业比较发达（制造业增加值在其 GDP 比重比较大）的国家。

上述数据分析表明，我们的直觉正确，采用"单位制造业增加值的碳排放量"更符合"谁生产谁排放"（"谁干粗活谁排放"）原则，能更客观地确定碳排放的国别责任。

4.5.2　基于消费端的责任评价

我们结合人均碳排放量和单位人均最终消费支出的碳排放量指标，从消费端考察直接平均碳排放水平。

1. 人均碳排放量

从表 4.9 中的"人均碳排放量"可以看出：

（1）尽管 2006 年以后，中国的碳排放总量一直位居世界第一，但是考虑人均指标后，中国的世界排名大幅度下降，2020 年排名仅为第 13 位。这也反映出用总量指标来评价中国的碳排量是不合理的。

（2）20 个国家中，排在前 10 位的发达国家有 5 个，分别是澳大利亚、美国、加拿大、韩国和日本，而德国、意大利、英国成为例外，分别排在第 11、14、15。

（3）排在后 10 位的发展中国家有 7 个，分别是南非、中国、土耳其、墨西哥、巴西、印度尼西亚和印度，而沙特阿拉伯、俄罗斯、伊朗和波兰则是例外，排到了前 10 位，需要注意的是，前三个例外均为石油资源国。

（4）中国排在第 13 位，比较靠近发达国家与发展中国家的分组边缘。

表 4.9 2020 年各国人均碳排放量

国家	人均碳排放量/千克	排名
沙特阿拉伯	17 967.21	1
哈萨克斯坦	15 534.24	2
澳大利亚	15 256.40	3
美国	14 303.48	4
加拿大	14 098.66	5
韩国	11 541.11	6
俄罗斯	10 944.42	7
伊朗	8 870.21	8
日本	8 191.42	9
波兰	7 894.24	10
德国	7 740.35	11
南非	7 620.42	12
中国	7 560.89	13
意大利	5 101.51	14
英国	4 903.33	15
土耳其	4 657.32	16
墨西哥	2 768.64	17
巴西	2 198.84	18
印度尼西亚	2 155.21	19
印度	1 769.41	20

资料来源：根据世界银行数据整理计算

2. 单位人均最终消费支出的碳排放量指标

然而，从"单位最终消费支出碳排放量"看，似乎发达国家的责任又没有那么大。从表 4.10 中的"单位最终消费支出碳排放量"可以看出：

（1）大多数发达国家排在了后 11 位，分别是韩国、加拿大、澳大利亚、日本、美国、德国、意大利、英国。

（2）大多数发展中国家排在了前 9 位，分别是伊朗、哈萨克斯坦、俄罗斯、南非、沙特阿拉伯、印度、中国、印度尼西亚、波兰，只有巴西例外，排在第 15。

表 4.10　2020 年各国单位最终消费支出碳排放量

国家	单位最终消费支出碳排放量/千克	排名
伊朗	3.22	1
哈萨克斯坦	2.15	2
俄罗斯	1.60	3
南非	1.56	4
沙特阿拉伯	1.38	5
印度	1.37	6
中国	1.35	7
印度尼西亚	0.86	8
波兰	0.70	9
韩国	0.58	10
土耳其	0.52	11
加拿大	0.42	12
墨西哥	0.39	13
澳大利亚	0.35	14
巴西	0.32	15
日本	0.31	16
美国	0.30	17
德国	0.25	18
意大利	0.22	19
英国	0.14	20

资料来源：根据世界银行数据整理计算

表 4.11 进一步展示了中国消费端碳排放指标世界排名的动态变化，两个指标的排名始终相差悬殊。如何看待"单位最终消费支出碳排放量"对"人均碳排放量"指标的判断逆转？我们注意到，"人均碳排放量"指标可以分解为"单位最终消费支出碳排放量"与"人均最终消费支出"两个因子的积，

这样我们就应该关注"人均最终消费支出"的排序状况。

表 4.11 中国消费端碳排放指标的世界排名

年份	人均碳排放量/千克	排名	单位最终消费支出碳排放量/千克（2015 年不变价美元）	排名
2000	2723.77	17	2.19	5
2001	2763.64	17	2.08	5
2002	3024.52	17	2.10	4
2003	3527.64	17	2.31	3
2004	4030.44	16	2.46	3
2005	4507.53	15	2.47	2
2006	4949.43	15	2.47	2
2007	5295.31	15	2.36	2
2008	5659.46	15	2.34	2
2009	5924.11	15	2.23	3
2010	6441.37	15	2.22	3
2011	7084.24	15	2.19	3
2012	7218.80	14	2.07	3
2013	7300.80	14	1.96	3
2014	7278.86	13	1.83	3
2015	7137.26	13	1.65	4
2016	7004.26	13	1.50	6
2017	7105.25	13	1.43	7
2018	7335.53	13	1.38	6
2019	7451.63	13	1.32	7
2020	7560.89	13	1.35	7

资料来源：根据世界银行数据整理计算

从表 4.12 的"人均最终消费支出"可以看出：

（1）发达国家均排在前 8 位，分别是美国、澳大利亚、英国、加拿大、德国、日本、意大利和韩国；

（2）发展中国家均排在后 12 位，分别是沙特阿拉伯、波兰、土耳其、哈萨克斯坦、墨西哥、巴西、俄罗斯、中国、南非、伊朗、印度尼西亚、印度；

（3）中国的人均最终消费支出仅排在第 16 位，说明我们 GDP 中消费占比还过低，还有相当大的发展空间。

表 4.12　2020 年各国人均最终消费支出

国家	人均最终消费支出/美元（2015 年不变价）	排名
美国	48 029.65	1
澳大利亚	44 101.56	2
英国	36 259.88	3
加拿大	33 835.95	4
德国	30 574.40	5
日本	26 110.94	6
意大利	23 414.32	7
韩国	19 965.21	8
沙特阿拉伯	12 998.02	9
波兰	11 218.71	10
土耳其	8 958.08	11
哈萨克斯坦	7 228.04	12
墨西哥	7 060.78	13
巴西	6 857.10	14
俄罗斯	6 851.16	15
中国	5 580.64	16
南非	4 875.38	17
伊朗	2 754.27	18
印度尼西亚	2 492.37	19
印度	1 288.52	20

资料来源：根据世界银行数据整理计算

4.5.3　基于综合相对指数的责任评价

1. 生产者排放权使用状态

将碳排放总量居于世界前列的 20 个国家分为三类，分别是发达国家、中国、除中国外的其他发展中国家，三个类别历年碳排放占比和制造业增加值占比随时间变化情况如图 4.1 所示。

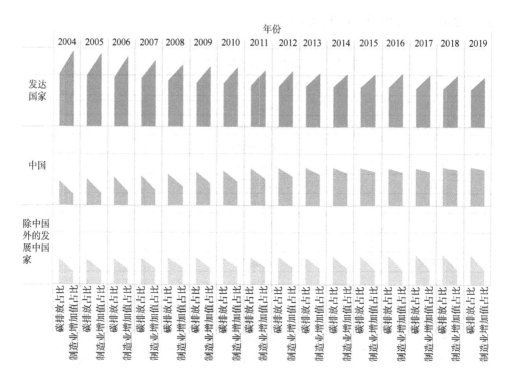

图 4.1 2004～2019 年各类别国家碳排放占比与制造业增加值占比变化

2000～2003 年中国、俄罗斯的制造业增加值数据缺失，2019 年加拿大制造业增加值数据缺失（2018
年加拿大制造业增加值占全球比重 1.2%，影响较小），2020 年加拿大、日本、美国制造业增加值数据
缺失（三个国家制造业增加值占全球比重合计超过 25%），因此选取的时间区间为 2004～2019 年

资料来源：根据世界银行 DataBank 数据库数据整理得到

从图 4.1 可以看出：

（1）碳排放占比与制造业增加值占比两个指标的变化是高度趋同的。

（2）发达国家的图形呈左低右高的形状，说明 2004～2019 年发达国
家的制造业增加值占比均高于碳排放占比。包括中国在内的发展中国家图形
均呈左高右低的形状，说明 2004～2019 年发展中国家的碳排放占比高于
制造业增加值占比。这一方面说明了中国仍然是世界最大的发展中国家这一
客观事实，更重要的是体现了发达国家与发展中国家制造业之间存在的产业

"垂直型"布局。造成这种布局的原因一方面在于发展中国家的资源使用效率较低,生产相同的制造业增加值要排放更多的二氧化碳,另一方面则与发展中国家在全球价值链中普遍位于低端位置有关。发达国家的制造业位于产业链中上游,以集约型产业为主,对能源资源的依赖程度相对更低,与此同时非发达国家的制造业普遍位于产业链下游,以粗放型产业为主,需要大量能源消耗。

（3）随着 2004～2012 年制造业增加值占比逐年下降,发达国家碳排放占比也呈下行态势,但下降速度相对更慢,因此表现在图形上就是发达国家各个年份的图形左高右低的斜率逐渐减小,碳排放占比与制造业增加值占比之间的差距逐年缩小。2013 年以后,发达国家制造业增加值占比与碳排放占比均保持相对稳定。

（4）从图 4.1 上看,中国左高右低的斜率随时间明显减小,说明中国碳排放占比与制造业增加值占比之间的差距逐年收窄。究其原因,从图 4.2 和图 4.3 中可以看到,不论是从绝对体量,还是从占全球总量比重来看,中国制造业增加值均保持平稳增长,与此同时,中国碳排放占全球总量比重在 2004～2011 年快速上升,2012 年以后增速则有所放缓。这是中国碳排放占比与制造业增加值占比差距收窄的直接原因。

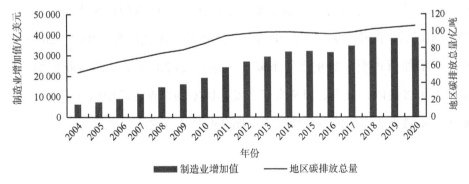

图 4.2　中国制造业增加值与碳排放的绝对变化

资料来源:根据世界银行 DataBank 数据库数据整理得到

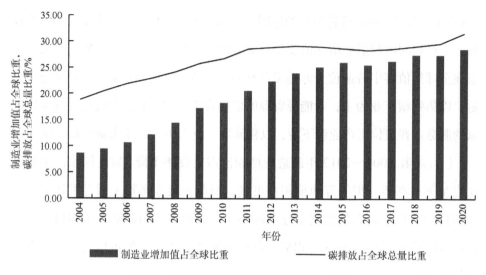

图 4.3　中国制造业增加值与碳排放的相对变化

资料来源：根据世界银行 DataBank 数据库数据整理得到

（5）除中国外的发展中国家，左高右低的斜率经过了先减小后增加的过程，转折点发生在 2011 年。考虑到除中国外的发展中国家碳排放占比保持了较为稳定的增长，图形变化的直接原因在于其制造业在全球的地位下降。图 4.4 展示了除中国外的发展中国家制造业增加值绝对水平和相对水平的变动。从绝对水平上看，除中国外的发展中国家制造业增加值总量在 2000～2011 年快速上涨，与之伴随的是制造业增加值占全球比重的稳步上升。但是，2012 年以后，除中国外的发展中国家制造业增长出现停滞，2012～2020 年，制造业增加值占全球比重逐年下降。考虑到 2020 年全球制造业增加值数据中不包含美国、日本、加拿大三个发达国家的数据，除中国外的发展中国家的实际制造业增加值占全球比重比图 4.4 中显示的结果更低。

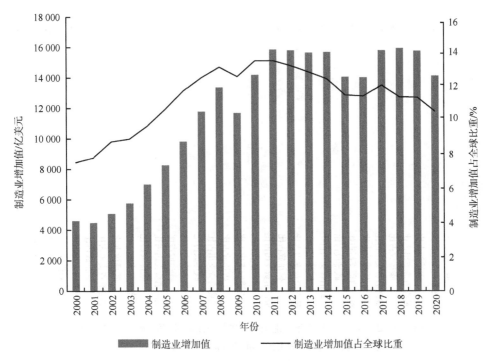

图 4.4　除中国外的发展中国家制造业增加值绝对水平和相对水平的变动

资料来源：根据世界银行 DataBank 数据库数据整理得到

2. 最终消费者排放权使用状态

发达国家、中国、除中国外的其他发展中国家三个类别历年碳排放占比和最终消费支出占比随时间变化情况如图 4.5 所示。

从图 4.5 可以看出：

（1）碳排放占比与最终消费支出占比两个指标的变化同样是高度趋同的。2004～2019 年，发达国家的最终消费支出占比与碳排放占比同步下降，且下降速度较为接近；除中国外的发展中国家最终消费支出占比与碳排放占比总体变化不大，随时间表现出同步缓慢上升的趋势，上升速度也较为接近。中国的最终消费支出占比逐年上升，而碳排放占比在 2004～2010 年上升较为明显，2011 年以后则趋于平稳。

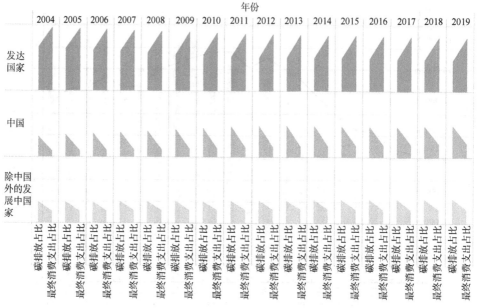

图 4.5 2004～2019 年各类别国家碳排放占比与最终消费支出占比变化

资料来源：根据世界银行 DataBank 数据库数据整理得到

（2）发达国家的图形呈左低右高的形状，说明 2004～2019 年发达国家的最终消费支出占比均高于碳排放占比。包括中国在内的发展中国家图形均呈左高右低的形状，说明 2004～2019 年发展中国家的碳排放占比均高于最终消费支出占比。这个结果似乎有些出人意料，但实则存在一定合理性。主要原因在于，在全球化生产的大背景下，发展中国家为全世界生产提供了大量的消费品，全球分工的角色决定了发展中国家接受了大量发达国家转移的碳排放量，这会大大扩大最终消费者排放权使用状态的分子部分数量。根本原因在于，此处碳排放占比并非单纯由消费端产生的碳排放构成，而是同时包含生产端与消费端产生的碳排放，通常认为一国碳排放主要来自生产端。因此，如果将生产端产生的碳排放从中剥离出去，呈现出的必然会是完全不同的结果。

由于未能将纯粹消费端产生的碳排放量单独从碳排放总量当中剥离出来，一国最终消费者排放权使用状态的结果大于 1，并不一定意味着该国过分使用了最终消费者的碳排放权。最终消费者排放权使用状态对碳排放国别责任评价的参考价值较为有限。

4.5.4　基于因素分析的责任评价

1. 基于平均指标指数体系的人均碳排放量指数因素分析

人均碳排放量指数是由期初期末两个总平均水平对比得到的，根据平均指标指数体系的原理，有以下等量关系：可变构成指数等于固定结构指数乘以结构影响指数，即

$$\frac{\sum x_1 f_1}{\sum f_1} \bigg/ \frac{\sum x_0 f_0}{\sum f_0} = \left(\frac{\sum x_1 f_1}{\sum f_1} \bigg/ \frac{\sum x_0 f_1}{\sum f_1}\right) \times \left(\frac{\sum x_0 f_1}{\sum f_1} \bigg/ \frac{\sum x_0 f_0}{\sum f_0}\right)$$

其中，可变构成指数反映的是人均碳排放量的变动程度；固定结构指数反映的是碳排放总量的变动对人均碳排放量的影响程度；结构影响指数则反映人口数的变动对人均碳排放量的影响程度。

于是有人均碳排放量的绝对数变动等于碳排放总量变动引起的人均碳排放量绝对数变动与人口数变动引起的人均碳排放量绝对数变动之和，即

$$\frac{\sum x_1 f_1}{\sum f_1} - \frac{\sum x_0 f_0}{\sum f_0} = \left(\frac{\sum x_1 f_1}{\sum f_1} - \frac{\sum x_0 f_1}{\sum f_1}\right) + \left(\frac{\sum x_0 f_1}{\sum f_1} - \frac{\sum x_0 f_0}{\sum f_0}\right)$$

此处选取 2000～2020 年中国相关数据进行分析。2000～2020 年中国碳排放量、人口数、人均碳排放量的原始数据和指数计算结果如表 4.13 所示。

表 4.13 2000～2020 年中国碳排放量、人口数、人均碳排放量的原始数据和指数计算结果

年份	碳排放总量/万吨	人口总数/亿人	人均碳排放量/吨	可变构成指数	固定结构指数	结构影响指数	人均碳排放量变动的绝对量/吨	碳排放总量变动对人均碳排放量影响的绝对量/吨	人口变动对人均碳排放量影响的绝对量/吨
2000	343.92	12.6265	2.72	—	—	—	—	—	—
2001	351.49	12.7185	2.76	1.01	1.02	0.99	0.04	0.06	−0.02
2002	387.26	12.8040	3.02	1.09	1.10	0.99	0.26	0.28	−0.02
2003	454.50	12.8840	3.53	1.17	1.17	0.99	0.50	0.52	−0.02
2004	522.38	12.9608	4.03	1.14	1.15	0.99	0.50	0.52	−0.02
2005	587.66	13.0372	4.51	1.12	1.12	0.99	0.48	0.50	−0.02
2006	648.88	13.1102	4.95	1.10	1.10	0.99	0.44	0.47	−0.03
2007	697.86	13.1789	5.30	1.07	1.08	0.99	0.35	0.37	−0.03
2008	749.68	13.2466	5.66	1.07	1.07	0.99	0.36	0.39	−0.03
2009	788.65	13.3126	5.92	1.05	1.05	1.00	0.26	0.29	−0.03
2010	861.67	13.3771	6.44	1.09	1.09	1.00	0.52	0.55	−0.03
2011	952.86	13.4504	7.08	1.10	1.11	0.99	0.64	0.68	−0.04
2012	977.56	13.5419	7.22	1.02	1.03	0.99	0.13	0.18	−0.05
2013	995.27	13.6324	7.30	1.01	1.02	0.99	0.08	0.13	−0.05
2014	998.56	13.7186	7.28	1.00	1.00	0.99	−0.02	0.02	−0.05
2015	984.84	13.7986	7.14	0.98	0.99	0.99	−0.14	−0.10	−0.04
2016	972.04	13.8779	7.00	0.98	0.99	0.99	−0.13	−0.09	−0.04
2017	992.05	13.9622	7.11	1.01	1.02	0.99	0.10	0.14	−0.04
2018	1029.00	14.0276	7.34	1.03	1.04	1.00	0.23	0.26	−0.03
2019	1049.00	14.0775	7.45	1.02	1.02	1.00	0.12	0.14	−0.03
2020	1066.79	14.1093	7.56	1.01	1.02	1.00	0.11	0.13	−0.02

资料来源：根据世界银行 DataBank 数据库数据整理得到

从表 4.13 和图 4.6 可以看到：

（1）2020 年中国人均碳排放量较 2000 年增长 177.94%，增加了 4.84 吨。其中，碳排放总量提高了 210.19%，使人均碳排放量上涨 5.44 吨，由于人口数的变动，人均碳排放量减少了 0.61 吨。

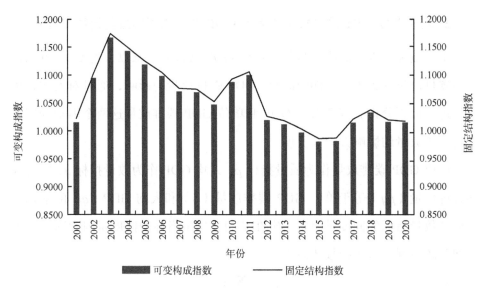

图 4.6　2001～2020 年中国人均碳排放量的可变构成指数与固定结构指数变化趋势

资料来源：根据世界银行 DataBank 数据库数据整理得到

（2）可变构成指数总体下降趋势明显，说明中国人均碳排放量的上涨速度有所放缓。可变构成指数在 2011 年之前一直处于高位，年增速超过 5%，在这一时期中国人均碳排放量上涨较快；但是 2012 年后，可变构成指数稳定在100%参考线上上下波动，而且振幅明显缩窄，说明中国人均碳排放量可能即将见顶。

（3）人口变动对人均碳排放量影响的绝对量虽均为负数，但数值较低，说明中国的人口变动使得人均碳排放水平略有下降，但是影响的程度非常有限。

（4）可变构成指数和固定结构指数的形态高度趋同，固定结构指数始终略高于可变构成指数[①]，说明中国人均碳排放量上涨的主要驱动力来自碳排放量总量的增加。

---

① 表 4.13 中计算结果仅保留小数点后两位。

2. 基于单位 GDP 碳排放量和人均 GDP 的人均碳排放量指数因素分析

由等量关系人均碳排放量等于单位 GDP 碳排放量乘以人均 GDP 可知，人均碳排放量受到人均 GDP 和单位 GDP 碳排放量的影响，通过对人均碳排放量进行因素分析，测定人均 GDP 和单位 GDP 碳排放量这两个因素分别对人均碳排放量的影响方向和程度。

单位 GDP 碳排放量作为质量指标 p，人均 GDP 作为数量指标 q，则有人均碳排放量（pq）等于单位 GDP 碳排放量（p）和人均 GDP（q）的乘积。遵循"数量指标的同度量因素固定在基期。质量指标的同度量因素固定在报告期"的原则，可得指数体系为

$$\bar{K}_{pq} = \frac{\sum p_1 q_1}{\sum p_0 q_0}$$

$$\bar{K}_q = \frac{\sum q_1 p_0}{\sum q_0 p_0}$$

$$\bar{K}_p = \frac{\sum p_1 q_1}{\sum p_0 q_1}$$

人均碳排放量的变动相对量具有以下等量关系：

$$\frac{\sum p_1 q_1}{\sum p_0 q_0} = \frac{\sum q_1 p_0}{\sum q_0 p_0} \times \frac{\sum p_1 q_1}{\sum p_0 q_1}$$

人均碳排放量的变动绝对量也具有以下关系：

$$\sum p_1 q_1 - \sum p_0 q_0 = \left(\sum q_1 p_0 - \sum q_0 p_0 \right) + \left(\sum p_1 q_1 - \sum p_0 q_1 \right)$$

中国 2000～2020 年单位 GDP 碳排放量、人均 GDP 和人均碳排放量的数据如表 4.14 所示。

表 4.14 中国单位 GDP 碳排放量、人均 GDP 和人均碳排放量的数据

年份	人均碳排放量/千克	单位 GDP 碳排放量/千克	人均 GDP/美元（2015年不变价）	$\bar{K}_{pq}$ /%	$\bar{K}_p$ /%	$\bar{K}_q$ /%
2000	2 723.77	1.24	2 193.89	—	—	—
2001	2 763.64	1.17	2 359.57	101.46	94.34	107.55
2002	3 024.52	1.18	2 557.89	109.44	100.95	108.40
2003	3 527.64	1.26	2 797.17	116.63	106.66	109.35
2004	4 030.44	1.32	3 061.83	114.25	104.38	109.46
2005	4 507.53	1.33	3 390.71	111.84	100.99	110.74
2006	4 949.43	1.30	3 800.76	109.80	97.96	112.09
2007	5 295.31	1.23	4 319.02	106.99	94.15	113.64
2008	5 659.46	1.20	4 711.64	106.88	97.97	109.09
2009	5 924.11	1.16	5 128.90	104.68	96.16	108.86
2010	6 441.37	1.14	5 647.06	108.73	98.75	110.10
2011	7 084.24	1.15	6 152.69	109.98	100.94	108.95
2012	7 218.80	1.10	6 591.65	101.90	95.11	107.13
2013	7 300.80	1.03	7 056.41	101.14	94.47	107.05
2014	7 278.86	0.97	7 532.77	99.70	93.39	106.75
2015	7 137.26	0.89	8 016.43	98.05	92.14	106.42
2016	7 004.26	0.82	8 516.51	98.14	92.37	106.24
2017	7 105.25	0.78	9 053.21	101.44	95.43	106.30
2018	7 335.53	0.76	9 619.19	103.24	97.17	106.25
2019	7 451.63	0.73	10 155.42	101.58	96.22	105.57
2020	7 560.89	0.73	10 370.36	101.47	99.36	102.12

资料来源：根据世界银行 DataBank 数据库数据整理得到

从表 4.14 和图 4.7 可以看到：

（1）人均碳排放量指数在 2003 年达到峰值 116.63%，之后便基本上一直呈快速下行趋势，一直到 2015 年达到谷值 98.05%；2017～2020 年，人均碳排放量指数在 101% 附近小幅波动。反映在人均碳排放水平上，表现为人均碳排放水平的持续上涨，但是增速逐渐放慢。

（2）单位 GDP 碳排放量指数的峰值同样出现在 2003 年。2005 年以后，单位 GDP 指数在大多数年份中均低于 100%，并且多次下探到 92% 左右。这

说明自 2005 年后，我国单位 GDP 碳排放水平下降较快，单位 GDP 碳排放量的变动对人均碳排放水平产生了较强的抑制作用。

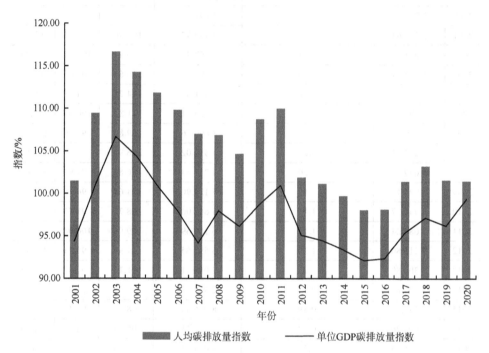

图 4.7　中国人均碳排放量指数和单位 GDP 碳排放量指数的变动趋势

资料来源：根据世界银行 DataBank 数据库数据整理得到

2000～2020 年，中国人均 GDP 保持稳步上升。如图 4.8 所示，从 2001 年开始，中国人均 GDP 指数不断攀升，在 2007 年达到峰值 113.64%。在后续年份中，虽然人均 GDP 指数呈下降趋势，但人均 GDP 指数的曲线在 2001～2020 年始终处于 100%线上方。说明人均 GDP 的强势上涨是我国人均碳排放量逐年增加的重要原因之一，同时人均 GDP 对人均碳排放量推高作用的力度边际减弱。

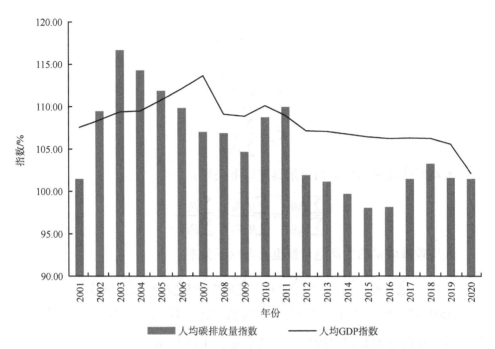

图 4.8　中国人均碳排放量指数与人均 GDP 指数的变化趋势

资料来源：根据世界银行 DataBank 数据库数据整理得到

3. 基于单位制造业增加值碳排放量和人均制造业增加值的人均碳排放量指数因素分析

由等量关系人均碳排放量等于单位制造业增加值碳排放量乘以人均制造业增加值可知，人均碳排放量受到人均制造业增加值和单位制造业增加值碳排放量的影响，通过对人均碳排放量进行因素分析，测定人均制造业增加值和单位制造业增加值碳排放量这两个因素各自对人均碳排放量的影响。

此时单位制造业增加值碳排放量作为质量指标 p，人均制造业增加值作为数量指标 q，则有人均碳排放量（pq）等于单位制造业增加值碳排放量（p）和人均制造业增加值（q）的乘积。遵循"数量指标的同度量因素固定在基期。质量指标的同度量因素固定在报告期"的原则，可得指数体系为

$$\bar{K}_{pq} = \frac{\sum p_1 q_1}{\sum p_0 q_0}$$

$$\bar{K}_q = \frac{\sum q_1 p_0}{\sum q_0 p_0}$$

$$\bar{K}_p = \frac{\sum p_1 q_1}{\sum p_0 q_1}$$

人均碳排放量的变动相对量具有以下关系：

$$\frac{\sum p_1 q_1}{\sum p_0 q_0} = \frac{\sum q_1 p_0}{\sum q_0 p_0} \times \frac{\sum p_1 q_1}{\sum p_0 q_1}$$

人均碳排放量的变动绝对量也具有以下关系：

$$\sum p_1 q_1 - \sum p_0 q_0 = \left(\sum q_1 p_0 - \sum q_0 p_0\right) + \left(\sum p_1 q_1 - \sum p_0 q_1\right)$$

2004～2020 年中国单位制造业增加值碳排放量、人均制造业增加值和人均碳排放量的原始数据和指数计算结果如表 4.15 所示。

表 4.15　2004～2020 年中国人均碳排放量指数分解结果

年份	人均碳排放量/千克	单位制造业增加值碳排放量/千克	人均制造业增加值/美元（现价）	人均碳排放量指数/%	单位制造业增加值碳排放量指数/%	人均制造业增加值指数/%
2004	4030.44	8.36	482	—	—	—
2005	4507.53	8.01	563	111.84	95.87	116.65
2006	4949.43	7.27	681	109.80	90.70	121.06
2007	5295.31	6.07	872	106.99	83.55	128.06
2008	5659.46	5.08	1114	106.88	83.70	127.69
2009	5924.11	4.89	1211	104.68	96.30	108.69
2010	6441.37	4.48	1439	108.73	91.52	118.80
2011	7084.24	3.94	1800	109.98	87.88	125.14
2012	7218.80	3.63	1986	101.90	92.34	110.35
2013	7300.80	3.39	2153	101.14	93.31	108.39
2014	7278.86	3.14	2321	99.70	92.49	107.80
2015	7137.26	3.08	2321	98.05	98.06	99.99
2016	7004.26	3.08	2272	98.14	100.25	97.90

续表

年份	人均碳排放量/千克	单位制造业增加值碳排放量/千克	人均制造业增加值/美元（现价）	人均碳排放量指数/%	单位制造业增加值碳排放量指数/%	人均制造业增加值指数/%
2017	7105.25	2.87	2478	101.44	93.00	109.08
2018	7335.53	2.66	2758	103.24	92.78	111.27
2019	7451.63	2.74	2716	101.58	103.14	98.49
2020	7560.89	2.77	2731	101.47	100.89	100.57

资料来源：根据世界银行 DataBank 数据库数据整理得到

从表 4.15 和图 4.9 可以看到,中国人均碳排放水平在 2011 年以前上涨较快，此后增速明显放缓；在大部分年份里，单位制造业增加值碳排放量指数大致围绕 92% 上下波动，2007 年和 2008 年甚至下探到 83% 左右，说明：

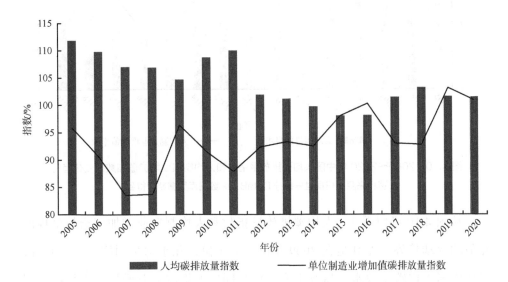

图 4.9 中国人均碳排放量指数和单位制造业增加值碳排放量指数的变化趋势

资料来源：根据世界银行 DataBank 数据库数据整理得到

（1）在大部分年份里，随着中国生产技术的进步和相关环保举措的发力，单位制造业增加值碳排放量的快速下降显著地拉低了中国人均碳排放水平；

（2）虽然单位制造业增加值碳排放量对中国人均碳排放水平在大多数

年份表现出抑制作用，但是中国人均碳排放量指数在大多数年份均高于 100%，说明中国人均碳排放水平上升的最主要原因在于人均制造业增加值的快速增加。

不妨进一步验证。2005～2020 年中国人均碳排放量指数和人均制造业增加值指数的变化态势如图 4.10 所示。

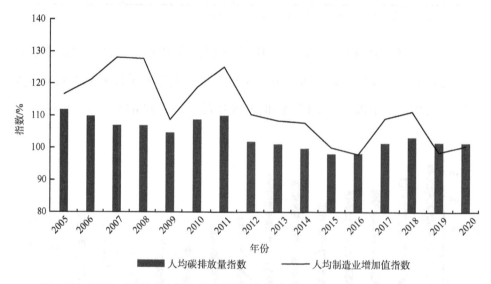

图 4.10 2005～2020 年中国人均碳排放量指数和人均制造业增加值指数的变化趋势
资料来源：根据世界银行 DataBank 数据库数据整理得到

从图 4.10 可以看出：人均碳排放量指数和人均制造业增加值指数呈现出相似的变动趋势，尤其是在 2009 年以后的年份，几乎都是同增同减。并且，虽然中国人均碳排放水平持续上升，但是同期人均制造业增加值指数在大部分年份里远高于人均碳排放量指数，这验证了来自生产端的制造业增加值是中国碳排放总量持续增长的重要原因。从客观上讲，根据"谁生产谁排放"（"谁干粗活谁排放"）原则，中国承担了越来越多的生产责任，理应获得相应的碳排放权。

**4. 基于单位最终消费支出碳排放量和最终消费支出占 GDP 比重的单位
GDP 碳排放量指数因素分析**

由等量关系单位 GDP 碳排放量等于单位最终消费支出碳排放量乘以最
终消费支出占 GDP 比重可知，单位 GDP 碳排放量与单位最终消费支出碳排
放量、最终消费支出占 GDP 比重之间具有如上的经济联系。通过对单位 GDP
碳排放量进行因素分析，测定单位最终消费支出碳排放量和最终消费支出占
GDP 比重这两个因素各自对单位 GDP 碳排放量的影响程度和影响的绝对量。

此时单位最终消费支出碳排放量作为质量指标 p，最终消费支出占 GDP
比重作为数量指标 q，则有单位 GDP 碳排放量（pq）等于单位最终消费支出
碳排放量（p）和最终消费支出占 GDP 比重（q）的乘积。遵循"数量指标的
同度量因素固定在基期。质量指标的同度量因素固定在报告期"的原则，可
得指数体系为

$$\bar{K}_{pq} = \frac{\sum p_1 q_1}{\sum p_0 q_0}$$

$$\bar{K}_q = \frac{\sum q_1 p_0}{\sum q_0 p_0}$$

$$\bar{K}_p = \frac{\sum p_1 q_1}{\sum p_0 q_1}$$

单位 GDP 碳排放量的变动相对量具有以下关系：

$$\frac{\sum p_1 q_1}{\sum p_0 q_0} = \frac{\sum q_1 p_0}{\sum q_0 p_0} \times \frac{\sum p_1 q_1}{\sum p_0 q_1}$$

单位 GDP 碳排放量的变动绝对量也具有以下关系：

$$\sum p_1 q_1 - \sum p_0 q_0 = \left(\sum q_1 p_0 - \sum q_0 p_0 \right) + \left(\sum p_1 q_1 - \sum p_0 q_1 \right)$$

2000～2020 年中国单位 GDP 碳排放量、单位最终消费支出碳排放量和
最终消费支出占 GDP 比重的原始数据和指数计算结果如表 4.16 所示。

表 4.16　2000～2020 年中国单位 GDP 碳排放量指数分解结果

年份	单位GDP碳排放量/千克	单位最终消费支出碳排放量/千克	最终消费支出占GDP比重/%	单位GDP碳排放量指数	单位最终消费支出碳排放量指数	最终消费支出占GDP比重指数	单位GDP碳排放量变动的绝对量	单位最终消费支出碳排放量对单位GDP碳排放量影响的绝对量	最终消费支出占GDP比重对单位GDP碳排放量影响的绝对量
2000	1.24	2.19	0.57	—	—	—	—	—	—
2001	1.17	2.08	0.56	0.94	0.95	0.99	−0.07	−0.06	−0.01
2002	1.18	2.10	0.56	1.01	1.01	1.00	0.01	0.01	0.00
2003	1.26	2.31	0.55	1.07	1.10	0.97	0.08	0.12	−0.04
2004	1.32	2.46	0.53	1.04	1.06	0.98	0.06	0.08	−0.02
2005	1.33	2.47	0.54	1.01	1.00	1.01	0.01	0.00	0.01
2006	1.30	2.47	0.53	0.98	1.00	0.98	−0.03	0.00	−0.03
2007	1.23	2.36	0.52	0.94	0.95	0.99	−0.08	−0.06	−0.01
2008	1.20	2.34	0.51	0.98	0.99	0.99	−0.02	−0.01	−0.02
2009	1.16	2.23	0.52	0.96	0.95	1.01	−0.05	−0.06	0.01
2010	1.14	2.22	0.51	0.99	1.00	0.99	−0.01	−0.00	−0.01
2011	1.15	2.19	0.53	1.01	0.99	1.02	0.01	−0.02	0.03
2012	1.10	2.07	0.53	0.95	0.95	1.00	−0.06	−0.06	0.00
2013	1.03	1.96	0.53	0.94	0.95	1.00	−0.06	−0.06	0.00
2014	0.97	1.83	0.53	0.93	0.93	1.00	−0.07	−0.07	0.00
2015	0.89	1.65	0.54	0.92	0.90	1.02	−0.08	−0.10	0.02
2016	0.82	1.50	0.55	0.92	0.91	1.01	−0.07	−0.08	0.01
2017	0.78	1.43	0.55	0.95	0.95	1.00	−0.04	−0.04	0.00
2018	0.76	1.38	0.55	0.97	0.96	1.01	−0.02	−0.03	0.01
2019	0.73	1.32	0.56	0.96	0.96	1.00	−0.03	−0.03	0.00
2020	0.73	1.35	0.54	0.99	1.03	0.97	−0.00	0.02	−0.02

资料来源：根据世界银行 DataBank 数据库数据整理得到

从表 4.16 和图 4.11 可以看出：

（1）除 2002～2005 年和 2011 年以外，中国单位 GDP 碳排放量指数均低于 100%，说明在 2005 年之前，中国单位 GDP 碳排放水平有所上升，但是在进入 2006 年以后，中国单位 GDP 碳排放水平不断下降，并在 2015 年、2016 年两个年份一度下降超过 7%，此后仍保持下降态势但下降速度有所放缓。

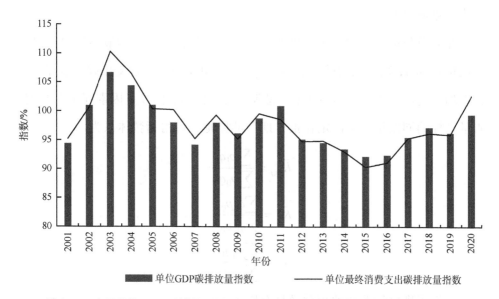

图 4.11　中国单位 GDP 碳排放量指数与单位最终消费支出碳排放量指数的变化趋势

资料来源：根据世界银行 DataBank 数据库数据整理得到

（2）中国最终消费支出占 GDP 比重指数始终在 100%上下轻幅波动，说明 2001～2020 年中国最终消费支出占 GDP 比重相对较为稳定，对单位 GDP 碳排放水平的影响较小。

（3）相比之下，单位最终消费支出碳排放量指数波动更加剧烈，而且和单位 GDP 碳排放量指数的变动高度趋同，说明中国单位 GDP 碳排放水平的变动主要是受到单位最终消费支出碳排放水平的驱动。

5. 基于单位最终消费支出碳排放量和人均最终消费支出的人均碳排放量指数因素分析

由等量关系人均碳排放量等于单位最终消费支出碳排放量乘以人均最终消费支出可知，人均碳排放量与人均最终消费支出、单位最终消费支出碳排放量之间具有如上的经济联系。通过从消费角度对人均碳排放量进行因素分析，测定人均最终消费支出、单位最终消费支出碳排放量这两个因素各自对人均碳排放量的影响。

此时单位最终消费支出碳排放量作为质量指标 p，人均最终消费支出作为数量指标 q，则有人均碳排放量（pq）等于单位最终消费支出碳排放量（p）和人均最终消费支出（q）的乘积。遵循"数量指标的同度量因素固定在基期。质量指标的同度量因素固定在报告期"的原则，可得指数体系为

$$\bar{K}_{pq} = \frac{\sum p_1 q_1}{\sum p_0 q_0}$$

$$\bar{K}_q = \frac{\sum q_1 p_0}{\sum q_0 p_0}$$

$$\bar{K}_p = \frac{\sum p_1 q_1}{\sum p_0 q_1}$$

人均碳排放量的变动相对量具有以下关系：

$$\frac{\sum p_1 q_1}{\sum p_0 q_0} = \frac{\sum q_1 p_0}{\sum q_0 p_0} \times \frac{\sum p_1 q_1}{\sum p_0 q_1}$$

人均碳排放量的变动绝对量也具有以下关系：

$$\sum p_1 q_1 - \sum p_0 q_0 = \left(\sum q_1 p_0 - \sum q_0 p_0\right) + \left(\sum p_1 q_1 - \sum p_0 q_1\right)$$

2000~2020 年中国人均碳排放量与人均最终消费支出、单位最终消费支出碳排放量的原始数据和指数计算结果如表 4.17 所示。

表 4.17　2000~2020 年中国人均碳排放量指数分解结果

年份	人均碳排放量/千克	单位最终消费支出碳排放量/千克	人均最终消费支出/美元（2015年不变价）	人均碳排放量指数	单位最终消费支出碳排放量指数	人均最终消费支出指数	人均碳排放量变动的绝对量	单位最终消费支出碳排放量对人均碳排放量影响的绝对量	人均最终消费支出对人均碳排放量影响的绝对量
2000	2724	2.19	1245	—	—	—	—	—	—
2001	2764	2.08	1327	1.01	0.95	1.07	39.87	−138.83	178.70
2002	3025	2.10	1443	1.09	1.01	1.09	260.88	20.19	240.69

续表

年份	人均碳排放量/千克	单位最终消费支出碳排放量/千克	人均最终消费支出/美元（2015年不变价）	人均碳排放量指数	单位最终消费支出碳排放量指数	人均最终消费支出指数	人均碳排放量变动的绝对量	单位最终消费支出碳排放量对人均碳排放量影响的绝对量	人均最终消费支出对人均碳排放量影响的绝对量
2003	3528	2.31	1526	1.17	1.10	1.06	503.12	328.66	174.46
2004	4030	2.46	1637	1.14	1.06	1.07	502.80	244.84	257.96
2005	4508	2.47	1825	1.12	1.00	1.11	477.09	15.61	461.47
2006	4949	2.47	2000	1.10	1.00	1.10	441.90	9.08	432.82
2007	5295	2.36	2248	1.07	0.95	1.12	345.88	−266.62	612.50
2008	5659	2.34	2419	1.07	0.99	1.08	364.15	−38.71	402.85
2009	5924	2.23	2660	1.05	0.95	1.10	264.65	−300.70	565.35
2010	6441	2.22	2905	1.09	1.00	1.09	517.26	−27.78	545.04
2011	7084	2.19	3241	1.10	0.99	1.12	642.87	−103.41	746.28
2012	7219	2.07	3486	1.02	0.95	1.08	134.55	−399.38	533.93
2013	7301	1.96	3718	1.01	0.95	1.07	82.00	−398.34	480.34
2014	7279	1.83	3988	1.00	0.93	1.07	−21.94	−551.93	529.99
2015	7137	1.65	4328	0.98	0.90	1.09	−141.60	−763.40	621.80
2016	7004	1.50	4664	0.98	0.91	1.08	−133.00	−686.34	553.34
2017	7105	1.43	4964	1.01	0.95	1.06	100.99	−350.47	451.46
2018	7336	1.38	5330	1.03	0.96	1.07	230.28	−293.71	523.99
2019	7452	1.32	5646	1.02	0.96	1.06	116.09	−317.83	433.92
2020	7561	1.35	5581	1.01	1.03	0.99	109.27	195.15	−85.89

资料来源：根据世界银行 DataBank 数据库数据整理得到

从表 4.17 和图 4.12 可以看出：

（1）除 2014～2016 年少数几个年份以外，中国人均碳排放量指数均高于 100%，尤其是 2011 年以前增速飞快。这一方面是由于我国人均碳排放量的基数低，另一方面也和经济社会飞速发展引致的居民生活水平大幅提升有关，体现在相关指标上，则是最终消费支出的数量和质量均有大幅提高。

（2）从相关指数的数值表现来看，中国单位最终消费支出碳排放量除2003 年和 2020 年以外，其他年份均对人均碳排放量指数存在抑制拉低的作用，也就是说，我国人均碳排放水平的增加，主要是因为人均最终消费支出增加所导致的。

（3）中国人均碳排放水平在 2001～2020 年一直保持增长态势，2012 年后增速明显放缓。即使是这样，到 2020 年中国的人均碳排放水平仍然远远低于其他国家，仅仅是从 2000 年的排名第 17 位上升至 2020 年的第 13 位而已。

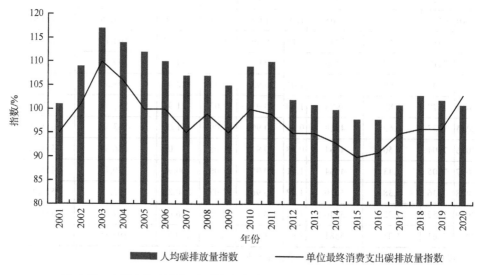

图 4.12   中国人均碳排放量指数与单位最终消费支出碳排放量指数的变化
资料来源：根据世界银行 DataBank 数据库数据整理得到

此外，还存在单位制造业增加值碳排放量等于单位最终消费支出的碳排放量乘以最终消费支出与制造业增加值之比的等量关系，但由于中国的可比价制造业增加值数据缺失，只有 2015 年一年数据，于是此处的最终消费支出与制造业增加值之比，分子采用的是可比价，分母采用的是不变价，导致该相对数缺乏经济意义。因此受限于数据，该部分的因素分析暂无法进行。

4.6　深入开展环境污染和资源消耗国别责任的测度

4.6.1　国别责任测度与"测度中性悖律"

经济测度本应该是中性的，从而得出比较客观的测度结果，但是测度只能由必定具备主观立场的人来从事，从而无法做到完全的中性，这就是笔者所提出的"测度中性悖律"[①]。

然而，承认测度行为者主观立场的存在，并不是要放弃对测度中性的追求，反而是要在动态过程中尽可能达成趋于中性的测度结果，这就要把不同指标所隐含的设定前提揭示出来，尽可能比较不同指标的测度优势及其缺陷，在指标比较中鉴别，进而得出对所测度事实的真知。

社会科学研究，即便认可其无法避开的国家立场，也并不是发现与自己直觉或预设相反的数据就隐匿起来，而应该是把矛盾揭示出来，努力进一步追究，为什么会出现指标间的数据结果"违和"的现象。既不能让自己淹没在已有的专题研究文献中，也不能让自己淹没在相关的众多数据结果中。遇到相互矛盾的分析及其结果反倒应该更敏感，因为这正是激发思想的潜在"资源"。

提升自己的经济统计意识，对成本效益分析得尽可能通透，发现更多的成本因素和效益因素，分析数据结果时尤其应该注意提升分析研究的宏观"方位感"和微观"分寸感"，这正是经济统计研究的增加值所在。

我们不能就环保论环保，环境保护主张与"人权"、与"文明等级论"也密切相关，指标的选用、内在权重的确立都体现了测度者的隐含立场，内在地体现了文明与野蛮的划分和博弈，同一标准未必是公平的，"发达"未

---

① 参见邱东：《经济统计学：从德国传统到当代困境》，载《经济测度逻辑挖掘：困难与原则》，北京：科学出版社，2018，第 122 页。

必体现富国和精英占据环境保护道德高地的资格，"发展中"也未必就得被铐在污染环境的"被告席"上，落实"共同但有区别的责任"才是人类可持续发展的正道。

应该看到，近年来国内外有些研究注意到了碳排放"国别责任"测度中的种种问题，已经有了一些改进研究，但不足在于，还缺少对此的系统性研究，还无法形成足够大的思考力量，难以抵御种种误判风险。故而，我们呼吁全面、深入地开展相关研究，以促进选用真正能够反映碳排放"国别责任"的指标。

4.6.2　碳排放转移与国别责任测度

"碳排放转移"是国别责任测度的最大障碍。无论是"生产者原则"，还是"消费者原则"，都无法完全体现国家间的"碳泄露"转移。一国生产初级产品而排放碳，可能是出于国外的生产或消费需求；而一国最终消费所表现的碳排放减少，很可能正是由于该国成功地将"碳排放"的责任转移给了他国。存在系统性偏差的是，前者往往是发展中国家，特别是全球生产链中低端的国家，所谓新兴国家大多属于此类；而后者则往往是全球链高端的国家，发达国家大多属于此类。

《京都议定书》执行后，发达国家碳排放向国外转移，是上一轮全球化所隐含的重要内容，其排名的升降变化也往往是发达国家与新兴国家之间标志性的区别。

例如，就碳排放总量的大国顺序看，印度在 2000 年至 2019 年从第 5 位升至第 3 位，印度尼西亚从第 18 位升至第 8 位，伊朗从第 13 位升至第 7 位，沙特阿拉伯在 2006 年到 2009 年从第 18 位升至第 12 位，南非在 2000 年到 2010 年从第 17 位升至第 13 位，土耳其在 2010 年之前长期稳定在第

20 位，之后上升到第 15 位。与此相反，意大利 2005 年以后从第 10 位下降到第 19 位，英国从第 8 位下降到第 17 位。总之，发达国家的碳排放排名是下降的，而发展中国家，特别是所谓"新兴国家"，碳排放排名则是上升的。这个变化方向上的差异从一个侧面揭示了新兴国家 GDP 快速增长隐含了环境恶化的代价，即在引进外资时被迫接受发达国家转嫁的碳排放责任。

如果我们分析两类国家碳排放总量在数量变化上的差异，也能发现这种规律性现象。一般来说，发达国家碳排放总量下降的年份比较多，而新兴国家碳排放总量下降的年份比较少，碳排放增量减少的年份也比较少。这表明，新兴国家代替发达国家，为全球承担了更多粗加工的生产工序，从而更多地排放了碳。

此外，这种变化也提示我们，采用人均碳排放量指标测度国别责任，虽然比单单采用总量指标有所进步，但仍然无法剔除碳排放国家间转移的影响。真要达成切实测度国别责任的目标，还应该考虑做进一步的调整。

4.6.3　整个定量分析所隐含的四个基本设定

对于碳排放国别责任测度所得到的众多数据，我们应该审慎地加工分析和使用，因为它们都基于四个基本设定。如果这些设定存在偏误，数据结果就可能误导我们的国势判断。

第一，假定碳排放国家总量测度无误，整个定量分析都是在此前提下进行的。我们并没有去深究，这种碳排放总量的测度究竟是否符合实际状态，其计算的方法论是否存在隐含的其他假设，各种假设是否接近事实。

第二，整个定量分析都是在国家间彼此进出口"污染"的格局下进行的，如何分析本章 4.1 节所述三个前提条件的影响？需要深入思考。

第三，整个定量分析都做了"最大危害气体"的设定。应该注意到，现有碳排放国别测度基于或隐含着相当重要的假定：其一，二氧化碳是造成温室气体效应危害最大的废气，甲烷等其他废气可以忽略不计；其二，不同废气的作用是独立的，不存在相互效应。

第四，整个定量分析都设定人为作用是温室效应的主要影响因素。然而，这并不是得到证明的科学结论。人为因素与自然因素对温室效应的影响究竟孰大孰小？还在科学的争论过程中，只不过多数人倾向于采取更为审慎的环境保护态度。

2021 年 10 月 5 日，三位科学家（Klaus Hasselmann，Syukuro Manabe，Giorgio Parisi）因其"对理解复杂物理系统的开创性贡献"获得 2021 年度诺贝尔物理学奖。该奖颁布的同时，诺贝尔奖委员会在其官网上提供了一份 15 页的文档，详细梳理了三位学者的相关工作，讨论了他们对于理解复杂系统的开创性贡献，并揭示复杂系统理论和跨尺度通用方法对解决气候变化等全球系统性问题的重要意义。

该综述告诉我们，"Hasselmann 的论文是后来数百项气候变化检测和归因研究的统计学路线图，为 IPCC 在 2013 年得出的结论提供了强有力的科学支持：自 20 世纪中叶以来，人类的影响极有可能是观测到的气候变暖的主要原因"[①]。

请看，该报告的表述是"极有可能"，结论只是可能性较大，尚不具备必然性。请注意综述的表述中的"指标方法论思考的敏感词"："通常假定"、"必须包括"、"必须说明"、"通过 ... 假设来确定"和"结果依赖于"等，这些表述明确标示了"归因"所需的前提条件或假设，表明数据结论是有条件的，这就需要进一步深究：这些前提条件或假设得到满足的程度及其对结论的影响，也就是得出结论的内在机理。

---

① 邱东：《2021 年诺贝尔物理学奖对经济测度的启示》，《中国统计》，2022 年第 1 期，第 67–70 页。

甚至，二氧化碳的责任多大，也值得深究："Knut Ångstrom 争论二氧化碳增加对辐射没有太大影响，因为水蒸气会吸收由于二氧化碳浓度上升而要吸收的红外辐射。"[1]

4.6.4　相关的资源消耗问题

对应地分析资源消耗问题，在全球生产链的不同"链位"上，"名义资源消耗量"与"实际资源消耗量"两个指标也有相当大的区别，前者指一国生产过程中全部消耗的资源数量，而后者指为本国最终使用消耗的资源数量。不同国家的进出口结构不同，使得其在资源消耗和环境污染两个基本方面的实际责任被名义数值所掩盖。2007 年初，笔者和北京师范大学陈梦根教授在《统计研究》发表了《中国不应在资源消耗问题上过于自责——基于"资源消耗层级论"的思考》，对这个问题做了比较系统的分析。

能源利用效率的测度，也与碳排放"国别责任"的测度密切相关。单从数值看，发达国家的能源利用效率比较高，这是他们指责发展中国家的一个重要理由，但对这个指标的数值也需要深入分析。首先，中国等新兴经济体在能源利用效率上提升较快；其次，在同样的人均 GDP 水平上，新兴国家的能源利用效率并不低；尤其重要的是对该指标进行构成分析：能源利用效率是比率指标，除了能源消耗多少这一面，还有产出应该如何测度的另一面。

发达国家所谓能源利用效率高，未必全部基于其先进技术，或许部分出自其产出测度的一个高估陷阱。英国独立学者史密斯先生 2012 年提出"GDP 幻觉"的深刻认识[2]，所谓 GDP 产出，对发达国家而言，究竟是"增加值（value added）"，还是"获取值（value capture）"？史密斯先生用 iPhone、

---

① 邱东：《2021 年诺贝尔物理学奖对经济测度的启示》，《中国统计》，2022 年第 1 期，第 67-70 页。
② 该文在发表当年就被我国台湾学者翻译成中文，可见其对改进经济测度的学术敏感性，确实值得国人仔细斟酌。

衬衫和咖啡三种典型产品，就生产收益在"品牌权益国"和"产品加工国"间的分配状况做了独到且详尽的分析。如果发达国家对产品增值的贡献存在系统性高估，则其能源利用效率也就并没有数据结果所显示的那么多。

参 考 文 献

丁仲礼. 2010. 应基于"未来排放配额"来分配各国碳排放权. 群言，（4）：20-23.

何建坤，刘滨，陈文颖. 2004. 有关全球气候变化问题上的公平性分析. 中国人口·资源与环境，（6）：12-15.

黄敏，蒋琴儿. 2010. 外贸中隐含碳的计算及其变化的因素分解. 上海经济研究，（3）：68-76.

蒋金荷，姚愉芳. 2003. 人文发展潜力与碳排放需求空间的定量分析. 数量经济技术经济研究，（11）：78-83.

李小平，卢现祥. 2010. 国际贸易、污染产业转移和中国工业 CO_2 排放. 经济研究，（1）：15-26.

奈 J. 2011. 权力大未来. 王吉美译. 北京：中信出版社：44.

潘家华. 2002. 人文发展分析的概念构架与经验数据. 中国社会科学，（6）：15-25.

潘家华，朱仙丽. 2006 人文发展的基本需要分析及其在国际气候制度设计中的应用——以中国能源与碳排放需要为例. 中国人口·资源与环境，（6）：23-30.

彭水军，张文城，孙传旺. 2015. 中国生产侧和消费侧碳排放量测算及影响因素研究. 经济研究，50（1）：168-182.

邱东. 2010. 享用烤乳猪的贵族有资格斥责后厨残忍吗？//邱东. 偏，得以见.

桂林：广西师范大学出版社.

邱东. 2018. 可持续发展测度的可持续性.//邱东. 经济测度逻辑挖掘：困难与原则. 北京：科学出版社.

邱东. 2020. 经济测度遭遇"系统外部冲击"的颠覆性风险——气候变化经济学模型应该得经济学诺奖吗. 统计理论与实践，（1）：9-15.

邱东. 2022a. 2021 年诺贝尔物理学奖对经济测度的启示. 中国统计，（1）：67-70.

邱东. 2022b. "丁仲礼之问"以外的追问——碳排放"国别责任"测度的经济统计学理剖析. 经济学家茶座，（91）：99-105.

邱东，陈梦根. 2007. 中国不应该在资源消耗问题上过于自责——基于"资源消耗层级论"的思考. 统计研究，（2）：14-26.

王伟中，陈滨，鲁传一，等. 2002. 《京都议定书》和碳排放权分配问题. 清华大学学报（哲学社会科学版），（6）：81-85.

王文举，向其凤. 2011. 国际贸易中的隐含碳排放核算及责任分配. 中国工业经济，（10）：56-64.

魏本勇，方修琦，王媛，等. 2009. 基于投入产出分析的中国国际贸易碳排放研究. 北京师范大学学报（自然科学版），（4）：413-419.

周新. 2010. 国际贸易中的隐含碳排放核算及贸易调整后的国家温室气体排放. 管理评论，（6）：17-24.

Ackerman F，Ishikawa M，Suga M. 2007. The carbon content of Japan-US trade. Energy Policy，35（9）：4455-4462.

Babiker M H. 2005. Climate change policy，market structure，and carbon leakage. Journal of International Economics，65（2）：421-445.

Babiker M H，Jacoby H D. 1999. Developing country effects of Kyoto-type emissions restrictions. https://dspace.mit.edu/bitstream/handle/1721.1/3593/

MITJPSPGC_Rpt53.pdf?sequence=1&isAllowed=y[2023-03-07].

Babiker M，Maskus M，Rutherford K. 1997. Carbon taxes and the global trading system. University of Colorado Working Paper.

Baer P，Harte J，Haya B，et al. 2000. Equity and greenhouse gas responsibility. Science，289（5488）：2287.

Barrett S. 1992. Acceptable allocations of tradeable carbon emission entitlements in a global warming treaty. Combating Global Warming：Study on A Global System of Tradeable Carbon Emission Entitlements：85-114.

Bastianoni S，Pulselli F M，Tiezzi E. 2004. The problem of assigning responsibility for greenhouse gas emissions. Ecological Economics，49（3）：253-257.

Bohm P，Larsen B. 1994. Fairness in a tradeable-permit treaty for carbon emissions reductions in Europe and the former Soviet Union. Environmental and Resource Economics，4（3）：219-239.

Chakravarty S，Chikkatur A，de Coninck H，et al. 2009. Sharing global CO_2 emission reductions among one billion high emitters. Proceedings of the National Academy of Sciences，106（29）：11884-11888.

Claussen E，McNeilly L. 1998. The complex elements of global fairness. Pew Center on Global Climate Change，Washington DC，October，29：1-36.

Eder P，Narodoslawsky M. 1999. What environmental pressures are a region's industries responsible for? A method of analysis with descriptive indices and input-output models 1. Ecological Economics，29（3）：359-374.

Edmonds J，Wise M，Barns D W. 1995. Carbon coalitions：The cost and effectiveness of energy agreements to alter trajectories of atmospheric carbon dioxide emissions. Energy Policy，23（4）：309-335.

Felder S. Rutherford T F. 1993. Unilateral CO_2 reductions and carbon leakage：The consequences of international trade in oil and basic materials. Journal of

Environmental Economics and Management, 25: 162-176.

Ferng J J. 2003. Allocating the responsibility of CO_2 over-emissions from the perspectives of benefit principle and ecological deficit. Ecological Economics, 46（1）: 121-141.

Gerlagh R, Kuik O. 2007. Carbon leakage with international technology spillovers. Fondazione Eni Enrico Mattei Working Papers: 48.

International Energy Agency. 2006. World Energy Outlook.Paris: IEA.

Kinzig A P, Kammen D M. 1998. National trajectories of carbon emissions: Analysis of proposals to foster the transition to low-carbon economies. Global Environmental Change, 8（3）: 183-208.

Kondo Y, Moriguchi Y, Shimizu H. 1998. CO_2 emissions in Japan: Influences of imports and exports. Applied energy, 59（2/3）: 163-174.

Larsen B, Shah A. 1994. Global tradeable carbon permits, participation incentives, and transfers. Oxford Economic Papers: 841-856.

Lenzen M, Pade L L, Munksgaard J. 2004. CO_2 multipliers in multi-region input-output models. Economic Systems Research, 16（4）: 391-412.

Li H, Zhang P D, He C Y, et al.2007. Evaluating the effects of embodied energy in international trade on ecological footprint in China.Ecological Economics, 62（1）: 136-148.

MacCracken C N,Edmods J A,Kim S H,et al. 1999. The economics of the Kyoto Protocol. The Energy Journal, 20: 25-27.

Manne A S, Richels R G. 1991. Global CO_2 emission reductions-The impacts of rising energy costs. The Energy Journal, 12（1）: 87-108.

Munksgaard J, Pedersen K A. 2001. CO_2 accounts for open economies: Producer or consumer responsibility? Energy policy, 29（4）: 327-334.

Nordhaus W D. 2001. Global warming economics. Science, 294（5545）: 1283.

Nordhaus W D, Boyer J G, Yale U C. 1998. Requiem for Kyoto: An economic analysis of the Kyoto Protocol. Cowles Foundation Discussion Paper.

Oliveira-Martins J, Burniaux J M, Martin J P. 1992. Trade and the effectiveness of unilateral CO_2-abatement policies. OECD Economic Studies, 19: 123-139.

Paltsev S V. 2001. The Kyoto Protocol: Regional and sectoral contributions to the carbon leakage. The Energy Journal, 22（4）: 53-79.

Pan X, Teng F, Wang G. 2014. Sharing emission space at an equitable basis: Allocation scheme based on the equal cumulative emission per capita principle. Applied Energy, 113: 1810-1818.

Peters G P. 2008. From production-based to consumption-based national emission inventories. Ecological Economics, 65（1）: 13-23.

Pezzey J. 1991. Impacts of Greenhouse Gas Control Strategies on the Competitiveness of The U.K. Economy: A Survey and Exploration of The Issues. Bristol: HMSO.

Reinvang R, Peters G. 2008. Norwegian consumption, Chinese pollution: An example of how OECD imports generate CO_2 emissions in developing countries. Norwegian University of Science and Technology, Trondheim, Norway.

Rodrigues J, Domingos T. 2008. Consumer and producer environmental responsibility: Comparing two approaches. Ecological Economics, 66（2/3）: 533-546.

Rodrigues J, Domingos T, Giljum S, et al. 2006. Designing an indicator of environmental responsibility. Ecological Economics, 59（3）: 256-266.

Sagar A D. 2000. Wealth, responsibility, and equity: Exploring an allocation framework for global GHG emissions. Climatic Change, 45（3）: 511-527.

Wackernagel M, Rees W E. 1992. How big is our ecological footprint. Using the Concept of Appropriated Carrying Capacity for Measuring Sustainability, Taskforce on Planning Healthy and Sustainable Communities, University of British Columbia.

Wackernagel M, Rees W E. 1996. Our Ecological Footprint: Reducing Human Impact on the Earth. Gabriola Island: New Society Publishers: 35-37.

Walter I. 1973. The pollution content of American trade. Western Economic Journal, 9（1）: 61-70.

Wiedmann T. 2009. A review of recent multi-region input-output models used for consumption-based emission and resource accounting. Ecological Economics, 69（2）: 211-222.

Wiedmann T, Wood R, Minx J C, et al. 2008. A carbon footprint time series of the UK results from a multi-region input-utput model. Economic Systems Research, 22（1）: 19-42.

Wilting H C, Vringer K. 2007. Environmental accounting from a producer and a consumer principle: An empirical examination covering the world. Ecological Economics, 26（3）: 235-255.

Winters L A. 1992. The trade and welfare effects of greenhouse gas abatement: A survey of empirical estimates//Anderson K, Blackhurst R. The Greening of World Trade Issues. Ann Arbor: University of Michigan Press: 95-114.

Wyckoff A W, Roop J M. 1994. The embodiment of carbon in imports of manufactured products: Implications for international agreements on greenhouse gas emissions. Energy Policy, 22: 187-194.

第 5 章
国际竞争格局演变中的"真实链位"①

5.1 "真实链位论"——国际竞争格局的一个分析框架

本章的剖析并不是对全球化链条的全面总结，提出"真实链位论"，旨在从定位角度集中揭示国际经济交易的内在关系，强调人们往往容易忽略的严酷实质。这里"链"即全球产业链（供应链）、全球价值链（global value chain，GVC）和全球财富链，"位"指地位，将这两个字组合起来，笔者概括得出一个判断国际竞争格局的要素："链位"，即某个国家（或经济体）在全球链条中的地位。

这个概念本身并不复杂，但究竟如何判断一个国家在全球的真实分量？基础性理念的辨析非常重要。深入追究，社会上流传的对国势和国家竞争格局的种种误判，往往是由于缺乏"链位"意识及其分析框架，缺乏经济统计的深入分析。国外流行的各种国家排名，尤其是 GDP 总量排名，往往将国际比较表面化、扁平化，或者存在确权偏误，典型的如 ICP，忽视发达国家产出中的质量因素，高估其价格水平，低估其实际产出，反之低估发展中国家的价格水平，高估其实际产出，隐含着与市场指向相悖的系统偏误。

国际竞争格局是多维的复杂系统，仅仅采用简单的统计指标往往会误导

---

① 本章由笔者与北京师范大学李昕教授合作完成。

认知，需要构建对全球化结构的认知框架，作为深入进行统计分析的理论基础，这样才能对"链位"做出真实判断。笔者认为，从以往全球化过程中国际竞争的历史和现实经验，可以归结如下十条认知，作为"真实链位论"的基本内容。

1) 资本驱动产业跨国发展乃至全球化

西方主导的跨国发展乃至全球化从来都由资本驱动，以跨国获利为初始和长期动机，市场导向不过是资本驱动的体面说辞。以往的全球化总体上是"资本效率取向"①，而非"社会公平取向"。资本驱动的全球化对各国民众福利的作用有限，甚至连资本母国的收益分配问题都没有妥善解决②，更无法指望其解决国家间利益的公平分配。

在国际秩序与全球治理体系的演变过程中，国家作为利益获取和分配的基本单位，这一条并没有实质性变化。在主张或强迫弱国"门户开放"时，西方列强总是宣称，全球化是为了促进发展中国家的经济增长和社会福利，而事实上，全球化往往沦为强国更为便捷和广泛的牟利工具。资本可以跨国界，但资本家是有国籍的。依附于强国，对资本家而言具有极强的正外部性，所以，强国的资本家极力维护本国利益，而弱国的资本家则往往尽可能维护强国利益。现代化只是隐匿了"市场即丛林"的本质，或为其添加了法律程序，残酷竞争和恶意剥夺的现实被遮掩上了华丽外衣③。资本扩张的欲望无限，"美国优先"的口号其实是反人类的，与《独立宣言》的基本精神

---

① 许多经济学教科书往往省略了"资本"二字，只讲效率取向。

② 美国社会如今三大矛盾叠加，不仅没有解决好有色人种的公平待遇问题，就连白人蓝领的出路也成了问题，甚至"芝加哥资本"（传统实业资本）与华尔街资本（现代金融资本）、"硅谷资本"（数字经济资本）之间也矛盾重重。当然，这些不应该成为发展中国家谋求自己发展时关注的首要事务。对当下中国而言，既然需要"六稳"和"六保"，就需要全力以赴落实过关。即使美国衰败，我们的发展短板还是需要通过自己的长期奋斗来弥补。

③ 野蛮人吃烤野猪，平民有幸则吃养育猪肉，西方贵族则吃烤乳猪，吃猪肉这个行为没变，但贵族吃得斯文，还可以责怪下人的种种不端。

截然相悖，"人人生而平等"，是否可以包括外国人？我们是否可以针对性地提出 foreigner lives matter？如果应该包括，那么诸多外国又排位在哪里呢？这个口号充分体现并揭示了美国为自身利益主导全球化的本意。

当年"黑船"不远千里奔波到日本，强行打开日本国门，如果将之认定为谋求日本人民的福祉，那不成了"日本优先"吗？"美国第一"还怎么办？如果说"黑船"事件客观上加速了日本的现代化，那剧变过程中的格外牺牲就是所谓"必要之恶"？如果日本社会自由地进行现代化演变，就一定不如美国的人道主义干涉？人是社会人，难以孤独生存。弱国也应该并且需要国际合作，但不能因此就忘记了国际经济交易内在的不平等。强国"屈尊"与弱国合作，其国家利益一定强大地存在于其中。

2）全球化以"阶梯式分工"为主而形成国家间的不同"链位"

不同国家在全球化中分工不同，角色不同，"链位"不同。全球链条可以分成"高链位区"和"低链位区"。

生产不是平的，生产的分工也不可能是平的。所谓生产的"水平分工"仅仅是一个漂亮的理论概念，或是人类文明发展的一个美好理想。分解而论，"水平分工"或许仅仅存在于全球生产链的初始端，因为"低链位区"中，各"链位"间的发展水平差距还不算大。但从整个生产链看，世界从来不公平，而且未必随着发展而更接近公平。

总体看，"阶梯式分工"才是对全球链条比较准确的描述。技术的进步使得要素不再蕴含在产品中进行流动，资本全球流动的同时，连带资本对劳动的需求也随之流动，传统的低端就业岗位逐步从发达国家流入发展中国家，在促进发展中国家就业的同时也为发达国家资本创造了不菲的财富。在这个过程中，长期和主要受益者是发达国家的资本家，短期或略微受益的是发展中国家的劳动者，而受损的是发达国家的蓝领劳动者。

然而，由于缺乏社会福利体系改革与再分配政策[①]，美国底层民众的生活每况愈下，社会矛盾不断累积，从而成为"反全球化"的中坚力量，这股力量随着美国底层民众公民意识不断加强被部分民粹政客挑唆利用，成为选举体制中制胜的有力武器。正如特朗普 2017 年 1 月 21 日宣誓就职后，1 月 24 日签署的第一份总统令即宣布美国退出跨太平洋伙伴关系协定（Trans-Pacific Partnership Agreement，TPP）与重谈北美自贸协定可见一斑。不同国家客观上处于全球链条的不同阶层，即不同的"链位"。

需要注意的是，产业链的阶梯先缓后陡，"高链位区"的"链位差"远大于"低链位区"的链位差。这意味着，越到"高链位区"，"链位移易"就越为困难。在"高链位区"，国家间"垂直分工"倒更接近实际关系状态。切实意识到"链位"分布的这个特点，对"赶超国"的定位和发展战略制定尤其重要。

以中美链位关系为例。美国长期对中国采取技术遏制战略符合理性经济人假设，可从动态赫克歇尔-俄林模型（Heckscher-Ohlin model）及希克斯（Hicks）技术进步对一国福利影响的理论进行阐释。一方面，在动态赫克歇尔-俄林模型中，要素价格均等与自由贸易会使得中国和美国由于要素禀赋差异导致国际分工固化。中国若想打破生产并出口劳动力密集型产品这一固化分工状态，突破二流国家陷阱，就需要不断发展高科技行业，实现产业升级。而这一过程必然损害美国竞争优势，触及美国国家利益。

另一方面，美国指责中国知识产权与强制技术转让，以及市场准入等问题都与两国技术竞争相关。技术竞争的福利效应可用希克斯定理解释。基于希克斯定理，一国的技术进步并不总是对所有国家所有群体有益。一国具有丰裕要素且具备比较优势的行业，其技术进步会使得双方通过贸易实现整体

①　可参考伯尼·桑德斯所著《我们的革命》（钟舒婷、周紫君译，南京：江苏凤凰文艺出版社，2018）一书。

福利的帕累托改进，而一国具有稀缺要素且具有比较劣势的行业，其技术进步则会使对方国家受损。中美贸易中，中国在低技术密集制造业具有比较优势，而美国在高科技密集的行业具有比较优势。因此，中国高科技行业的发展有损美国利益，美国必然针对中国获取技术的行为进行指责，并最大限度地遏制中国本土创新，以保持对中国高科技行业巨大的比较优势。

3）不同国家可按"链位"高低分类

按照"链位"这个标志，加入全球链条的各国①基本上可以分为两大类："高链位国家"与"低链位国家"。对"链位"高低的判断需要注意以下几个问题。

第一，一个国家在全球的"产业份额"仅仅是判断"链位"的基础性指标之一，并非产业份额越大就"链位"越高，二者并不存在必然联系。

第二，倘若要测度真实的产业份额，就需要构建坚实的、长期的经济统计数据基础，即需要详尽的产品和部门分类时间序列数据，需要对真实投入产出关系的详细分解。

第三，产业份额与国际贸易差额大小密切相关，如果贸易差额的数值上存在争议，则映照说明产业份额的测度上也会存在较大的出入。

第四，特别需要注意的是，全球产业链（供应链）、价值链和财富链之间实质上存在相当大的差别，相对而言，产业链（供应链）往往表现为外部关系，较为表象；而财富链更为本质、也更为隐匿。产业份额与"财富份额"相去甚远，而财富份额才更能体现各国间经济往来的内在关系及其结果。然而，由于经济测度中的"财富隐匿偏误（stealth wealth bias）"②，国际经济

---

① 对资本而言，至今尚未加入全球供应链的国家小到可以忽略不计，对应的可以有："太小而不需计较（too small to be measured）"。笔者 2009 年曾写过一篇随笔《为什么不开 S20？》，经济规模在发展的起始阶段非常重要，但随着发展层次的提升，其重要性在某种意义上反而会降低。

② 荷兰阿姆斯特丹大学缪格教授提出的国际经济统计的基本概念，参见 Mügge D. International economic statistics: Biased arbiters in global affairs?. Fudan Journal of the Humanities and Social Sciences, 2020, 13（1）: 93–112.

统计的现有水平还不足以给出可靠的测度数据，基于以上四点分析，产业份额指标对国际经济关系的描述还相当肤浅，或者初步。

4）各国产业份额的动态取决于国家的"链位"高低

一国在全球的产业份额是一个动态概念。产业份额的大小及其变化往往取决于"链位"的高低，"高链位国家"处于垄断性优势地位，一个主要表现就是其操控产业份额的自由度更大。产业上游掌控着产品的设计、核心件和市场，如果悍然动用断供措施，对产业下游来说不只是失去核心件的产值份额，而是整个产品链的产值归零，即形成"断链效应"。

对比来看，上游如果失去下游提供的非核心零部件，当然也会有所损失。但上游寻求下游的代工者相对容易多了，愿意竞争提供零部件机会的国家较多，对上游而言通常不会产生链条的"有无"问题，顶多是成本稍微增加，而且寻求替代的时间窗口期也比较短。如果资本母国政府干涉，强行要求切断某些产品的供应链，资本家面临不确定的成本效益比较，为避险而放弃部分利润，只是原有高额利润的缩减，完全是可以接受的一种博弈选项。

对"低链位国家"而言，则需要格外关注"断链风险"，不能因为国际经济参与度高了，就迷信于所谓"身大力不亏"。2008 年后流行一个说法，"太大而不能倒（too big to fail）"，那是因为跨国巨头处于美国社会的高链位，绑架了美国整个社会，具有垄断性即刚性，这样政府才不敢让它倒，以免殃及国民全体。但对"低链位国家"而言，产业份额的这个"大"却可以倒，因为竞争性即弹性比较大，"倒"的波及影响对"高链位国家"未必那么大。可见，产业份额具备较强的可变性，未必足以为凭，而决定其变动走向不可忽略的权重因素就是"链位"高低。

5）"高链位国家"在全球价值链中具有高权重

对不同"链位"的国家而言，同样的全球份额其实际蕴含不同，即同样"1%的全球份额"，其权重不同。"高链位国家"的全球份额，其作用力及其扩散效应比较大，而"低链位国家"的全球份额，其作用力比较小，扩散效应即使存在，也微乎其微。

东方文化对深入理解"链位"理念具有一定优势，中文"势力"二字对此种内在关系可以有更准确的描述：有"力"还需有"势"，能够借力打力就是一种"势"，且"势"多在"力"之先。进而可以区分四种情形：有势有力，操控自由；有势而力小，尚可预期；力大而势小，力或不可持续，或可凭力而构势；无力无势，自由度最低，往往被动。

需要注意的是，"高链位国家"的高权重既可以是显性的，也可能是隐性的。忽略强国以软实力为支撑的隐性权重，误以为其权重明显降低，对试图提升自身链位的"低链位国家"而言，风险过大。[①]

6）"高链位国家"可享用"链位红利"

"高链位国家"在全球链条中的份额及其权重的差别，集中表现为一种软实力，或巧实力。"高链位国家"往往引领全球链条的走向，其国家利益的谋取和维护可以搭便车，往往可以假借全球共同发展之名，顺势而为，不必专门谋求，这种正外部性的确可以称之为"链位红利"[②]。"链位红利"正是大国竞争的诱因，可以作为解读世界大国兴衰史的一条线索。

7）不同"链位"的国家呈偏态分布

全球链条中客观上是"高链位国家"比较少，而"低链位国家"比较多，这种偏态分布的博弈格局也决定了全球链条中高端的相对垄断地位。国际竞争中，不平等是绝对的、内在的；平等只是相对的、表面化的。

"高链位国家"对"低链位国家"或后来者往往有"链位固化设定"，或"垫脚角色设定"。"韩国垃圾事件"即为此种典型案例，本来是韩国一时"甩

---

① 约瑟夫·奈曾专门撰书反驳对美国衰败的误判。老虎可能生病，但沦为病猫的概率非常小。老虎不发作可能是体力不支，但也存在其他可能，若误判为病猫，对试图靠近的生物危险更大。

② 红利的概念被用得过泛，有的名不副实。

锅"不成，垃圾堆积环境恶化，而欧美却纷纷指责中国，停止接受垃圾是失责云云，典型地反映了他们自视为优等文明者，其内心的这种文明等级定位。

8）"高链位国家"操控下，"低链位国家"之间竞争更为激烈

"高链位国家"可以，而且实际上也总是，利用"低链位国家"之间的多方位竞争，从而获得并维系其有利地位。并且，这种本质上的恶意竞争往往假以市场自由之名，并被安排有合乎法理的程序，以所谓"程序正义"保护"实质性非正义"。产业全球布局是一种卖方市场，供求关系决定了穷国更在意为富国打苦工的机会。而"低链位国家"在被动格局中往往面临着"不选之选"，而被迫和被动行为却又往往被程序认作所谓"显示性偏好"，并可以被当作日后强国实施制裁的依据。此外，穷国穷人的民主诉求也可以作为操控"低链位国家"的工具，这是堂而皇之的道义借口，但绝非"高链位国家"打压竞争对手的真实动机。

9）全球化演变既有"显线索"，也有"潜线索"

全球化浪潮势不可挡，卷入了大多数国家，纷纷以之为国家现代化发展的正途。其中"显线索"是国际分工提高生产率，合作共赢；而"潜线索"则是"高链位国家"对"低链位国家"的盘剥，本章即试图将此潜线索显化。

这种盘剥不仅隐蔽，而且往往讲究所谓程序正义，以所谓自由市场竞争的方式出现，似乎所有参与国家都具备产业提升的机会。但现实过程却是：全球链条中的"层级固化力量"远远大于"层级迁跃力量"，客观上是多数"低链位国家"竞争条件相当艰苦，只有极少数国家有幸真正实现迁跃，并可作为该体制安排"政治正确"的证明。所谓"中等收入陷阱"或价值链"低端锁定"的概念或相关表述，部分地反映了多数国家谋求发展时痛苦挣扎的国际关系现实。

10）"链位移易"属于零和博弈

客观上"链位"竞争包含零和博弈的成分，而"链位移易"就是零和博

弈。由于"测度基准"应该是"相对收益"而非"收入"，就不可能存在所谓"帕累托最优"。笔者据此认定，帕累托最优只是一个理论概念，而非一种现实状态。任何社会现实的"改进"都只能是"卡尔多改进"，都会改变经济主体之间的相对关系："此起"未必直接导致"彼伏"，但"此起"至少间接意味着"彼伏"。在全球链条中，"链位守成国"与"链位提升国"在"链位易移"上势不两立，因此，"链位"相近国家之间的竞争尤为激烈。

"链位"竞争乃至"链位移易"的矛盾总在，或隐或显而已，所谓居安思危之说其实不能成立，市场丛林之中，何安之有？所谓"安"，只是身处"矛盾相对低潮期"。经济社会周期性变化，弱国本应该为"矛盾爆发期"的"危"做好准备，未雨绸缪，决不应该忘乎所以、掉以轻心。对"链位竞争"的战略预期如何，也反映了全球化参与国在发展过程中的成熟程度。

5.2　技术进步、"阶梯式"分工与全球价值链发展

5.2.1　技术进步与分工的发展

OECD 在 1988 年发布的 *Science and Technology Policy Outlook* 中将"科技进步"视为一个包括三个相互重叠又相互影响的要素的综合过程。这三个要素分别是发明、创新以及传播。其中，发明是有关新的技术设想，其主要源自科学研究。创新是发明的首次商业化应用，而传播，或称扩散则为新技术的广泛应用。因此，技术进步一方面体现了新技术的出现与应用，另一方面也反映出对原有技术的完善和发展。

技术进步对国际贸易的重要影响还体现在，技术进步已经成为一种比较优势，是现代贸易产生的主要原因。在现代国际贸易及其贸易模式的发展与变革过程中发挥了巨大的作用。以李嘉图模型（Ricardian model）以及赫克

歇尔-俄林为代表的传统贸易理论,基于市场完全竞争和规模报酬不变两大假定,虽然也分析技术进步对贸易模式改变以及贸易利益的影响,但这种分析基本上将技术进步的影响视为外生因素,无法清晰地阐释技术进步对贸易影响的全面(Jones, 1970)。

可见,传统贸易理论无法合理解释技术进步引发的新贸易现象,包括资源禀赋和技术水平相互决定的国家间贸易、产业内贸易与产品内贸易等。因此,需要新的国际贸易理论为这些新的贸易现象提供理论依据。

二战前早期的国际分工模式主要表现为发达国家与发展中国家之间的产业间的分工,包括工业品生产国与初级产品生产国之间的分工,以及高端工业品生产国和一般工业品生产国之间的分工。其中,要素禀赋差异决定的产业间贸易是早期国际分工发展的现实基础。二战后,发达国家之间的产业内分工逐渐成为国际分工的主要形式。即,发达国家在具有相似技术水平的产业内部进行分工合作,专业化于同一产业中某类或某几类产品的生产,并通过产业内贸易交换各自所需的多样化商品。在此过程中,技术水平、要素禀赋差异及地理位置是决定发达国家产业内贸易发展的因素。其中,技术水平已经取代早前的地理因素及要素禀赋差异成为产业内贸易的关键。

美国经济学家格鲁贝尔(H.G.Grubel)、克鲁格曼(P.Krugman)等学者在 20 世纪 70 年代研究共同市场成员国间贸易量的增长时,发现产业内产品贸易在发达国家间的贸易中居于支配地位,从而开始对产业内产品贸易进行研究,提出新贸易理论。与传统贸易理论不同,新贸易理论基于规模经济和不完全竞争的基本假定,尝试将技术内生化,即将技术作为内生变量引入贸易模型,研究技术进步的成因,并致力于揭示技术进步对贸易,特别是产业内分工及其推动的国际贸易新形式的发展。将技术内生化,这是新贸易理论区别于传统贸易理论的最大特征之一。

新贸易理论采用不完全竞争、规模报酬递增、产品差异化等概念来解释发达国家之间贸易量快速增长的原因及其特点。产业内贸易理论认为，如果某种产品的生产具有规模报酬递增的特点，并且这种产品属于差异产品，那么即使两国的资源要素禀赋、技术水平、偏好等均无差异，各国按照规模经济的原理，集中资源生产差异化产品，将会降低成本和价格，并通过对外贸易获得国际贸易利润。其中，同类产品的异质性是产业内贸易的重要基础，规模经济收益递增是产业内贸易的重要成因，经济发展水平是产业内贸易的重要制约因素。

20 世纪 80 年代以来，在信息革命的推动下，全球化发展呈现新特征——生产活动从早前在一个国家内部不同行业间和不同产品间进行分配，发展到特定产品的生产活动在不同国家不同行业间和不同产品间进行分配。即，出现了产品内分工这一新的分工模式，以及由此形成的特定产品的全球生产网络（global production network，GPN）。在此过程中，技术进步、国际资本流动、要素禀赋差异等因素共同影响全球生产网络的发展。产品内分工[①]代表的新型国际分工生产方式，是当代经济全球化与全球生产网络发展并进一步推动全球经济增长的关键解释变量，构成新-新贸易理论的基础。

5.2.2　产品内分工、全球生产网络与全球价值链

产品内分工所形成的全球生产网络将生产的投入产出关系展开为供应链结构，将生产的价值创造活动转化为价值链流程，从而出现了全球生产链，以及附加在不同区位生产链上由不同工序创造的新增价值，即全球价值链。因此，以产品内分工为视角的全球价值链发展越来越成为 21 世纪以来，全球

---

① 在产品内分工视角下，全球生产网络可进一步划分为仅针对产品"生产过程"不同生产环节加工工序的狭义的分工，以及"从原材料到消费者"，包括产品设计、品牌管理、产品制造、流通等环节的大"生产"概念下的广义的分工。本章所讨论的全球生产网络主要针对前者，即狭义的全球生产网络，其具体定义为产品生产过程不同工序或区段通过分散化展开成跨区或跨国的生产链或生产体系，因而有越来越多国家参与特定产品生产过程的不同环节或区段的生产或供应活动。

化发展的重要研究方向。从产品内分工发展角度看，全球生产网络的形成与演变大致经历了以下三个阶段。

第一阶段，二战后最初十多年间，产品内分工初现雏形，但全球生产网络尚未形成。在此期间，国际经济环境呈现以下几方面特点：一是美国经济快速增长，美国企业在主要经济部门占据绝对支配地位，前沿性竞争主要在美国企业之间发生。外国企业不足以对美国企业构成实质性竞争挑战。二是部分借助美国资金和技术支持，西欧和日本经济高速增长，并在某些领域逐步缩小了与美国的差距。三是发展中国家较多实行进口替代战略政策，试图通过建立相对独立和封闭的经济体系来谋求发展。在这一环境下，经济增长虽然伴随着不同行业、产品、工序的空间布局在各国内部的调整演变，但尚未发生大范围国际性产品分工现象。

第二阶段，进入 20 世纪 60 年代后至 20 世纪 80 年代前，特定产品全球生产网络逐渐形成。在此时期，国际经济环境格局发生了两方面重要变化，一是美国随着经济增长和收入提高，加上电子等新兴部门长足发展，其劳动密集型部门、产品或生产区段缺乏市场竞争力的压力愈加明显。外国特别是日本、德国企业竞争力迅速提升。要素成本上升及竞争因素等内外夹击，迫使美国企业通过国际范围的结构调整加以应对。二是发展中国家广泛实行的进口替代政策，或是由于国内市场国民待遇限制而难以为继，或是由于扭曲干预措施带来企业低效运行及寻租行为等新问题，因此，早期封闭取向的旧发展模式可持续性受到反思与质疑，通过不断扩大开放与加深和国际市场联系来谋求发展的新思路和新探索不断受到重视。世界经济两大板块新变化因素相互作用，构成产品内分工现象大范围产生的基本国际背景。

同时，60 年代的发达国家，特别是美国实行鼓励外向加工政策，具体如"生产分享项目（production sharing scheme）"。美国 1963 年实行的"生产分享项目"旨在鼓励美国企业将劳动力密集型工序活动转移到国外进行。若厂商全部或部分利用美国出口中间产品，到国外进行产品组装或最终工序生产，该类产品在加工返回美国市场时，所包含的美国原产部件和中间品能获得税收减免。产品征税对象仅限于国外加工增值部分，美国税表为此还设立专门税号807/9802（卢锋，2004）。发达国家和若干发展中国家采取与积极政策相呼应的行动，提供了启动产品内分工历史进程的现实契机。

这一时期产品内分工发展主要发生在技术和经济属性存在很大反差的不同行业，尤其在服装、汽车、电子等不同部门有着丰富的表现。与近代早期就出现的原料和职业之间国际分工形态相比较，当代产品内分工具有两个显著的特征：一是细致性或深化性特点，将国际分工活动推进到特定产品；二是扩展性或外推性特点，将国际分工推广到生产供应链各个环节和侧面的经济活动，更为广泛和扩展。产品内分工将不同工序的经济活动拆分到不同国家进行，同时使得特定产品生产空间离散的经济活动具有内在联系，构成具有整合性功能的结构和系统。

第三阶段，20世纪80年代至全球金融危机前，产品内分工的发展推动了中间品贸易的繁荣与全球生产网络的发展，国际贸易成为推动金融危机前全球经济增长的主要动力。产品内分工作为一种新型分工形态和生产方式，与全球化存在互动作用，构成理解当代经济全球化诸多特征性现象的重要视角。

产品内分工之所以能够对经济全球化产生重大推动作用，根本在于它将国际分工基本对象层面从不同行业产品推进到不同工序区段，从而极大地拓展了国际分工交换的空间，扩大了通过互利合作途径谋求各国发展的潜力。产品内分工生产方式，意味着特定产品生产过程的零部件和中间产品在不同国家之间多次流通，构成过去几十年贸易增长速度显著高于GDP增长的重要原因。

现今，产品内国际分工模式将国与国之间基于比较优势的分工从产业间与产业内部，逐渐深入到产品内部的工序与区段，由此所形成的区域乃至全球生产网络进一步强化了世界各国的经济联系，对分工参与国乃至全球经济的发展产生了深远的影响。一方面，当代生产分工深入到区段工序层面，极大地拓展了国际分工的范围、潜力和深度，开辟了生产率提升和经济增长的新源泉。采用产品内分工方式组织生产，特定产品生产过程的零部件和中间产品在不同国家之间多次流通进而形成的全球生产网络，构成金融危机前贸易增长速度显著高于 GDP 增长的重要原因。另一方面，全球生产网络下，新的分工环境为发展中国家通过参与简单分工区段，在符合比较优势原理基础上融入全球经济系统提供了新的切入点，也为发展中国家实现全球价值链攀升提供了某种可能性。

5.2.3 产品内分工并未改变"阶梯式分工"格局

然而，产品内分工这一新型模式并未根本改变"阶梯式分工"格局，低收入发展中国家依然通过承接高收入国家"落后"产业而处于低链位区域，没有真正实现国际分工体系中的链位攀升。

1）亚洲区域价值链在逆全球化趋势下稳步发展

伴随 2008 年金融危机爆发与全球经济长期复苏乏力，全球化出现波折，保护主义、内顾倾向抬头，多边贸易体制受到冲击，"逆全球化"的思潮上升。大量文献研究显示，全球化正逐步被区域化取代。亚洲、欧洲与北美三大区域是全球经济增长的主要引擎，也是当前生产网络与价值链贸易的主要区域。

然而，相对于北美和欧盟区域价值链联系在 2017 年相对于 2000 年出现不同程度的下降，亚洲区域价值链在 2008 年依然呈现稳步增长态势。图 5.1～图 5.3 分别报告了亚洲区域、欧盟区域和北美区域内部及各区域与其他区域简单及复杂后向价值链联系的程度。其中，简单价值链联系指跨越国境一次的生产共享活动所产生的新增价值占总价值链贸易的比重，复杂价值链联系指多次（至少二次）跨越国境的生产共享活动，其产生的新增价值占总价值链贸易的比重，嵌入复杂的生产链中比简单的生产链更能促进区域成员国之间的贸易往来。

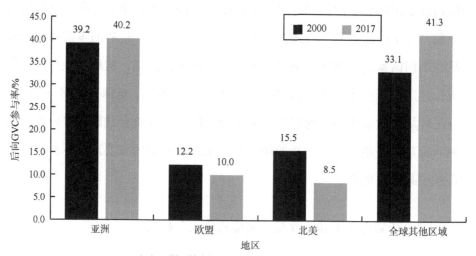

（a）亚洲区域内部及其与其他区域简单后向GVC联系

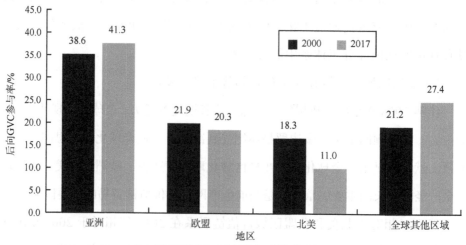

（b）亚洲区域内部及其与其他区域复杂后向GVC联系

图 5.1 亚洲区域内部及其与欧盟、北美及全球其他区域后向 GVC 联系程度

资料来源：UIBE-GVC index，GVC Development Report 2019

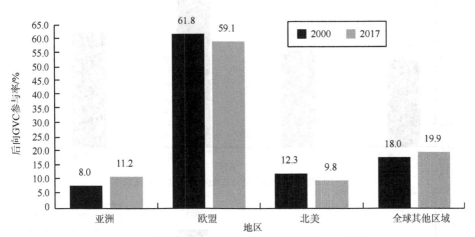

（a）欧盟区域内部及其与其他区域简单后向GVC联系

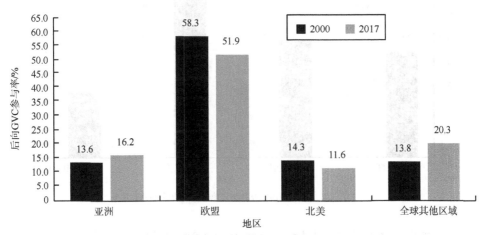

（b）欧盟区域内部及其与其他区域复杂后向GVC联系

图 5.2　欧盟区域内部及其与亚洲、北美及全球其他区域后向 GVC 联系程度

资料来源：UIBE-GVC index，GVC Development Report 2019

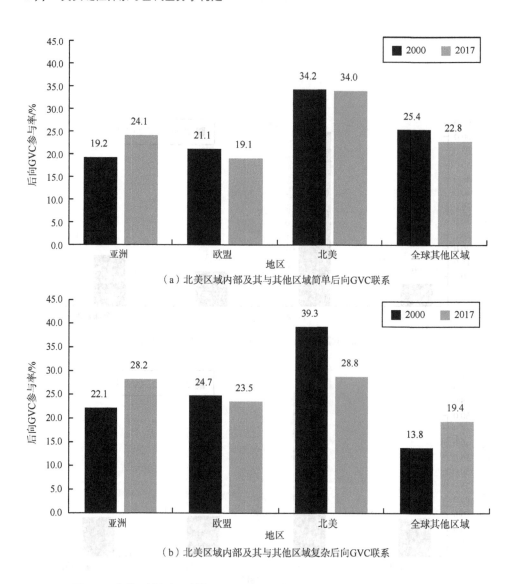

图 5.3　北美区域内部及其与亚洲、欧盟及全球其他区域后向 GVC 联系程度

资料来源: UIBE-GVC index, GVC Development Report 2019

图 5.1 显示, 亚洲区域内部简单后向 GVC 联系从 2000 年的 39.2% 上涨至 2017 年的 40.2%, 亚洲各国与欧盟在简单后向 GVC 联系从 12.2% 降至 2017 年 10.0%, 亚洲各国与北美的简单后向 GVC 联系从 15.5% 显著下降至

8.5%,亚洲各国与全球其他区域的简单后向 GVC 联系上升约 8.2 个百分点至 41.3%。亚洲区域内部与亚洲与其他区域复杂后向 GVC 联系的变化趋势与简单价值链联系呈现一致的相关关系,即 21 世纪以来,特别是 2008 年全球金融危机之后,亚洲的区域内联系不断加强,但其与美欧的生产共享联系在不断趋弱。

与亚洲不同,欧盟区域无论是简单后向 GVC 联系还是复杂后向 GVC 联系均显著高于亚洲和北美,欧盟区域内后向 GVC 贸易占欧洲总 GVC 贸易的比重在 50%以上。然而,近年来欧盟区域内后向 GVC 贸易份额有所下降,下降的部分主要转移至亚洲和全球其他区域。

与欧洲相似,北美区域内复杂后向 GVC 贸易份额近年来有所下降,北美区域与亚洲区域和全球其他区域的复杂后向 GVC 联系不断加强。与复杂后向 GVC 价值链贸易不同,北美区域与亚洲、欧洲、全球其他区域简单后向 GVC 价值链贸易的变化较为均衡。

2)亚洲区域价值链依然呈现"阶梯式"发展模式

具体分析各区域间各经济体之间的联系。以亚洲区域为例,类似于 20 世纪 90 年代亚洲四小龙对中国[①]的劳动力密集型产业转移模式 —— 中国从韩国等地进口原材料,并向美国、欧盟出口最终消费品[图 5.4(a)]。柬埔寨、越南、菲律宾、印度尼西亚、马来西亚、缅甸、泰国等主要东南亚发展中国家,自 21 世纪以来,也不同程度地呈现出从中国进口中间投入品,同时向美国、欧盟出口最终消费品的相似加工生产模式[图 5.4(b)~图 5.4(h)]。

一方面,中国仍继续发展从日、韩进口重要元零件,生产组装并向美欧出口最终消费品的"两极互补"模式(图 5.5);另一方面,中国已开始发展主要东南亚国家供应配套零部件,并经由这些国家组装加工后向美欧出口

---

① 数据中未统计中国台湾省和中国香港地区。

低端最终消费品的"承上启下"模式（图 5.6）。

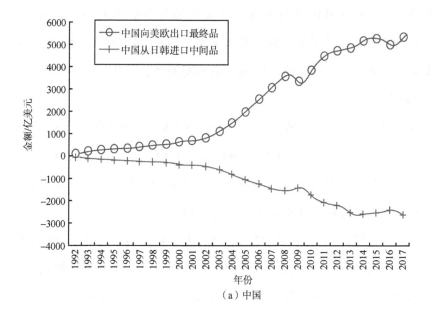

（a）中国

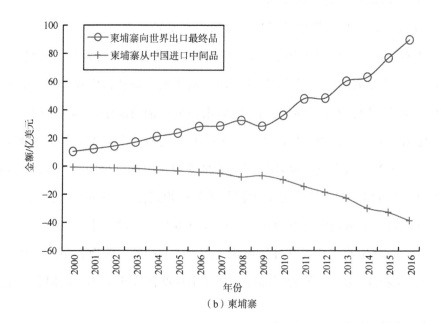

（b）柬埔寨

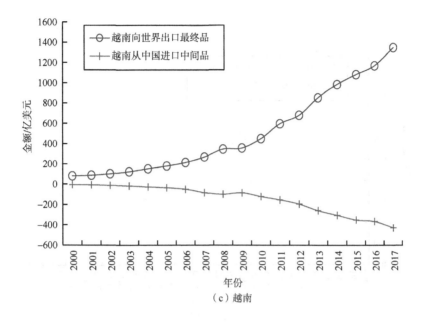

（c）越南

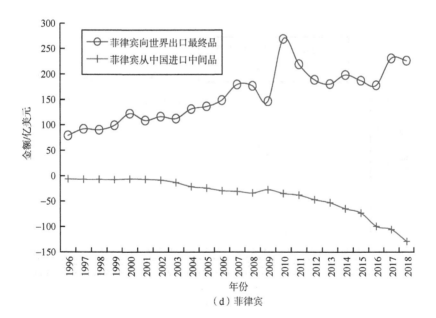

（d）菲律宾

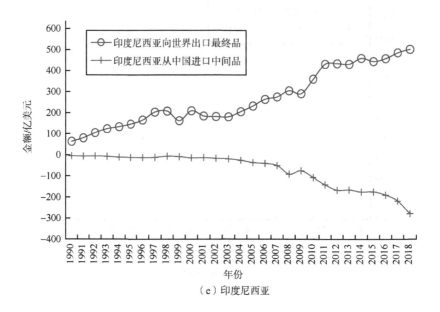

（e）印度尼西亚

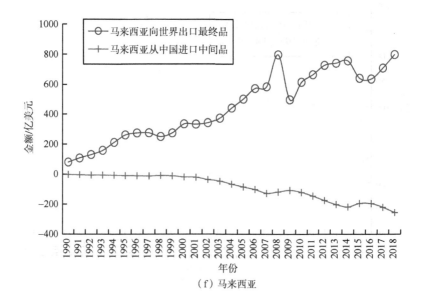

（f）马来西亚

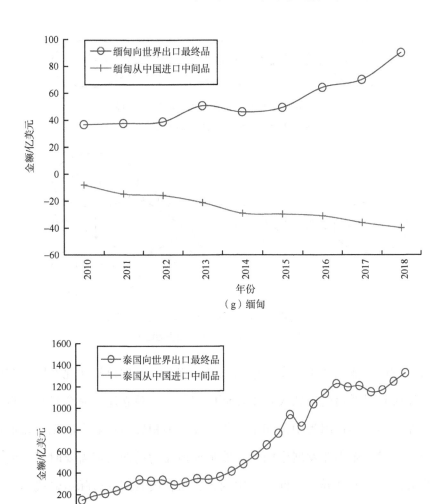

图 5.4　各主要亚洲发展中国家与中国及世界的产业链联系

资料来源：ISIC Rev.3.1 国际标准行业分类，Bilateral Trade in Goods by Industry and End-use
（BTDIxE），OECD，2019ed

图 5.5　中国*在亚太生产链中的"两极互补"模式

*数据未统计中国台湾省和中国香港地区

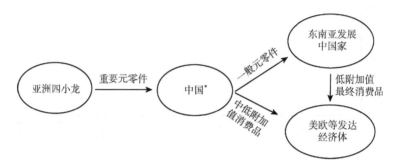

图 5.6　中国*在亚太生产链中的"承上启下"模式

*数据未统计中国台湾省和中国香港地区

　　另一方面，亚太各主要发展中国家经济规模、基础设施状况及国内制度建设等发展相对滞后的现状决定了任何国家都无法独立地、完全吸收来自中国的产业转移。不仅因为中国四十余年产业发展积聚的行业产能无法短期快速缩减。同时，东南亚发展中国家产能形成所需的前期投资需要时间沉淀。还因为大国地区发展异质条件下，中国各省份在吸收部分边际运输成本较低的行业方面具有天然的劳动力优势与制度环境优势。因此，中国产业面临"向内转"与"向外转"的相机抉择，短期或不会出现亚洲四小龙当年的"产业空洞化"现象。另一方面，亚太各主要发展中国家不同的发展阶段及历史、自然条件等因素形成的比较优势决定了不同国家在承接中国不同产业转移方面具有优先顺序。

　　具体数据显示，越南、柬埔寨等发展相对落后的东南亚发展中国家主要以承接中国纺织业（ISIC rev.3.1"17-19"）等低附加值的劳动力密集型产业为主。"Made in Vietnam""Made in Cambodia"近年来充斥在北美早前"Made in China"的成衣市场；印度、泰国、马来西亚因其 IT 产业及 20 世纪 90 年代末亚洲金融危机前的工业化积累而主要承接中国各类设备制造业（ISIC rev. 3.1 "30-35"）。与纺织业多以来料加工及进料加工等简单生产工序制作不同，包括电子设备在内的各类制造业生产链上不同工序分割更加精细，中间投入品需求也较纺织业更多。

中国作为"世界工厂"的影响在纺织品和服装中最为明显。如今，中国纺织品产量占全球产量的 53%。该行业对中国制造业来说也更为重要。纺织品和服装产量的约 32% 用于满足出口需求，其出口额占中国出口总额的 14%。中国在该领域的成功部分反映了其规模和相对较低的劳动力成本，使其能够以低于其他市场的成本生产商品。中国在这一领域的产量在过去 30 多年中蓬勃发展，而发达经济体的就业率则急剧下降。根据麦肯锡 2019 年研究发现，1998～2014 年，美国纺织品制造业就业人数每年下降 7.6%，服装制造业就业人数每年下降 11.2%。然而，这些分部门的进口对就业的影响是不均衡的。虽然美国纺织品进口仅占纺织品制造业年度就业率下降 7.6% 的 0.4%，但美国服装业进口却占服装制造业年度下降 11.2% 的总量的 10.8%。

以上数据表明，中国在整个服装供应链中的作用正在发生变化。随着收入的不断增加，中国服装的比较优势正在逐渐丧失到其他新兴经济体。例如，生产能力和就业已经转移到孟加拉国、巴基斯坦和越南。2013 年，中国服装出口占世界其他地区产量的 60%，但这一比例在 2017 年左右已降至 50% 左右。美国时装业协会（United States Fashion Industry Association，USFIA）的一项调查发现，在 2018 年，中国通常占服装公司总采购价值的 11% 至 30%，而 2016～2017 年则为 30%～50%。同时，中国也一直在扮演上游角色，为新兴经济体提供纺织品：中国占巴基斯坦纺织品进口的 71%、越南的 50% 和孟加拉国的 47%。

从以上分析亚太主要发展中国家与中国、美国在不同制造行业的生产链联系：中、美是亚太生产链，乃至全球生产链中最重要的两个系统性国家。中国既作为一般元零件供应国，为印度、马来西亚、越南等发展中国家低附加值制成品生产提供必需的中间投入品，又作为韩国等发达工业化经济体重要元零件的进口需求国，组装加工生产中等附加值的机械、专用和通用设备制成品，并最终出口到美国、欧洲等发达国家和地区。美国等发达经济体，不仅是中国重要元零件中间投入品的供应国，也是中国、越南、马来西亚等中、低附加值制成品的最终消费国。亚太无论是发展中国家还是发达国家的区域乃至全球生产链参与模式均围绕中、美两国展开。各国根据自身的比较优势与发展水平调整各自在区域乃至全球价值链中的具体生产区段与环节。虽然当前的分工格局因中国产业结构与规模的特殊性而呈现与以往日本、亚洲四小龙不一样的转移模式，且以中国为核心的区域生产网络的发展使得缅甸、柬埔寨等低收入国家有机会根据自身资源禀赋优势参与区域生产共享活动，实现自身经济增长。但是，与以往产业转移本质相似，现今的生产链分工依然延续了以往的"阶梯式分工"模式，即低收入国家参与简单零部件生产—中低与中等收入国家参与一般零部件生产—中高与高收入国家参与复杂零部件生产—最后由低收入国家组装加工出口至高收入国家的模式。产品内分工发展延伸了供应链长度，让更多发展中国家可以参与生产共享活动，但依然未改变"阶梯式分工"格局。

5.3 全球"链位"格局中的"偏态"分布

现阶段，全球价值链呈现区域化分布，区域价值链内部又同时存在"中心经济体"与"外围经济体"。然而，中心-外围经济体的分布并不完全取决于一国的经济规模、人均收入水平、产业份额等宏观经济基本面因素。

5.3.1 全球"链位"格局中的"三足鼎立"

按照现行增加值数据，当前全球价值链网络已呈现出"北美—欧洲—亚洲"的三足鼎立区块格局。从 WTO、世界银行、OECD 等国际组织发布的《全球价值链发展报告 2019》显示，无论是最终消费品贸易（传统贸易）还是反映一次或多次生产共享活动的简单和复杂价值链贸易，全球均呈现德国（DEU）、中国（CHN）、美国（USA）"三足鼎立"的"链位"格局。

技术进步推动的产品内贸易发展，使得区域乃至全球生产共享活动呈现更具包容性的发展趋势，越来越多低收入发展中国家根据自身的资源禀赋优势通过嵌入简单与复杂价值链网络参与全球化生产，实现经济增长与人均收入水平的提高。同时，中国、德国和美国分别为区域价值链"中心"国。

然而，表 5.1 报告了主要国家工业增加值的全球占比情况，即各国产业份额。可以看出，中国的产业份额在 2000 年以来增长显著，全球占比从 21 世纪初不足 7% 升至现在超过五分之一的水平。而德国、美国等中心国家产业份额的全球占比却不断下降。在此过程中，印度、印度尼西亚、俄罗斯、菲律宾占比都呈现不同程度的上升。然而产业份额的上升并不必然带来价值链链位的攀升。

表 5.1　主要国家工业增加值占全球工业增加值比重（单位：%，2010 年不变价美元）

国家	2000 年	2005 年	2010 年	2015 年	2016 年	2017 年	2018 年
巴西	2.7	2.6	2.8	2.4	2.2	2.1	2.1
加拿大	2.8	2.7	2.3	2.3	2.2	2.2	2.2
中国	6.7	9.8	15.5	19.7	20.3	20.8	21.3
法国	3.2	3.0	2.6	2.2	2.2	2.1	2.1
德国	6.0	5.2	5.0	4.8	4.8	4.8	4.7
印度	1.7	2.1	2.8	3.2	3.3	3.4	3.5
印度尼西亚	1.5	1.6	1.8	1.9	1.9	1.9	2.0
意大利	3.5	3.2	2.6	2.0	2.0	2.0	2.0
日本	11.4	10.2	8.9	8.0	7.8	7.9	7.8
马来西亚	0.6	0.6	0.6	0.6	0.6	0.6	0.6

国家	2000 年	2005 年	2010 年	2015 年	2016 年	2017 年	2018 年
墨西哥	2.3	2.1	1.9	1.8	1.7	1.7	1.6
菲律宾	0.3	0.3	0.4	0.4	0.4	0.5	0.5
俄罗斯	2.2	2.6	2.5	2.4	2.4	2.3	2.3
南非	0.6	0.6	0.6	0.5	0.5	0.5	0.5
英国	3.4	3.1	2.6	2.3	2.2	2.2	2.2
美国	19.8	18.5	15.9	15.1	14.7	14.5	14.6
越南	0.2	0.2	0.2	0.2	0.3	0.3	0.3
全球	100.0	100.0	100.0	100.0	100.0	100.0	100.0

一方面，在传统贸易网络方面，2017 年中国已取代日本成为亚洲中心，且相比 2000 年日本成为亚洲中心的情景，以中国为核心的亚洲区域与德国和美国为核心的欧洲和北美区域，无论是在贸易总量、贸易伙伴国分布和数量方面均更加平衡，且三个区域核心国之间的双边贸易联系非常紧密。

另一方面，以中国为中心的亚洲区域与分别以德国和美国为中心的欧盟区域和北美区域之间的生产联系主要反映在直接的传统贸易网络联系，反映生产共享活动的价值链网络联系程度依然较低。这与中国日益增长的产业份额相互矛盾。产业份额并未给包括中国在内的亚洲发展中国家更高的"链位"优势，这些国家依然仅在传统贸易领域不断扩大自身的产业份额，依然属于全球价值链的"低链位国家"。这些发展中国家存在竞争劣势与价值链"低端锁定"的风险。

5.3.2 全球"链位"偏态分布

国际竞争中"高链位国家"与"低链位国家"呈现偏态分布，且"低链位国家"存在"链位固化设定"，或"低端锁定"风险。

参考《全球价值链发展报告 2019》,本章根据 OECD TiVA 数据库整理了 2000 年和 2017 年全球 67 个主要经济体制造业前向关联度(forward-linkage index)与后向关联度(backward-linkage)。其中,增加值视角下的前向关联度指标主要基于 GDP 生产的分解,显示了参与跨国生产共享活动的国家部门所使用的生产要素占总的新增价值的百分比。后向参与指标是根据最终产品生产的分解计算得出的,它显示了来自全球价值链活动的国家部门生产的最终产品的百分比。

本章根据 OECD "ISIC Rev.3 Technology Intensity Definition"分类标准,将制造业分为高技术密集度制造业(high R&D intensive industries,HTI)[1]、中高技术密集度制造业(medium-high R&D intensive industries,MHI)[2]、中等技术密集度制造业(medium R&D intensive industries,MTI)[3]和低技术密集度制造业(low R&D intensive industries,LTI)[4]。并选取 HTI 作为主要分析行业,将 HTI 前向关联度和后向关联度绘制在一幅图中,图中黑色实线是 45 度线,两条虚线表示世界平均意义上的前向和后向关联度,两条虚线将图分为四个象限。

倘若一国或者该国部门坐落在 45 度线上,这说明该国或该部门在全球价值链链位中较为均衡,参与全球生产过程中的前向关联程度与后向关联程度趋于一致。如果一国或部门处于 45 度线以下则说明该国或该部门后向关联度较高,该国主要处于供应链链位底端,更靠近消费市场。如果一国或部门处于 45 度线以上,则说明该国或该部门前向关联度较高,该国处于供应链前端。一般而言,资源出口国往往处于供应链前端。图中正方形点代表世界银行公

---

① 主要包括 ISIC Rev.3:2423,30,32,33 和 353。
② 主要包括 ISIC Rev.3:24excl.2423,29,31,34,352 和 359。
③ 主要包括 ISIC Rev.3:25,26,27,28,351 和 37。
④ 主要包括 ISIC Rev.3:15T23,36。

布的高收入国家组群，菱形点代表世界银行公布的中低收入国家组群，圆点
代表中高收入国家组群。

如图 5.7 所示，比较 2000 年和 2017 年高技术密集度制造业前向和后向

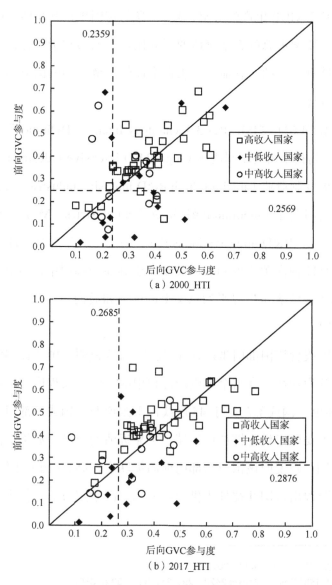

图 5.7   各收入组别 2000 年和 2017 年高技术密集度制造业前向与后向关联情况

资料来源：UIBE-GVC index，GVC Development Report2019

关联度发现,发达国家一般处于 45 度线附近,全球价值链前向关联与后向关联较为均衡。且相对于 2000 年,2017 年发达国家高技术密集度制造业整体围绕 45 度线向右上方位移,且相对于后向关联,发达国家更偏向高技术密集度制造产业前端。这一方面反映发达国家对全球生产网络的嵌入程度在不断加深,且在嵌入高技术密集度制造业全球化生产过程中,发达国家在该制造业领域存在链位上移趋势。

相比之下,图 5.7 中显示中低和中高收入的发展中国家处于 45 度线两边区域,较为分散。其中,处于 45 度线下方后向关联区域的发展中国家,其高科技产业后向关联系数较前向关联系数要高,说明这些国家靠近高科技产品的最终消费地。一个合理的假设是,这些发展中国家多处于产业链分工中组装加工最终消费品的最后一环。而那些处于 45 度线上方前向关联区域的发展中国家,其多为初级产品出口国,产业链结构较为简单。

综上,以高科技产业为例,利用发达国家和发展中国家产业链前/后向关联共同刻画的真实"链位"所反映的各自贸易竞争力水平可以看出,发达国家处于产业链高链位水平,且 21 世纪以来发达国家链位一直处于平稳上移趋势。相比之下,发展中国家虽然在贸易量、人均 GDP 水平、经济规模总量上都有所上升,但其产业链"链位"一直处于低端,且攀升缓慢。

发展中国家在全球价值链中的"链位"攀升缓慢现状不仅体现在高科技制造业领域,同时也存在于中等技术密集度制造业和低技术密集度制造业中。图 5.8、图 5.9 报告了 2000 年和 2017 年高收入组别、中低收入组别和中高收入组别在中等技术密集度制造业和低技术密集度制造业两类制造业全球价值链前向与后向关联中所反映的"链位"水平变化。

非常清楚,21 世纪以来,无论是通用设备制造业、汽车制造业等中等技术含量制造业,还是纺织业、制鞋业、食品加工业等低技术含量制造业,发达国家前向与后向关联共同决定的"链位"水平不断沿着 45 度线向右上方发展。

其中，发达国家中等技术含量制造业前向关联系数增长较后向关联系数增长显著，主要因为发达国家是关键零部件的生产与供应国，前向关联更加显著。

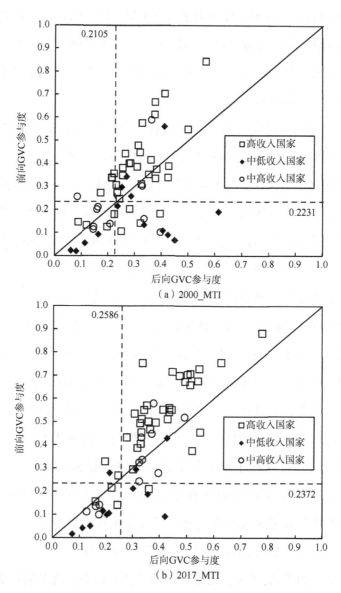

（a）2000_MTI

（b）2017_MTI

图 5.8　各收入组别 2000 年和 2017 年中等技术密集度制造业前向与后向关联情况
资料来源：UIBE-GVC index，GVC Development Report 2019

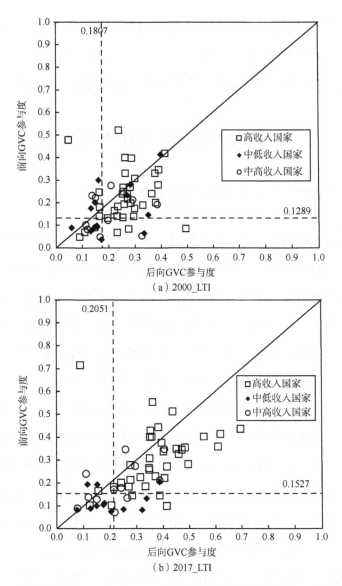

图 5.9　各收入组别 2000 年和 2017 年低技术密集度制造业前向与后向关联情况

资料来源：UIBE-GVC index，GVC Development Report 2019

而在低技术含量制造业中，发达国家主要沿 45 度线向右下方发展，反映这些国家是主要的低技术制成品的消费国，后向关联更加显著。相比之下，发展中国家在 21 世纪以来 20 年左右的时间中，无论是何种类型制造业，其前向与后向关联系数构建的"链位"一直较为稳定地保持在 45 度线的低位水平。这从另一侧面反映发展中国家在全球价值链上存在"低端锁定"的困境。

5.4 全球价值链"链位"竞争

5.4.1 "链位"竞争中的反比较优势之谜

李嘉图的《政治经济学及赋税原理》被视为国际贸易学的奠基之作，书中第七章"论对外贸易"，将比较优势的概念引入经济学，具有里程碑的意义。李嘉图在书中举例证明，即便英国工人在生产毛呢和葡萄酒这两种商品上都比葡萄牙工人效率更高，但英国用自己生产的毛呢换取葡萄牙生产的葡萄酒更符合本国的利益，这个例子后来成为解释比较优势原理的经典案例。

尽管比较优势的概念在 200 多年后的今天仍然具有重要意义，但二战后世界格局变迁为当代经济全球化发展提供了全新的国际环境。除了联合国与布雷顿森林体系支柱性治理平台创建外，20 世纪 60 年代国际产品内分工出现并演化为全球供应链重构了全球分工体系，欧洲一体化特别是欧元区的建立将区域化与全球化进程推向前所未有的成就，中国改革开放破冰推进、苏联解体与冷战结束、在 GATT（General Agreement on Tariffs and Trade，关税及贸易总协定）基础上创建 WTO，为 20 世纪 90 年代经济全球化进入全盛阶段创造了条件。从世界经济贸易依存度、FDI 占比尤其是全球化理念在主要国家主流思想中所占地位看，二战后当代经济全球化到 21 世纪初达到一个巅峰水平。在此过程中，国际贸易的本质也已发生巨大改变。

在产品内分工理论下，中间品贸易主导的全球价值链贸易决定了各国出口产品的生产关联不仅表现为国内各产业之间的前向与后向联系，同时国与国之间产品生产的联系也日趋紧密。然而，传统海关全值口径统计的贸易出口无法真实反映一国的全球价值链的嵌入程度，也无法客观评价各国的真实出口竞争力情况。具体而言，以往国内外学者在讨论一国出口竞争力时，多采用传统海关统计的全值口径通过构建各类指数衡量一国特定产业或产品出口的相对竞争力情况。

然而，鞠建东等（2012）研究发现，中美贸易间存在反比较优势之谜，中美贸易数据分析结论与标准贸易理论中的比较优势原理不符。导致这一矛盾的可能原因既包括美国对中国高技术产品或中间品的出口限制，也包括中国在全球加工贸易产业链中的特殊地位。

王直等（2015）研究指出，传统的显性比较优势（revealed comparative advantage，RCA）指数既忽略了国内生产分工，又忽略了国际生产分工。一方面，全值口径统计的 RCA 指数忽略了一国部门的增加值可能隐含在该国其他部门出口贸易中，进而实现间接出口的事实；另一方面，全值口径的 RCA 指数也没有充分考虑一国出口中包括部分国外中间投入品价值的事实。因此，正确测算一国出口 RCA 指数，不仅需要包括隐含在本国其他部门出口中的该部门增加值间接出口，还需要排除总出口中来源于国外的增加值进口部分。

RCA 指数可以采用以下计算公式：$RCA_{ai} = (X_{ai}/X_a)(X_{Wi}/X_W)$，其中，$X$ 代表出口值，下标 a 代表报告国，W 指代全球，i 代表具体产业；在增加值口径下，X_{ai} 和 X_{Wi} 表示基于产业部门前向联系估算的 a 国 i 行业增加值出口和基于产业部门前向联系估算的世界其他国家 i 行业增加值出口总额。RCA ≤ 0.80，代表缺乏出口竞争力；$0.80 < RCA \leq 1.25$，出口竞争力一般；$1.25 < RCA \leq 2.50$，出口竞争力较强；$RCA > 2.50$，出口竞争力极强。

同时采用全值口径对不同科技含量制成品 RCA 指数进行估计，结果如图 5.10 所示。其中，增加值口径数据来自对外经济贸易大学全球价值链研究院发布的全球价值链指数数据库（UIBE-GVC index）。

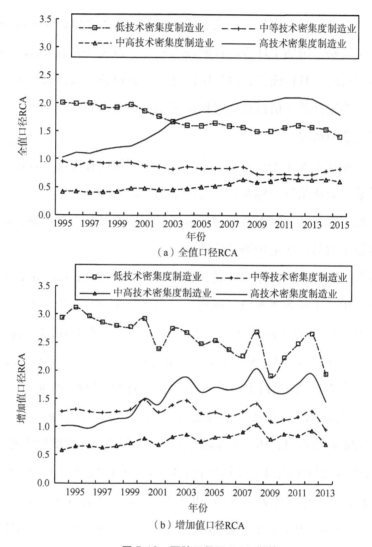

（a）全值口径RCA

（b）增加值口径RCA

图 5.10　两种口径下 RCA 指数

资料来源：全值口径数据来自 UNCTAD，增加值口径数据来自 UIBE-GVC index，作者估算

　　从 RCA 指数看，全值口径下我国高技术密集度产品 RCA 指数自 21 世纪以来不断上涨，是我国最具出口显示性比较优势的部门。然而，若在增加值口径下，虽然高科技产品出口优势有所上升，但低技术的劳动力密集部门仍是我国最具出口优势的部门。即全值口径下相对贸易额的增加会拉动显性

比较优势的上涨。然而这种上涨是一种"虚幻"优势。若采用反映真实生产网络联系，含生产分工特征的增加值口径计算，我国贸易显性比较优势依然集中于低端的劳动力密集型产业。

如果进一步从行业层面进行分析，选取"电子产品和光学设备制造业"作为考察对象，利用净出口 RCA 指数：$\text{NXRCA} = (X_{ai}/X_{Wi} - M_{ai}/M_{Wi}) \times 100$。估计增加值和全值两种口径下电子产品和光学设备制造业净出口显示比较优势情况。其中，NXRCA 公式中的 M 代表进口，X 代表出口，增加值口径数据来自 UIBE-GVC index。图 5.11 报告了估计结果。

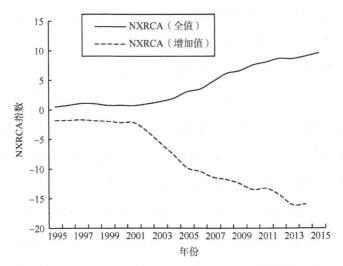

图 5.11 电子产品和光学设备制造业两种口径 NXRCA 指数
资料来源：全值口径数据来自 UNCTAD，增加值口径数据来自 UIBE-GVC index，作者估算

非常清楚，增加值口径与全值口径统计的我国电子产品和光学设备制造业净出口显示比较优势存在相反的镜像关系。即全值口径统计下我国电子产品和光学设备制造业存在比较优势，而采用增加值口径，我国在该行业存在净出口显示性比较劣势。两种口径差异如此显著，从一侧面反映出，传统全值口径统计高估了我国在高技术密集制造业领域的比较优势，随着我国参与全球价值链

分工,大量从美日欧进口电子产品和光学设备中间投入品,加工后再出口至美日欧等发达国家,我国该类产品的出口增加值份额依然较低,呈现与出口总额不一致的变化趋势,仍属于产业链、价值链低端,且存在被低端锁定的风险。

5.4.2   "链位"与"真实"竞争优势

与显示比较优势结论一致,倘若使用全值口径与增加值口径分别对包括国际市场占有率(international market share, IMS[①])、显性竞争优势指数(competitive advantage index, CAI[②])、贸易竞争力指数(trade competitiveness index, TCI[③])等反映我国制造业出口竞争优势的指标进行估算,结果依然存在较大差异。

全值口径统计下,食品加工、纺织品、木材制品、皮革和鞋类制品等低技术的劳动力密集产业仍占据显著的国际市场份额,拥有较高的出口竞争优势。然而,全值口径统计的我国劳动力密集型产品出口竞争优势自 21 世纪以来逐渐下滑。同时,以电子产品和光学设备制造业为代表的高技术密集度产品无论是 IMS,还是 RCA 指数、显性竞争力优势、TCI 等均呈现快速上涨。即,依据全值口径判断,我国高技术密集度制造品的出口竞争力随着出口额的增加及 IMS 的上升而不断提高。另外,综合考察国内外产业间前向关联和后向关联的增加值口径统计的我国出口竞争力指数呈现与全值口径不一样的变化特征。

全值口径下各指标对部门竞争力判断结论的一致性较差,增加值口径统计的各指标结论一致性较强。从图 5.12IMS、图 5.13CAI 和图 5.14TCI 看,增加值口径下,CAI 指数和 TCI 指数显示出低技术和中等技术密集度制造业

---

① $\mathrm{IMS}_{ai} = X_{ai}/X_{Wi}$ 。

② $\mathrm{CAI}_{ai} = \dfrac{\dfrac{X_{ai}}{X_a}}{\dfrac{X_{Wi}}{X_W}} - \dfrac{\dfrac{M_{ai}}{M_a}}{\dfrac{M_{Wi}}{M_W}}$ 。

③ $\mathrm{TCI}_{ai} = (X_{ai} - M_{ai})/(X_{ai} + M_{ai})$ 。

呈现一定的出口优势，中高技术、高技术密集度制造业则显示弱竞争优势及不具备出口竞争力（CAI<1；TCI<0）。

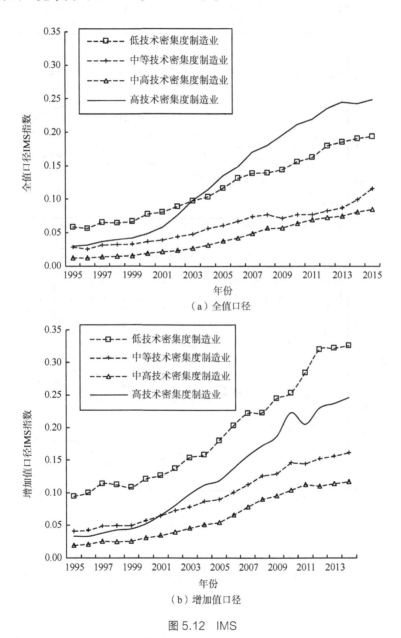

（a）全值口径

（b）增加值口径

图 5.12　IMS

资料来源：全值口径数据来自 UNCTAD，增加值口径数据来自 UIBE-GVC index "WIOD 2014ed"，作者估算

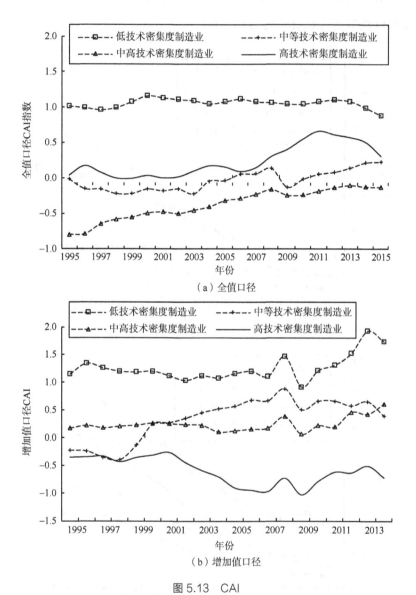

图 5.13   CAI

资料来源：全值口径数据来自 UNCTAD，增加值口径数据来自 UIBE-GVC index "WIOD 2014ed"，
作者估算

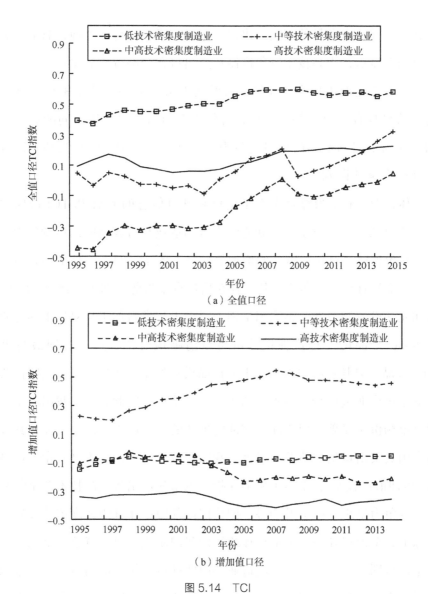

图 5.14　TCI

资料来源：全值口径数据来自 UNCTAD，增加值口径数据来自 UIBE-GVC index "WIOD 2014ed"，
作者估算

　　然而，全值口径统计的 CAI 指标和 TCI 指标却存在较大差异。一方面，
与增加值口径相似，全值口径统计的 CAI 指数显示，除低技术劳动力密集产

品，其他各类技术含量的制造品出口均不具有优势。另一方面，TCI 指数在全值口径下显示，中高技术密集度制造业出口在金融危机后出口竞争力不断增强，具有一定的出口竞争优势，而低技术密集度和高技术密集度制造业部门则始终具有竞争优势。可见，若使用全值口径，采用不同的竞争力指标判断我国不同制造部门出口竞争力会存在较大差异，以此为基础进行分析容易产生统计误判。

具体行业分析，当综合考虑了出口和进口信息的 CAI 和 TCI 指标均显示，全值口径下我国电子产品和光学设置制造业具有较强的出口竞争力，然而，反映价值链"链位"特征的增加值口径下各 TCI 显示，该部门贸易以进口为主，不具有出口竞争力，甚至存在出口竞争劣势，如图 5.15 所示。电子产品和光学设备制造部门是我国早期来料加工与进料加工相对集中的行业，从 iPhone 产品的全球产业链分解可以清晰地看出，虽然我国最终出口 iPhone 成品，但其核心原材料与上游产品设计均不在中国完成，我国仅获得 iPhone 全球产业链中较低附加值的组装加工费用。因此，虽然我国电子产品的世界市场份额显著，但剔除掉该部门生产的"全球供应链"特征，其被吸收的本国真实出口增加值并不显著。我国在该部门生产上不具有竞争优势。同时，增加值口径统计的 CAI 和 TCI 指数也未显示出我国高技术含量制造部门出口竞争力呈现不断上升趋势。即我国该部门产业升级速度依然缓慢。

综上，全值口径与增加值口径统计的我国制成品出口竞争力呈现不一致的结论，特别是高技术密集度制造业部门两种口径统计的出口竞争力呈现完全相反的变化趋势。我国高技术密集度制造业"真实"竞争力水平并未因全球贸易份额的增加而增加。即全球市场占有率并未真正转化为全球竞争力，全球竞争力水平依然由技术进步主导的国际分工格局反映的"链位"水平所决定。处于"高链位"的发达国家凭借技术垄断竞争优势依然享有链位红利，而处于"低链位"的广大发展中国家依然处于竞争劣势，有被锁定"低链位"的风险。

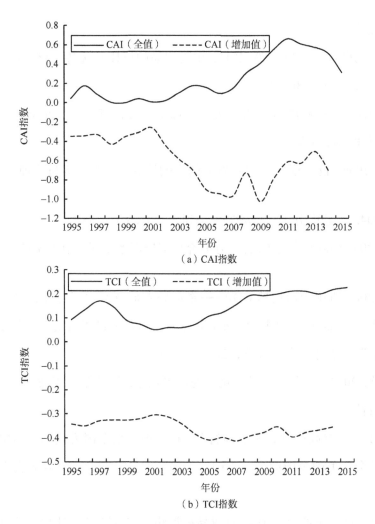

（a）CAI指数

（b）TCI指数

图 5.15　电子产品和光学设备制造业两种口径比较优势指数

资料来源：全值口径数据来自 UNCTAD，增加值口径数据来自 UIBE-GVC index，作者估算

参 考 文 献

蔡小芳，李昕. 2015. 从贸易与投资结构看中–澳自贸区的共赢战略. 经济统计学（季刊），（1）：112-123.

陈文玲. 2020-04-30. 国际经济形势严峻，表现为四个"世所罕见"所罕见，中新经纬.

鞠建东，马弘，魏自儒，等.2012.中美贸易的反比较优势之谜.经济学（季刊），11（3）：805-832.

刘禾.2016.世界秩序与文明等级：全球史研究的新路径.北京：生活·读书·新知三联书店.

刘仁平.2006.技术创新对国际贸易的影响研究.商业经济与管理，（6）：63-68.

卢锋.2004.产品内分工.经济学（季刊），4（1）：55-82.

邱东.2020a.国际比较中的购买力平价与市场汇率之辩.中国统计，（4）：4-6.

邱东.2020b.迪顿新论超越GDP——敢问路在何方？中国统计，（5）：58-61.

邱东，陈梦根.2007.中国不应该在资源消耗问题上过于自责——基于"资源层级论"的思考.统计研究，24（2）：14-26.

瑞达利欧.2022.原则：应对变化中的世界秩序.崔苹苹，王波译.北京：中信出版社.

王毅.2019."登高望远，不惑前行".在美中关系全国委员会、美中贸易全国委员会、美国全国商会、美国对外关系委员会联合举办晚餐会上的主旨演讲.

王直，魏尚进，祝坤福.2015.总贸易核算法：官方贸易统计与全球价值链的度量.中国社会科学，（9）：108-127.

许宪春.2020-05-20.中国仍为世界最大的发展中国家 中国仍从购买力平价法视角评析.人民网，http://finance.people.com.cn/n1/2020/0520/c1004-31716286.html[2022-03-08].

伊诺泽姆采夫 F.2019-08-25."后全球化"的世界经济.张文骁译.财经杂志.

于向东，施展.2014.从"民族意识"到"民族精神"——外交哲学对谈之六.

文化纵横，2：80-94.

赵汀阳. 2020. 病毒时刻：无处幸免和苦难之问. 文化纵横，（3）：73-86.

Jones R W. 1970. The role of technology in the theory of international trade// Vernon R. The Technology Factor in International Trade. New York：National Bureau of Economic Research：73-92.

Mügge D. 2020. International economic statistics：Biased arbiters in global affairs?. Fudan Journal of the Humanities and Social Sciences, 13（1）：93-112.

Nye J S Jr. 2020. Perspectives for a China strategy. PRISM，8（4）：121-131.

OECD. 1988. Science and Technology Policy Outlook. Paris.

Smith J. 1949. The GDP illusion：Value added versus value capture. Monthly Review，64（3）：86-102.

WTO, IDE-JETRO, OECD, et al. 2019. Global Value Chain Development Report 2019：Technology Innovation，Supply Chain Trade，and Workers in A Globalized World. Genève：WTO.

第6章

文明的测度——经济统计学视角的方法论批判与多维化处理①

西方文明是否压倒了其他文明，成为掌控"全球话语权"的文明体系？这引起了很多人的兴趣，但不同理论认知的支持者却始终争论不休。他们常常以不同的方式定义文明，使用不同类型的证据，并采用不同的举证标准。结果，迄今为止观点不同者也很难就他们试图"说明什么"达成一致，至于"如何说明"更是各行其是。

尽管如此，我们仍然必须承认的是，所有那些引人注目的看似持久不变的文明等级论给世界各国带来的影响是显而易见的，这种对公元 1500 年以来世界上的不平等所做的貌似清晰的解释是错误的，但却没有人告诉我们正确的解释是什么。在我们对人类历史的广泛模式得到某种令人信服的、详尽的、一致的解释之前，大多数人仍继续认为，这种文明等级论的解释是正确的。对笔者来说，这正是本章要辩驳的论点。

本章尝试从经济统计学视角来对文明进行测度，通过方法论批判和多维化处理得出文明虽有差异，但并非绝对和唯一。这一定量分析可能并不一定使争论更加清晰，但的确能使之趋于客观，能促使争论各方表达清楚所使用

---

① 本章由笔者与江西财经大学统计学院李晶博士合作完成。

的文明术语究竟是什么意思，阐明他们为什么要赋予这些差异不同的数值。任何不同意某一观点的人，都可以关注其数据证据和用于计算数值的方法，而不是含混不清、叙事不足的概括总结。如同联合国人类发展指数（human development index，HDI）、伊恩·莫里斯（Ian Morris）提出的社会发展指数等，将浩如烟海的史实证据缩减为简单的数字得分，能够清晰地向所有人展示相同的证据，得到可被进一步改进、拓展甚至质疑的清晰路径。这也是本章试图表达的观点。

6.1 对莫里斯"文明的度量"的方法论思考

英国历史学家伊恩·莫里斯在其著作《西方将主宰多久》《文明的度量》中对文明如何度量做了较为深入而持续的思考，创造了一套可用于长时段分析的社会发展指数。该指数在用于对过去东西方历史进行回顾的同时，对未来做出了预测：东方在 21 世纪的前半叶将重回领先地位。这一研究以及得出的大胆论断，引发了众多学者和政界人士的关注，针对莫里斯"文明的度量"的认同或批判也随之而来。

本节将在对莫里斯《文明的度量》中所借鉴的理论、思考的问题、使用的方法进行深度剖析的基础上，在肯定莫里斯研究重要价值的同时，提出其可能存在的不足和新的思考。正如莫里斯所认同的，即使我们能够证明其所构建的社会发展指数是有偏的，甚至是错误的，但这并不代表设计社会发展指数是在浪费时间，只是对于某个具体问题来说用错了工具。因此，笔者将思考的重点放置于思考"文明定义"、反思"文明排序"、揭示用"文明等级"来判定国家发展水平所掩盖的文化暴力，最后对"文明相对比较"的方法论提出进一步的思考。

6.1.1 莫里斯对文明的度量

斯坦福大学教授伊恩·莫里斯，综合并跨越了其所熟悉的历史学和古典学研究，从人类社会发展的宏观视角，对自上一个冰河期结束以来的长达 5 万年的人类历史进行了东西方比较研究，其中对"文明的度量"给出了新的思考。研究值得关注的两个方面是：理论取向与问题意识。

一是从其理论取向来看，无论是在其著作《西方将主宰多久》还是在《文明的度量》中，均体现出莫里斯继承了卡尔·亚斯贝斯的史学传统，关注东西方核心地带间的比较。这些由最密集的政治、经济、社会和文化交流联系起来的核心地带被认为能够代表东西方社会当时的发展进程。面对核心地区会随着时间发生迁移和改变的现实，莫里斯尝试通过一种科学可测且动态可观的方法，测量和比较东西方这些核心地区内部的变化，呈现他对文明内涵的理解。

在具体方法的探寻中，莫里斯跨越了传统史学研究传统，在对考古学、人类学、物理学应用研究的回顾中，提出人类对未知事物的判断是从推断臆测的方法转向科学预测的方法。在两者方法的区别上，莫里斯认为考古学家依据遗址与古代文学作品中提到的事件的联系来确定出土物标记日期的方法倾向于推断臆测，物理学家们利用放射性碳技术来测定出土物的年代则更倾向于科学推断。

其中，隐含了莫里斯对技术量化的认同和肯定。正如其在《西方将主宰多久》一书中所述："把浩如烟海的史实证据缩减为简单的数字得分，有其缺点，但也有一个很大的优点，就是可以让所有人面对相同的证据，并得出惊人的结果。"莫里斯将此量化方法应用于对统一社会理论的创造中，提出通过测量差距、分配分值来给各个社会排名分等，寻找分数之间的关联以及可能的解释，度量东西方社会发展历史进程，预测未来发展。

二是从其问题意识来看，莫里斯在探究可实现的量化方法时，继承并发展了人类学家劳尔·纳罗尔在 1955 年提出的社会发展指数。在肯定设计社会发展指数具有重要意义的同时，莫里斯对纳罗尔社会发展指数可能掩盖的问题做了进一步思考，重点围绕社会发展指数"测量什么""怎么测量""测量的时间和地点"等三个问题做了深入探讨。

1. 测量什么

莫里斯认为过去较长一段时间内西方统治世界的原因在于他们具备的"社会发展"基础优于东方，这个基础包括能够从自然环境中获取能量，并且能够在整个世界范围内投射自己的力量。这种力量包括人们赖以衣食住宿的在技术、物质、组织和文化上的成就，人类以此繁衍后代，解释周围的世界，解决集体内部的纷争，以其他集体为代价拓展自己的势力，以及保卫自己应对其他集体拓展势力。"社会发展"可以衡量一个集体达成上述项目的能力，而这种能力在理论上是可以跨时间和地域来比较的。

为了测量"社会发展"，莫里斯提出对社会发展指数的设计是必要且重要的，但正如爱因斯坦在相对论中所给出的理论指导，"科学，要尽量做到最简，但不要过于简单"。到底测量什么，不仅需要依赖理论指导，同时也需要从联合国人类发展指数寻求实践指导。莫里斯研究发现，联合国人类发展指数的构建遵循了爱因斯坦的最简规则，用尽可能少的社会维度把握社会发展的最基本特征。

结合理论指导和实践指导，莫里斯总结出设计社会发展指数的原则，并认为所衡量的每个社会维度都应符合这六项基本标准。其中包括：必须具有相关性、必须具有文化独立性、特征必须相互独立、必须有足够的档案记录、必须具有可信性、必须具有便捷性。基于上述六项标准，莫里斯最后确定了四个特征。

（1）特征一是"能量获取"。在其著作《西方将主宰多久》《文明的度量》中均提出能量获取对社会发展十分关键,莫里斯认为文明的发展所依赖的"能量",既有"人的能量",也有"非人的能量"。

（2）特征二是"城市化"。莫里斯认为如果没有能力组织好,就算掌控了世上所有的能量,也无法将能量应用于社会发展。这意味着对组织能力的测量是关键。为此,需要寻找一个既与组织能力紧密相关,同时又便于测量的替代参数。莫里斯将其确定为"城市化"。莫里斯选择将其作为替代参数的原因是,他从人类历史发展的视角发现世界级大城市有序运作需要具备更强的组织能力。这种测量或许并不完美,但是它作为粗略的指导在实践中却很有用。一个社会中最大城市的规模不仅可以在过去几百年的官方数据中查找,还可以追溯考古学记录,因而能够对其自冰河时期以来的组织能力水平有个大致的认识。

（3）特征三是"信息处理"。莫里斯认为国家除了具备获取并组织好物理能量的能力,还需要处理并传递大量的信息。信息处理技术也是造成现代社会东西方核心地带差异的主要原因。

（4）特征四是"发动战争的能力"。即使获取、组织和传递能量的能力再强,如英国 1840 年事件之所以能够发生,还在于能够把这三个参数转化为破坏力。莫里斯认为在为社会发展设计指数时,如果不包含军事力量,这样的指数毫无用处。

2. 如何进行测量

在对上述四个特征进行确定后,搜集 2000 年世界各国的数据资料是相当容易的。其中,联合国有各种项目公布每年的统计数据,国际战略研究所每年的《军事力量对比》中记录了东西方国家军队规模和武器装备数,以及它们的威力和价值等数据。需要进一步思考的是:"用数字说话,就必须关注错误的来源，以及修正的办法。"

（1）关注错误来源。既然上述特征参数的数据基本可得，那么数据错误来源则可能来自于其他方面。一是数据权重设计。如何组合形成指数，其中一个关键在于各数据如何分配合适的权重。莫里斯认为给予上述参数相同的权重是一个合理的选择。原因在于即使其他研究者能给出在计算社会发展时给予其中某个特征更大比重的理由，但是却没有理由去假设这些不同权重在 15 000 多年里始终有效，或是对东西方同样适用。因此，可坚持最简原则，把 2000 年可达到的社会发展指数的最大值设为 1000 分，再平均分配给上述四个特征。二是参数定义。如对于特征二"城市化"，城市化到底是指什么，不同研究者给出的定义不一，莫里斯提出可使用一个较为简单的参数：每个时期东西方社会已知的最大居住地规模，即"城市规模"。三是指标的选定。如对于特征一"能量获取"，最简单的方法是考虑"人均能量获取"指标，即用每日获取能量的千卡数来测量。但这一指标数据在东西方不同年份上存在缺失。

（2）修正办法的提出。对于"人均能量获取"指标数据的缺失，莫里斯借鉴了地球学家厄尔·库克的思想，通过对"人均耗能"的推测加以补充，即将耗能方式分成四类：食物（包括供食用的家畜的饲料）、家庭和商贸、工业和农业，以及交通运输。莫里斯认为依据库克思想所得到的替代指标，其误差应该不会超过 10%，肯定不会达到 20%。而且，由于所有的猜测工作都是由同一个人完成的，使用的原理也是相同的，这意味着即使出现错误也是有一致性的。对于另外两个特征参数的指标选取与数据修正，莫里斯也提出采用同样的原理，产生的误差也是在上述可控范围内。

3. 测量的时间和地点

这涉及两个计算技术问题。一是多久计算一次社会发展指数得分。莫里斯提出采用比例增减的方法。根据不同历史阶段社会发展速度，可划分不同的计算时间段。该方法为实用性和准确性提供了较好的平衡。二是在什么空间进行测量。

莫里斯认为，要找到一个地方能够为整个东西方地区调配出一种平均的综合性的发展分值，并且对历史上的各个时期重复同样的过程，这个地方就是各个地区最发达的部分，即由最密集的政治、经济、社会和文化交流联系起来的核心地带。社会发展指数需要测量和比较的是这些核心地区内部的变化，以及不同年代下各地区核心区域转移的原因。

莫里斯对上述理论取向与问题意识的选择与思考，其目的在于通过建构一种统一的社会理论，来描述社会的进化是只有一种方式，还是有多种方式并存。在离散进化阶段，社会是否发生集群现象（如果发生了的话，它们又是如何从一个阶段过渡到另一个阶段的）；又或者是否存在某个单一的特征，如人口、技术（或者在这种情况下，还有地理特征），能够解释一切问题。

莫里斯所构建的社会发展指数对东西方社会发展所做的衡量和比较，建立在其所认为的中性分析的范畴内。即使现实情况下仍然无法脱离莫里斯的价值判断，但他尝试提出的中性分析思想和社会发展指数的设计思路，却为本章文明测度的研究提供了可借鉴且可拓展的方法路径。

特别指出的是，与莫里斯以"能量"为核心所选择的指标不同，本书则更倾向于以"福利"为核心来选择相关指标进行构建。进一步来看，无论是莫里斯选择的"能量获取""城市化""信息处理"还是"发动战争的能力"指标，均关注一个经济体内部能力的拥有或输入，而非能力拥有之后其输出或产出的"效率"。换言之，如果一个经济体的能量获取能力、城市化组织能力、信息技术处理能力以及发动战争的能力都很强，就一定意味着社会发展就更好吗？结论是或然的。

笔者认为，与其从输入端来看指标构建，不如直接从输出端来看其指标，也即本书倾向的"福利"指标。虽然输入和输出具有较为直接的相关性，但从输入到输出的转换过程则可能出现不同程度的损耗，甚至可能出现负效应。因此笔者以为依"福利"指标可以更直接地观测到一个经济体的输出或产出"效率"，即在拥有一定能量的条件下，观测其对全社会以及整个民众，甚至于对全世界的贡献，更能够看清这个经济体的文明发展水平。

本章尝试以更趋近于基本事实的视角，来观察各经济体社会发展的全貌和其文明发展水平，其中体现的正是笔者想要着重表达的"和谐论"。以此论点来看待各经济体的文明发展，能够跳脱通常政治图解式的理论阐述，而以哲学的理念来论述文明发展所体现的人地和谐的本质。当然，在对"福利指标"进行设计之前，首先应对文明的内涵做出准确的理解和界定。

6.1.2 文明究竟应该如何定义？

何谓文明，学者们给出的定义有所不同。总的来看，主要有五种观点：①有的从所达到的状态（成就）角度，将其定义为人文精神和发明创造的总和。②有的从行为的角度，将其定义为脱离野蛮状态的所有社会行为和自然行为构成的集合。③有的从要素外延叙说的角度，将其定义为各种要素，包括家族、工具、文字、宗教、城市、乡村和国家等的集合。④有的从社会发展过程的角度，将其定义为不同的历史阶段中的高级阶段。⑤还有的从内在特征和关系的角度，将其定义为真善美的外显，是人与社会、人与自然的高级关系，特别包括了人与人之间的行为礼仪，这个定义更为强调社会发展的目的性。

上述定义的不同可能源于不同国家文化传统的不同。按照东方文化传统，文明主要应该考察两种关系：一是人与自然的和谐关系，表现为人类从大自然可持续地获取资源的能力；再一是人群与人群的和谐关系。就是说，东方文化判断文明与否的核心理念在于"和谐"，这个重心与西方文化的偏好存在比较大的差异。

如果过分注重人类获取自然资源的能力，文明的绝对水平测度往往偏向于这一方面，易导致误测和偏见。从人类历史发展来看，掠夺性开采并不文明，这也意味着这种资源的获取能力越强，越不文明。

从发展的视角来看，多种定义意味着文明本身的多元，从而需要多维测度。而相对比较是进行多维测度的重要手段，其数据结果将打破基于一维理念的"文明等级论"。无论国内国外，现有人文科学和社会科学的一个基调或者底色就是"文明等级论"。如果不认清楚这一点，所有的东方与西方或者南方与北方的矛盾辩论都会失去其基准，无法得出公平的解释。对于社会经济测度的研究者们而言，其对测度指标的选择也必然会受到相当程度的偏误影响。由此可见多维测度文明的现实必要性。

"文明等级论"必定隐含着能将不同文明排序、分等的某个维度，显然，这个维度就是欧美学者选择和设定的。依据白人文明标准下的全球认知，是在白人所谓的基于"欧洲中心主义"的"地理大发现"中逐步建立起来的。然而，文明各有不同，所以"文明差异论"应是现实存在的。人类虽破除了地球中心主义，但在地球上很多国家却往往以自己所在的文明作为地球的中心，把"文明差异论"混同于"文明等级论"，这一认知本身就存在很大偏颇。

6.1.3 农耕文明是否必定优越于狩猎文明（采摘文明）？

既然"文明差异论"是现实存在的，那么对人类长期将之视为常识的"文明排序"必然需要做出反思。例如，农耕文明是否必定优越于狩猎文明（采摘文明）？

提出"农耕文明优于狩猎文明（采摘文明）"者，大多是基于所谓生产效率的角度，但如果基于可持续发展的角度，显然狩猎文明（采摘文明）更优于农耕文明，因为没有对地力（土地生产力）的破坏性使用。其问题的要害或关键在于，这种文明等级的划分成为殖民者推行领土殖民的法理依据。文化暴力为政治暴力提供了理念支撑。事实判断与价值判断在"文明等级论"下互为强化。

"文明等级论"下，全世界不同国家不同民族的不同发展水平被划分为不同的等级，这一学说通过地理学教科书而转化为西方各国国民的常识，并伴随殖民主义的扩张流传至世界各地。

美国政府基于其所谓的"文明等级论"，将不论是否适合农耕的土地一律分给白人拓殖者，而后白人拓殖者又将实在不适合农耕的土地放弃。如此说来，美国白人对印第安土著的杀戮和土地掠夺本就失去了法理性，哪怕就文明演进的角度都无法成立。以色列历史学家尤瓦尔·赫拉利在《人类简史》中就人类文明排序提出了独特观点，作者所持观点虽有待于做进一步考证，但不同文明等级的看法意味着不同维度的存在，这足以动摇美国拓殖印第安土地的法理性。

回顾来看，世界最早大学的诸多判定也均受到"文明等级论"的影响。例如，阿拉伯文明中高等教育的出现在什么时候？如何解读希腊文献经由阿拉伯转回到西欧的历史过程？如何解释中国当年的书院并不属于高等教育？非得有皇帝的批准才算大学吗？在判定是否作为大学的"标准"中，究竟是大学构建的形式化条件重要，还是大学教育行为的内容实质更重要？这些问题都提示我们需要对"文明等级论"作进一步反思。

6.1.4　划分文明等级本身就是一种文化暴力——经济统计方法论的揭示

笔者认为，划分文明等级本身就是一种文化暴力。从方法论的底层逻辑看，等级划分是对原本多元、多维（至少三维）的事物实施"降维打击"。以貌似科学、文明和文化的方式，生硬地将对象（不同文明）挤压到一条直线上加以排列，确定其前后顺序和优劣。所实施的"降维"排序结论貌似客观，但只有从划分者设定的单一维度看，才可能有其道理。若换为多维，论域变了，先前预设维度上成立的"道理"就未必成立，对文明的看法就可能改变。

任何"排名"，其实质是一种基于事实或数据的文化独裁和暴力。如，对各国民主水平的排名，其排名行为本身反而代表的是"反民主"。再如，"人类发展指数"也未必完美，把浩如烟海的史实证据缩减为简单的数字得分，本身就有其缺点，其在揭示某些事物的同时必然可能掩盖某些事物，因此该指数也未必能准确地描述人类发展的趋势和各国在其中的地位。如原指数设计时没有考虑环境问题，以至于后人提出计算"绿色人类发展指数"（green human development index，GHDI）。

还应该看到，这种因素补充无法彻底完成，总会有值得考虑纳入的"新"因素。如此来看，对文明等级的划分也不例外。"文明等级论"的前提即文明是可比的，参照而言，存在着一个绝对的比较维度，可以进行一维化处理。然而从人类历史发展的角度来看，文明构成的因素实则包含两个大类：共性可比因素部分和异质不可比因素部分。

所谓"共性可比因素"包括某些自然科学知识，如公共道德、情操、伦理等。如果一个国家 A 共性可比因素部分在诸多方面都优于另一个国家 B，则人们可能感觉 A 国文明水准高于 B 国。但是这可能存在两个问题：第一，这种排序实际上并没有考虑两国间异质不可比因素部分；第二，共性可比因素部分诸因素的权重也是人为确定的，如果调整权重，比较结论可能发生重大变化。

进一步来看，如果异质不可比因素中不同主体之间出现交叉，要在这些主体之间排序，就需要确定异质因素之间的"当量转换"关系。比方说，女孩相亲很容易从"高富帅"和"矮穷丑"的两个男人之间做出选择，也即排序；但如果两个候选人是"高富丑"和"高穷帅"，姑娘就需要在相貌和财富之间做出"当量转换"，即多少财富可以使她放弃对相貌多大程度的追求。如果没有这个"当量转换"，就无法做出排序，而一旦做出排序，决策过程就必然包含了这种转换关系。

实际中还存在另一种比较情况，即有些看似可比的事物其实并不可比。例如语言，不能说英语优于法语，甚至不能说美式英语优于英式英语。但在社会现实中，人们往往认定，使用范围广的语言优越于使用范围窄的语言，其实这种比较已经夹杂了或隐含了非语言因素的博弈。

如果执意要进行不同文明的比较，就必须采用"合成指标"来实施等级划分。合成的前提是，首先要人为地将不同文明之间不可比的因素（异质因素）剔除掉，这意味着，比较结论必定偏执于某一个或几个维度，而更多其他维度必然要被舍弃。从经济统计方法论的角度看，各种排名采用的都是"合成指标"方法。

为了满足社会所需要的信息，经济统计学家们开发了实物指标、价值指标、合成指标和指标体系四种指标方法，它们各有其优缺点和对应的适用条件。这也意味着，开发和使用指标方法和数据的研究者们对方法机理，尤其是对其可能隐含的测度陷阱，应该了然于心。不能将政治算术简单化，错误地将指标数据结果作为绝对依据，误以为其数据结果能够全面代表所描述的社会现实。应当注意，合成指标的权变性。不同的指标权重处理不同，所得出的数据结果相差可能很大，并不具备稳健性，这是合成方法的内在测度缺陷。

6.1.5　文明相对比较的方法论思考：思想、假设和意义

正如前文所述，合成指标方法存在着内在测度的缺陷。但那并不代表设计合成指标是在浪费时间，只是对于某个具体问题来说可能用错了工具。合成指标存在着普遍认同的优点，就是可以让所有人面对相同的证据，并得出惊人的结果。因此，笔者提出对文明相对比较的方法论的思考。

1. 比较的基本思想

人类历史发展的实践证明，任何经济体实施生产或经济增长的目的均是给予民众更多更大的福利。这意味着，同样的生产能力下，民众获得的福利越多，该经济体相对越文明。这里"相对"所指的是不同经济体之间的比较，但侧重的是能力对福利的比较，既包含控物能力之下带来的人与自然的和谐，更着重指向能力所带来的人群与人群之间的和谐。

应该认识到，人类无法得到文明比较的"真值"，只是尽可能让文明测度下的比较更符合国际社会的现实，在不同的文明测度之间看其对现实的贴近度。总体而言，相对水平的比较优于绝对水平的测度。因而，如果一定需要比较不同国家（经济体）的文明水平，就不应该仅仅进行所谓绝对水平的比较，还应该包括相对水平的比较，如文明（福利）水平相对于该经济体生产能力的比较。

依此来看，如果比较双方并非处于同一水平档次，硬性区分出谁是强国谁是弱国，其本身就是有误的，更何况所谓的强国还对弱国提出过多的责任要求更是不应该。如同，不应该要求青年人达到中年人的成熟度，而应该将青年人的成熟状态对比中年人年轻时（大致同样年龄）的成熟状态。只有在假设同一年龄水平下所进行的比较，才可能看出两人真实的成熟水平差距。要进行相对比较，就意味着要进行多维测度，这也将矫正某些国家对发展中

国家的过分要求。

笔者所提出的"相对比较"，或将有助于落实发展中国家"共同但有区别的责任"。目前此提法仅止于理念层面的提出，发达国家尚能勉强接受，但在国际比较中并未认真落实。至于各经济体之间的责任"区别"究竟多大，"相对比较"思想的提出或许能给出一个更接近现实的大致参照。

2. 比较隐含的前提

必须强调的是，笔者提出的"相对比较"，实则隐含了多个前提条件。

第一，即使文明可以划分等级，也应该从不同维度进行划分。现有划分往往基于发展的绝对水平，并不能给出世界不同国家文明水平差异的真实描述。此处提出不同划分的思考，必然将增加判别的维度，这也意味着经济测度在应用中的进步和贡献。

第二，不同经济体之间文明水平的比较，不管相对指标还是绝对水平指标，都只能是大致、粗糙的比较，与其"真值"仍然有着较大的差距。但正如笔者前文所述，"相对比较"的提出仍然具有重要的价值。因为比较探索本身就是一种进步，进步在本质上就是从单一到多样的转变。回顾东西方的发展历程，过去数百年来发达国家所具备的"先发优势"，往往是通过打压其他国家而掠取的，这种负面影响严重压低了其他国家文明本应达到的水平，从这一角度来看这种优势恰恰表明发达国家的不文明。

当然，在发达国家具备"先发优势"的基础上，也不能忽略其他国家，如发展中国家所具有的"后发优势"。学习发达国家的经验和教训，减少了发展中国家独立探索的时间，从而对本国文明水平的提升也产生了正面影响，但受制于过分复制和模仿发达国家预设路径的约束，很多发展中国家也很难实现基于自身实际的自主式发展。综合来看，发展是一个波动起伏的动态且连续的过程，测度指标在时点和时期上的记录值（或估算值）未必能真实反映被测度经济体的实际态势，因此需要扩展到更长时间范围来进行观察和认知。

这也是莫里斯在构建社会发展指数时需要思考测度时间范围的问题的原因。在对发达国家"先发优势"可能给发展中国家带来的负面和正面影响进行分析后，从一个较长时间来看，这两类影响会出现正负抵消，所带来的"净影响"是不确定的。这意味着对不同经济体的文明水平比较是难以测度的。但为了进行不同经济体文明水平的比较，只能暂时假定这种"净影响"为零。

3. 比较指向的意义

笔者提出"相对比较"的意义在于，尽可能减弱或剔除基于绝对水平比较带来的"文明等级论"误导，指明诸帝国基于"身份政治"打压其他国家（在帝国政客的心目中，因为帝国是文明国，做什么都对；因为他国是野蛮国，做什么都错）的法理性谬误，减轻他国民众对美欧文明的偏执。然而，笔者尝试提出的新的测度和比较，并非否定不同经济体之间在文明发展绝对水平（基于某种维度）上的差异。如发展中国家仍然需要意识到发展的紧迫感，但是在发展节奏的把控上，需要具备更多的理性。

笔者认为，只要当前尝试构建的文明测度指标能够给不同经济体的排名绘制出多维的图像，而不是发达国家绝对地领先，发展中国家绝对地落后，这种数据结果就说明文明本身是多元的。如果一定要进行测度和比较，就务必展开多维视角，不能局限于单一维度。只要各种相对指标测度下的排名不唯一，就给出了一种新的文明测度思路和路径，也是对原有文明测度和认知的校正。

6.2 "文明等级"的相对比较——多维化处理的一种尝试

不可否认的是，适合一切尺度，能回答所有从事比较研究的社会学家们想问的所有问题的数值指数，是永远不可能存在的。但是，百年来比较史学之所以能发展为一门成熟的学科，其关键就在于精心设计出多重指标，并使每项指标通过不同维度的比较而解决某一个特定问题。

法国年鉴派史学家马克·布洛赫认为："比较就是在一个或数个不同的社会环境中选择两种或数种一眼就能看出他们之间的某些类似之处的现象，然后描绘出这些现象发展的曲线，揭示它们的相似点和不同点，并在可能的范围内对这些相似点和不同点做出解释。"（Bloch，1989）

因而，在比较史学理论中，"同异"是其赖以实现的前提。换言之，无异之同不具有比较研究的条件和意义，无同之异也不具备比较研究的条件。当然在现实中，找到一眼就能看出"同异"的两种或多种现象通常是很难的，也因此如何确定对象的"同异"性是比较的前提。本节在借鉴上述理论的基础上，首先探讨不同经济体之间可能存在的"同异"性，在确定可比的几大经济体后，再对能够描述这些经济体文明水平特征的指标进行设计，最后通过对不同经济体指标的"同异"比较，观察各经济体文明水平的差异。

在具体展开本节内容前，笔者首先要说明的是，本节对指标"同异"性的比较，并非绝对意义上时间相同条件下的差异比较，而是相对意义上的时间相同（例如相同人均 GDP 水平下国家间比较）。这是一种横向的比较，是相对共时性的异体比较，而其作用却有助于我们理解各经济体文明水平纵向的发展趋势。

6.2.1　文明水平相对比较的对象、基础指标和拓展指标

正如前文所述，要实现文明水平的相对比较，首先要具备"同异"的条件。这种"同"与"异"不仅客观地存在于比较的事物之中，同时也反映于人们的主观认识和选择中。举例来说，历史时期不同，不同的经济体之间没

有比较的价值。即使历史时期相同，也未必所有的经济体都具有比较的价值，因为各经济体的发展阶段可能不一样，其指标的比较就不具备前文所述的比较研究的前提条件，仅表现为"无同之异"。

因而，本部分在"比较对象的选择"上遵循了经济体某些特征值大致相同（如 GDP 规模、国土面积、人口规模等大致相同）的原则，再对可纳入比较的经济体进行"基础指标""拓展指标"的设计。更为重要的是，为探究不同经济体各指标的可比性，笔者对不同指标可比性的"同一性"前提条件做了深入的思考，以尝试对各经济体的文明水平做出多视角的观察。

1. 纳入比较的对象

比较对象的确定是第一步。要实现对象的可比，就需要达到统计口径的一致。首先，本部分选择了全球前十名的经济体。这在一定程度上代表着这些经济体目前发展进度的大致趋同性。其次，对全球前十名经济体进行人口规模和国土面积的再筛选，确定在人口规模和国土面积上均属于大国的经济体。这在一定程度上可以去除规模差异对不同经济体提升文明水平的影响。不同体量的经济体，其文明水平实现的难度不同，故最好比较人口和地理规模差异不大的经济体。最后，结合现实需要，考虑纳入的对象可在 G20 国家中进行选择，例如除了美国、中国、印度、巴西、印尼、俄罗斯之外，还可纳入德国、日本、法国、韩国、加拿大、澳大利亚、英国、土耳其、阿根廷和南非等。

此外，从数据可得性层面来考量，要获得所选定经济体的各年份多指标的完整数据可能不现实，因此对于不同相对指标可纳入比较的经济体可以不同。如，后续对"人均 GDP"相对指标进行比较时，可能会存在某些国家低于某一阈值水平而导致数据缺失的情况。如印度，在进行人均 GDP 等于6000 美元的相对比较时，就因其尚未达到这一标准而无法纳入比较。

当然，从现实意义层面来看，通过将发达国家与新兴经济体纳入比较，或许可以打破"文明等级论"的所谓普遍认知。在普遍认同"发达国家的文明水平高，发展中国家的文明水平低"的意识下，若所选择的福利指标揭示了相反的指向，就足以打破原来的刻板印象。

如对于美国的"山巅之城"地位，究竟是一种主观臆想，还是客观上美国在社会福利诸多方面确实远远领先于他国？美国基于"文明等级论"的理念，从文明水平最高的世界地位出发，对他国实施的干涉，究竟是否具备法理资格？

2. 纳入比较的指标

本部分批判性地借鉴莫里斯所提出的"能量指标"，将其替换为经济解释更强的"生产能力"指标，以描述经济体内部所拥有的能力。但也正如前一节所述，一个经济体的发展或文明水平还需要观察：其在拥有能力之后所输出或产出的社会"效率"，也即贡献程度。笔者在本章中将其用"福利指标"来表达，也即通过经济体对国民的福利供给水平来观察其产出的"效率"。因而，本部分分别纳入"生产能力指标""福利指标"，以实现对不同经济体文明水平的相对比较。

一是生产能力指标。选择以人均 GDP 来代表一个经济体的生产能力，主要原因在于：人均 GDP 代表着一个社会中平均每人的收入和支出，同时也代表着一个社会的平均富裕程度。相比于 GDP 而言，在不同经济体的比较上，人均 GDP 剔除了不同经济体人口规模的影响，能够更好地反映一个经济体的发展水平和发展程度，以及社会的稳定性如何。此外，人均 GDP 指的是一个国家核算期内实现的国内生产总值与这个国家的常住人口或户籍人口的比值，这一指标数据较容易从世界银行网站中获取。

二是福利指标。目前普遍认同的一个观点是，福利国家的核心是社会权利的赋予和使用。社会权利关注的是，为满足社会需求和增强社会功能而设计的福利供给和与服务有关的权利和义务，并保障其必要的资金来源。这一认知，意味着社会权利的扩展程度越宽，去商品化的程度也就越高，反之亦然。换言之，福利应包括公民所享受的维持收入、享受社会福利政策的各项社会权利。

但由于各经济体对社会权利关注的内容和取向有所差别，为实现各经济体的可比，本部分选取的是各经济体普遍认同的福利指标。且基于数据在较长时间段内的可得性，初步考虑了如下指标：人均期望寿命、15岁以上成人识字率、医院每千人床位数、学校入学率、城镇人口比重、居民专利申请量、人口密度、每千人医生数、妇女地位等。

在后续的深入研究中，笔者还将进一步综合考虑指标表征的代表性如何、重要性如何，以及数据的可得性，甚至包括数据可得频率等关键要素。如参考比对世界银行和联合国等国际组织现成的基础数据有哪些，不同指标可考虑的比较年份有多长，不同时长内所选项的指标解释是否能得到一致的结果。如果不一致，又该选择多长时间段内的数据，是21世纪以来，还是更早之前。

需要特别说明的是，笔者倾向于采用基础指标，而不是加工后的指标。例如，"性别发展指数"等，这类指标在加工过程中很可能已经包含了指数设计者的价值选择，未必合乎国际社会的复杂现实。总之，坚持"基本事实""基础数据""基层逻辑"的"三基"原则是本书秉承的原则。

3. 比较指标的设计

本书在"三基"原则下，遵循比较可实现的"同异"条件，尝试从不同视角找到可比的"同一性"条件，得到有价值的指标相异性的比较。

1）视角一：对各指标的时点值进行比较

本部分分别以相同数值的"生产能力"指标、"福利"指标作为"同一性"比较的前提条件，以观察不同经济体各指标数值的"差异性"。具体指标比较如下。

第一，以生产能力指标"人均 GDP"为"同一性"比较的前提条件，比较不同福利指标在不同经济体间的差异。具体设计思路：分别以"人均 GDP"某一定值（定值选择具体见下节）为比较前提，观察不同福利指标在各经济体对应年份上的差距。举例来说，假设以"人均 GDP"等于 3000 美元为定值，梳理得到美国、日本、德国、中国等经济体达到上述指标定值的对应年份为 1960 年、1972 年、1971 年和 2008 年，再将不同福利指标，如"人均期望寿命"指标在上述年份的数据进行比较。

第二，以前文所选定的福利指标为"同一性"比较的前提条件，比较不同经济体生产能力指标"人均 GDP"的差异。具体设计思路：分别以不同"福利指标"某一定值（定值选择具体见下节）为比较前提，观察"生产能力指标"人均 GDP 在各经济体对应年份上的差异。举例来说，假设以"福利指标"人均期望寿命等于 70 岁为定值，梳理得到美国、日本、德国、中国等经济体达到上述指标定值的对应年份为 1961 年、1964 年、1964 年和 1996 年，再将上述年份的人均 GDP 水平数值进行比较。

总结来看，视角一所做的比较，是在各经济体"生产能力指标"数值相同的条件下，比较其福利指标的差异；或在各经济体"福利指标"数值相同的条件下，比较其生产能力指标的差异。该比较可用于观察各经济体文明水平在对应时点上的"生产能力指标"和"福利指标"的相对差异。但这种比较局限于对各经济体在某一时点下的数据比较，而未考虑在一定时期下，对各指标变化的速度进行比较。

2）视角二：对各指标的期间值进行比较

第三，以"各指标期间值"作为"同一性"比较的前提条件，比较不同经济体"生产能力指标""福利指标"数值变化的速度。具体设计思路：分别以"生产能力指标""福利指标"的固定期间值（期间值选择具体见下节）为比较前提，观察各经济体达到上述期间值所用的时间长度（年份）。举例来说，假设以"人均期望寿命"期间值70～75岁为定值，梳理得到美国、日本、德国等经济体所用的时间长度分别为28年、11年和15年，由此可以发现跨越年份较少的日本这一指标数值发展最快，一定程度上显示出日本的文明发展程度。

3）视角三：对各福利指标的相对值进行比较

第四，对所有福利指标数值进行数学转换，通过除以人均GDP，剔除不同经济体在比较过程中由生产能力影响而带来的差异，比较不同经济体同一福利指标的相对值。举例来说，假设将"人均期望寿命"除以人均GDP，梳理得到美国、日本、德国、中国等经济体的相对指标数值，观察各经济体在相同生产能力下的相对福利水平。为有效比较各福利指标的相对水平，笔者将不同福利指标的年份跨度拉长，基于数据可得性，收集了从1960年至2020年的各福利指标数据，但可能囿于各经济体数据记录的差异，存在不同经济体在不同年份上的指标数据缺失。

围绕上述三个视角，以下将分别对不同经济体的"生产能力指标"和"福利指标"进行多维比较，观察在不同水平下各经济体文明水平发展的程度。

6.2.2 同等人均GDP水平下福利指标在不同经济体之间的差异比较

本部分首先需要解决的是，纳入比较对象的确定问题。基于2.1节就"纳入比较的对象"所提出的思考，本部分共选取了七个国家：中国、俄罗斯、巴西、墨西哥、美国、日本和德国。在选取的过程中综合考虑到四个因素：一是所选的比较对象其经济总量要大致相同，即在全球都处于比较靠前的位置；二是在经济总量大致相同的前提下，尽量选择出地理面积和人口规模较为接近的经济体；三是要充分考虑发达国家以及新兴发展中国家在其中的占比；四是所选的经济体相关指标数据要尽量完整且可取，实现各经济体在可控因素下的"福利指标"可比。

第二步需要解决的是，"同一性"前提条件的水平值确定问题，即选取人均 GDP 水平值多少较合适。从世界银行所提供的 1960～2021 年各国人均 GDP 数值来看，将人均 GDP 等于 3000 美元作为最低比较基准，能够包含上述国家的较完整数据（上述七个国家人均 GDP 均达到 3000 美元以上）。将人均 GDP 等于 10 000 美元作为最高比较基准，则可以看到各经济体在生产能力水平相同的条件下，各福利指标水平的发展现状。将人均 GDP 等于 6000 美元作为中间基准，则能够更好地反映各经济体从人均 GDP3000 美元到 10 000 美元的条件变化下，对应福利指标的数值变化大小、变化速度和变化趋势。

此外，在不考虑不同时期物价水平的差异和通货膨胀的情况下，当经济体的人均 GDP 达到 3000 美元时，人民群众能够维持较为基本的生活水平；当达到 6000 美元时，生活水平有所提高；而达到 10 000 美元时，生活水平相对较为富足。综上所述，我们采用 3000 美元、6000 美元和 10 000 美元作为人均 GDP 水平的基准值。

本部分主要是对不同经济体其人均 GDP 在 3000 美元、6000 美元和 10 000 美元水平下的"出生时的预期寿命"、"医院床位数（每千人）"、"专利申请量"、"小学入学率（百分比）"、"城镇人口比重"和"女性弱势群体就业率"等指标数据进行差异比较。之所以选择上述指标，一是因为上述指标能够较为准确地描述各经济体的社会福利情况，二是因为各指标数据获取相对容易。具体来看，各指标分析如下。

1. "出生时的预期寿命"指标比较

"出生时的预期寿命"是反映一个国家和地区人民健康水平的重要指标，

联合国开发计划署的人类发展指数综合评价体系也使用了该指标，将其用以衡量联合国各成员国经济社会发展水平。由于预期寿命不受人口年龄构成的影响，不同人群的预期寿命可直接比较。该指标的计算，是在假定出生时的死亡率模式在一生中保持不变的条件下，得到的一名新生儿可能生存的年数。

指标数据来源于联合国人口司和联合国经济和社会事务部从 1960 年至2020 年对不同国家的人均期望寿命的调查（说明：实际调查确实是到 2020年，表 6.1 中的 2019 年代表的是中国在 2019 年人均 GDP 达到 10 000 美元。表 6.2 也是相同的情况）。与此同时，我们使用了世界银行从 1960 年至 2020年对不同国家的人均 GDP（美元）的统计数据，以确定不同国家在到达相应水平值的具体年份。表 6.1 中记录了七大经济体人均 GDP 达到 3000 美元、6000 美元和 10 000 美元时所对应的年份，并记录了该经济体对应年份的"出生时的预期寿命"，最后进行差异比较。

表 6.1　七大经济体"出生时的预期寿命"比较（单位：岁）

国家	人均 GDP					
	3 000 美元		6 000 美元		10 000 美元	
美国	1960 年	69.77	1972 年	71.16	1978 年	73.36
日本	1972 年	73.51	1977 年	75.90	1983 年	76.96
德国	1971 年	70.74	1975 年	71.40	1978 年	72.14
巴西	1994 年	67.93	2006 年	72.26	2010 年	73.62
墨西哥	1980 年	66.55	1999 年	73.99	2008 年	75.19
俄罗斯	1988 年	69.46	2006 年	66.73	2008 年	67.95
中国	2008 年	73.84	2012 年	75.01	2019 年	76.91

资料来源：联合国人口司和联合国经济和社会事务部，世界银行

从表 6.1 可以看到，在人均 GDP 为 3000 美元、6000 美元和 10 000 美元

时，各经济体"出生时的预期寿命"的差异较明显。

横向比较来看，在人均 GDP 等于 3000 美元时，所选择的七个经济体中，中国的预期寿命是最长的，达到 73.84 岁。在人均 GDP 等于 6000 美元时，日本的预期寿命最长，为 75.90 岁，中国次之，达到 75.01 岁。在人均 GDP 等于 10 000 美元时，日本的预期寿命仍然是最长的，为 76.96 岁；中国次之，为 76.91 岁；俄罗斯预期寿命最短为 67.95 岁。

纵向比较来看，人均 GDP 从 3000 美元向 10 000 美元变化过程中，除俄罗斯外，其他经济体的预期寿命均与 GDP 水平同向增长，其中预期寿命平均增长最快的是巴西，其在 16 年的时间里（1994~2010 年）预期寿命增加了 5.69 岁，是年均增长速度最快的。

一般来看，人均预期寿命的增长有着积极的意义，包括一个经济体卫生条件的改善、经济收入的提升、生活水平的提高和环境保护的改善，都可能会提升不同时代、不同年份出生的人的人均预期寿命。尤其是一个国家的医疗水平和饮食水平被公认为是影响预期寿命的主要因素。因而，"出生时的预期寿命"这项指标可以一定程度上反映出该经济体的医疗以及饮食水平的高低（即"出生时的预期寿命"指标数值越高，越能体现一个国家在这些方面具有优势），同时也能够有效反映出一个国家人民生活质量的高低。

在横向比较时，数据显示七大经济体达到相同的经济水平（人均 GDP）时，中国和日本"出生时的预期寿命"数据显著高于其他国家，因此我们可以推测在经济水平达到一致的情况下，中日两国在医疗水平和饮食水平等方面可能优于其他国家。之所以不能得到完全肯定的结果，是因为"出生时的预期寿命"指标数值的大小可能还会受到科技、文化水平以及人种等因素的影响，所以推导的结果只能作为大概的估计。

在纵向比较时，数据显示，巴西"出生时的预期寿命"指标在同等人均 GDP 水平下都不是最高的，但其年均增长速度却是最快的。这也在一定程度上反映该国家医疗水平和饮食水平的相对性的提高。此外，俄罗斯"出生时的预期寿命"出现了倒退的情况，即俄罗斯在人均 GDP 为 6000 美元时的"出生时的预期寿命"低于其在人均 GDP 为 3000 美元时的"出生时的预期寿命"。

这可能也意味着经济水平的提高并不始终代表着"出生时的预期寿命"的提高，即此指标不完全与经济发展水平成正比，它还受到其他因素的影响，如居住环境、个体行为、收入福利、教育、公共卫生、医疗保障等。因此，当我们在使用"出生时的预期寿命"这一指标来衡量国家的文明程度时，综合考虑了国家在多个维度中的发展情况。

2. "医院床位数（每千人）"指标比较

"医院床位数（每千人）"反映了一个经济体的医疗供给能力，一定程度上可以反映其社会医疗保障水平。该指标指的是，包括公立医院、私立医院、综合医院、专科医院和康复中心提供的住院床位平均到每一千位居民的数量（在多数情况下，急慢性病床位均包括在内）。指标数据来源于世界卫生组织（World Health Organization，WHO）从 1960 年至 2020 年对不同国家的医院床位数的调查。与此同时，我们使用了世界银行从 1960 年至 2020 年对不同国家的人均 GDP（美元）的统计数据，以确定不同国家在到达相应水平值的具体年份。表 6.2 中记录了七大经济体人均 GDP 达到 3000 美元、6000 美元和 10 000 美元时所对应的年份，并记录了该经济体对应年份的"医院床位数（每千人）"，最后进行差异比较。

表 6.2　七大经济体"医院床位数（每千人）"比较（单位：个）

国家	人均 GDP					
	3 000 美元		6 000 美元		10 000 美元	
美国	1960 年	9.2	1972 年	7.4	1978 年	6.2
日本	1972 年	12.5	1977 年	13.7	1983 年	14.7

续表

国家	人均 GDP					
	3 000 美元		6 000 美元		10 000 美元	
德国	1971 年	11.3	1975 年	11.4	1978 年	11.5
巴西	1994 年	3.5	2006 年	2.5	2010 年	2.4
墨西哥	1980 年	0.7	1999 年	1.1	2008 年	1.0
俄罗斯	1988 年	13.2	2006 年	10.9	2008 年	9.9
中国	2008 年	2.1	2012 年	3.0	2019 年	4.6

资料来源：世界卫生组织，世界银行

　　从表 6.2 可以看到，在人均 GDP 为 3000 美元、6000 美元和 10 000 美元时，各经济体"医院床位数（每千人）"之间存在较大差异，且各经济体的发展趋势有所不同。

　　横向比较来看，在人均 GDP 等于 3000 美元时，所选择的七个经济体中，俄罗斯的医院病床数（每千人）是最多的，达到 13.2 个；墨西哥的床位数最少，仅为 0.7 个。在人均 GDP 等于 6000 美元时，日本是最多的，达到 13.7 个，墨西哥仍然最少，是 1.1 个。在人均 GDP 等于 10 000 美元时，日本仍然是最多的，为 14.7 个；德国次之，为 11.5 个；墨西哥最少，为 1.0 个。

　　纵向比较来看，人均 GDP 从 3000 美元向 10 000 美元变化过程中，日本、德国、中国的这一指标数值与 GDP 水平同向增长，美国、俄罗斯、巴西则表现出与 GDP 水平反向增长的趋势，墨西哥则表现出先增后减的趋势。其中，"医院床位数（每千人）"平均增长最快的是中国，其在 11 年时间里（2008～2019 年）该指标增加了 2.5 个单位，年均增长速度是最快的。

　　一般来看，"医院床位数（每千人）"能够直接反映各经济体的医院规模，并间接体现各经济体对人民群众社会保障以及公共设施方面的投入支出。医院床位数越大，说明经济体的医院规模越大，医疗方面的投入越高，在此基础上也能一定程度上判断该经济体的人民健康权益的高低。但这一指标数值是否越大越好呢，事实上这一指标数值是否好不应取决于大小，而应取决于该数值是否与需求匹配。换言之，当供给未满足需求时应尽量增加，但当供给超过需求时则应适当缩减。

如罗默法则所揭示，"医疗资源供给可创造需求，供方的引导易形成对资源的过度利用"。罗默研究结论得到每千人床位数和每千人住院天数之间呈正相关关系，这在一定程度上将导致住院人数增加，而使得非必要住院的门诊率降低。这可能也是上述经济体出现不同程度的"医院床位数（每千人）"减少的原因。但到底是合理性的减少，还是由医疗水平下降或医疗保障不到位所造成的减少仍需对各经济体的实际情况做更深入的研究。但是即使如此，以"医院床位数（每千人）"指标来衡量一个国家的社会发展水平和文明程度仍是可取和有价值的。

3. "专利申请量"指标比较

"专利申请量"能够反映一个国家的科技水平和创新能力。该指标指的是，在世界范围通过《专利合作条约》程序或向国家专利部门提交的专利申请的数量，目的是对一项发明（即提供一种新的做事方法或对某个问题提供一种新的技术解决方案的产品或程序）拥有专有权，专利权在有限的期限内为专利所有者的发明提供保护，一般为 20 年。

该指标的数据来源于世界知识产权组织（World Intellectual Property Organization，WIPO）从 1977 年至 2020 年对不同国家的居民专利申请数量的调查。与此同时，我们使用了世界银行从 1960 年至 2020 年对不同国家的人均 GDP（美元）的统计数据，以确定不同经济体在到达相应水平值的具体年份。表 6.3 中记录了七大经济体人均 GDP 达到 3000 美元、6000 美元和 10 000 美元时所对应的年份，并记录了该经济体对应年份的"专利申请量"，由于这一指标数据存在不同程度的缺失，因此以下仅在"专利申请量"可比水平下进行差异比较。

表6.3　七大经济体"专利申请量"比较（单位：件）

国家	人均 GDP					
	3 000 美元		6 000 美元		10 000 美元	
美国	1960 年	—	1972 年	—	1978 年	62 098
日本	1972 年	—	1977 年	165 730	1983 年	227 708
德国	1971 年	—	1975 年	—	1978 年	28 683
巴西	1994 年	2 269	2006 年	3 956	2010 年	4 228
墨西哥	1980 年	704	1999 年	455	2008 年	685
俄罗斯	1988 年	39 494	2006 年	27 884	2008 年	27 712
中国	2008 年	194 579	2012 年	535 313	2019 年	1 243 568

注：各经济体"专利申请量"指标只有 1977 年以后的数据

资料来源：世界知识产权组织，世界银行

从表 6.3 可以看到，不同经济体存在不同年份的缺失值。横向比较来看，基于数据完整性下的可比，本部分主要比较的是人均 GDP 等于 10 000 美元时的"专利申请量"，其中中国专利申请量最多，达到 1 243 568 件，墨西哥最少，仅 685 件。纵向比较来看，人均 GDP 从 3000 美元向 10 000 美元变化过程中，中国、巴西、日本的这一指标数值与 GDP 水平同向增长，俄罗斯则表现出与 GDP 水平反向增长的趋势（美国、德国因数据缺失无法看其趋势变化）。其中，中国"专利申请量"始终占据第一的位置，日本次之。同时中国"专利申请量"的增长速度也是最快的。

一般来看，"专利申请量"作为反映一个经济体创新能力的重要指标，其专利数量越多，一定程度上表明该经济体的创新能力越高，社会越有发展活力。专利技术不仅能够给一个国家带来巨大的经济效益，而且有利于国家的可持续发展，是衡量各国科研水平的重要依据之一。

当七大经济体达到相同的经济水平（人均 GDP）时，中国的"专利申请量"指标数据远远高于其他国家，且呈逐年快速上升的趋势，说明中国在创新性方面更有优势，而巴西和墨西哥的"专利申请量"数据和其他国家相比差距较大。为了进一步分析"专利申请量"在多大程度上受到国家人口数的影响，本部分进一步计算了"专利申请量（每百万人）"，比较结果如表 6.4 所示。

表6.4 七大经济体"专利申请量（每百万人）"比较（单位：件）

人均 GDP	美国	日本	德国	巴西	墨西哥	俄罗斯	中国
3 000 美元	—	—	—	14.232	10.389	268.928	146.890
6 000 美元	—	1 455.406	—	21.024	4.667	194.925	395.301
10 000 美元	278.986	1 908.589	367.298	21.603	6.181	194.140	883.376

资料来源：世界知识产权组织，世界银行

从表 6.4 可以看到，通过计算"专利申请量（每百万人）"以剔除人口规模的影响，日本的这一指标数值是最大的，这也可以进一步论证为什么截至 2021 年，已有 28 名日本人获得了诺贝尔奖，即除欧美诸国之外，日本是获奖人数最多的国家。

4. "小学入学率（百分比）"指标比较

"小学入学率（百分比）"是考核教育成效的重要指标之一，反映了受教育的人口和国家对教育的潜在需求。该指标指的是，无论年龄大小，小学的总入学人数，与官方规定的小学适龄总人口的百分比值，这里需要说明的是总入学率可能超过 100%，因为包含了较早或较晚入学及复读的超龄和低龄学生。

该指标数据来源于联合国教科文组织统计研究所从 1972 年至 2020 年对不同国家的小学入学率的调查。与此同时，我们使用了世界银行从 1960 年至

2020 年对不同国家的人均 GDP（美元）的统计数据，以确定不同国家在到达相应水平值的具体年份。表 6.5 中记录了七大经济体人均 GDP 达到 3000 美元、6000 美元和 10 000 美元时所对应的年份，并记录了该经济体对应年份的"小学入学率（百分比）"，由于这一指标数据存在一定程度的缺失，因此以下仅在"小学入学率（百分比）"可比水平下进行比较。

表6.5 七大经济体"小学入学率（百分比）"比较（单位：%）

国家	人均 GDP					
	3 000 美元		6 000 美元		10 000 美元	
美国	1960 年	—	1972 年	88.42	1978 年	91.07
日本	1972 年	98.85	1977 年	99.17	1983 年	98.26
德国	1971 年	—	1975 年	—	1978 年	—
巴西	1994 年	165.65	2006 年	128.18	2010 年	106.99
墨西哥	1980 年	120.72	1999 年	108.59	2008 年	109.42
俄罗斯	1988 年	108.61	2006 年	95.00	2008 年	97.59
中国	2008 年	100.74	2012 年	99.79	2019 年	101.93

资料来源：联合国教科文组织统计研究所，世界银行

从表 6.5 可以看到，部分经济体存在不同年份的缺失值。横向比较来看，基于数据完整性下的可比，本部分主要比较的是人均 GDP 等于 10 000 美元时的"小学入学率（百分比）"，最高的为墨西哥，达到 109.42%，其次为巴西，达到 106.99%，最低的为美国，仅 91.07%，中国为 101.93%，处于中等位置。人均 GDP 等于 3000 美元时，巴西的"小学入学率（百分比）"数据高达 165.65%，说明 1994 年的巴西存在很多较早或较晚入学及复读的超龄和低龄学生。

纵向比较来看，人均 GDP 从 3000 美元向 10 000 美元变化过程中，仅美国这一指标数值与 GDP 水平同向增长，巴西表现出与 GDP 水平反向增长的

趋势，其他国家则在不同程度上表现出有增有减的变化趋势。其中，中国"小学入学率（百分比）"保持着最稳定的以 100%为中心的小幅波动，其次为日本，波动幅度最大的是巴西。

一般来看，"小学入学率（百分比）"可以反映经济体在教育资源的提供上是否和当时当地的学龄人口数匹配，是否满足该经济体人民群众入学的需求。该指标受到经济增长和教育保障的影响，其数值在合理范围内的稳步提升，能反映一个经济体的经济发展和对基础教育水平提升的影响，这是经济文明水平的重要体现。

但是这一指标数值在超过一定范围内却未必是越大越好。换言之，若该数值远大于 100%，则意味着该经济体存在着大量较早或较晚入学以及复读的超龄和低龄学生，这一定程度上反映该经济体没有很好地解决当年适龄学生入学问题，其原因可能在于社会发展不稳定所带来的人口大规模流动或迁移，以及受教育主体意识弱化或缺失等。例如，巴西在 1994 年"小学入学率（百分比）"高达 165.65%。相比而言，作为人口大国的中国在这一指标上表现出以 100%为中心的小幅波动，反而证明中国在基础教育水平上的稳定发展以及为满足实际需求的小幅调整。而美国这一指标数值始终未达到 100%，在人均 GDP 等于 10 000 时，仅达到 91.07%，则显示出美国基础教育水平不高，基础资源供给存在不足。

但究竟这一指标数值的合理值为多少，则有待于各国基于其实际水平进行探究（本部分暂将阈值界定为 110%，即在此范围内的增长说明存在正面影响，超过该值的增长反而说明存在负面影响）。但是即使如此，以"小学入学率（百分比）"指标来衡量一个国家的社会发展水平和文明程度仍是可取和有价值的。

5. "城镇人口比重"指标比较

"城镇人口比重"在一定程度上反映了一个国家和地区的社会经济发展水平的高低。该指标指的是，生活在国家统计局定义的城市地区的人口数量和全国人口数量的比值。该指标数据来源于联合国从 1960 年至 2020 年对不同国家的城镇人口数量占总人口数比值的调查。与此同时，我们使用了世界银行从 1960 年至 2020 年对不同国家的人均 GDP（美元）的统计数据，以确定不同国家在到达相应水平值的具体年份。表 6.6 中记录了七大经济体人均 GDP 达到 3000 美元、6000 美元和 10 000 美元时所对应的年份，并记录了该经济体对应年份的"城镇人口比重"，最后进行差异比较。

表 6.6　七大经济体"城镇人口比重"比较（单位：%）

国家	人均 GDP					
	3 000 美元		6 000 美元		10 000 美元	
美国	1960 年	69.97	1972 年	73.62	1978 年	73.68
日本	1972 年	73.45	1977 年	76.00	1983 年	76.49
德国	1971 年	72.33	1975 年	72.56	1978 年	72.73
巴西	1994 年	76.90	2006 年	83.14	2010 年	84.34
墨西哥	1980 年	66.34	1999 年	74.44	2008 年	77.22
俄罗斯	1988 年	73.18	2006 年	73.51	2008 年	73.60
中国	2008 年	46.54	2012 年	51.77	2019 年	60.31

资料来源：联合国，《世界城市化前景报告》；世界银行

从表 6.6 可以看到，在人均 GDP 为 3000 美元、6000 美元和 10 000 美元时，各经济体"城镇人口比重"之间存在较大差异，且各经济体的发展趋势有所不同。横向比较来看，在人均 GDP 为 3000 美元、6000 美元和 10 000 美元时，所选择的七个经济体中，巴西的"城镇人口比重"始终最高，中国的"城镇人口比重"始终最低。

纵向比较来看，人均 GDP 从 3000 美元向 10 000 美元变化过程中，七个经济体的"城镇人口比重"均与 GDP 水平同向增长，其中"城镇人口比重"平均增长最快的是中国，其在 11 年时间里（2008～2019 年）增加了 13.77 个百分点，年均增长速度是最快的。

一般来看，"城镇人口比重"和一个经济体的城市发展、工业化水平、城市建设等因素密切相关。因而，普遍认为"城镇人口比重"越大，一定程度上说明该经济体在上述因素方面越优于其他经济体。但事实也未必如此，如巴西"城镇人口比重"始终最高，但相比于其他经济体巴西的经济发展水平和工业化水平却较低，也因此巴西"城镇人口比重"越大反而越反映出其城市人口过度集中的问题，这也使巴西染上了城市人文和环境恶化的"城市病"。

可见，"城镇人口比重"数值并非越大越好，而是应该和该经济体的城市发展、工业化水平等因素相匹配，控制在一个合理的数值范围内，即用其指标观察一个经济体内部是否存在科学合理的城镇化格局。

中国"城镇人口比重"相比于其他经济体较低，也可能存在着诸多影响因素，不能以此来评判其比重绝对的好坏，但随着中国城市发展和工业化水平等因素的快速提升，"城镇人口比重"的数值在过去较长时间内保持了较之于其他经济体最快的增长速度。但我们仍然要关注这一数值增长的合理性，即可能乡村振兴的发展会使得"城镇人口比重"增长变缓甚至减少。

6. "女性弱势群体就业率"指标比较

妇女是社会进步与发展的重要力量，而"女性弱势群体就业率"是衡量社会进步与文明发展水平的重要指标。该指标指的是，处于就业年龄阶段内，具有残疾、低技能或低收入甚至无收入家庭等特征的成年女性就业人员占女性总就业人数的比重。

　　该指标数据来源于国际劳工组织从 1991 年至 2020 年对女性弱势群体就业情况的调查。与此同时，我们使用了世界银行从 1960 年至 2020 年对不同国家的人均 GDP（美元）的统计数据，以确定不同国家在到达相应水平值的具体年份。表 6.7 中记录了七大经济体人均 GDP 达到 3000 美元、6000 美元和 10 000 美元时所对应的年份，并记录了该经济体对应年份的"女性弱势群体就业率"。由于这一指标数据存在一定程度的缺失，因此以下仅在"女性弱势群体就业率"可比水平下进行比较。

表 6.7　七大经济体"女性弱势群体就业率"比较（单位：%）

国家	人均 GDP					
	3 000 美元		6 000 美元		10 000 美元	
美国	1960 年	—	1972 年	—	1978 年	—
日本	1972 年		1977 年		1983 年	
德国	1971 年		1975 年		1978 年	
巴西	1994 年	32.04	2006 年	30.67	2010 年	26.23
墨西哥	1980 年		1999 年	36.18	2008 年	32.35
俄罗斯	1988 年	—	2006 年	6.83	2008 年	6.56
中国	2008 年	51.73	2012 年	48.50	2019 年	44.76

资料来源：国际劳工组织劳动力市场主要指标数据库，世界银行

　　从表 6.7 可以看到，大部分经济体存在数据缺失。横向比较来看，基于数据完整性下的可比，本部分主要比较的是人均 GDP 等于 10 000 美元和人均 GDP 等于 6000 美元时的"女性弱势群体就业率"，最低的为俄罗斯，最高的为中国，且两个经济体该指标数值相差较大。纵向比较来看，人均 GDP 从 3000 美元向 10 000 美元变化过程中，巴西、墨西哥、俄罗斯、中国这一指标数值与 GDP 水平均表现为反向增长（其他经济体数据缺失而无法判断），指标数值不断下降。下降幅度最大和下降速度最快的是中国，11 年间下降了

6.97 个百分点。

一般来看,"女性弱势群体就业率"和国家的社会保障、性别歧视、就业等因素密切相关。因而,普遍认为"女性弱势群体就业率"越高,一定程度上说明该经济体的女性弱势群体获得了越多的就业机会,也说明该经济体在上述因素方面优于其他经济体。如中国"女性弱势群体就业率"始终是最高的,在一定程度上说明中国的女性弱势群体获得了更多的保障和帮助,这与中国的文明发展水平是密不可分的。

当然,从另一个方面来看,各经济体之所以出现该指标数值的下降,则可能是由于以下两个原因:一是"女性弱势群体"的减少,带来该指标数值的减少;二是行业技术度复杂带来"女性弱势群体"就业机会的减少。但各经济体具体是基于上述什么原因使得"女性弱势群体就业率"减少,则需要进一步探究实际情况。但无论结果如何,以"女性弱势群体就业率"指标来衡量一个国家的社会发展水平和文明程度仍是可取和有价值的。

6.2.3 同等福利水平下人均 GDP 在不同经济体之间的差异比较

在 6.2.2 节中已经明确纳入比较的对象包括中国、俄罗斯、巴西、墨西哥、美国、日本和德国等七大经济体。本节重点要解决的是"同一性"前提条件的水平值确定问题,也即不同福利指标的水平值选定多大,能够较好地反映出人均 GDP 的差异性。由于不同福利指标水平值在各国表现出较为明显的差异,因此不同于前一节中 GDP 水平值的确定,本部分主要是基于数据可得和可比的原则,确立其水平值(具体选择见后文)。

本部分比较的是,在同等福利水平下,人均 GDP 在不同经济体之间的差异。其目的在于从另一个视角来观察人均 GDP 水平的差异性,剔除了不同福利水平对人均 GDP 水平差异的影响,使人均 GDP 水平的可比性更接近事实。具体来说，对于每一个福利指标，笔者先尝试对其数据特征值进行选择，确立了几个可比的水平值，并记录了每一个经济体的福利指标达到这一水平值的对应年份，以及该经济体在这些年份的人均 GDP。最后，综合数据可得和可比的原则，进行不同水平值下的人均 GDP 差异比较。具体来看，各指标分析如下。

1. "出生时的预期寿命"指标水平值相同时，不同经济体"人均 GDP"的比较

不同于 6.2.2 节比较的是"人均 GDP"指标水平值相同下，"出生时的预期寿命"的差异，本部分提出了反向比较的路径，即在假设各经济体"出生时的预期寿命"指标水平值相同时，剔除不同"出生时的预期寿命"指标数值对"人均 GDP"的影响，以观察"人均 GDP"指标数值的差异性。

基于经济体数据的可得性和可比性，表 6.8 中将"出生时的预期寿命"指标水平值分别确定为 55、60、65、70、75 等五个特征值，并记录了该经济体首次达到这一特征值的对应年份的"人均 GDP"指标数值。由于这一指标数据存在一定程度的缺失，因此以下仅在"人均 GDP"可比水平下进行差异比较。

表 6.8　七大经济体在"出生时的预期寿命"相同时的人均 GDP 差异比较（单位：美元）

期望寿命	美国人均 GDP	日本人均 GDP	德国人均 GDP	巴西人均 GDP	墨西哥人均 GDP	俄罗斯人均 GDP	中国人均 GDP
55 岁	—	—	—	251.35	—	—	91.47
60 岁	—	—	—	817.45	4 336.43	—	118.65
65 岁	—	—	—	2 009.04	9 452.58	—	185.42
70 岁	3 066.56	843.62	—	3 749.91	2 247.98	15 420.87	709.41
75 岁	22 857.15	4 674.44	17 764.38	8 710.06	7 075.37	—	6 300.61

资料来源：联合国人口司和联合国经济和社会事务部，世界银行

从表 6.8 可以看到，大部分经济体存在数据缺失。横向比较来看，基于

数据完整性下的可比，本部分主要比较的是"出生时的预期寿命"达到 70
岁和 75 岁时，各个国家的"人均 GDP"差异。在"出生时的预期寿命"达
到 70 岁时，俄罗斯的"人均 GDP"最大，为 15 420.87 美元，远超其他经济
体；中国"人均 GDP"最低，仅为 709.41 美元。在"出生时的预期寿命"达
到 75 岁时（俄罗斯因仍未达到此水平值，因此对应的人均 GDP 值缺失），美
国的"人均 GDP"最高，为 22 857.15 美元；日本的"人均 GDP"最低，仅
为 4674.44 美元。

纵向比较来看，从"出生时的预期寿命"达到 70 岁到 75 岁的变化过程
中，七个经济体的"人均 GDP"均与"出生时的预期寿命"同向增长，其中
"人均 GDP"在这一变化区间内增幅最大的是美国，增幅达到 19 790.59 美元，
增速最快的是中国，达到 788%。

一般来看，"人均 GDP"作为一个经济体经济发展的重要成果，背后体
现的是其经济运行平稳且实力不断增强，产业结构优化调整，科学技术持
续进步，社会保障力度加强，供给侧结构性改革和高质量发展取得阶段性
成效。

在"出生时的预期寿命"相同的条件下进行"人均 GDP"的比较，可以
观察"人均 GDP"是否与"出生时的预期寿命"保持了同向且一致的发展趋
势，这在一定程度上体现出一个经济体生产能力的提升是否带来了福利的提
升，如墨西哥在"出生时的预期寿命"为 70 岁的时候，其"人均 GDP"相
较于预期寿命 65 岁的时候却出现了大幅度的减少，其不同步的原因则需要对
墨西哥当时的国情做进一步分析。

当然，从另一个方面来看，也可能说明"出生时的预期寿命"这一指
标更多地受到其他因素的影响，而不会因某一年的经济衰退而突然消失或
减缓。

2. "医院床位数（每千人）"指标相同时，不同经济体"人均 GDP"的比较

在假设各经济体"医院床位数（每千人）"指标水平值相同时，剔除不同"医院床位数（每千人）"指标数值对"人均 GDP"的影响，以观察"人均 GDP"指标数值的差异性。基于经济体数据的可得性和可比性，表 6.9 中"医院床位数（每千人）"指标水平值分别确定为 2、3……15 等十四个整数特征值，并记录了该经济体首次达到这一特征值的对应年份的"人均 GDP"指标数值。由于这一指标数据存在一定程度的缺失，因此以下仅在"人均GDP"可比水平下进行差异比较。

表 6.9　七大经济体"医院床位数（每千人）"相同时的人均 GDP 差异比较（单位：美元）

医院床位数	美国人均GDP	日本人均GDP	德国人均GDP	巴西人均GDP	墨西哥人均 GDP	俄罗斯人均 GDP	中国人均GDP
2 个	—	—	—	9 928.68	—	—	165.40
3 个	49 882.56	—	—	5 166.16	—	—	6 300.62
4 个	28 690.88	—	—	—	—	—	8 094.36
5 个	22 857.15	—	—	1 205.08	—	—	—
6 个	12 574.79	—	—	—	—	—	—
7 个	7 225.69	—	—	—	—	11 287.36	—
8 个	5 234.30	—	44 542.30	—	—	10 720.33	—
9 个	—	—	23 607.88	—	—	15 974.64	—
10 个	—	—	23 357.76	—	—	11 635.27	—
11 个	—	—	9 429.57	—	—	5 323.46	—
12 个	—	—	—	—	—	2 662.10	—
13 个	—	39 808.17	—	—	—	—	—
14 个	—	35 991.55	—	—	—	—	—
15 个	—	32 423.76	—	—	—	—	—

资料来源：世界卫生组织，世界银行

从表 6.9 可以看到，大部分经济体存在数据缺失。横向比较来看，基于

数据完整性下的可比，本部分主要比较的是"医院床位数（每千人）"达到 3 个床位和 8 个床位时，美国、巴西和中国（3 个床位）以及美国、俄罗斯和德国（8 个床位）的"人均 GDP"差异。在"医院床位数（每千人）"达到 3 个床位时，美国的"人均 GDP"最大，为 49 882.56 美元，远超其他经济体；巴西"人均 GDP"最低，仅为 5166.16 美元。

在"医院床位数（每千人）"达到 8 个床位时，德国的"人均 GDP"最高，为 44 542.30 美元；美国的"人均 GDP"最低，仅为 5234.30 美元。纵向比较来看，在"医院床位数（每千人）"的变化过程中，除中国外的其他经济体的"人均 GDP"均与"医院床位数（每千人）"反向增长。

由于"医院床位数（每千人）"数据的差异巨大，并不存在一个七个经济体均达标的福利指标区间。因此，我们无法横向比较这七个经济体在"医院床位数（每千人）"的变化过程。

在"医院床位数（每千人）"相同的条件下进行"人均 GDP"的比较，可以观察"人均 GDP"是否与"医院床位数（每千人）"保持了同向且一致的发展趋势，这在一定程度上体现出一个经济体生产能力的提升是否带来了福利的提升。

然而，在我们的数据中，只有中国的"医院床位数（每千人）"随着"人均 GDP"的增长持续增长。其他国家都呈反向关系，即"医院床位数（每千人）"随着"人均 GDP"的增长持续降低。但我们必须注意到，中国在"医院床位数（每千人）"这一福利指标上的绝对值较低，不能满足有效的需求，所以可能是其持续上升的原因之一。

从另一个方面来看，其他经济体这一指标与"人均 GDP"的反向增长，可能是"医院床位数（每千人）"这一指标更多地受到其他因素的影响，而不会因某一年的经济衰退而突然消失或减缓，或者该经济体的"医院床位数（每千人）"已达到饱和状态，需要进行适时的缩减。

3. "专利申请量"指标相同时，不同经济体人均 GDP 的比较

在假设各经济体"专利申请量"指标水平值相同时，剔除不同"专利申请量"指标数值对"人均 GDP"的影响，以观察"人均 GDP"指标数值的差异性。基于经济体数据的可得性和可比性，表 6.10 中将"专利申请量"指标水平值分别确定为 100 000、200 000、300 000、400 000、500 000 和 600 000 等六个特征值，并记录了该经济体首次达到这一特征值的对应年份的"人均 GDP"指标数值。由于这一指标数据存在一定程度的缺失，因此以下仅在"人均 GDP"可比水平下进行差异比较。

表 6.10　七大经济体在"专利申请量"相同时的人均 GDP 差异比较（单位：美元）

专利申请量	美国人均GDP	日本人均GDP	德国人均GDP	巴西人均GDP	墨西哥人均 GDP	俄罗斯人均 GDP	中国人均GDP
100 000 件	27 694.85	9 463.35	—	—	—	—	2 099.23
200 000 件	44 114.75	10 421.21	—	—	—	—	3 832.24
300 000 件	—	20 748.99	—	—	—	—	5 614.35
400 000 件	—	—	—	—	—	—	5 614.35
500 000 件	—	—	—	—	—	—	6 300.62
600 000 件	—	—	—	—	—	—	7 020.34

资料来源：世界知识产权组织，世界银行

从表 6.10 可以看到，大部分经济体存在数据缺失。横向比较来看，基于数据完整性下的可比，本部分主要比较的是"专利申请量"达到 100 000 件和 200 000 件时，美国、日本和中国的"人均 GDP"差异。在"专利申请量"达到 100 000 件时，美国的"人均 GDP"最大，为 27 694.85 美元，远超其他经济体；中国"人均 GDP"最低，仅为 2099.23 美元。在"专利申请量"达到 200 000 件时，美国的"人均 GDP"最高，为 44 114.75 美元；中国的"人均 GDP"最低，仅为 3832.24 美元。

纵向比较来看，从"专利申请量"达到 100 000 件到 200 000 件的变化

过程中，七个经济体的"人均 GDP"均与"专利申请量"同向增长，其中"人均 GDP"在这一变化区间内增幅最大的是美国，增幅达到 16 419.9 美元，增速最快的是中国，达到 82.55%。

在"专利申请量"相同的条件下进行"人均 GDP"的比较，可以观察"人均 GDP"是否与"专利申请量"保持了同向且一致的发展趋势，这在一定程度上体现出一个经济体生产能力的提升是否带来了福利的提升，如中国在"专利申请量"从 300 000 件到 600 000 件的过程中，"人均 GDP"仅增长 1044.95 美元（25%），这在一定程度上可以反映中国在科技创新水平上的前瞻性。

4. "小学入学率（百分比）"指标水平值相同时，不同经济体人均 GDP 的比较

在假设各经济体"小学入学率（百分比）"指标水平值相同时，剔除不同"小学入学率（百分比）"指标数值对"人均 GDP"的影响，以观察"人均 GDP"指标数值的差异性。基于经济体数据的可得性和可比性，表 6.11 中将"小学入学率（百分比）"指标水平值分别确定为 90%、100%、110%、120% 四个特征值，并记录了该经济体首次达到这一特征值的对应年份的"人均 GDP"指标数值。由于这一指标数据存在一定程度的缺失，因此以下仅在"人均 GDP"可比水平下进行差异比较。

表 6.11　七大经济体在"小学入学率（百分比）"相同时的人均 GDP 差异比较（单位：美元）

小学入学率	美国人均 GDP	日本人均 GDP	德国人均 GDP	巴西人均 GDP	墨西哥人均 GDP	俄罗斯人均 GDP	中国人均 GDP
90%	6 726.36	—	—	—	—	—	—
100%	14 433.79	17 113.26	23 357.76	—	738.56	—	113.16
110%	—	—	—	—	1 301.33	3 490.45	157.09
120%	—	—	—	3 479.84	3 027.38	2 975.13	178.34

资料来源：联合国教科文组织统计研究所，世界银行

从表 6.11 可以看到，大部分经济体存在数据缺失。横向比较来看，

基于数据完整性下的可比,本部分主要比较的是"小学入学率(百分比)"达到 100%时,美国、日本、德国、墨西哥、中国的"人均 GDP"差异。在"小学入学率(百分比)"达到 100%时,德国的"人均 GDP"最大,为 23 357.76 美元,其次是日本和美国,分别为 17 113.26 美元和 14 433.79 美元,这三个经济体当时的 GDP 远超墨西哥和中国,中国"人均 GDP"仅为 113.16 美元。

纵向比较来看,美国、日本、德国的"小学入学率(百分比)"从未达到过 110%和 120%,说明该指标稳定在 100%左右。美国、墨西哥、中国的"人均 GDP"均与"小学入学率(百分比)"同向增长,其中美国"人均 GDP"增幅最大,而中国的"人均 GDP"则小幅提升。在"小学入学率(百分比)"相同的条件下进行"人均 GDP"的比较,可以观察"人均 GDP"是否与"小学入学率(百分比)"保持了同向且一致的发展趋势,这在一定程度上体现出一个经济体生产能力的提升是否带来了福利的提升,如俄罗斯在"小学入学率(百分比)"为 120%的时候,其"人均 GDP"相较于 110%时候却出现了衰退的趋势,其不同步的原因则需要对俄罗斯当时的国情做进一步分析。当然,从另一个方面来看,也可能说明"小学入学率(百分比)"这一指标更多地受到其他因素的影响。

5. "城镇人口比重"指标相同时,不同经济体人均 GDP 的比较

在假设各经济体"城镇人口比重"指标水平值相同时,剔除不同"城镇人口比重"指标数值对"人均 GDP"的影响,以观察"人均 GDP"指标数值的差异性。基于经济体数据的可得性和可比性,表 6.12 中将"城镇人口比重"指标水平值分别确定为 20%、25%、30%……90%等十五个特征值,并记录了该经济体首次达到这一特征值的对应年份的"人均 GDP"指标数值。由于这一指标数据存在一定程度的缺失,因此以下仅在"人均 GDP"可比水平下进行差异比较。

表 6.12　七大经济体在"城镇人口比重"相同时的人均 GDP 差异比较（单位：美元）

城镇人口比重	美国人均GDP	日本人均GDP	德国人均GDP	巴西人均GDP	墨西哥人均 GDP	俄罗斯人均 GDP	中国人均GDP
20%	—	—	—	—	—	—	194.80
25%	—	—	—	—	—	—	310.88
30%	—	—	—	—	—	—	473.49
35%	—	—	—	—	—	—	959.37
40%	—	—	—	—	—	—	1 508.67
45%	—	—	—	—	—	—	2 693.97
50%	—	—	—	258.61	345.23	—	5 614.35
55%	—	—	—	445.02	534.27	—	8 016.43
60%	—	—	—	1 205.08	826.48	—	10 143.84
65%	—	639.64	—	1 966.90	2 034.99	—	—
70%	3 066.56	1 451.34	—	1 857.09	2 247.98	—	—
75%	22 857.15	4 674.45	23 607.88	2 127.51	7 544.57	—	—
80%	46 298.73	32 820.79	—	3 479.84	9 686.99	—	—
85%	—	37 812.90	—	12 300.39	—	—	—
90%	—	44 968.16	—	—	—	—	—

资料来源：联合国，《世界城市化前景报告》；世界银行

从表 6.12 可以看到，大部分经济体存在数据缺失。横向比较来看，基于数据完整性下的可比，本部分主要比较的是"城镇人口比重"达到 60% 和 75%时，巴西、墨西哥和中国（60%），以及美国、日本、德国、巴西和墨西哥（75%）"人均 GDP"差异。在"城镇人口比重"达到 60%时，中国的"人均 GDP"最大，为 10 143.84 美元，远超其他经济体；墨西哥"人均 GDP"最低，仅为 826.48 美元。在"城镇人口比重"达到 75%时，德国的"人均 GDP"最高，为 23 607.88 美元，美国的"人均 GDP"也较为接近，为 22 857.15 美元；巴西的"人均 GDP"最低，仅为 2127.51 美元。

纵向比较来看，在"城镇人口比重"达到 70% 到 75% 的变化过程中，四个经济体（美国、巴西、日本和墨西哥）的"人均 GDP"均与"城镇人口比重"同向增长，其中在这一变化区间内"人均 GDP"增幅最大的是美国，增幅达到 19 790.59 美元，增速最快的也是美国，达到 645%。

在"城镇人口比重"相同的条件下进行"人均 GDP"的比较，可以观察"人均 GDP"是否与"城镇人口比重"保持了同向且一致的发展趋势，这在一定程度上体现出一个经济体生产能力的提升是否带来了福利的提升，如德国的"城镇人口比重"始终维持在 75%，其不同步的原因则需要对德国的国情做进一步分析。当然，从另一个方面来看，也可能说明"城镇人口比重"这一指标更多地受到其他因素的影响，而不会因经济的增长而持续增长。

6. "女性弱势群体就业率"指标相同时，不同经济体人均 GDP 的比较

在假设各经济体"女性弱势群体就业率"指标水平值相同时，剔除不同"女性弱势群体就业率"指标数值对"人均 GDP"的影响，以观察"人均 GDP"指标数值的差异性。基于经济体数据的可得性和可比性，表 6.13 中将"女性弱势群体就业率"指标水平值分别确定为 10%、20%、30%、40%、50% 和 60% 等六个特征值，并记录了该经济体首次达到这一特征值的对应年份的"人均 GDP"指标数值。由于这一指标数据存在一定程度的缺失，因此以下仅在"人均 GDP"可比水平下进行差异比较。

表 6.13　七大经济体在"女性弱势群体就业率"相同时的人均 GDP 差异比较（单位：美元）

女性弱势群体就业率	美国人均 GDP	日本人均 GDP	德国人均 GDP	巴西人均 GDP	墨西哥人均 GDP	俄罗斯人均 GDP	中国人均 GDP
10%	—	49 145.28	—	—	—	—	—
20%	—	44 197.62	—	—	—	—	—
30%	—	—	—	7 348.19	9 287.85	—	—
40%	—						

女性弱势群体就业率	美国人均GDP	日本人均GDP	德国人均GDP	巴西人均GDP	墨西哥人均GDP	俄罗斯人均GDP	中国人均GDP
50%	—	—	—	—	—	—	4 550.45
60%	—	—	—	—	—	—	828.58

资料来源：国际劳工组织的劳动力市场主要指标数据库，世界银行

从表6.13可以看到，大部分经济体存在数据缺失。横向比较来看，基于数据完整性下的可比，本部分主要比较的是"女性弱势群体就业率"达到30%时，巴西和墨西哥的"人均GDP"差异。在"女性弱势群体就业率"达到30%时，墨西哥的"人均GDP"较高，为9287.85美元；巴西的"人均GDP"较低，仅为7348.19美元。

在"女性弱势群体就业率"相同的条件下进行"人均GDP"的比较，可以观察"人均GDP"与"女性弱势群体就业率"是否保持了一致的发展趋势，这在一定程度上体现出一个经济体生产能力的提升是否带来了福利的提升，如中国在"女性弱势群体就业率"为50%的时候，其"人均GDP"相较于60%的时候却出现了大幅度的提高，这可能说明随着中国经济水平的提升，女性弱势群体的减少带来了"女性弱势群体就业率"的降低。

6.2.4 同等指标期间值在不同经济体之间实现时长（年份）的差异比较

本节中，探讨的是在同等期间值条件下，各经济体达到上述期间值所需要的时长（年份）。首先需要明确的是，不同指标的期间值设定不同，会使得相异性比较出现不同的结果。和前两节将指标时点值作为"同一性"前提条件不同，本节中"同一性"前提条件选择的是期间值。比较的目的在于探讨各经济体中指标数值变化的速度。

将完成相同福利指标固定变化量的时间长度进行比较，弱化了"生产能

力指标""福利指标"对彼此影响的假设，强调了从经济体本身探讨其对文明提升所做的努力和发展的结果，提供了多元化的比较视角。同时，我们基于数据可比的条件，在较大的尺度下选择了多种不同的比较区间，能够提供更加全面的、长期的经济体发展之间的对比，弥补了单一区间对比可能存在的偏差。

本部分共选取 7 个指标，具体包括"出生时的预期寿命"、"医院床位数（每千人）"、"专利申请量"、"小学入学率（百分比）"、"城镇人口比重"、"女性弱势群体就业率"和"人均 GDP"（现价美元）（有关指标的定义和数据来源都已在前文中做出说明）。具体来看，7 个指标的数据共包含两个部分：第一部分是各个经济体达到指标时点值的年份；第二部分是各个经济体完成福利指标时期值所用的时间。

1. "出生时的预期寿命"期间值相同下，经济体实现时长比较

本部分首先将"出生时的预期寿命"指标数值进行划分，分别选取了 55、60、65、70、75 五个值作为特征点，并对应七大经济体"出生时的预期寿命"调查数据选取了首次达到这一特征值的年份，详情见表 6.14。接下来，对完成每一个特征点变化区间所用的时长进行计算，表 6.15 展示了不同经济体 [55，60]、[60，65]、[65，70]、[70，75]所用的时长。

表 6.14 七大经济体"出生时的预期寿命"实现的时间点

期望寿命	美国	日本	德国	巴西	墨西哥	俄罗斯	中国
55 岁	—	—	—	1962 年	—	—	1968 年
60 岁	—	—	—	1973 年	1967 年	—	1971 年
65 岁	—	—	—	1987 年	1977 年	1960 年	1977 年
70 岁	1961 年	1964 年	1964 年	2000 年	1988 年	2012 年	1996 年
75 岁	1989 年	1975 年	1989 年	2016 年	2003 年	—	2012 年

资料来源：联合国人口司和联合国经济和社会事务部，世界银行

表 6.15 七大经济体"出生时的预期寿命"区间内实现的时长（单位：年）

期望寿命	美国	日本	德国	巴西	墨西哥	俄罗斯	中国
55～60 岁	—	—	—	11	—	—	3
60～65 岁	—	—	—	14	10	—	6
65～70 岁	—	—	—	13	11	52	19
70～75 岁	28	11	25	16	15	—	16

资料来源：联合国人口司和联合国经济和社会事务部，世界银行

从表 6.14 可以看到，美国、日本、德国存在大量数据缺失，巴西和中国的该指标数据则最为完整。其原因可能在于，美国、日本、德国在本核算时间前（从 1960 年开始统计）其期望寿命值就已超越了 65 岁，因而无法获取其对应的年份。从表 6.15 可以看到，横向比较来看，基于数据完整性下的可比，本部分主要比较的是期望寿命在[70，75]区间内，各经济体实现的时间。除去俄罗斯（期望寿命目前仍未达到 75 岁），日本所用的时间最短，即 11 年；美国所用的时间最长，即 28；其次为德国，用了 25 年；中国和巴西所用的时间相同，均为 16 年。

从表 6.15 可以看到，纵向比较来看，墨西哥实现 5 年一增的期望寿命区间所用的时间在不断增加，相较于[65，70]区间所用的 11 年时间，实现[70，75]区间用了 15 年时间。中国在[70，75]区间所用的时间则比上一个区间实现时间缩短了 3 年。这从一定程度上反映出中国经济水平和福利水平的快速提升，使之缩短了预期寿命延长实现的时间。同时，中国实现[55，75]这一区间跨越仅用了 44 年，相比于其他经济体，实现时间是较短的，即通过较少的时间实现了和美国、日本、德国一样的预期寿命。这也进一步说明中国的经济社会发展保持了较长时间的快速发展。尤为凸显的是俄罗斯，其在长达 52 年的时间中，其期望寿命值始终处于[65，70]区间，没有超过70 岁。这也在一定程度上反映出苏联解体给俄罗斯经济和人口流动带来的

冲击和较长时间的影响。证明只有维持社会长时间的稳定和经济持续的快速发展才可能缩短期望寿命延长所用的时间。

2. "医院床位数（每千人）"期间值相同下，经济体实现时长比较

本部分首先将"医院床位数（每千人）"指标数值进行划分，分别选取了2 至 15 这十四个值作为特征点，并对应七大经济体"医院床位数（每千人）"调查数据选取了首次达到这一特征值的年份，相关结果见表 6.16。接下来，对完成每一个特征点变化区间所用的时长进行计算，表 6.17 展示了不同经济体[2，3]、[3，4]……[13，14]、[14，15]所用的时长。

表 6.16 七大经济体"医院床位数（每千人）"实现的时间点

医院床位数（每千人）	美国	日本	德国	巴西	墨西哥	俄罗斯	中国
2 个	—	—	—	2017 年	—	—	1976 年
3 个	2011 年	—	—	1996 年	—	—	2012 年
4 个	1995 年	—	—	—	—	—	2016 年
5 个	1989 年	—	—	1975 年	—	—	—
6 个	1980 年	—	—	—	—	—	—
7 个	1974 年	—	—	—	—	2018 年	—
8 个	1970 年	—	2017 年	—	—	2017 年	—
9 个	—	—	2001 年	—	—	2013 年	—
10 个	—	—	1991 年	—	—	2008 年	—
11 个	—	—	1985 年	—	—	2005 年	—
12 个	—	—	—	—	—	1994 年	—
13 个	—	2018 年	—	—	—	1986 年	—
14 个	—	2006 年	—	—	—	—	—
15 个	—	1998 年	—	—	—	—	—

资料来源：世界卫生组织，世界银行

表 6.17　七大经济体"医院床位数（每千人）"区间内实现的时长（单位：年）

医院床位数（每千人）	美国	日本	德国	巴西	墨西哥	俄罗斯	中国
2～3 个	—	—	—	−21	—	—	36
3～4 个	−16	—	—	−21	—	—	4
4～5 个	−6	—	—	—	—	—	—
5～6 个	−9	—	—	—	—	—	—
6～7 个	−6	—	—	—	—	—	—
7～8 个	−4	—	—	—	—	−1	—
8～9 个	—	—	−16	—	—	−4	—
9～10 个	—	—	−10	—	—	−5	—
10～11 个	—	—	−6	—	—	−3	—
11～12 个	—	—	—	—	—	−11	—
12～13 个	—	—	—	—	—	−8	—
13～14 个	—	−12	—	—	—	—	—
14～15 个	—	−8	—	—	—	—	—

资料来源：世界卫生组织，世界银行

从表 6.16 可以看到，不同国家的"医院床位数（每千人）"差异极大。例如，墨西哥的"医院床位数（每千人）"始终未达到 2，所以表 6.16 中没有此国家的数据，而日本、德国、俄罗斯的"医院床位数（每千人）"始终不小于 7，高于中国的"医院床位数（每千人）"的最大值。我们需要注意到，除了中国的"医院床位数（每千人）"始终维持着上升之外，其他国家的"医院床位数（每千人）"始终处于下降的趋势，但是中国这项指标绝对值仍然小于日本、德国和俄罗斯。不过当前中国的"医院床位数（每千人）"指标（2016年上升至 4）已经超越了美国（2011 年下降至 3）和巴西。

由表 6.17 可以进一步看到，由于大部分国家的"医院床位数（每千人）"始终处于下降的趋势，所以区间内实现的时间用负值来表示（如日本"14～15"区间内对应的"−8"，是用表 6.16 中对应的 1998 年减去 2006 年得到，表示随着时间的增加，其床位数的减少）。横向比较来看，各国的此指标差异过大，所以同一区间内可比的国家较少，不易得出结论。

纵向比较来看，俄罗斯的"医院床位数（每千人）"下降最快，近十年下降了 3 个单位。美国、日本、德国和巴西达到一个相对稳定的状态，"医院床位数（每千人）"下降 1 的速度超过了 10 年。而中国的"医院床位数（每千人）"正在提高中。在"医院床位数（每千人）"从 3 变化到 4 的过程中，中国仅用了 4 年的时间从 3 提高到 4，而美国 16 年间里从 4 降到 3，巴西在 21 年间从 4 降到 3。这在一定程度上反映出各经济体对健康医疗的投入成本以及对民生的重视程度。当然，正如上一节对该指标的解释，"医院床位数（每千人）"需要控制在合理的范围内，即与需求保持一致，而非越多越好，更不是越少越好。

3. "专利申请量"期间值相同下，经济体实现时长比较

本部分首先将"专利申请量"指标数值进行划分，分别选取了 100 000 至 600 000 这六个值作为特征点，并对应七大经济体"专利申请量"调查数据选取了首次达到这一特征值的年份，进行了记录（见表 6.18）。接下来，对完成每一个特征点变化区间所用的时长进行计算，表 6.19 展示了不同经济体 [100 000，200 000]、[200 000，300 000]……[500 000，600 000] 所用的时长。

表 6.18　七大经济体"专利申请量"实现的时间点

专利申请量	美国	日本	德国	巴西	墨西哥	俄罗斯	中国
100 000 件	1994 年	1980 年	—	—	—	—	2006 年
200 000 件	2005 年	1983 年	—	—	—	—	2009 年
300 000 件	—	1987 年	—	—	—	—	2011 年
400 000 件	—	—	—	—	—	—	2011 年
500 000 件	—	—	—	—	—	—	2012 年
600 000 件	—	—	—	—	—	—	2013 年

资料来源：世界银行

表 6.19　七大经济体"专利申请量"区间内实现的时长（单位：年）

专利申请量	美国	日本	德国	巴西	墨西哥	俄罗斯	中国
100 000～200 000 件	11	3	—	—	—	—	3
200 000～300 000 件	—	4	—	—	—	—	2
300 000～400 000 件	—	—	—	—	—	—	0
400 000～500 000 件	—	—	—	—	—	—	1
500 000～600 000 件	—	—	—	—	—	—	1

资料来源：世界银行

从表 6.18 可以看到，除了中国、美国和日本之外，其他国家每年的"专利申请量"均小于 100 000 件，并且中国的"专利申请量"是美国和日本的两倍以上。从表 6.19 可以看到，中国和日本的"专利申请量"在基础值较小（100 000 提升至 200 000）的情况下是类似的（3 年左右），而美国的"专利申请量"增长较为缓慢（11 年），说明中国目前仍处于"专利申请量"的高速提升阶段，每年增长量维持在 100 000 件。

4. "小学入学率（百分比）"期间值相同下，经济体实现时长比较

本部分首先将"小学入学率（百分比）"指标数值进行划分，分别选取了90%、100%、110%、120%这四个值作为特征点，并对应七大经济体"小学入学率（百分比）"调查数据选取了首次达到这一特征值的年份，相关记录见表 6.20。接下来，对完成每一个特征点变化区间所用的时长进行计算，表 6.21 展示了不同经济体[90，100]、[100，110]、[110，120]所用的时长。

表 6.20　七大经济体"小学入学率（百分比）"实现的时间点

小学入学率	美国	日本	德国	巴西	墨西哥	俄罗斯	中国
90%	1973 年	—	—	—	—	—	—
100%	1982 年	1986 年	1991 年	—	1971 年	1974 年	1970 年
110%	—	—	—	1977 年	1991 年	1973 年	—
120%	—	—	—	1999 年	1980 年	2003 年	1975 年

资料来源：世界银行

表 6.21 七大经济体"小学入学率（百分比）"区间内实现的时长（单位：年）

小学入学率	美国	日本	德国	巴西	墨西哥	俄罗斯	中国
90%~100%	9	—	—	—	—	—	—
100%~110%	—	—	—	—	6	17	3
110%~120%	—	—	—	—	3	8	2

资料来源：世界银行

从表 6.20 我们可以看到，美国、日本和德国的"小学入学率（百分比）"较低，没有超出过 100%，并且基本稳定在 100%左右，而剩下四个国家的"小学入学率（百分比）"较高，巴西从未低于过 120%。因此，在比较"小学入学率（百分比）"指标中，我们主要关注墨西哥、俄罗斯和中国的数据变化情况。进一步对表 6.21 分析，综合横向和纵向比较来看，基于数据完整性下的可比，本部分主要比较的是小学入学率在[100，110]区间以及[110，120]区间各经济体实现的时间。俄罗斯的"小学入学率（百分比）"福利指标提升最为缓慢，从 100%到 120%共计 25 年，而中国这方面提升迅速，从 100%到 120%仅仅用了 5 年，其次为墨西哥，所用时间为 9 年。这在一定程度上反映了中国在教育事业方面的快速发展，体现了义务制教育的优势。

5. "城镇人口比重"期间值相同下，经济体实现时长比较

本部分首先将"城镇人口比重"指标数值进行划分，分别选取了 20%、25%……85%、90%这十五个值作为特征点，并对应七大经济体"城镇人口比重"调查数据选取了首次达到这一特征值的年份，相关记录见表 6.22。接下来，对完成每一个特征点变化区间所用的时长进行计算，表 6.23 展示了不同经济体[20，25]、[25，30]……[85，90]所用的时长。

表 6.22 七大经济体"城镇人口比重"实现的时间点

城镇人口比重	美国	日本	德国	巴西	墨西哥	俄罗斯	中国
20%	—	—	—	—	—	—	1980 年
25%	—	—	—	—	—	—	1989 年
30%	—	—	—	—	—	—	1994 年
35%	—	—	—	—	—	—	2000 年
40%	—	—	—	—	—	—	2004 年
45%	—	—	—	1960 年	—	—	2007 年
50%	—	—	—	1964 年	1960 年	—	2011 年
55%	—	—	—	1970 年	1966 年	1962 年	2015 年
60%	—	—	—	1975 年	1972 年	1968 年	2019 年
65%	—	1962 年	—	1980 年	1979 年	1974 年	—
70%	1961 年	1968 年	1960 年	1986 年	1988 年	1981 年	—
75%	1989 年	1975 年	2001 年	1992 年	2001 年	—	—
80%	2006 年	2002 年	—	1999 年	2018 年	—	—
85%	—	2005 年	—	2013 年	—	—	—
90%	—	2010 年	—	—	—	—	—

资料来源：世界银行

表 6.23 七大经济体"城镇人口比重"区间内实现的时长（单位：年）

城镇人口比重	美国	日本	德国	巴西	墨西哥	俄罗斯	中国
20%~25%	—	—	—	—	—	—	9
25%~30%	—	—	—	—	—	—	5
30%~35%	—	—	—	—	—	—	6
35%~40%	—	—	—	—	—	—	4
40%~45%	—	—	—	—	—	—	3
45%~50%	—	—	—	4	—	—	4
50%~55%	—	—	—	6	6	—	4
55%~60%	—	—	—	5	6	6	4
60%~65%	—	—	—	5	7	6	—

续表

城镇人口比重	美国	日本	德国	巴西	墨西哥	俄罗斯	中国
65%～70%	—	6	—	6	9	7	—
70%～75%	28	7	41	6	13		
75%～80%	17	27		7	17		
80%～85%	—	3	—	14	—	—	
85%～90%		5		—	—		

资料来源：世界银行

　　从表 6.22 可以看到，基于数据完整性下的可比，我们对"城镇人口比重"在 70%水平下的各个经济体进行比较，发现德国（1960 年）率先达到 70%，其次是美国（1961 年）和日本（1968 年），发达国家在这方面具有绝对的优势，且大部分国家在城镇人口比重达到 70%之后增长放缓。而中国的这一指标的最新数据仅为 60%，仍有较大的提升空间。此外，达到 85%的只有日本和巴西，且日本（2010 年）是唯一达到 90%的国家。

　　进一步对表 6.23 分析后发现，在"城镇人口比重"达到 70%之后，德国、美国的增速极慢，其中美国在 45 年中才将"城镇人口比重"从 70%提升到 80%（1961～2006 年），而德国更是用了 41 年的时间才将"城镇人口比重"从 70%提升到 75%（1960～2001 年）。日本除了在 1975～2002 年间"城镇人口比重"增长缓慢之外，其余年份几乎都以每 5 年增长 5%的增速提高"城镇人口比重"，且目前也是七个经济体中"城镇人口比重"最高的国家。巴西、墨西哥和俄罗斯在"城镇人口比重"达到 70%之前的增速较快，都是每 6 年增长 5%的"城镇人口比重"。而中国目前的"城镇人口比重"仍只有 60%，还有很高的高速提升空间。

6. "女性弱势群体就业率"期间值相同下，经济体实现时长比较

　　本部分首先将"女性弱势群体就业率"指标数值进行划分，分别选取了

0、10%……50%、60%这七个值作为特征点，并对应七大经济体"女性弱势群体就业率"调查数据选取了首次达到这一特征值的年份，相关记录见表6.24。接下来，对完成每一个特征点变化区间所用的时长进行计算，表 6.25 展示了不同经济体"女性弱势群体就业率"在不同区间内实现的时长。

表6.24　七大经济体"女性弱势群体就业率"实现的时间点

女性弱势群体就业率	美国	日本	德国	巴西	墨西哥	俄罗斯	中国
0	—	—	—	—	—	—	—
10%	—	2012 年	—	—	—	—	—
20%	—	1995 年	—	—	—	—	—
30%	—	—	—	2007 年	2017 年	—	—
40%	—	—	—	—	—	—	—
50%	—	—	—	—	—	—	2010 年
60%	—	—	—	—	—	—	1998 年

资料来源：世界银行

表6.25　七大经济体"女性弱势群体就业率"区间内实现的时长（单位：年）

女性弱势群体就业率	美国	日本	德国	巴西	墨西哥	俄罗斯	中国
0～10%	—	—	—	—	—	—	—
10%～20%	—	17	—	—	—	—	—
20%～30%	—	—	—	—	—	—	—
30%～40%	—	—	—	—	—	—	—
40%～50%	—	—	—	—	—	—	—
50%～60%	—	—	—	—	—	—	12
60%～70%	—	—	—	—	—	—	—

资料来源：世界银行

从表6.24可以看到，各经济体"女性弱势群体就业率"随着时间逐渐降低，这一方面可能是因为女性弱势群体在女性就业人数中占比的减少，另一方面也可能是由于产业复杂度的提升带来了女性弱势群体就业人数的减少。至于具体是什么原因，则需要对各经济体的具体情况做深入研究。

由于德国、美国和俄罗斯的"女性弱势群体就业率"始终低于 10%，所以在该表格中未出现对应年份。中国该指标数值未低于 50%。对比表 6.25，综合横向和纵向分析可以看到，大部分国家的"女性弱势群体就业率"较为稳定，从 1991 年至 2019 年的三十年间变化均未超过 20%。其中，日本用了 17 年时间，将女性弱势群体就业率从 20% 降到了 10%。中国用了 12 年时间，将女性弱势群体就业率从 60% 降到了 50%。

7. "人均 GDP"期间值相同下，经济体实现时长比较

本部分首先将"人均 GDP"指标数值进行划分，分别选取了 3000 美元、6000 美元和 10 000 美元这三个值作为特征点，并对应七大经济体"人均 GDP"调查数据选取了首次达到这一特征值的年份，相关记录见表 6.26。接下来，对完成每一个特征点变化区间所用的时长进行计算，表 6.27 展示了不同经济体[3000，6000]、[6000，10 000]所用的时长。

表 6.26　七大经济体"人均 GDP"实现的时间点

人均 GDP	美国	日本	德国	巴西	墨西哥	俄罗斯	中国
3 000 美元	1960 年	1972 年	1971 年	1994 年	1980 年	1988 年	2008 年
6 000 美元	1972 年	1977 年	1975 年	2006 年	1999 年	2006 年	2012 年
10 000 美元	1978 年	1983 年	1978 年	2010 年	2008 年	2008 年	2019 年

资料来源：世界银行

表 6.27　七大经济体"人均 GDP"区间内实现的时长（单位：年）

人均 GDP	美国	日本	德国	巴西	墨西哥	俄罗斯	中国
3 000～6 000 美元	12	5	4	12	19	18	4
6 000～10 000 美元	6	6	3	4	9	2	7

资料来源：世界银行

从表 6.26 可以看到，各经济体"人均 GDP"随着时间逐渐增加。其中德国在两个区间内实现的时间较短，这一定程度上说明德国经济体经济的快速发展，带来了人均 GDP 的快速增长。对比表 6.27，在[6000，10 000]的区间内，俄罗斯实现时间最短，墨西哥实现时间最长，这也说明在这一阶段，俄罗斯经济快速增长，即在 2006～2008 年间俄罗斯的经济增长较快。中国在从 2018 年到 2012 年的"人均 GDP"增长较快，相比之下中国从 2012 年到 2019 年的"人均 GDP"增长相对缓慢一些，但这也在一定程度上说明中国这一阶段正在进行产业结构调整和优化转型，开始放慢脚步，在稳步提升的基础上注重高质量经济发展。

6.2.5　剔除人均 GDP 影响下福利指标相对数的差异比较

本节中，探讨的是在剔除人均 GDP 影响下，对不同经济体福利指标相对数的差异比较。其目的在于从另一个视角来观察福利指标的相对水平差异。为了更好地观察各经济体福利指标的相对水平差异，本节主要关注的是各指标相对数的长期变化趋势，也即各福利指标相对于人均 GDP 的变化趋势。

与前文选定的福利指标相同，本部分主要将"出生时的预期寿命"、"医院床位数（每千人）"、"专利申请量"、"小学入学率（百分比）"、"城镇人口比重"和"女性弱势群体就业率"等六个福利指标与其对应年份下的"人均 GDP"指标数值相除，得到剔除人均 GDP 影响下的福利指标的相对数。具体来看，各指标分析如下。

1. "出生时的预期寿命"指标相对数的比较

由于七大经济体从 1960 年到 2020 年的"出生时的预期寿命"指标存在不同年份上的指标数据缺失，为实现有效数据可比，表 6.28 仅计算了 1988～2020 年"出生时的预期寿命"指标与其对应年份的"人均 GDP"的比值，具体结果见表 6.28。

表 6.28 1998～2020 年 "出生时的预期寿命" 与 "人均 GDP" 的比值（单位：‰）

年份	巴西	中国	德国	日本	墨西哥	俄罗斯	美国
1988	30.536	243.192	4.171	3.129	31.167	18.390	3.491
1989	27.807	222.123	4.223	3.175	26.217	20.174	3.282
1990	25.300	217.516	3.373	3.107	22.770	19.723	3.149
1991	29.542	207.845	3.225	2.736	19.456	19.618	3.096
1992	31.559	189.256	2.868	2.520	17.170	21.580	2.975
1993	28.763	184.149	2.973	2.222	12.735	22.157	2.858
1994	20.615	147.141	2.817	1.995	12.346	24.217	2.730
1995	14.388	114.630	2.414	1.800	18.481	24.267	2.636
1996	13.297	98.870	2.515	2.049	16.528	24.908	2.537
1997	13.075	90.091	2.858	2.257	13.852	24.364	2.429
1998	13.646	85.371	2.839	2.483	13.432	36.531	2.331
1999	20.049	81.374	2.908	2.201	12.017	49.582	2.219
2000	18.698	74.421	3.297	2.070	10.386	36.963	2.109
2001	22.296	68.115	3.318	2.366	9.896	31.130	2.069
2002	24.939	62.743	3.119	2.485	9.867	27.393	2.023
2003	23.179	56.168	2.592	2.310	10.617	21.857	1.950
2004	19.666	48.181	2.311	2.142	10.053	15.959	1.858
2005	15.008	41.624	2.287	2.167	9.097	12.310	1.757
2006	12.276	34.904	2.179	2.287	8.303	9.642	1.678
2007	9.882	27.303	1.912	2.306	7.804	7.426	1.626
2008	8.262	21.288	1.755	2.071	7.507	5.840	1.613
2009	8.525	19.341	1.924	2.008	9.388	8.021	1.664
2010	6.523	16.352	1.926	1.842	8.096	6.449	1.621
2011	5.581	13.307	1.724	1.694	7.352	4.869	1.577
2012	5.999	11.906	1.836	1.691	7.320	4.544	1.526
2013	6.055	10.729	1.739	2.038	6.986	4.418	1.483
2014	6.171	9.904	1.691	2.173	6.854	5.019	1.432

续表

年份	巴西	中国	德国	日本	墨西哥	俄罗斯	美国
2015	8.509	9.472	1.963	2.397	7.789	7.643	1.384
2016	8.637	9.415	1.923	2.132	8.567	8.231	1.354
2017	7.600	8.673	1.818	2.162	8.069	6.758	1.307
2018	8.269	7.744	1.687	2.115	7.742	6.437	1.247
2019	8.528	7.582	1.730	2.069	7.543	6.356	1.207
2020	11.194	7.391	1.762	2.106	9.020	7.159	1.240

资料来源：世界银行

　　从表 6.28 可以看到，各单元格中分别是不同经济体在不同年份下"出生时的预期寿命"与"人均 GDP"的比值。如果单独来看，各单元格中的孤立数据很难进行经济意义上的解释，但若从整体来看，图 6.1 展示了各单元格中数据的变化趋势，则能够得到有价值的信息。

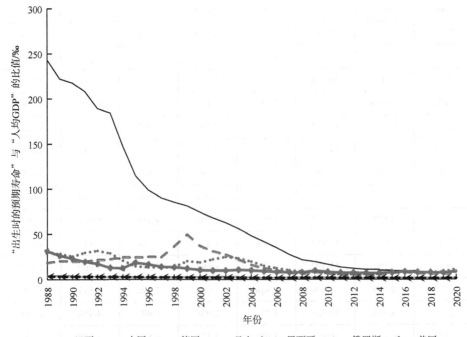

图 6.1　1988~2020 年七大经济体"出生时的预期寿命"与"人均 GDP"的比值

图 6.1 显示，从长期变化趋势来看，中国的"出生时的预期寿命"这一相对比值变化最大，且呈现快速下降趋势；墨西哥则表现为极为缓慢的下降趋势。俄罗斯和巴西则表现出时而上升时而下降的小幅变化趋势；美国、日本、德国该指标数值则保持了极为平稳的发展趋势。这在一定程度上说明，美国、日本、德国的"出生时的预期寿命"与"人均 GDP"保持了极为同步的变化趋势，而中国的快速下降则表示其"人均 GDP"的增速远高于"出生时的预期寿命"的增速，进一步反映中国经济保持了快速且长期的发展。

2. "医院床位数（每千人）"指标相对数的比较

由于七大经济体从 1960～2020 年的"医院床位数（每千人）"指标存在不同年份上的指标数据缺失，为实现有效数据可比，表 6.29 仅计算了 2005～2017 年"医院床位数（每千人）"指标与其对应年份的"人均 GDP"的比值，具体结果见表 6.29。

表 6.29　2005～2017 年"医院床位数（每千人）"与"人均 GDP"的比值（单位：‰）

年份	巴西	中国	德国	日本	墨西哥	俄罗斯	美国
2005	0.526	1.049	0.245	0.372	0.127	2.068	0.073
2006	0.421	0.910	0.229	0.388	0.112	1.575	0.069
2007	0.336	0.739	0.198	0.388	0.110	1.177	0.065
2008	0.276	0.614	0.181	0.344	0.103	0.847	0.065
2009	0.283	0.598	0.199	0.330	0.127	1.130	0.065
2010	0.210	0.543	0.199	0.300	0.113	0.881	0.063
2011	0.174	0.479	0.180	0.275	0.102	0.658	0.060
2012	0.184	0.478	0.190	0.272	0.101	0.603	0.057
2013	0.183	0.469	0.179	0.325	0.096	0.568	0.054
2014	0.183	0.465	0.172	0.343	0.094	0.625	0.051
2015	0.244	0.473	0.198	0.377	0.104	0.897	0.049
2016	0.242	0.497	0.191	0.333	0.114	0.937	0.048
2017	0.211	0.489	0.180	0.336	0.107	0.751	0.048

资料来源：世界银行

　　从表 6.29 可以看到，各单元格中分别是不同经济体在不同年份下"医院床位数（每千人）"与"人均 GDP"的比值。如果单独来看，各单元格中的孤立数据很难进行经济意义上的解释，但若从整体来看，图 6.2 展示了各单元格中数据的变化趋势，则能够得到有价值的信息。

　　图 6.2 显示，从长期变化趋势来看，俄罗斯的"医院床位数（每千人）"这一相对比值变化最大，且呈现大致下降的趋势；中国次之，表现为大致下降的趋势。巴西也表现为小幅下降的趋势。日本和德国则表现出小幅上升的趋势。墨西哥和美国则表现为较为平稳的发展趋势。这在一定程度上说明，美国、墨西哥的"医院床位数（每千人）"与"人均 GDP"保持了极为同步的变化趋势，而俄罗斯和中国的快速下降则表示其"人均 GDP"的增速高于"医院床位数（每千人）"的增速，进一步反映了俄罗斯和中国的经济保持了快速且长期的发展。

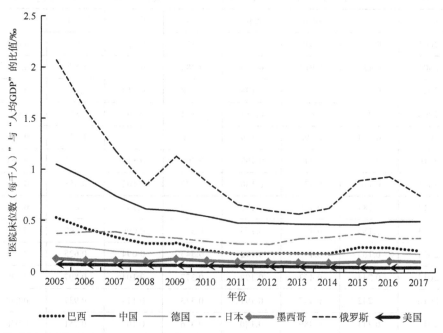

图 6.2　2005～2017 年七大经济体"医院床位数（每千人）"与"人均 GDP"的比值

3. "专利申请量"指标相对数的比较

由于七大经济体从 1960 年到 2020 年的"专利申请量"指标存在不同年份上的指标数据缺失,为实现有效数据可比,表 6.30 仅计算了 1992～2019 年"专利申请量"指标与其对应年份的"人均 GDP"的比值,具体结果见表 6.30。

表 6.30　1992～2019 年"专利申请量"与"人均 GDP"的比值(单位: ‰)

年份	巴西	中国	德国	日本	墨西哥	俄罗斯	美国
1992	987.071	27 348.090	1 282.953	10 743.217	135.471	12 744.923	3 636.061
1993	1 034.458	32 019.940	1 361.615	9 298.087	97.876	9 725.762	3 787.997
1994	688.568	23 635.021	1 355.968	7 994.813	85.064	7 982.408	3 871.947
1995	570.088	16 420.717	1 203.569	7 551.764	109.973	6 583.814	4 320.607
1996	505.404	16 390.999	1 388.250	8 660.144	87.486	6 813.344	3 566.906
1997	521.767	16 209.907	1 648.046	9 798.775	79.408	5 518.028	3 789.487
1998	489.672	16 595.853	1 704.822	11 022.135	82.646	8 967.433	4 101.002
1999	809.232	17 893.314	1 871.928	9 765.893	73.897	14 953.892	4 324.416
2000	847.753	26 419.353	2 188.871	9 808.713	60.214	13 195.461	4 535.446
2001	1 088.205	28 523.184	2 117.471	11 126.343	70.779	11 796.591	4 780.434
2002	1 225.924	34 658.870	1 898.019	11 127.214	69.273	9 973.378	4 845.599
2003	1 259.104	44 053.309	1 581.096	10 121.898	66.145	8 392.588	4 783.742
2004	1 111.809	43 605.350	1 423.097	9 619.473	75.489	5 602.866	4 543.833
2005	846.266	53 315.872	1 401.643	9 731.072	70.551	4 441.470	4 711.962
2006	672.059	58 268.047	1 321.791	9 642.820	63.297	4 029.370	4 790.282
2007	570.753	56 815.776	1 150.666	9 321.048	65.231	3 022.111	5 030.581
2008	484.646	56 102.051	1 083.933	8 278.350	68.387	2 381.723	4 786.601
2009	496.755	59 781.280	1 153.621	7 148.927	102.712	2 989.438	4 775.204

年份	巴西	中国	德国	日本	墨西哥	俄罗斯	美国
2010	374.621	64 403.696	1 132.791	6 450.809	102.574	2 690.587	4 992.649
2011	354.463	74 065.358	1 007.315	5 897.858	104.377	1 851.362	4 966.666
2012	387.867	84 962.022	1 062.967	5 840.093	126.346	1 861.178	5 208.658
2013	403.158	100 413.392	1 023.058	6 644.009	112.819	1 800.666	5 419.879
2014	384.633	104 913.930	1 004.045	6 912.444	114.009	1 707.761	5 178.857
2015	526.549	120 783.419	1 153.268	7 403.726	141.837	3 142.807	5 070.663
2016	597.011	148 866.680	1 151.338	6 605.054	149.808	3 078.152	5 089.967
2017	551.937	141 285.114	1 072.801	6 692.845	143.629	2 124.654	4 889.464
2018	544.180	140 713.466	972.197	6 371.305	160.525	2 208.312	4 520.695
2019	614.101	122 593.438	996.519	6 017.322	131.150	2 029.719	4 367.571

资料来源：世界银行

从表 6.30 可以看到，各单元格中分别是不同经济体在不同年份下"专利申请量"与"人均 GDP"的比值。如果单独来看，各单元格中的孤立数据很难进行经济意义上的解释，但若从整体来看，则能够得到有价值的信息，图 6.3 展示了各单元格中数据的变化趋势。

图 6.3 显示，从长期变化趋势来看，中国的"专利申请量"这一相对比值变化最大，且呈现明显的快速上升的趋势；日本、俄罗斯表现为小幅下降的趋势。其他国家这一指标相对数则表现出较为平稳的发展趋势。这在一定程度上说明，除中国、日本、俄罗斯外的其他经济体其"专利申请量"与"人均 GDP"保持了较为同步的变化趋势，而中国的快速上升则表示其"专利申请量"增速远高于"人均 GDP"的增速，一定程度上反映出中国在技术创新突破上的前瞻性。

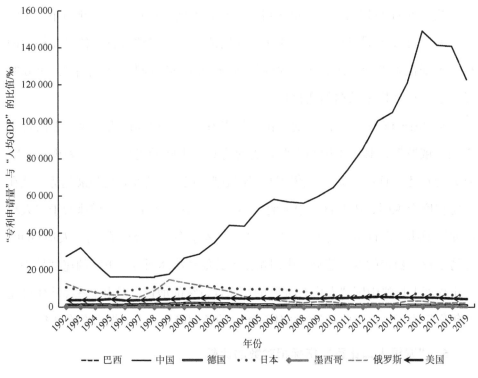

图 6.3 1992~2019 年七大经济体"专利申请量"与"人均 GDP"的比值

4. "小学入学率（百分比）"指标相对数的比较

由于七大经济体从 1960 年到 2020 年的"小学入学率（百分比）"指标存在不同年份上的指标数据缺失，为实现有效数据可比，表 6.31 仅计算了 2016~2018 年"小学入学率（百分比）"指标与其对应年份的"人均 GDP"的比值，具体结果见表 6.31。

表 6.31 2016~2018 年"小学入学率（百分比）"与"人均 GDP"的比值（单位：‰）

年份	巴西	中国	德国	日本	墨西哥	俄罗斯	美国
2016	13.148	12.102	2.438	2.493	12.154	11.466	1.747
2017	11.680	11.274	2.335	2.512	11.388	9.569	1.694
2018	12.509	10.118	2.167	2.451	10.842	9.274	1.606

资料来源：世界银行

从表 6.31 可以看到，各单元格中分别是不同经济体在不同年份下"小学入学率（百分比）"与"人均 GDP"的比值。如果单独来看，各单元格中的孤立数据很难进行经济意义上的解释，但若从不同时间数据变化来看，表 6.31 显示了各单元格中数据的变化趋势。

从 2016 到 2018 年的短期变化趋势来看，比值较高的为巴西、墨西哥、中国、俄罗斯，其中中国和墨西哥表现为总体下降的趋势，巴西表现为有降有升的趋势。日本、美国、德国这一比值则表现为较为平稳的发展趋势。这在一定程度上说明，墨西哥、中国的"小学入学率（百分比）"增速低于"人均 GDP"增速。而日本、美国、德国的"小学入学率（百分比）"与"人均 GDP"保持了较为稳定的变化趋势。中国相比于其他经济体而言，下降的速度最快，一定程度上反映中国"人均 GDP"的快速且持续的增长。但由于各经济体可比的年份仅为三年，因此对各经济体该指标的长期趋势尚不能做出准确判断。

5. "城镇人口比重"指标相对数的比较

由于七大经济体从 1960 年到 2020 年的"城镇人口比重"指标存在不同年份上的指标数据缺失，为实现有效数据可比，表 6.32 仅计算了 1988～2020 年"城镇人口比重"指标与其对应年份的"人均 GDP"的比值，具体结果见表 6.32。

表 6.32　1988～2020 年"城镇人口比重"与"人均 GDP"的比值（单位：‰）

年份	巴西	中国	德国	日本	墨西哥	俄罗斯	美国
1988	33.698	88.080	4.071	3.076	31.345	19.374	3.499
1989	30.840	82.671	4.108	3.111	26.398	21.407	3.285
1990	28.190	83.181	3.278	3.048	22.948	21.013	3.152
1991	33.060	81.983	3.137	2.679	19.611	21.026	3.110
1992	35.461	76.952	2.775	2.470	17.314	23.682	2.994
1993	32.444	77.117	2.880	2.179	12.849	25.039	2.899

续表

年份	巴西	中国	德国	日本	墨西哥	俄罗斯	美国
1994	23.338	63.410	2.722	1.950	12.467	27.563	2.776
1995	16.344	50.784	2.335	1.765	18.677	27.524	2.693
1996	15.157	44.989	2.432	1.996	16.697	27.749	2.591
1997	14.965	42.064	2.757	2.196	13.977	26.799	2.480
1998	15.683	40.874	2.732	2.418	13.535	39.981	2.386
1999	23.132	39.924	2.797	2.145	12.090	55.122	2.281
2000	21.652	37.396	3.172	2.008	10.439	41.403	2.176
2001	25.806	35.222	3.184	2.325	9.947	34.921	2.134
2002	28.836	33.456	3.006	2.488	9.925	30.848	2.088
2003	26.772	30.867	2.499	2.351	10.697	24.662	2.015
2004	22.687	27.272	2.226	2.210	10.154	17.897	1.912
2005	17.291	24.251	2.202	2.274	9.219	13.800	1.812
2006	14.125	20.897	2.097	2.421	8.449	10.622	1.730
2007	11.356	16.778	1.837	2.464	7.977	8.082	1.673
2008	9.483	13.418	1.686	2.234	7.709	6.325	1.663
2009	9.775	12.494	1.851	2.178	9.686	8.600	1.711
2010	7.472	10.818	1.853	2.019	8.393	6.903	1.667
2011	6.389	8.997	1.654	1.868	7.655	5.152	1.623
2012	6.865	8.216	1.760	1.855	7.655	4.785	1.572
2013	6.927	7.551	1.667	2.231	7.338	4.624	1.531
2014	7.058	7.106	1.609	2.373	7.228	5.246	1.480
2015	9.731	6.923	1.879	2.614	8.245	7.951	1.436
2016	9.878	7.009	1.834	2.321	9.100	8.520	1.411
2017	8.693	6.574	1.735	2.354	8.599	6.930	1.365
2018	9.460	5.972	1.612	2.301	8.275	6.594	1.304
2019	9.758	5.945	1.654	2.249	8.084	6.487	1.263
2020	12.811	5.887	1.676	2.284	9.692	7.382	1.300

资料来源：世界银行

　　从表 6.32 可以看到，各单元格中分别是不同经济体在不同年份下"城镇人口比重"与"人均 GDP"的比值。如果单独来看，各单元格中的孤立数据很难进行经济意义上的解释，但若从整体来看，则能够得到有价值的信息，图 6.4 展示了各单元格中数据的变化趋势。

　　图 6.4 显示，从长期变化趋势来看，中国的"城镇人口比重"与"人均GDP"的这一比值变化最大，且呈现明显的快速下降的趋势；巴西、墨西哥、俄罗斯则表现为小幅下降的趋势。美国、日本、德国这一指标相对数则表现出较为平稳的发展趋势。这在一定程度上说明，美国、日本、德国其"城镇人口比重"与"人均 GDP"保持了较为同步的变化趋势，而中国的快速下降则表示其"人均 GDP"增速远高于"城镇人口比重"的增速，一定程度上反映中国经济的快速且持续的增长。

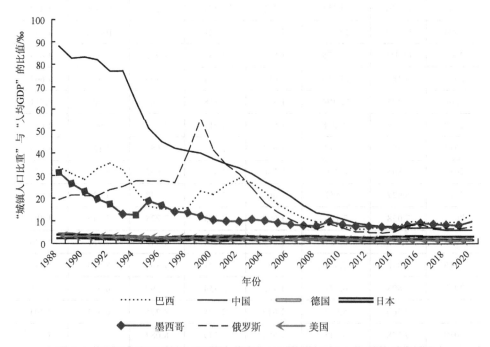

图 6.4　1988～2020 年七大经济体"城镇人口比重"与"人均 GDP"的比值

6. "女性弱势群体就业率"指标相对数的比较

由于七大经济体从 1960 到 2020 年的"女性弱势群体就业率"指标存在不同年份上的指标数据缺失，为实现有效数据可比，表 6.33 仅计算了 1991～2019 年"女性弱势群体就业率"指标与其对应年份的"人均 GDP"的比值，具体结果见表 6.33。

表 6.33 1991～2019 年"女性弱势群体就业率"与"人均 GDP"的比值（单位：‰）

年份	巴西	中国	德国	日本	墨西哥	俄罗斯	美国
1991	14.354	197.483	0.244	0.828	9.880	0.123	0.191
1992	15.238	176.417	0.217	0.719	9.131	0.168	0.171
1993	13.696	168.235	0.229	0.591	7.083	0.253	0.164
1994	9.723	131.808	0.207	0.510	6.757	0.409	0.170
1995	6.754	100.893	0.187	0.450	10.030	0.578	0.161
1996	5.720	85.676	0.179	0.486	8.400	0.666	0.152
1997	5.702	76.969	0.206	0.520	7.530	0.935	0.143
1998	5.870	72.172	0.203	0.567	6.687	1.373	0.129
1999	8.733	68.053	0.195	0.492	5.876	7.950	0.119
2000	8.235	61.426	0.222	0.437	4.675	5.413	0.114
2001	9.996	55.455	0.248	0.470	4.491	3.647	0.111
2002	11.263	50.265	0.226	0.470	4.602	3.100	0.105
2003	10.360	44.124	0.189	0.421	5.049	2.245	0.103
2004	8.616	37.112	0.180	0.380	4.706	1.648	0.097
2005	6.680	31.344	0.197	0.374	4.026	1.351	0.090
2006	5.210	25.657	0.183	0.360	3.614	0.987	0.086
2007	4.062	19.551	0.162	0.349	3.397	0.722	0.081
2008	3.220	14.915	0.140	0.298	3.230	0.564	0.077
2009	3.212	13.282	0.142	0.275	4.120	0.770	0.081
2010	2.324	10.966	0.141	0.232	3.465	0.468	0.078
2011	1.894	8.740	0.129	0.207	3.161	0.372	0.075

续表

年份	巴西	中国	德国	日本	墨西哥	俄罗斯	美国
2012	1.772	7.698	0.134	0.200	3.128	0.335	0.074
2013	1.778	6.834	0.121	0.233	2.928	0.344	0.071
2014	1.772	6.223	0.114	0.242	2.797	0.380	0.066
2015	2.515	5.887	0.128	0.255	3.183	0.580	0.063
2016	2.572	5.793	0.124	0.211	3.466	0.634	0.061
2017	2.337	5.277	0.116	0.209	3.146	0.430	0.060
2018	2.594	4.616	0.104	0.200	3.024	0.427	0.056
2019	2.706	4.413	0.100	0.189	3.044	0.490	0.053

资料来源：世界银行

从表 6.33 可以看到，各单元格中分别是不同经济体在不同年份下"女性弱势群体就业率"与"人均 GDP"的比值。如果单独来看，各单元格中的孤立数据很难进行经济意义上的解释，但若从整体来看，则能够得到有价值的信息，图 6.5 展示了各单元格中数据的变化趋势，图 6.6 对图 6.5 中不能完整展示的德国、日本和美国这三大经济体做了单独分析。

图 6.5 显示，从长期变化趋势来看，中国的"女性弱势群体就业率"与"人均 GDP"这一比值变化最大，且呈现明显的快速下降的趋势。而除中国外的其他经济体，这一比值则表现出较为平稳的发展趋势。这在一定程度上说明，除中国外的其他经济体其"女性弱势群体就业率"与"人均 GDP"保持了较为同步的变化趋势，而中国的快速下降则表示其"人均 GDP"增速远高于"女性弱势群体就业率"的增速，直至 2011 年后，两者增速渐趋一致，两者比值开始呈现出较为平稳的发展趋势，到 2019 年该比值与其他经济体比值大致相同。一定程度上反映出中国随着经济的快速且持续的增长，其"女性弱势群体就业率"与"人均 GDP"这一比值逐渐趋近于其他经济体的一般性水平。图 6.6 进一步显示出，美国这一比值相对于其他经济体始终

处于较低值，且随时间变动幅度较小，一定程度上反映出 1991～2019 年美国的"女性弱势群体就业率"和"人均 GDP"始终保持在相对平稳的状态。

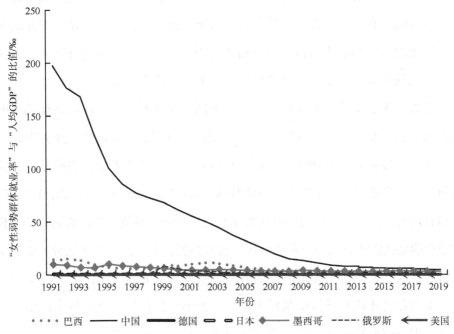

图 6.5　1991～2019 年七大经济体"女性弱势群体就业率"与"人均 GDP"的比值

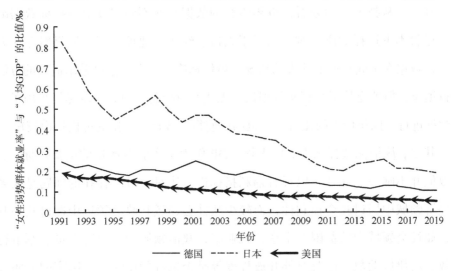

图 6.6　1991～2019 年三大经济体"女性弱势群体就业率"与"人均 GDP"的比值

6.2.6　文明水平相对比较的进一步思考

本章对"文明"的测度是在莫里斯所建构的社会发展指数的基础上拓展衍生而来的。在认同并肯定量化分析具有重要作用的同时，尝试从量化的对象、量化的方法和量化的指标等方面进行深入的探索，其目的并非止于对文明等级论的质疑，更是一种对文明发展水平差异的深层次思考。

笔者运用了多维化的处理方式，从不同角度展开了对不同经济体的文明发展水平的比较。虽不尽完美，但却提出了一种新的视角来看待文明的差异，文明比较并非绝对和唯一，而是相对和多维。文明差异的判断并非事实判断，而是渗透着众多研究者的价值判断。我们所需要做的则是运用科学的理论和有效的工具，让我们的价值判断逐渐逼近于事实判断。在不断逼近的过程中需要的是我们所有人摒弃种族歧视，摒弃高低贵贱，摒弃等级之分，以科学之精神，探索人类文明和谐共存的方式，实现人类命运共同体的文明交融。

本章在具体研究过程中虽极力避免数据不全和指标选择所带来的偏差，但囿于现有可得数据的有限，仍存在需进一步完善的地方。

其一，从技术层面来看，世界银行的数据存在不同程度上的指标数据缺失。尽管本书选择的研究对象均属于人口、经济、地理大国，但仍然存在大量指标数据在不同年份上缺失的情况。虽然理论上缺失数据可采用适当的方法进行填充，但填充数据与真实数据偏差无法有效控制，因此本章尽量采用了有效数据进行不同年份上的比对，但也因此使得部分指标数据的可比年份较短。

其二，从指标选择来看，以人均 GDP 作为生产能力衡量的重要指标，虽有效但并不唯一。此外，以现有福利指标进行比对，可能存在的问题是大多从经济领域中探讨社会福利性，而较少从社会领域和政治领域中探讨其福利性，如社会领域中的贫困发生率、就业率，政治领域中的国防力量、军事行动数、法律援助数，以及对外开放程度等是否也可能反映一个国家的文明等级。这是本书在后续研究中需要做进一步思考的。如何用尽可能少的指标来描述不同经济体文明发展水平的最基本特征是不容易的，因为它不仅面临着不同经济体发展认知层面的问题，还会受限于数据可得性的问题。

其三，从数据使用来看，研究仅使用已知数据进行分析，可能带来一个误区，也即目前采用的可得指标数据，大多是基于世界银行和世界其他组织所收集的数据。研究虽尽量采用基础指标数据，但这些可得的基础指标数据其本身就是从由发达国家所构建的指标体系中收集得到的，也即在收集之初，决定对哪些指标数据进行收集其本身可能就已存在设计者的价值判断，因此我们可获得的这些指标数据是否可能恰恰是对某些发达国家更有益的指标？

基于上述问题，笔者认为，可行的解决方案：可能亟须做的是回到原点，即对文明内涵进行剖析，如希腊文明中认为文明繁荣的关键是包容和开放，那么 21 世纪的世界文明又是什么呢？直到我们能够对当代世界文明做出深刻的理解和准确界定之后，再去构建文明测度的指标体系，接着去对指标体系中的缺失数据进行收集，才有可能得到更接近真实文明水平的测度结果。

但是目前而言，通过可得数据进行多维度的比较仍不失为一个较优的方法。不过仍然要注意的一个问题是，选择什么样的指标进行比较，选择多长的时间跨度进行比较，以及选择什么样的基准水平进行比较都是值得进一步探讨的。因为上述不同的选择，可能会带来不同的结果，而致力于寻找能够被广泛认同和支持的结果是本书研究的目的。

参 考 文 献

阿尔德伯特 J. 2000. 欧洲史. 蔡鸿滨，等译. 海口：海南出版社.

巴罗 R. 2001. 宏观经济学. 第 5 版. 沈志彦、陈利贤译. 北京：中国人民大学出版社.

本特利 J，齐格勒 H. 2007. 新全球史——文明的传承与交流（上、下）. 魏凤莲，等译. 北京：北京大学出版社.

伯克. 2006. 文明的冲突：战争与欧洲国家体制的形成. 王晋新译. 上海：上海三联书店.

布雷斯特德 J H. 2004. 文明的征程. 李静新译. 北京：北京燕山出版社.

戴蒙德 J. 2016. 枪炮、病菌与钢铁：人类社会的命运. 谢延光译. 上海：上海译文出版社.

杜兰. 1998. 世界文明史. 幼师文化公司译. 北京：东方出版社.

弗格森 N. 2012. 帝国. 雨珂译. 北京：中信出版社.

盖伊 P. 2019. 启蒙时代：人的觉醒与现代秩序的诞生. 刘北成、王皖强译. 上海：上海人民出版社.

冈仓天心. 2017. 觉醒之书. 黄英译. 成都：四川文艺出版社.

冈仓天心. 2017. 理想之书. 刘仲敬译. 成都：四川文艺出版社.

何怀宏. 2022. 文明的两端. 桂林：广西师范大学出版社.

赫拉利 Y. 2021. 人类简史：从动物到上帝. 林俊宏译. 北京：中信出版社.

基佐. 2009. 欧洲文明史：自罗马帝国败落起到法国大革命. 程洪逵，等译. 北京：商务印书馆.

柯娇燕. 2009. 什么是全球史. 刘文明译. 北京：北京大学出版社.

勒纳 R E，米查姆 S，伯恩斯 E M. 2005. 西方文明史（Ⅰ、Ⅱ）. 王觉非，等译. 北京：中国青年出版社.

刘家和. 1996. 历史的比较研究与世界历史. 北京师范大学学报，（5）：6.

麦克高希 W. 2003. 世界文明史——观察世界的新视角. 董建中、王大庆译. 北京：新华出版社.

莫里斯. 2014. 文明的度量：社会发展如何决定国家命运. 李阳译. 北京：中信出版社.

莫里斯. 2014. 西方将主宰多久：东方为什么会落后，西方为什么能崛起. 钱峰译. 北京：中信出版社.

邱东. 2018. 经济测度逻辑挖掘：困难与原则. 北京：科学出版社.

邱东. 2021. 基石还是累卵：经济统计学之于实证研究. 北京：科学出版社.

邱东，蒋萍等. 2008. 国民经济统计前沿问题（上、中、下）. 北京：中国统计出版社.

邱东，吕光明等. 2016. 国家统计数据质量管理研究. 北京：北京师范大学出版社.

邱东，杨仲山等. 2004. 当代国民经济统计学主流. 大连：东北财经大学出版社.

萨克斯 J，拉雷恩 F. 2012. 全球视角下的宏观经济学. 费方域，等译. 上海：格致出版社.

史密斯 E. 2009. 人类史. 李申，等译. 北京：中国社会科学出版社.

斯宾格勒. 2006. 西方的没落（一、二卷）. 吴琼译. 上海：上海三联书店.

斯塔夫里阿诺斯 L S. 2006. 全球通史：从史前史到 21 世纪（第 7 版修订版）. 吴象婴，等译. 北京：北京大学出版社.

王梆. 2022. 贫困的质感：王梆的英国观察. 上海：上海文艺出版社.

维伯 S，维伯 A. 2001. 资本主义文明的衰亡. 秋水译. 上海：上海人民出版社.

韦尔斯 H G. 2004. 世界史纲：生物和人类的简明史. 曼叶平、李敏译. 北京：北京燕山出版社.

赵汀阳. 2011. 天下体系：世界制度哲学导论. 北京：中国人民大学出版社.

Putnam H W. 2006. 事实与价值二分法的崩溃. 应奇译. 北京：东方出版社.

Bloch M L B. 1989. Feudal Society. London：Routledge&Kegan Paul Ltd.

Monbiot G. 2001. Captive State：The Corporate Takeover of Britain. London：Macmillan Publishers Ltd.

第7章

"文明等级论"是西方对"他者"的
文化暴力——国势研判的一个认知基准

"文明等级论"是社会科学领域中多数认知的底色。对帝国政客而言,文明等级的划分,本身就是为了实施不平等乃至不公平的操作,是在做舆论和思想准备。一旦等级划定,"属下阶层"向所谓高等文明的归顺和皈依不可能最终真正成功。本章先说明为什么需要检讨"文明等级论",再从八个方面对其进行批判。

7.1 研究和判断国势为什么要检讨"文明等级论"?

7.1.1 "文明等级论"对人类认知的基础性作用

笔者注意这个文明等级划分问题,主要受刘禾教授主编的《世界秩序与文明等级》①影响,这部开拓性著作 2016 年出版,揭示了社会科学研究的一个"元问题",但似乎并没有引起本该具有的震动,从反面印证了刘禾教授等学者的判断,"文明等级论"在人们头脑中隐含至深,已经成为一种"政治

---

① 该书由天津财经大学肖红叶教授推荐给笔者,读后感触良多。而后在各种研讨会和讲座中,笔者曾多次推荐给从事经济统计学研究的老师和研究生,建议将此书作为所谓专业研究的基础性参考文献。

无意识"（刘禾，2016）。然而，在全球化时代人们深度思考国势问题时，"元问题"无法真正避开。

中国人民大学历史学院郭双林教授指出："所谓文明等级论，是指从 19 世纪初开始风行于英美等国的一种关于人类文明发展模式的学说。这种学说将世界各地不同国家和民族的发展道路划分为包含不同等级的发展模式。文明等级论至晚于 1803 年出现，1820 年代全面渗透到英美等国的中学地理教科书中，通过此种方式，该学说被转化为该国国民的常识，并逐渐内化为一种民族心理状态；以后又伴随西方殖民主义的扩张流传至世界各地，成为一种带有一定普遍性的知识与价值观念。"（郭双林，2016）

郭双林教授介绍："文明等级论出现后，很快便渗透到英美等国的中学地理教育中。据美国学者克雷格说：'从 1830 年代到 1870 年代，一张文明发展阶段清单成为高中地理教科书的标准特征。'1880 年代以后，虽然这种开列一张文明发展清单的做法不再流行，但此类残存的假设依然非常活跃。甚至在整个 1890 年代乃至以后，根据文明发展水平来讨论不同国家和种族的相对成就的现象依然存在。"（郭双林，2016）

近代西方文明等级论的东传，主要通过两种途径：一种是从西文直接翻译，另一种是转道日本入华。英国在与中国打交道初期，曾"要求中国在各种官方文书中提到其政府时不得提书'夷'字"，可见其时中国也有蛮夷之分，也有自己的一套文明话语和世界模式（即"天下观"）。英人对此具备了保护自己文明的自觉意识，但在传播他们的文明等级论时，却根本不顾及"他者"对人类文明的已有认知。遗憾的是，由于缺乏自我文明保护意识，当时由中国人编写的地理教科书，都充斥着文明等级论的内容。

萨义德先生给出了蕴含文明等级论的一个文学事例，他指出："当代现实主义小说的原型是《鲁滨孙漂流记》，这部小说并非偶然地讲述了一个欧洲人在一块遥远的、非欧洲的岛屿上建立起一个自己的封地。"（萨义德，2003）

这种小说实质上是一种文学方式的"殖民语境构建"。

郭双林教授认为：如果不破除文明等级论这一套话语，不揭露其实质，我们有可能永远被贴上"半文明"或"野蛮"的标签，永远无资格在国际事务中争取话语权（郭双林，2016）。

刘禾教授呼吁人们警惕这种影响，"但欧美人的世界观和知识结构如何变成了我们的世界观和知识结构？这个问题往往被近代史学家们忽略，而这个问题至关重要，因为我们所接受的那个文明等级论生命力极强，至今还在驱动我们的发展观，驱动今人对现代化前景的想象"（刘禾，2016）。刘禾教授还特别指明，文明等级论的核心是进步主义历史观。

7.1.2　"文明等级论"作为基础性认知对国势研判的高度相关性——以当下的负面影响为例

尽管是一个非常基础性的社会认知，"文明等级论"却具备一种弥漫性，时时处处会体现出其力量。郭双林教授指出：一些西方国家动辄以"邪恶"来指责中国，以不文明来指责中国人，撇开具体情况，如果从文化上、社会心理上深挖下去就会发现，文明等级论依然在发挥着某种影响（郭双林，2016）。

刘禾教授介绍道："我自己最早关注文明等级论这个问题始于对国际法翻译的研究。许多年前，我在读1864年出版的中译本《万国公法》时——这部最早的国际法著作的中译本是基于美国法学家 Henry Wheaton 亨利·惠顿的原著 Elements of International Law《国际法原理》——发现文明等级论在现代国际法里扮演了重要的角色，于是我想，恐怕有必要系统地检讨我们所熟悉的现代知识结构。稍后，我读到另一本书，大受启发，它是 Gerrit Gong 的《国际社会中的文明标准》（The Standard of Civilization in International Society），这本书详细地梳理了国际法与文明标准之间的关系，对近些年海外的国际法研究和与之相关的法学领域产生了很大的影响。"（刘禾，2012）

刘禾教授认为,发动一场对文明等级论和殖民史学的检讨势在必行。"《万国公法》给我们提出的问题是,文明等级论和国际法有什么关系?我们知道,主权这个概念 sovereignty 是现代国际法的根本,主权国家之间是不承认治外法权 extraterritoriality 的;严格地讲,治外法权违背国际法的主权原理。但有一个重要例外,这个例外是,主权国家可以对非文明国家实行治外法权。……文明等级论一边调和了治外法权与国际法的主权原理之间的矛盾,一边巩固了欧美人在殖民扩张中的唯我独尊的地位。""长期以来,欧美国家的文明等级论早已潜移默化,成为屡屡威胁世界和平的导火索,我们必须意识到,当这种文明论以政治无意识的方式运作时,它尤其危险"(刘禾,2012)。

很多人接受东方文明等级低于西方的刻板印象,并不知晓国际法构建过程中西方对"他者"的漠视,似乎只要我们按照西方标准行事,就可以被接受和认可。然而,"乖孩子路径"能否行得通?同时作为"南方"国家和东方国家(这是当今世界格局里中国和东南亚国家的身份特征)特别需要警觉,我们且来看一看北方白人国家的"榜样"。

俄罗斯追求现代化的漫长历史过程典型地表明,西方对"欧洲"是有严格定义的,外人入欧,往往只是一厢情愿的迷思。从彼得大帝 1697 年亲自到欧洲学习开始,俄罗斯的入欧努力已经执着地进行了 325 年。二战,苏联人民牺牲最多,2000 万人以生命为代价,作为主力攻克了柏林,推翻了资本主义所内生的纳粹政权,可战后不久就被视为敌国。苏联与美国开展经济发展竞赛,说到底也是要证明自己具备现代化发展的资格。柏林墙倒了之后,苏联解体,华约解散,俄罗斯放弃了社会主义和共产党执政,意识形态的障碍不复存在。① 财富也被欧美资本洗劫一空,从经济实力上甚至沦为二流国家,客观上不再具备主动威胁西方的实力。而且,俄罗斯多次用各种方式表达了

---

① 这也说明,这个障碍具有很大程度上借口的成分,美国在柏林墙倒塌后主要打压欧盟,就说明了这一点。

强烈的入欧愿望，然而无论俄罗斯如何表现，总是不能被美国和欧洲接受。反倒是，北约仍然存在，并数次向东扩展，俄罗斯仍然被视为异类。

说起来，俄罗斯人也是白人，不过是信奉东正教的斯拉夫人，但不是"信奉新教的盎格鲁撒克逊白人（White Anglo-Saxon Protestant，西方流行概称之为 WASP，即拥有最强大权力和社会影响力的白人）"，也不是信奉天主教的西欧日耳曼族裔白人。从汉南先生的《发明自由》可以非常明显地看出，白人本身也存在着文明的等级，而最高等级显然只能是信奉新教的盎格鲁撒克逊白人（汉南，2020）。在其"大作"中，汉南先生毫不掩饰地抨击信奉天主教的西欧日耳曼人，将之视为等而下之的文明，汉南先生全书根本没提及信奉东正教的斯拉夫人①，是不是他们压根不入汉南先生的法眼？如果连被汉南先生打入另册的白人都不能与其宣扬的"发明自由"相契合，更何况全世界那么多有色人种？

德谟克利特指出：应该热心地致力于照道德行事，而不要空谈道德。西方政客根本就不把人类先哲的教导放在眼里，不仅空谈道德，还善于并乐于将道德作为他们打压"他者"的工具。在 2022 年俄乌冲突过程中，他们指责中国、印度等不加入制裁俄罗斯的国家，站在了"历史错误的一边"，显然，列强以历史方向的"指定者"② 自居，实际上就指向了美国对全球事务的独

---

① 不管是西斯拉夫人、东斯拉夫人，还是南斯拉夫人，不知高等白人对斯拉夫人是否也有文明等级划分。

② 拜登的气候特使约翰·克里在世界经济论坛演讲中说，一种"地外"力量将人们带到达沃斯以"拯救地球"，他们是"精选人类群体"的一部分，由"外星"力量聚集在一起以实施该拯救计划。需要我们警觉的是，究竟由谁来精选？是人类需要拯救，还是地球需要拯救？克里的话明显地暴露出"文明等级论"所隐含的精英傲慢。

与其话语形成鲜明对照的是，"气候沙皇"（外人对克里的称呼）发言时首先感谢日内瓦世界经济论坛主席 Børge Brende 为他提供了"35 年来我在这里拥有的最好的房间"。共和党人曾嘲笑克里乘坐排放量大的飞机穿越全球，同时试图强调对气候的紧迫感。根据华盛顿"自由灯塔"的分析，在大约 15 个月的时间里，克里飞行了超过 180 000 英里（1 英里≈1.61 公里）的航班，排放了超过 950 万磅（1 磅≈0.45 千克）的碳，大约是美国人每年平均碳足迹的 300 倍。他还使用其富有的妻子特雷莎·海因茨·克里的私人飞机，于 2019 年去冰岛接受气候奖。

裁,内涵了"文明等级论"的认定。

7.1.3 如何对待文明秩序反思的颠覆性?

《世界秩序与文明等级》不是一般的论文集,按照刘禾教授的话来说,"是一批原创性的学术研究(original research)的会合"(孙郁,2016),这部作品"试图改写我们的学术地图,它从几个方面质疑了流行了上百年文明秩序的合理性"(孙郁,2016)。这甚至给孙郁教授带来了困惑:"一个恒定的思想存在倾斜了,至少是我,不能不重新把目光投向我们民族现代化的历史,我们以往的工作,没有意义了吗?"应该看到,这种困惑颇具代表性。

笔者认为,确实需要一个重新审视过往知识的系统过程,看看我们的专业认知乃至常识是否存在"文明等级论"的印记,已有的研究和学习成果未必全然"没有意义",但其中相当部分恐怕需要反思和校正。"文明等级论"实在是一个太过基础性的设定,必然会对各自专业的研究产生影响。

例如,孙郁教授后面使用了"文明进化论"的概念,笔者认为,这就是进步主义历史观的一个标志。按最基本的道理,或者说按史实看,文明应该是一个演化过程,其中有进化,也有退化。即便从整体而言,也未必一定就是"进化"。"进化"的表述本身就隐含着"单向"和"等级"的意味,并不符合历史现实。如果非要采用"文明进化论"的表述,那么恐怕就需要再配上"文明退化论"的表述,否则就只能是一个片面的历史表述。Evolution这个词的中文翻译成"进化"不妥,存在以偏概全的问题,倒是严复老先生翻译出《天演论》比较准确,evolution 应该是"演化","演化"与"进化"虽一字之差,但其内涵显然大有区别。

孙郁教授正确地指出,"必须意识到文明不是固定的存在,有盛衰之别,和变化的可能"(孙郁,2016)。西方真正的学者在研究其文明进程时确实存在"自我批判的传统",我们当然应该充分注意到这种批判的正面影响和进步意义。然而，好多西方精英在处理与其他文明的关系的实践中，却每每将"文明等级论"作为其法理的依据，作为固化国家间不平等关系的得力工具，所以，我们确实应该系统地检讨"文明等级论"，同时也要指出，西方精英倒是应该好好学习一下孙郁教授的这个见解。

孙郁教授提出，"在重审文明等级论的同时，既要考虑世界秩序的主奴背景，也要警惕民族主义和大中华主义演变为'政治无意识'"（孙郁，2016）。提出注意两种"政治无意识"，防止两种极端的建议显然是正确的。我们既不能完全迷信西方文明，也不能完全迷信自家的文化传统，"言必称希腊"和"唯我中华"两端都可能丧失国格。

从两种极端何者为主要矛盾的角度看，刘禾等教授的工作具有非常重要的警示作用。即便指向另一极端，也不过对冲之举。在我们所谓的学术研究中，"拿来主义"的照搬照抄确实太多了。例如在经济学圈子里，言必称哈耶克，有的对哈耶克的原著并没有深入的阅读和理解，哈耶克所谓"知识的僭妄"究竟何指，也没有真正搞清楚。将经济学作为宗教来传授，的确是一种典型的"政治无意识"。因此，刘禾等教授的学术批判针对性很强，直指当下不同类型文明和国际关系认知中的偏误，抓住了主要矛盾，完全可以理解，而且应该循此思路展开深入的研究。

应该认识到，即使研究者公允地探讨，也很难避免文明等级论的潜在影响，因为探讨问题总要在某种话语体系之下，而主流话语体系的构建往往基于文明等级论，也就无形之中会受到其影响，研究者应该提高对此的警惕，提升避免受制于人的自觉意识。

7.2　对"文明等级论"的批判

这些年来，对世界格局的分析流行"大"的说法，例如"大分流""大未来""大趋势"等等。仿照于此,本书就尝试对所谓"文明等级论"做一个"大起底(grand exploration 或 grand exposures)"。本节从八个方面进行批判。

7.2.1 如果西方文明中的真善美与假恶丑抵消后,对全人类的净效应如何?

人人崇尚技术,对号称带来技术进步的英国工业革命自然也就尊敬有加。然而,经济学的一个基本原理便是,天下没有免费的午餐,再好的东西也是有成本的。而且,越是效益高的东西,其代价可能越大。我们先来考察英国工业革命的代价——其光鲜外表背后的大恶。

被广为宣传的是,英国工业革命给全人类带来物质生活的巨大进步,但可能同样巨大的社会代价却被隐藏或弱化了起来,被后来学习这段历史的人所忽略。如果探究其最为典型的代价,至少需要提及两个方面。

第一,英国"羊吃人"的圈地运动,为纺织业革命制造了必不可少的工人后备大军,即失地流民,这是英国工业革命对其本国民众的大恶,难道是工业革命的"必要之恶"吗?在歌颂工业革命时,这另一面应该被忽略掉吗?

第二,为了本国先进技术具有足够的市场实现空间,英国政府出手干预,打压印度纺织业已经占有的世界市场份额,禁止其在英国乃至欧洲的销售,从利润源头掐住了印度纺织业,造成了印度纺织业全行业的崩溃(多德,2008),① 从而为英国新起的纺织业打开了全球市场。

杰弗里·萨克斯教授也指出,"在亚洲,欧洲列强的第一个目标是控制部分亚洲贸易……比如限制印度纺织品在欧洲市场的销售,以保护欧洲的新兴产业"(萨克斯,2021)。萨克斯先生还在该书第 171~172 页介绍了历史学家普拉萨南·帕塔萨拉蒂先生对此问题的系统研究(Parthasarathi,2011)。

这种对既定产业国际分工格局的破坏是否符合自由市场的竞争逻辑?如

---

① 多德:"1700 年,政府为了英国的羊毛收益而禁止进口来自印度的所有棉布。"

果当时印度政府可以强势作为，英国的纺织业发展能够得到其世界市场份额吗？没有足够的市场份额，那么伟大的技术进步还会如期实现吗？至少需要考虑到，在估算英国工业革命的历史贡献时，是否应该计入所谓技术进步造成的负面社会成本？如果说只要是技术进步就应该得到认可，那么中国华为5G技术受到美国政府直接出面打压，白宫发布行政命令，限制其他国家对中国企业开放市场，在基本逻辑上如何解释？如何让其自由市场竞争的主张自圆其说？

这就导出需要反思的又一个问题，英国以这种革命方式推进技术进步是最佳的吗？这并不是古典经济学家所推崇的自由竞争市场啊！是否还存在其他技术进步的方式呢？如果真是市场自发地推进技术进步呢？当时如美国彭慕兰教授所述，中国江南地区纺织业也在良好的发展状态中，差异就在政府作用，英国是政府出面为企业构建拓展全球的市场，而中国清朝政府对江南的民营企业并没有扶持，反倒是需要从这些地区的发展中大肆捞金，以维系皇家自己的高消费，维系皇权及其治下社会的整体稳定（彭慕兰，2010）。

回溯历史，究竟是中国这种纺织企业自然改良的过程好，还是采取英国工业革命的方式好？至少，只看到技术革命在物质生产意义上的进步不成，其在国际分工上对本国和他国的破坏也应该计入"社会成本"。破坏既有的"世界分层状况"，是不是对其时国际秩序的破坏？

按照当今列强诸国对发展中国家的指导，应该搞自由市场经济，政府不许干涉企业活动。但这与当年他们崛起时的实际操作并不符合，所以，自由市场竞争，恐怕是自诩为高等文明者对他国的最大骗局，这又涉及西方文明中言行不一的恶。

从宏观管理的基本原理看，外部冲击（战争或危机）影响一国政府的决策集中度，外部冲击越大，政府的决策越需要集中，也往往越集中。正是弱国企业在市场面临跨国公司的"非对称竞争"，才引出当地政府参与经济过程的必要性。这分明只是"抄作业"—— 借鉴了后起发达国家试图崛起的历史经验，不让强国踢掉自己的"李斯特梯子"。

德国历史学派经济学家李斯特先生撰写了著名的《政治经济学的国民体系》，其中给出了一个比喻，"一个人在达到顶峰之后，会采取一种常见的聪明手段，即把自己攀高时的梯子一脚踢开，免得别人跟着他上来"（张夏准，2020）。笔者读后深以为然，并将此比喻概括称为"李斯特梯子"。不过解读历史过程时还需要注意的是，帝国在发达后并不是就全然放弃了他们的梯子，只要某个方面的竞争出现了弱势，甚至为了本国企业的战略布局，帝国政府都会毫不顾忌地直接上手，"李斯特梯子"照用。

我们还应该看到，弱国存在被迫型集权，一种迫于强国压力的集权，而强国并不存在此种外来压力。可见，如果强国集权，则属于主动集权，是富有侵略性的集权。这种集权在当下的典型事例是，美国国会专门通过针对他国的经济建设项目，也是要"集中力量干大事"，而且，以巨额预算作为财力保障，这是大而实的中央计划。

我们再从成本效益分析的思路来判断西方文明的高下。

按照欧美"主流"学界和"主流"媒体的一贯说法，欧洲文明给全人类带来了真、善和美，带来了发展的效率和巨大的社会进步，因而居于全球人类文明的最高等级。

然而，没有被深入探讨的是，经济增长是不是越快越好？增长加速的代价由谁承担？收益由谁获得？没有被同等程度加以强调的是，欧洲文明同时也给全人类带来了假、恶和丑，带来了世界上所有的国际大战，带来了无数无辜民众的死亡，带来了物质和文化等方面灾难性的后果，等等，这是增长所隐含社会成本的另一面。

历史上欧洲文明给全世界带来了什么？至少我们可以非常容易地开出如下的负面清单：

（1）美洲印第安人灭绝（不同估计，总数在 2000 万～4000 万人）。

（2）两次世界大战，死亡人数估计为 5500 万～6000 万人，1.3 亿人受伤。

（3）在非洲大肆贩卖奴隶；非洲人口减少 1 亿人，五分之四在抓捕过程中死亡，1200 万～4000 万被贩卖到世界各地，运输过程中半数死亡。非洲国家的经纬线边界清楚地标明了帝国对非洲的粗暴切割，至今非洲发展困局也不过是帝国的负面遗产。

（4）在亚洲，对印度文明的毁灭，鸦片战争对中国的大规模掠夺。

（5）当今持续造成中东战乱，却将其归咎为所谓的"资源诅咒"，而其强大的外部因素就是列强和资本，动乱源自他们一直以来不受约束的贪婪。

（6）拉丁美洲资源如此丰富，发展却总是囿于"中等收入陷阱"，欧美帝国对之的外部负面作用究竟多大？

　　……

当然我们也可以开出西方文明的正面清单，只是美欧政客只对我们宣扬其恩惠，才需要明确地列示出一枚硬币的另一面。一般而言，只有以一种偏执去对冲其反向的偏执，才能动态地达成认知的中性和客观，故而，这种"基于对冲目的的偏执"反倒是科学的，它能突显现有认知中某种偏执的存在。

评价一个文明，显然应该同时考虑到这两个方面，不能偏颇于一端。设想二者正负效果相抵，究竟是哪一极作用和影响更大？难道我们接受欧洲文明的真、善和美，就必须同时接受其假、恶与丑吗？它们难道是人类整体文明的"必要之恶"吗？其危害究竟多大？负面影响究竟有多么深远？

设想两种不同的文明，文明 A 对人类的贡献（正面）多，但对人类的副作用也大；文明 B 对人类的贡献没有文明 A 多，但对人类的副作用也没那么大，假设文明的正副作用都可以如实测度，A 或者 B 相比，哪种文明水平更高？

在比较和判断文明高下时，其实更应该看不同文明对人类的"净效益"，而净效益往往难以得到如实的测度,因而所有的文明等级判断都存在偏差,不能轻易做出定论。至少在文明比较和评判的思路上,我们不能只讲一种文明的所谓贡献,不讲其隐含的代价,单方面的文明判断笃定是偏见。

这种认定显然涉及国势学和政治算术。如果全人类可以真正公平地搞多数人投票做决定,我们这些"没有历史的人"(沃尔夫,2018)[1],是否能心悦诚服地认定只有欧洲文明属于高级文明呢?

如果要确定文明等级,那成本效益分析[2]的思路非常重要,不过,无论效益还是成本,都有时空范围的限定,还有显在和潜在的区分,这些不同维度组合在一起,分析结论恐怕并不稳健,随着不同分析者的权重确定不同而变异。成本效益分析的"时长"和空间究竟如何确定?成本和效益的"显在成分"和"潜在成分"究竟如何把握?这是一种不确定性相当大的持续性课题。文明难道不应该是多元的吗?不同文明之间不应该是相互平等的吗?从定量方法论的角度看,怎么能将诸种文明压缩到一种"强势文明"[3]所指定的维度上比较高低呢?

基于成本效益分析的思路对文明进行深入思考,一连串的疑问就会出现:如果欧美这种极端化的文明正负相抵之后,一定优于东方亚洲文明、伊斯兰文明吗?凭什么就可以认定欧洲文明笃定优越于全人类呢?美洲土著的整体性消亡不是欧洲文明入侵造成的吗?希特勒不是欧洲文明土壤的内生性产物吗?(多德,2008)[4] 能内生出如此怪胎,不正说明欧洲文明的基因存在巨

---

① 有些经济学家提出,从人均 GDP 数值的增长意义上看,英国工业革命前世界一直是一段非常接近于坐标横轴的低水平直线,相当于人类经济增长从彼时才开始,之前的经济增长历史近乎于 0。这种单维认知与将欧洲之外的人类历史虚无化非常契合。

② 参见邱东《成本效益分析的几条软肋》,该文剖析了此种认知思路的基本逻辑约束,首发于《经济学家茶座》第 61 期,也载于 2013 年由中国财政经济出版社出版的《经济统计学科论》第 38~45 页。

③ 其实"强势"与"文明"组合在一起比较违和,强势文明的种种行径与其所宣称的自由、民主和平等并不匹配。

④ 多德:"纳粹德国是西方文明和德国的怪胎。"

大缺陷吗？旧国的某些暴力反抗不是欧洲文明对其极端挤压造成的后果吗？如果更高智慧和公正的文明降临地球，难道会允许欧洲文明凌驾于地球其他文明之上吗？难道会允许美国资本和政客独裁地球事务吗？一种意欲凌驾于其他文明之上的文明难道还能称其为文明吗？

还有一个相关议题：如何评价和平时期或富裕时期富人对他者的宽容和善行？第一，很有可能是一种基于自我实现目的的善。按照马斯洛需求层级理论，善待别人，成了实现其高尚的一种自我心理认定。第二，或许是对高层次自我需求经过边际成本和效益计算后的一种理性选择。第三，甚至是一种证明或宣传，一种巧妙的不露痕迹的广告，本质上这种善已经异化为一种利己工具。对我们来说，只有在苦难中的公共担当才是真正高尚的。

7.2.2 趋于"极端文化"的"精英文化"：西方文明对人的范围限定

本小节从五个方面来阐述此观点。

第一，"人人生而平等"的人是有限定的。

"文明等级论"本身就非常直白地告诉我们，西方提倡者从来就没有把"人权"中的"人"定义为所有人，而在社会实践中，他们内心认定的"人"往往只是白人。"人人生而平等"到处被引用，仅仅从字面看，多么高尚的理念！然而容易被忽略的是，《独立宣言》中的"人人"其实有其作者的专门定义，范围是被人家的"定义域"限定的，在界定当时，事关人员范围（例如，哪一方票仓里的人数多）的设定。当然，白人对这种限定并不费神加以解释，"观念误读"乃迷信者咎由自取。

百姓生活是社会的底色。在我们的文化交流现实中，这种"定义域"不同乃至错位的事例可是太多了，概念倡导者的意向与概念使用者的解读，差别比较大，认同感和矛盾感都可能出于各执一端的错觉。有时看似都在使用相同的概念和名词，其实在内涵展开上却成了鸡同鸭讲，所谓同义纯属子虚乌有；有时在一方看似非常激烈的矛盾，在另一方看来，并无矛盾，并不违和。

更多的是对历史的片面认可，最为典型的就是，发展中国家的人往往更崇尚希腊文明，羡慕 "雅典公民" 的地位。然而，好多 "局外人" 不知道的是，"雅典公民" 也有其 "定义域"，从数量来看仅仅是希腊总人口中的一小部分。身为公民固然可以行为优雅，但需要一个所谓低下的阶层基础：大量外邦人和奴隶的存在。而且，公民资格的获取就不平等：优越地位需要具备一定的财产门槛①。

相反，对倡导不平等的论述却不容易误读。不同人之间本不平等，甚或不应该平等，对这种认知的公开宣示颇多，白纸黑字的例子比比皆是，请看：

麦考莱在《1835 年印度教育备忘录》中宣称，在东方学家中间，"我还从来没有见到过一个人能够否认，一格书架优秀的欧洲书籍，其价值顶得上印度和阿拉伯的全部本土文学……梵文中所汇集的历史资料，尚不及英国预科学校使用的微不足道的简写版教科书见到的资料更富有价值"（萨义德，2009）。

1969 年，以色列时任总理说过，"巴勒斯坦这个民族根本就不存在"（张跣，2007）。

曾记否，奥巴马先生当上美国总统不久就获得了诺贝尔和平奖，可他上台伊始，就公然宣称中国人不能过上美国人的日子，否则将是地球的灾难。这位精英自身逆袭而出，不过似乎并不在意直接违背 "人人生而平等" 的美国立国信条，也不在意联合国人权宣言的全球主张。或许在他的内心深处，人的 "定义域" 与穷国大众的理解并不相同。

---

① 不过也有其制衡之处：做公民就得为本城邦做贡献——自备武装服兵役。

第二，"文明等级论"的实践结果。

"文明等级论"的实践结果，就是人类趋向多层级分裂。富国穷人在地位上优于穷国穷人，也可能优于穷国平民，甚至可能在某些方面优于穷国富人。说起来，穷国富人也只能在平时得到富国表面上的"平等对待"，如果发生紧急状况，则势必等而下之。

柏林墙倒塌之后，"历史终结论"者以为（认为）世界实现大同，"身份认同"问题就不复存在了，然而在现实社会中，甚至在富国（美国）国内，原本被掩饰的"身份认同"问题却突显出来。资本可以在全球配置，选择劳动成本最低、利润最丰厚的地区配置，其国内的蓝领工人（包括白人中的"红脖子"）的利益不必再作为制度竞争优势的证明而得到关注，均衡利益的必要性对精英而言不复存在，导致美国国内的收入分配问题凸显。

自由和民主本为多元，对人权诸因素的选择权重究竟应该如何取舍？典型的例如，"免于贫困的权力"和投票权究竟何者更为重要，即使按照马斯洛先生的需求层次理论，不同人的选择重心不一致才是正常的。难道人权诸因素的优先顺序必须各国一律？发达国家和发展中国家在重心选择上怎么能一致？其实，就是在美国，也有相当多的平民并不那么看重投票权，每次大选都有那么大比例的人群主动放弃投票，可见其对人权不同因素权重的取舍。

现在国际社会大力提倡"生物多样性"，广为高尚人士接受，那么"社会多样性"呢？生物都需要多样，难道人类反而必须按照美国政客的独裁来行事？人类多样权利的选择权低于生物？美国与俄罗斯开战，难道其他国家就必须站在美国一边？就必须停止与俄罗斯正常的经济往来？这种帝国的全球独裁难道不是极端文化吗？将把人类带到什么地步？难道这就是人人生而平等吗？这就是自由和民主吗？他国"可以做什么"和"不能做什么"都需要得到美国的批准，难道这就是我们被赋予的人权吗？难道这就是所谓的各国主权平等吗？

这也是西方列强,特别是美国作为世界"领袖"的诡异之处(命门),如果不以"平等"为号召,就容易失去其想统治全球的法理性,无法得到各国的真心拥护。但残酷的国际社会现实是,世界"统治者"实际上无法让人类都圆其所鼓吹的平等自由之梦,也并不真想做到各国人民平等。言行不一,谎言其中,就需要越来越多的谎言来填补漏洞。并不是世界上那么多国家和民众看不出美国独裁全球的荒谬,只是其操作过于狡猾和野蛮,好多国家无奈,在其高压下只得顺从。

第三,选举权上的不平等折射西方文明的极端趋向。

美欧自诩为居于文明的最高等级,然而仅就他们鼓吹最烈的选举权而言,女性和少数民族族裔取得平等的投票权都经历了艰难的历程,在这些基本层面上存在重大缺陷。

漫长岁月中,美国女性并不在所谓"人人"之列,她们到 1920 年才取得法定选举权,此时《独立宣言》已经发表了 145 年,而且其间又经历了多少激烈的抗争。在发达国家,女权主义到了很晚才兴起,这种社会现象本身就揭示了西方文明的一种基因性缺陷,将女人视为男人的财产,没有独立人格,显然是一种极不文明的文化特质。

对"文明等级论"讽刺意味最强的一桩公案是,英国剑桥大学的琼·罗宾逊夫人,她的经济学学术水准是业内公认的,大师级的人物,然而仅由于身为女性,她居然不能是该校的全职成员,1925 年就取得的博士学位,直到1948 年才被认可,延迟长达 23 年之久(多德,2008)。这难道不是西方文明的奇耻大辱吗?其实在好多西方人瞧不起的民族,妇女的社会和家庭地位都相当高,可见从性别文明这个维度看,西方文明并不能算作高等文明。

罗伯特·J.C.扬教授在《后殖民主义与世界格局》导言中指出:"后殖民主义主张世界上所有的民族都同样享有良好的物质和文化权利"(扬,2013)。在自诩自由、民主和平等的西方文明统治下,社会还需要这种主张来为"属下阶层"维权，还存在被视为"属下阶层"的群体，这本身就说明西方资本的虚伪和西方文明的缺陷。

倒是美国黑人搭了当时各州争夺选举权多数席位的便车——南方奴隶主集团与北方工商业资本集团争夺国会话语权，早在 1787 年就得到了选举权。然而也有不然，黑人生命个体的投票权惨遭割裂，五个人只有三票选举权，还得由奴隶主代行其权。难道这样的"人人生而平等"货真价实？

美国是世界上唯一经过战争才废除奴隶制的国家，相比而言，倒是俄国沙皇在 1861 年签署法令，废除了奴隶制，时间上恰好是美国南北战争开战之时。而且，废除奴隶制并不是南北战争的起因，而只是其结果而已。而且众所周知的是，战后北方政客又大方地默许了南方奴隶制集团的奴役权。

西方不是把选举权看得比什么其他人权都重要吗，不是将其视为民主国家的第一标志吗？面对所信奉理念与其行为的冲突，怎么自圆其说？可见，历史的确需要认真解读，人权概念的"定义域"的确需要细究。穷国百姓如果以为列强真会认为平等权益适用于他国，真以为富国政客那么在意穷国的平等权益，恐怕是巨大的文化误读。

第四，美欧文明是否存在等级和冲突？

美欧争霸在柏林墙倒塌之后上升为世界最主要的国际矛盾（邱东，2012）[1]，但由于同种同宗教同意识形态，这种争夺虽然异常激烈，却只能秘而不宣，属于政治中那种"能做不能说"的事情。如果说美苏争霸是冷战（cold war），那么美欧争霸就是"哑战"（dumb war）。迄今为止，只有特朗普总统当政期间说出了一句大实话：欧盟是美国的敌人。特朗普先生之所以胆子这么大，恐怕是因为他心里压根儿没瞧得起欧盟诸国，或者认定，欧盟诸国已经被美国折腾得差不多了。应该看到，在这些年造成欧盟衰败的外部原因中，美国

---

① 《中国经济非二说》系列文章曾在 2011 年发表于《经济学家茶座》第 52 辑。

是主力,而移民和难民的某些极端破坏行为,至今还不过是零散的骚扰捣乱而已。

欧洲政客或者被意识形态绑架,或者被收买,明明知道美国在柏林墙倒塌后就彻底将欧盟作为头号打击对象,也装作若无其事。而普通欧洲人多年来接受美国的摆布,原因恐怕是多元的,部分是出于文化认同:同族同宗教同意识形态,部分甚至是出于对强者力量的莫名畏惧,患上了宏观意义上的"斯德哥尔摩综合征"。例如当下的例子,明明美国人和澳大利亚人的人均食肉量都在欧洲各国之前,居然就能接受美国某些人的裁定,欧洲人吃肉过多,负有更多的环保责任。美澳和欧洲的人均食肉量数据摆在那里,难道吃肉较少的欧盟国家因此而导致的碳排放会更多,会比吃肉多的美澳人更多?难道他们吃的肉不同吗?会造成不同的碳排放吗?

欧洲文明在整体上表现得比美国更为充分些,文化极化的程度不及美国,或许真心奉行人道主义者的人数多一些,或许是其社会民主传统的影响和体现。可是,《发明自由》却告诉我们,即便是白人,文明程度都得分等,真正高贵文明的是英美盎格鲁撒克逊新教白人,该书主要批判对象就是西欧大陆的天主教白人,至于东欧、俄罗斯的东正教白人则连被批判的资格都没有,更不要说庞大的各种非白人群体了。

汉南先生的"盎格鲁撒克逊文明优越说"实际上就是白人之间不平等的理念,本不应该成立。2022 年俄乌冲突,按照美国总统拜登先生的意思,实际上主要由欧盟国家来支付美国推进全球民主进步的成本,难道这真是欧洲百姓的主动选择吗?难道他们真的不知道会对其基本生活造成非常严重的后果吗?明明知道恶果,还做出这种选择,真是欧盟国家的民主决策吗?拜登总统有什么权力做出裁定呢?为什么欧盟国家的民众为推动全球"民主"付出这种代价是值得的?

第五，人权、事权与决策时机的偏态分布。

在欧洲和美国，我们可以接触到不少非常善良和聪明的白人，他们是真正的人道主义者，和他们打交道，的确能让异族人感受到人类的文明——真善美。然而，列强作为一个政治体，对他国的行径从古到今却又劣迹斑斑，我们能感受到的就是野蛮——社会丛林中的兽性。如何解释这种非常矛盾的现象？

这或许可以从社会结构得到解释。通常流行"金字塔"结构的说法，但如果这个塔偏向于又高又细呢？恐怕就是一种"金字锥"趋向，这是一种非常偏态的分布，表现出事物或社会本身的结构性缺陷。如果人生存在这种社会结构当中，越往上其生存空间越小，竞争就越激烈。

"关键的少数（critical minority）"与"无关紧要的多数（the irrelevant majority）"，这是人口社会结构非常重要的一个区分。然而，更为重要的是，应该将人口的偏态分布与事务权力的偏态分布、人们决策时机的偏态分布联系起来考察。与人口重要性的区分相同，社会事务也可分为"关键事项（critical issues）"与"无关紧要的琐事（the irrelevant issues）"，人们决策时机也可分为"关键时刻（critical moment）"和"无关紧要的日常（the irrelevant moment）"。按照资本和精英的设计或摆布，让"无关紧要的多数"在"无关紧要的日常"去决定"无关紧要的琐事"，实行所谓的民主；而"关键的少数"在"关键时刻"去决定"关键事项"，实施真正的独裁。至于"无关紧要"与"关键"如何划分，这取决于社会精英的意愿和博弈需要。从总体上看，很难判定这种政治安排下的社会在实质上是民主的，但这种畸形结构本身就已经远离了"实质性正义"。

所谓"二八法则"的概念流传甚广，但这种结果究竟是自然法则下的分布，还是人类公平竞争导致的分布？甚或是某种社会设计的刻意结果？是不是阳谋和阴谋的合谋？当然，人权、事权和决策时机的分布都未必定量为"二八",更容易出现的是,权益的偏态分布随着事物的重要性而更趋极化。

社会竞争中往往善恶相加,少数政客充分利用了多数他者(文明人士)的善良,将真正的人道主义者变成了"无关紧要的多数"。和任何其他民族一样,欧美民众也多有高尚之人,以善良者居多,通常文明人士的人数要远远超过少数无良政客,但是,这些善良的人往往难以阻止其国家和社会对他国"他者"的不良行为乃至恶行。

反倒是,这大部分人的善良成了欧美政客证明其文明等级优越的例证,成了资本掩盖其对全球恶性掠夺的遮羞布。

7.2.3 形式正义与实质性正义等价吗?

本小节从四个方面来讨论这个问题。

第一,自由选项与权力空间。

在《现代性的终结与全球化的未来》中,赵汀阳先生首先区分了"现代"和迥然不同的新时代 ——"全球时代",在超越了现代的新时代,每个人好像是自由的,整个的自由选项和权力空间都被信息和服务所定义和预制,这种自由没有创造性,只有选项(赵汀阳,2013)。笔者以为,在现代社会一直是这样,不过程度不同而已。市场看似自由交易,但从来就没有"无约束选择",从来就没有绝对的自由。

这如同考试中,并不设置问答题,而是选择题。但不同能力的人对考试题目形式的偏好不同,自主能力差的反而喜欢选择题,喜欢从"预制"中选择答案的模式,喜欢被框在套路中,否则可能更没有回答问题的"抓手",考试结果可能更差。也如同照相机的使用,专业人士喜欢可调整机会多的专业相机,而大众则喜欢内嵌了画面改进机制的傻瓜相机,不求那么高品质的照片,能记录"到此一游"就成,差不多就成。

　　尼克先生在《人工智能简史》中介绍：数学家康韦（Conway）在《生命游戏》（*Game of Life*）的设计中，企图用细胞自动机来说明"确定性和自由意志的问题"。高德纳对康韦工作的评论是：所有规则都是确定性的，但游戏的演进过程却给人一种自主性的感觉（尼克，2017）。在笔者看来，市场机制与这个特点非常相似，虽然只是将有限的空间给予消费者，但在形式上却非常吸引人，似乎公平合理，是一种非常讨巧的体制。这种预设机制用所谓的自由选项规定了权力空间，涉及了"形式正义"与"实质性正义"的联系和区别。

　　第二，市场机制的表象与内在。

　　赵汀阳先生在该文中还指出，本质上民主与"市场"同构，都是大众选择（赵汀阳，2013）。笔者以为，人们对市场的通常理解太过表面化，所言的市场其实是狭义的，所指乃是最接近理想市场状态的日常市场（或末端市场、大众消费品市场）。然而，这只是广义市场之中的一个很小的部分，即其表象部分，应该认识到，真正左右大众"选择"并确定交易关系的，主要是生产品市场、金融市场和高端市场。而这部分市场则必定是小众的，由精英专属，正是这部分市场决定着表面市场的热闹程度。

　　如果将日常市场置入广义市场中加以理解，就可以看出，百姓的定价权有限，甚至参与定价的权力都很有限，有关商品的范围、议价的幅度都已经事先设定得差不多了，百姓定价的"边际空间"很小，大众选择不过是一种表象，形式化的存在，不过是"小众选择"之后留下一点儿"尾货"，让大众"过把瘾"——貌似"亲自拍板"。这又如同考试中的选择题，备选答案有限，只能在问题设定的框架中挑选一个，但给了你证明你聪明的机会。

　　真正的市场、决定性的市场并不像农贸市场那么热闹，而是非常冷静和理性的。这就如同赌场一样，光靠喧嚣的大厅生意，老板赚不了那么多钱，利润最丰厚的来源还在"要客"的荷包里，在楼上那些隐秘的大包房里。

可以说,就连大厅里小赌客赢钱的机会,都可能来自于大赌客的赌资,赌场老板用一些小彩头换取赌场欢天喜地的人气。赌场也是一种市场,而广义市场与赌场在特质上非常相近。

第三,齐泽克的"系统化暴力"。

齐泽克先生认为:系统化的暴力藏匿于无形之中(齐泽克,2012)。从这个视角看,百姓的压迫者似乎是整个交易系统,其实所谓"看不见的手",正包含了这层意思,似乎命运如此,似乎自然发生的过程,让人无法抵抗,只能愿赌服输,倒霉认命。而真正的价格制定者(price maker)也即操控诸事的专制者(大资本家),却躲藏在所谓的"市场机制"后面,也即"看不见的手"。

应该看到,模式化的交易其实是"伪交易",实乃重复指令。通往奴役的道路有好多条,所谓专制也形形色色:硬性专制、柔性专制;直接专制、间接专制;局域专制、全球专制;显专制、隐专制;如此等等,不一而足。

如果需要和应该提出"物种多样性",那么多元文化保留就更为必要,强者眼里所谓的落后文化也应该加以保留,从而给历史反思留下机会。按照多元视角回溯历史,白人在美洲大陆的侵占和开发,从根本上就是错的,因为那里在白人拓殖者到达时并不是"无主地",美国政府根本没有资格没有权力分给白人新移民。狩猎采摘生产和生活都实施土地的部落集体所有制度,没有分配给单个家庭,而部落之间靠战争和妥协(未必是成文的所谓契约条款)达成边界,未必人为地设置标志,往往采用自然标记,如山脉或河流等,此外,还可能存在几个部落的公共区域。如果打破文明等级的硬性划分,提倡实质性正义优于所谓形式正义,则北美拓殖者野蛮行径的法理性就荡然无存。

应该看到,国际标准也可能成为一种具有针对性的系统化暴力。所谓国际规则未必公平,典型的一个例证是乒乓球国际比赛规则的修订,其实也并不符合体育竞赛的原本精神。修订的主要目的是限制中国运动员的成绩,所谓让竞赛可控，所谓让更多的人参赛，公然宣称的目的是以所谓公平为导向，而非以效率为导向。但如果按照这个主张来限制美国人特别擅长的项目呢？如果将这种公平主张扩展到高科技领域呢？美国人会不会接受？

第四，不同类型权力的谱系分析。

私人权力与个人权力的区别，是赵汀阳先生给出的概念，应该深入探讨，成为国际话语中的一个专门问题。

私人权力混同于个人权力，是发达国家中的一个通病。应该认识到，私人权力即使在自己家里也未必可以任意行使。例如，在公寓楼的家中，如果并没有着火，你就不能半夜大喊"着火了"。如果没有发生什么特殊事件，你也不能随便打电话要求警察上门服务。

如果某个人与家人相处一室，也需要照顾到家人对其行使私人权力的感受，即需要与家人（妻子和孩子）所拥有的私人权力相协调或妥协。如果到了公共场所，行使私人权力所面临的约束则会更多。总之，私人权力并不能随心所欲地行使。

那些与他人的私人权力相协调的权力才是应该正当行使的个人权力。最典型的是疫情期间出门戴口罩这种行为，这就是对他人私人权力的尊重和妥协。你不怕传染，或者你自认为你健康，并不意味着你真的不会传染给别人。如果你确实尊重他人的私人权力，也就需要尊重他人免于被传染的权力。你无法断定你所遇到的他人都和你一样，既不怕他人传染，也笃定不会传染给他人。存在这种传染的不确定性，就需要尽可能地防止伤害他人私人权力的事情发生，这个"口罩启示"深刻地了揭示私人权力与个人权力的关系，寓意非常深刻。

当个人组成了集体，这些个人权力就组成了集体权力。特殊状态下，集体权力可能高于一切，小集体比如乘坐飞机时，乘客就需要服从乘务人员的指挥，不能随意行使其私人权力。大集体如战争时期或灾难时期的国家，个人就更不能随意行使其私人权力，而需要服从于集体权力。核心问题在于，不能长期让个人权力完全服从于集体权力，更不能是少数人假借集体权力之名行使其私人权力。

从私人权力到个人权力再到集体权力，这形成了一个权力谱系。如何根据现实状况去行使相应的权力，与形式正义和实质性正义的达成密切相关。

7.2.4　资本主义的根本性弊端与弹性制衡

资本主义体制存在两个根本性弊端，其一是利润最大化目标与拓展市场的欲望相悖，矛盾不可化解。工人固然需要靠资本家投资才能得到工作岗位，但资本家同样需要所有他者（包括自己的工人），因为利润只能来源于交易的市场实现，只有他者手中有足够的钱去购买其产品，才可能达成利润的最大化。依存性从根本上看是双向的，不能只强调一个方面。

资本利润来源于市场交易，只有产品变成商品，这样货币才能变成资本，从终极意义上看，资本确实需要将用户（顾客）视为上帝。但资本在基因里趋于极化，最大化利润，或者最小化成本，实质上将员工的福利待遇视为某种"必要之恶"。问题可以推向极致去分析：如果资本家全部用机器人进行生产，员工成本为零，那么所生产产品的销售市场何在？产品没有市场实现，资本也就荡然无存。

一则小笑话说，资本家邀请工会主席参观他的机器人生产车间，不无骄傲地问，你能让这些机器人加入你的工会吗？工会主席没有作答，却不动声色地反问：你能让这些机器人购买你的产品吗？

这则笑话虽短却寓意深刻，其实道出了资本主义将面临的终极问题，如果商品卖不出去，就无法实现从货币到资本的"惊险一跃"，资本家就无以成为资本家。所以，资本的贪婪客观上将面临一个限度，而资本的全球化发展，使得资本家利润空间的拓展已经接近其极限。

当年福特汽车工厂搞流水线生产，扩大市场规模，为了实现生产的循环，不惜让渡部分利润给自家的劳工，以培养自己产品的购买者，让他们有钱购买大批量生产的汽车。正是看到了市场的潜在局限，才产生了一种具有前瞻性的动态市场观。福特与马克思一样，看到了自己货币变成资本的关键，即产品变成商品，所以刻意提升自己产品的市场购买力。相比而言，当代资本却寄希望于人工智能，有恃（现代技术）而无恐，试图将产品利润全都留在自己手里，但他们忘记了福特的经验，只知其正不知其反，利润最大化正是同时在极度压缩自己产品的市场空间，也即其资本的未来利润空间。

固然，福特的汽车工业发展策略并不是自由资本主义方式，而当时反对福特的诸多资本家，也并非自由市场经济的真正信徒。如果真是在市场中自由竞争，福特便有权降低其产品定价，在福特的反对者眼里，这是低价倾销，破坏了市场秩序。如果说福特这样做破坏了汽车市场价格所谓的均衡水平，则意味着一个隐含的市场前提，企业家并不能自由定价，而必须按照当下的市场价格水平出售其产品，也即商品市场价格应该是静止的和固化的。

同时也要看到，资本主义体制具备相当的弹性优势，从而可以弱化其体制弊端所造成的社会张力。

第一，资本主义体制在"形式公平"和"形式正义"方面做足了功课，至少在名义上、在一定事项范围内做到了：给予个人形式化的权力，给了人们自己决策的机会。典型的例如，让合格的选民行使选举权，哪怕是在两个烂苹果里选一个，即便实属"不选之选"，"选"本身未必具有其应有的社会意义，但毕竟还是让你选了，让你投票，这迎合了众人的本性和偏好，人总是愿意做决策的，愿意说了算，谁都有此偏好，此乃资本主义民主形式的讨巧之处。

第二，"形式公平"和"形式正义"对统治者最大的好处就是卸责，并得以采用技术手段操弄群众。无论如何，既然形式上让你决策了，无论宏观结果如何,你就得认命,蛮可以堵住你的嘴,也即确立了"咎由自取"的格局。西方社会通常满足于"形式正义",这个治理传统,也使得西方政客做"形式化动作"的技术相当娴熟。统治者集团充分利用民众的人性优点和弱点。

第三,机遇通道并不完全关闭,虽然阶层固化实质上仍然相当严重,但所谓素人仍然还存在逆袭的机会,利益圈子的核心利益固定留在圈子里,但圈子的新人入选机制还开了口子,允许个别素人进入。这种"留余地"和貌似"对事不对人"的设计非常聪明,对"贵族"圈子起到了吐故纳新的激励作用,可以发挥鲶鱼效应;也可以博得社会公平的名声,极个别人的逆袭成功,又可作为体制优越的典型例证。美国优质人才的海外吸纳机制就是这种社会设计的极致表现,可以在国际竞争中发挥"化敌为友""以夷制夷"的巨大功效。

机遇不严格固定给予某个个人,甚至不严格固定在某个族裔,至少在表面上,权力和财富流动的可能性和相对程度就比较高。尽管实际执行结果只是极少数人逆袭成功,但毕竟是有人成功,便足以证明其可能性存在。多数人不可能成功,但给你机会了,无法成功是咎由自取,其责任只能归结为自己运气不好,制度是免责了,堵住了人们对抗政府和社会的进路。

人自信理性,愿意尝试行使权力,以为天赋人权,即使行使权力的能力不足,也愿意赌一把,亲力亲为,不让用权,则永远不会用权。从家长手中争取权力,是个人成长为人的标志和台阶,更不要说家庭、工作单位、市场和社会。愿赌服输,责任在己,政府免责。当然也有愿意放弃这种权力的,委托给代理人,这类人的比重有多大?或者在个人生活中占多长时间?都是社会稳定与否的因素。

第四,统治集团自身分散权力及其责任,形成齐泽克先生所说的"系统化暴力"。"三权分立"("狭义政府"是其行政部分,而广义政府 general government 则包括立法、司法和行政三方)的设计和实施便于美国缓冲国内矛盾，官员分工分责，官民关系的责任分散，间接化过程便于官员相互推诿，民众有了多种与政府官员打交道的机会，有了发生小冲突和释放的渠道，也就难以与政权发生直接对立的大冲突，也不大容易形成真正的大规模社会冲突。

在国际上，三权分立的实施为美国创造出更大的周旋和博弈空间，明明是美国政府对"他国"的实质性干涉，却往往以法律的名义和手段出现，即便是"钓鱼执法"，因为其法律手续齐备，形式上似乎神圣不可违背，从而屡屡得手。

7.2.5　"第四权力"的堕落意味着什么？

本小节从三个方面展开论述。

第一，第四权力已经堕落。

新闻界对社会尤其是对政府的监督，即"第四权力"的存在，曾经是欧美文明颇为骄傲的一个社会优良品质。然而，"第四权力"极其堕落[①]，底线全无，这在如今美欧好多国家已经是不争的事实。

美国的党争驴象两分，新闻界也随着分裂成两派，毫无底线地为本党制造舆论支持，不惜一切代价中伤对手，虚假消息盛行，使得总统竞选场所居然成了揭短和"比滥"的污粪池。

国内如此，大国间竞争自然更免不了这种堕落。像北溪输油管道被炸，就是无法真正进行调查，或者即便找到某些证据也无法公布。还有所谓的新闻爆料耸人听闻，稍加判断就能判断其真伪，为什么政客就敢胡说八道？因为即便这种假消息也有市场，信口雌黄对当事人并没有什么副作用，假新闻太多了，即便有些离谱也并不显得突兀。而且新闻的流速非常快，人们没有

---

① 现在对媒体流行种种"说法"的判断，不能再凭那是"谁"的说法，而是得直接考察说法的内容在不在理，重点是对基本道理的梳理，尤其要考察说法背后的利益指向，例如，说法的主张者是不是只对他者提要求，而自己却并不受其主张的管辖。

时间纠结于消息的真伪，很快又被新的假消息带走了。

烈火炼真金。2022年俄乌冲突，在某种意义上成了试金石，暴露了西方文明所宣扬的道德底线其实不存在。主要表现在以下几个方面：①私有财产神圣不可侵犯，但俄国人的财产可以侵犯；②新闻的所谓真实和透明，只是单方面和单方向成立，战况新闻往往成为独角戏，媒体高压尤为明显；③难民的待遇按照种族区分，欧盟国家对待中东难民和乌克兰难民的处置态度和方式截然不同，在乌克兰难民中，对"白人难民"与"非白人难民"的处置态度和方式又截然不同；④联合国可以查验其他国家的生物实验室，但却无权查验美国在乌克兰在海外的生化实验室；⑤美国强迫世界各国必须按照其要求制裁俄罗斯，必须站在美国一边，不允许中立。

第二，需要提防现代信息暴力的伎俩。

在欧美社会的表面上，通常允许不同意见的存在。但隐含的一个底线是，不能在选民中对"关键少数"造成重大的不利影响，允许你"自生自灭"，否则还是要"秋后算账"。例如据网上披露，"我们都是99%"口号的倡导者是美国某大学的教授，事后被所在学校解聘。在2022年俄乌战争中，某些媒体对某些非主流声音采取封号等措施，剥夺其言论自由 —— 西方文明最为强调的、与生俱来的人权，就体现或暴露了这一点。原来大肆标榜的社会公正性：我不同意你的观点，但誓死捍卫你说话的权利，现在根本不用兑现这一诺言了，居然可以公然践踏言论自由。

贼喊捉贼是西方政客惯用的伎俩，似乎把对手说成贼，自己便可以逃脱正义的惩罚。而《圣经》里记载着耶稣对打人资格的明确说法：你们中间谁是没有罪的，谁就可以先拿石头打她（《约翰福音》8：1-11）。比起当年的法赛利人，西方政客显然是太过退化了，连古时平民的良知都没有。明明自己有罪，有的甚至罪孽深重，却悍然用"石头"打别人，没有罪名编造出来鼓动大家一起声讨，而且还频频出手。政客总是搞出乌七八糟的东西，让不少平民感觉，政治本身就是肮脏的，政客没有好东西，可这样一来，帝国政客的恶行反而就比较容易逃逸责任了。

说到运用"软实力"，在当今大数据时代，政客对媒体的控制往往采取"淹没法"①，不直接封杀，但用大量的信息将不喜欢的意见淹没在"数据深海"的底部，对政客的"负面信息"本身虽然仍然存在，但根本无法发挥其应有的作用。这就是现代文化殖民过程中的一个非常重要的传媒现象，因其间接性和隐秘性，资本和政客无须承担任何责任，这是形式上的自由、民主和平等，实质上的文化专制。

甚至学术界也对反对的声音采取"若无其事"的态度，主流热衷于构建并强化自己所谓学术主张的"再生产"圈子——成为虚假的"常青藤"，相比于所谓主流观点的复制和传播外，很少真正的学术批评，很少对论题内在逻辑的深入挖掘，很少跟踪社会现实以检验和反思自己的观点，很少进行相同论题不同观点的辩论和交叉批判。十分吊诡的是，主张自由市场竞争的经济学教科书却以最为垄断的方式得到在全球的压制性推广，著名学者所谓学术研究的实践与其奉行的基本观点恰恰背道而驰。

在西方国家投票权非常重要，但投票的基础是"事项的设置权"，这又取决于事项信息的"编辑权"或"信息剪裁权"，或者说，民众得到的是一个什么样的故事？"故事的讲述权"，或"叙事权"究竟在谁的手里②？

换言之，"画面裁剪权"的确非常重要。例如互联网中流传的一幅画面，两位美国大兵押着俘虏喝水。可能出现三种解读：①如果只留着用枪顶住俘

---

① 即便是真实信息，采取灌输方式推送给受众，也是一种信息暴力。如今信息暴力无所不在，好多人总是作茧自缚，在信息蚕房里自得其乐。殊不知在手机屏幕里，有套利企业暗中助力的信息总是挤在你所需要信息的前面。

② 美国福克斯新闻网 2023 年 1 月 17 日披露，索罗斯为传播他激进的"开放社会（open society）"议程投入了超 320 亿美元的巨额资金，其中包括向超过 54 位有影响力的媒体人士支付报酬，这些媒体人士来自多家美国主流媒体。

虏脑袋的士兵和俘虏半个脑袋,那就是美国兵镇压俘虏。如果只留着那位端着水壶给俘虏喝水的美国兵,俘虏也只留着喝水的半边脑袋,那就可以②表现美国兵施舍的某种人道主义待遇,但也可以③解释为美国兵先让俘虏喝水,再勒令其报告战场情报。如果整个画面都留下来,恐怕人们更容易做第三种解读。观众如何解读该画面?往往取决于画面的剪裁者给你留下什么样的画面。

读史书,往往会看到"大事记"之类的说法,何为事件大小?不过出自史籍整理者或编撰者的选择,或实录或虚构,并没有绝对的界限。应该注意到,即便所编辑的全部都是实际发生的事件,也还可能产生虚构的效果。还可能是描述对象的"偏态呈现"。所描述对象相关的事实很多,描述能力和可用于描述的资源总是有限的,这样势必需要选择部分事实加以描述,究竟"实录"哪些事实来刻画对象?即便描述者刻意追求自己行为的客观性,但描述者的能力和意愿还是会影响其描述的质量,潜移默化地对某些事项多加笔墨,主观性悄然进入,微观上的所谓"实录"就可能走向反面,达成了宏观虚构的效果。

宏观虚构不可能完全免除,只是程度不同而已。这里需要刻意(动机上追求客观性)注重基本事实和"概括性事实"的区分,概括性事实必定包含人的判断,是包含主观判断的事实。应该尽可能甄别他者的判断,特别是对立观点者的判断,或者给出交代,让不同判断相互碰撞,这样才有利于达成比较公允的认知。对已有的种种说法要注意其背景性信息,这样有助于判别其真伪程度。

第三,资本主义体制的第二个根本性弊端。

如前所述,资本主义体制存在两个根本性弊端。第二个弊端就是既需要以自由、民主和平等作为宣传口号,又无法兑现诺言,言行愈发分离,长此以往就会被揭穿,基层逻辑无法贯通。

帝国的资本家和政客心知肚明,实现全人类真正的自由、民主和平等是一个相当长的历史波动过程,而且他们其实也并没有真正推进这个过程,所以，列强特别是美国在谋其独裁全球的过程中，必定会出现言行不一无法解释的局面，必定会用谎言来弥补谎言以愚弄群众，问题是这种手法不可能长期奏效，毕竟人类文明总体上还是在进步，不可能长期接受摆布。

资本主义也是多元的，不能用一种资本主义的优势来为另一种资本主义辩护。例如，如果自由资本主义和垄断资本主义的划分成立，用前者的理念为后者辩护就未必成立。新教伦理与资本主义发展未必具备那么强的一般性，马克斯·韦伯（Max Weber）先生只是讲资本主义在美国阶段性快速发展的原因，但资本主义有许多种类，美国如今的资本主义已经发展成全球专制的资本主义，再沿用当年韦伯所陈述的理由为其法理性辩护，早就时过境迁了。可见，用理论概念上的完美为实践中的丑恶辩护，谎言必然会被揭穿，至少长此以往地骗人不成。

或者，"他国"的多数人可以接受这样一种社会现实：西方富国的发达程度在整体上优先于发展中国家，他们的确抢占了发展的先机，进入了一种带有"马太效应"的快轨道。但是，当西方列强利用这种"先发优势"压制后发国家时，却声称其行为是为了普惠于全人类的生命价值，甚至是为了其所压制国家的人权，这就无法让人接受了。

在好多方面"他国"的发展确实落后，但民众还不会愚蠢到如此地步——看不透西方资本势力和政客的这种极度虚伪。姑且先不论"他国"之所以落后的历史和现实外部原因，正是那些发达国家资本的长期掠夺。试想，美国资本已经贪婪到连本国同宗的"红脖子"都不顾的程度，却会专门来真心关心被其所压制国家的民主、自由和平等，这从人类历史的底层逻辑都无法讲通。

7.2.6 西方自由的外部资源条件

西方文明的某些图景描述的确令人向往，造成他者对理想国的憧憬，"言必称希腊"成为一种话语习惯，我们对希腊的城邦民主欣欣有念，然而忘记了其存在的外部条件,最主要的是,我们忘记了希腊城外那为数众多的奴隶。

将时间拉近,还有著名的瓦尔登湖,也是我们解决温饱问题后所向往的又一个人生目标。然而应该看到,瓦尔登湖还只是部分精英的生活之梦,在其事业成功后,闲暇的边际效用变大,而其成本变小。

然而需要看到的是,这种闲暇的边际效用也会变化,即便具备足够的条件,人不大可能一生都住在瓦尔登湖,别人且先不论,独居者本人自己就受不了。绝大多数人都受不了,顶多只能在这一生的某个阶段喜欢住在瓦尔登湖,即人类不可能都像亨利·戴维·梭罗所宣扬的那样,长期居住在瓦尔登湖。

再者,这个世界具备足够的资源吗——能让我们每个人都独居在世外桃源之中吗?中国这些年解决"居者有其屋",靠的是密集的高楼。美国人口密度那么低,当年大规模解决劳工住房问题时,虽然是每家独栋,但每户居住面积才70平方米,建造标准则沿用兵营模式。

从独居者与他人、与社会的关系来看,你的独居会不会取消和限制他者到瓦尔登湖旅游的自由?此前瓦尔登湖的原住民是否被剥夺了曾经有过且应该持续拥有的居住权?你与他人的市场交易真是公平的吗?再者,你的独居需要多少人劳作来供养?人类还离不开"非清洁生产",要让"瓦尔登湖"可持续,势必意味着地球上某个地方需要承担污染的恶行,别的不说,瓦尔登湖的垃圾排到哪里去?就是一个无法回避的难题。

再回到当下国际现实,经过多轮博弈,各国就可持续发展达成协议,发达国家与发展中国家"承担共同但有区别的责任",为什么应该是"有区别的责任"?难道是发达国家对发展中国家的恩惠吗?答案显然是否定的。

斯蒂格利茨教授等主持的经济测度报告于2009年发表,其中第三部分专门论述可持续发展的测度。按照该报告的界定,可持续发展属于"未来福利",发达国家对可持续发展的需求急迫程度明显高于发展中国家,好多发展中国家更为看重"当下的福利"(斯蒂格利茨等,2009)。如果回溯历史,明显是发达国家对环境污染做出了相当大的负面"贡献"，他们的"累积碳排放量"是发展中国家无法望其项背的。从弥补历史旧账的角度看，也应该是发达国家承担更多的环境治理责任。如果切实地践行"人人生而平等"理念的话，富国还应该降低其资源的人均消耗水平，但是从此高调推行可持续发展，这个议题却鲜有涉及。

那么，如何确定这个"有区别的责任"？这至今还是一个悬而未决的争议问题，也与经济测度相关。一个应该且可以考虑的原则是，各国污染治理要求与其经济发展水平相适应，例如，可考虑对"同等人均 GNI 水平"的国家实施相同的污染治理标准。即使人类迫切需要减排，也不能整齐划一地快速推进所谓"生态文明"，因为这很容易让"被殖民者"失重。如果根本不考虑穷国民众的基本生活要求，就并非民主决策。

当然，人均指标仍存在缺陷，并没有考虑当下发达国家对发展中国家的污染转移。即使发展中国家不去追究发达国家的历史欠账，如果切实主张"人人生而平等"，起码应该杜绝发达国家当下和将来的"碳排放出口"。

基于这个思路，笔者提出富国在穷国推进碳减排的"三个前提"，发达国家达成以下三项，才有资格提出和推动全球减排倡议。第一，发达国家终止出口垃圾；第二，发达国家不再出口"非清洁生产线"；第三，当发达国家进口清洁能源设备时，同时接受生产该设备所产生的废料，或者对该项废料给予治理补贴。

应该看到，上述三方面是帝国经济殖民和文化殖民的重要内容，如果切实履行"人人生而平等"原则，在碳排放测度过程中，就应该区分"碳排放发生国"与"碳排放实际责任国"。应该看到，在碳排放测度上，选择排放总量指标而非人均排放量指标，选择测度当下排放的流量指标而非历史累积的排放量指标，实质上隐含了富国和富人的特权。我们知道，经济测度指标的选择是有态度的，笃定基于某种价值判断，我们应该揭示其背后隐藏的真实人权观念。

其实，对富国推进环保设置"三前提"，是发达国家不愿听到和做到的，穷国也并不具备强迫富国切实推进环保的能力。之所以提出来，是要对冲发达国家在环保问题上对发展中国家的非难，更清楚地表明发达国家作为"污染输出国"的实际历史角色。在高喊环境保护的同时，自诩为高文明等级者还在隐性输出污染，而且没有收手的意愿，实质上是把环保当作压制新兴国家发展的博弈工具。如果富国能够良心发现，切实能够与发展中国家一道实行"谁做脏活谁排放"和"谁消费谁担责"两项基本原则，人类在环境保护问题上才有可能真正取得进步。

7.2.7 "文明等级论"原本是帝国推行"身份政治"的观念准备

我们从以下四个方面阐述这个观点。

第一，"身份政治"固化文明等级。

在国际事务中，欧美政客其实非常讲究"身份政治"，或"成分决定论"。你出身不好，你不是文明国家，做什么就都有毛病。我裁定了你是专制国家，进而就可以随意制裁你，我的国内法就可以施加于你，我的"长臂管辖"对你就适用。而欧美自封为所谓民主国家，即便做什么不民主的事儿，也都可以，对其辖外的事务也替代人家实施民主，实则由帝国独裁。西方还愿意因实施"种姓制度"而非论他国，试想，如果按照视角来评判，西方文明在这个方面又好到哪里去呢？

第二，西方对基督教道德理念的重大修正。

杰弗里·萨克斯教授在阐述《全球化简史》时犀利地指出：从殖民历史过程看，帝国缔造者（欧洲列强）其实违背了"基督教宣扬的节制和慈善的美德"，所以需要一种新的道德理念来证明其殖民的正当性，就把征服视为上帝赋予的权力和责任，目的是将文明带给异教徒（萨克斯，2021）。

按照萨克斯教授的拓展解释，市场环境中，是"贪婪"指挥着"看不见的手"（萨克斯，2021），这就逻辑地导致了极化的利益分配格局。不同个体的贪婪程度不同，贪婪具有自强化特征，贪婪心越强，就越愿意将他者（无论是自然，还是人类）作为满足自己贪婪欲望的工具，也越容易强化自己满足贪婪的能力，从而也就越容易在所谓的公平竞争中胜出，进而利用自己的优势地位形成"赢者通吃"的格局。

可见，贪婪虽为人性（七宗罪之一），或不可完全消除，但仍然需要道德力量的约束，不能因其"可能产生共同利益"而任意释放，"贪婪可能致善"只是问题的一个方面，有此可能，但非全然。东方文化中的"中庸"理念从而具有相对重要的社会价值，并非只有西方观念才能推动人类的共同进步。

第三，在所谓"空地"上拓殖是文明等级论的大规模历史实践。

根据 17 世纪英国哲学家约翰·洛克的观点[①]，欧洲人认为游牧者从来就不拥有土地，这就是为什么殖民者能够宣称对所谓"空地"的占有权，这就是为什么"原住民的土地权"这一概念具有如此超乎寻常的复杂性（扬，2013）。只有从事农业耕作，才是土地的唯一正规用途，才不是"空地"，这是农耕文明对狩猎文明居高临下的态度，是"文明等级论"的一种大规模的历史实践。

所谓"空地"的欧洲拓殖者裁定，同时也表现出，欧洲文明与大自然相对抗的隐含特质。正如批评家、法律历史学家艾里克·谢菲茨曾经十分有力地指出的那样，欧洲人带有一种与生俱来的财产观念，一种拥有和占有财产

---

① 作为卡罗来纳的皇家地产所有者委员会的秘书，洛克认为，一个人只有"在土地上付出了自己的劳动，加入了属于自己的东西"，那么这块土地才算是他的。英国历史学家尼尔·弗格森对此解读说，如果一块土地尚未被人圈起来耕作，那么谁都可以抢过来。参见尼尔·弗格森于 2011 年在中信出版社出版的《帝国》一书的第 59 页。显然，印第安人的狩猎和采摘劳动不符合洛克的标准，通过殖民规则的制定，原住民失去了对自己土地的财产权，反倒是侵略者堂而皇之地宣示了其法理性，其中隐含了农业文明高于狩猎采摘文明的等级设定，即"文明等级论"的加持。

的观念。而游牧者在土地上游牧,与土地关联紧密,但从不把自己与土地的关系变成财产或占有关系,这是一种相当神圣的祖传的关系(扬,2013)。

一种流行的看法是,文明等级越高,掌控能量越多。这个论题涉及人类与自然的关系,如果从人类整体可持续发展的角度看,未必是这种单一方向的、线性的正相关关系。例如原子能量的掌控,是不是越多越好,就曾让有良知的科学家非常纠结。

是否与大自然和谐相处,这两种文明观念根本对立。但欧洲人却以高等文明自居,公然掠夺美洲当地土著的财产,其傲慢甚至表现出对大自然(土地)的强迫。典型的如美国中西部,19 世纪的殖民拓殖者通过国家的土地法拥有了土地财产,大规模开发农业,然而,后来部分由于农业衰退,部分因为土地原本就无法进行集约耕作,毫无价值而最终被抛弃。用东方文明的词语概括之,这是典型的"始乱终弃"(扬,2013),既不尊重当地的土著民,也不尊重所"开发"的土地,哪里算得上什么文明呢?更遑论"高等"二字。

第四,西方的身份政治并非阴谋而是阳谋。

在重审"文明等级论"时,孙郁教授还提到"文明等级论里的阴谋"(孙郁,2016),其实,西方精英在推销其文明时大都是公开操作,是阳谋而不是阴谋,因为他们自认为其文明等级最高,面对"他者"从来都是理直气壮地"下达"系列要求,"必须 ……"接着"必须 ……"。典型的例子如同欧盟委员会主席冯德莱恩 2022 年 4 月 1 日的 4 项要求。类似这种阳谋太多了。虽然她贵为主席,但是对其欧盟成员国恐怕也不会这么做指示吧?此种命令方式的认知基础无疑就是"文明等级论"。反倒是我们有些人,单方面认可西方文明之善,而不知其恶,实在是一种"选择性失明"。

我们并不应该将"文明等级论"与阴谋相关联,在独霸全球的战略方向上,美国用其多年的实践给出了明证,从来都是明火执仗,并不存在什么阴谋,或许只是在实施战略的战术动作中,倒确实存在着阴谋。所谓阴谋往往是他国对帝国的一种文化误读，人家明明就是阳谋。

一般而言，未必国际政治博弈中事事都是阴谋，然而阴谋笃定存在于某些国际事件当中，还有些阴谋可能胎死腹中，尚未完成其既定目标，虽然时过境迁，但作为脚本形式的阴谋却是真实存在（至少存在过）的。只不过在诸多离奇事件中，究竟有多少是阴谋，又有哪些是阴谋，往往无法都去证实，人们也就看法不一。

萨义德先生明确指出，"帝国主义的文化并不是躲躲藏藏的。它也不掩饰它与现实世界的联系和利益关系"（萨义德，2003）。"文明等级论"及其逻辑导出的霸权言行，总体上是阳谋而不是阴谋。倒是第三世界的一些知识分子一厢情愿，将西方文明解读为普适于全人类的高尚道德，从而"阴谋论"显得更为不堪，似乎善良的民众多虑了。

7.2.8　排他性的西方文明："属下阶层"的皈依无法真正实现

为什么"属下阶层"向高等文明的归顺和皈依不可能最终真正成功？萨义德先生爱用两个关键词："历史"和"世界"，这是从维柯先生那里得到的启示，历史是人类创造的历史，世界是人类生活在其中的世界。"适用性（relevance）"它提示着一个联系普遍性和特殊性的基本问题，显示了这个世界不平等的现实。应该看到，欧美文明在基因里就不是一个真正主张平等的文明。

韩炳哲先生在《他者的消失》[①]中明确指出：在新自由主义的政制下，剥削不再以异化和自由现实剥夺的面貌出现，而是披上了自由、自我实现和自我完善的外衣。这里并没有强迫劳动、使我异化的剥削者。相反，我心甘

---

① 韩炳哲：《他者的消失》，吴琼译，北京：中信出版社中文版，2019，第 57 页。第 23 页也有类似的论述。

情愿地剥削着我自己,还天真地以为是在自我实现。这是新自由主义的奸险逻辑。所以,过劳症的初期表现恰恰是亢奋。

萨义德先生是一位进入到"第一世界学术圈"的第三世界成功人士,他在《寒冬心灵》(*The Mind of Winter*)中指出:大多数人主要知道一个文化、一个环境、一个家,流亡者至少知道两个;这个多重视野产生一种知觉:觉知同时并存的面向,而这种觉知——借用音乐的术语来说——是对位的(contrapuntal)。……流亡是过着习以为常的秩序之外的生活。它是游牧的、去中心的(decentered)、对位的;但每当习惯了这种生活,它撼动的力量就再度爆发出来(萨义德,2002)。

客观而言,来自阿拉伯人、犹太人、俄罗斯人等人群中的知识分子,大都有这种流亡者的"寒冬心灵"。回顾世界历史,典型如俄罗斯的陀思妥耶夫斯基,还有兼备捷克人、犹太人和德语作家三重身份的卡夫卡等,往往特别容易萌生这种"寒冬心灵",这一点是强国的知识分子所无法体验和生成的深刻觉知。

对弱国知识分子而言,帝国专制的范围更大,最具根本性,但因具有间接性,多数人往往无从感受,容易忽略帝国对其母国的专制作用。帝国的全球专制以推进弱国的民主为旗号,然而,帝国对他国的专制越强烈,国家作为利益分配单位的作用就越重要,国家主权概念就越重要,"国家利益至上原则"(基辛格,1998)就越重要,其他国家就越无法按照本国社会进步的正常节奏去推进民主。

众所周知,战争时期或大兵压境,其他社会危机或自然灾害期间,凡在所谓紧急状态之下,任何国家都不可能采用"一人一票"的民主制度做决策。曾几何时,美国要在美墨边界修建边境墙,尚且需要颁布"紧急状态法",更何况其他国家?然而,美国动辄对他国施加巨大的压力,使得别国无法向"一人一票"的民主制前进。

　　真不知美国政客的真实动机究竟如何，是真想要他国推进民主呢？还是刻意阻断他国的民主进程？对其推进全球独裁的战略目标国而言，是不是扣上专制的帽子就可以率众声讨，方便帝国更为随意地制裁？

　　帝国当然可以对外国人开放一定程度平等的待遇，但往往只是对部分归顺者的平等，往往只是在日常琐事上的平等，往往只是在和平时期的平等[①]。但知识分子往往习惯于多思和深思，并不满足于马斯洛需求层次中的初浅部分，故而心灵容易感受到帝国对母国的专制，萨义德先生的那种"寒冬心灵"便容易生发。国父孙中山先生曾再三强调，与世界上以平等待我之民族打交道，便是深知其味。

　　知识分子"本质上反对一切形式的暴政、宰制、虐待"（萨义德，2009）。注意，这里是"一切形式"的，其中包含着非常容易被忽略的专制，即以民主和自由面貌出现的帝国资本的专制和干涉。知识分子批评的直接目标往往是本国发展过程中的种种问题，但却容易忽略帝国对母国的专制，其实，帝国在世界范围内实施干涉乃至专制，往往使得发展中国家处于紧急状态中，无法顺利地推进民主进程。

　　一种流行的看法是，文明等级越高，其影响范围越大。其实文明本身应该是多元的，如果深入地分析则应该看到，只有"外向型文明"，甚至具备扩张性乃至侵略性的文明，才会如此，如果一种文明是内向型的，并不具备扩张性或侵略性，则其刻意影响他者的范围未必会随着其所谓"等级"提升而扩展。

　　如果对"文明等级论"心悦诚服，则第三世界的知识分子很容易一心向西，以为"人人生而平等"真为全世界都普遍适用的价值。做"世界公民"，"学太上之忘情"。其实国家始终是一个利益分配单位，这使得爱祖国成为人性的一种要素，如果失去这一要素，不是天真，就可能是人性的部分丧失，

---

① 典型的事例如，二战时期，美国对其日裔居民实行集中监管。

而其后果往往是降服于世界级帝国的专制。

多数国家的知识分子应该意识到"第三世界知识分子"这个身份定位。政治过程包含了太多的妥协,而学术研究与政治无法切割,也就容易包含妥协。萨义德先生文化上是"知东知西,东西合璧",在西方某些人眼里,他却"不东不西,不伦不类"。

孙郁教授指出,新文化运动时期的知识分子"目的不是成为西方的一员,而是像对手一样有自由的大地",他们"从自己内部问题出发应对外部的挑战"。由此我们可以得知,第一,这种择优而学习之,且"急用先学"的态度,使得他们不大注意西方文明进程中的自我批判,从而对文明的引进往往是片面的。第二,忽视西方文明中的这种批判导致了一种偏误,潜移默化地对"文明等级论"的深入人心发挥了助力作用(孙郁,2016)。①

7.3 "文明等级论"与基于国势学视角对希腊史的再解读

文明等级论的基石之一是西方对东地中海文明发展的希腊化解读,形成了文明与野蛮、民主与专制的简单"二分套路"。所以需要追根溯源,基于多元视角重读历史。20 世纪下半叶史学界出现了用"全球史"来修正世界史的史学流派,可以说,这是对"二分套路"的一种反动。我们在重读现有历史著述时,需要当心作者的写作立场,不应该盲目地将某种说教当成史实,不应该盲目地接受某些貌似天经地义的结论。基于国势学视角对希腊史做"再解读",或许能提出一些需要深入思考的历史议题。

---

① 孙郁教授还发现,研究这个话题(文明等级论)的作者,多是文学研究出身的。笔者认为,由此恰恰可见,文学即人学,文学给人以人性的眼光。

7.3.1　如何解读希腊文明和伯罗奔尼撒战争？

第一，雅典只是希腊的一部分，不能割裂去看雅典民主对希腊的代表性。从空间维度看，雅典只是希腊诸城邦之一，是否可以用雅典来代表希腊文明？其时斯巴达人对此高度质疑，不然就不会有伯罗奔尼撒战争。从时间维度看，雅典在多长时间里实施了直接民主？在多长时间里主导和代表了希腊？

第二，雅典民主政体的底色是奴隶制，只是有限人的民主。不过公民[①]阶层恐怕无法深切体会到其城邦存在的不公正和歧视。

第三，对所谓雅典民主需要深入思考，公民"主"什么事项？为什么会由"民"来"主"？政治精英需要公民的两个主要动机，公共品生产和军事，需要公民来作为对冲阿蒂卡农民的政治力量，并非平等作为政治的出发点。

第四，实施雅典民主政体的前提是没有强大外部城邦的威胁和危机，处于和平发展时期。恐怕只有这样的国家或强国，才有条件实行那种民主形式。如果处于列强争霸的丛林世界，民主政体由于内部争吵，无法达成一致意见，很难甚至无法作为，就有失去财富和自由的危险，穷国和弱国耗不起，即便富裕的民主政体也可能造成面临衰落的结局。

第五，雅典对外实行帝国主义，对内实行民主，政治逻辑上并未彻底打通，或彼此一致，很可能对外强权是内部均权的基本条件，雅典正是借用"防御同盟"使得盟下各城邦沦为雅典的从属。雅典民主的条件之一是对他者的帝国统治，例如公民大会的参会津贴就可能来自对他国的财力掠取。人类事物往往相反相成，若此，帝国便没有理由强迫弱国也搞他们才有条件搞的那种民主政治。

第六，民主政体的实施未必公正，典型的如苏格拉底，成为雅典公民避免战乱的替罪羊。而且这并不是孤例，所谓"陶片放逐法"的设立和实施，

---

① 亚里士多德对人的分类定义，公民是参与集体事务的有闲人士，而私人则是劳作之人。

正是为了将可能对城邦造成威胁的能力强的精英预先放逐出城邦，以免养痈为患。"陶片放逐法"对过于受欢迎的政治家实施流放，因为这类人比较危险，存在潜在的专制威胁，主动"去精英化"即放弃政治效率，可见该机制设计注意城邦民主的可持续性，注意提防民主的异化。

第七，伯利克里卫城建造计划可以看作凯恩斯主义之源，其动机并非完全出于满足民众的宗教信仰需要，而从政治和经济意义上解读更为合理：大规模建筑工程可以创造就业岗位，吸引外邦各类工人，给其时的中产阶级（手工业者、海运商人等）带来利益，增大民主派支持者的力量，同时削弱寡头政体支持者（阿蒂卡农民）的力量，获得公民议会对其帝国主义政策的支持，保持雅典对城邦同盟的盟主地位，吸引更多的财富，以外压内，以内压外。[①]

第八，任何一种文明都包含文化因素和"武化"因素，博弈得胜者往往是"武化因素"较强者。按照西方的"二分套路"，斯巴达战胜雅典，只能解释为野蛮战胜了文明，专制战胜了民主。而且，"和约"注定是不平等的，雅典战败后被迫引进寡头政体，雅典还需要交出舰队，解散同盟，拆除其"长墙"，这些绝非雅典人的偏好。

伯罗奔尼撒战争的结局，是斯巴达打败了雅典，这与两个城邦的政体有什么关系？斯巴达实行严格的军纪，兵力能够经受住战争的考验；而雅典民主政治的弱点在战争动员中显现出来，阿蒂卡农民赞成和平，城里居民希望战争，但在战争中人人都想自己如何摆脱灾难，而不是怎样为国家负责，修昔底德意识到并强调了战争对社会的巨大破坏作用。

---

① 德尼兹·加亚尔、贝尔纳代特·德尚：《欧洲史》，蔡鸿滨、桂裕芳译，海口：海南出版社，1992，第 81~82 页。

7.3.2　如何解读希波战争与文明野蛮"二分"套路

从史书可知，希波战争的原因主要有三，其一，波斯帝国和雅典帝国在统治形式、人生观、政治和意识形态相对立；其二，双方在经济竞争，市场、原材料和商路上是竞争关系；其三，两个帝国出于动态的战略格局考虑。应该注意到，雅典帝国与波斯帝国的战争未必能解读为文明战胜野蛮，民主战胜了专制。否则，就无法按照这个"二分套路"去解释伯罗奔尼撒战争。同样，也不能用这个"二分套路"去解释亚历山大大帝对波斯的征服，很难说那就是文明对野蛮的征服，民主对专制的征服，或许只是野蛮对野蛮、专制对专制的博弈。

无论大小，希腊（尤其是其后在罗马）未必是自由民主政体占据主导地位，从时间和地域，从所赋予公民资格的人口范围等方面看，未必都是文明在进步。而埃及文明和波斯文明也未必就那么专制，到了社会经济文化无法发展的地步。此外，如果单单以能力（效率）作为文明等级的判定标准，雅典未必优于斯巴达，希腊未必优于罗马，正是在斯巴达和罗马那里，野蛮的成分更多一些，或许恰恰是野蛮战胜了"高等级文明"的希腊和雅典。

如果将希腊标志为民主，将波斯标志为专制，西欧从希腊那里继承了民主传统，而东方则从波斯那里继承了专制传统，这种简单"二分"恐怕与复杂多元的历史事实相去甚远。因为希腊与波斯长时期相互交流，很多人们界定为希腊的文明因素往往出自波斯和埃及，甚至可能出自印度，而人们界定为波斯的野蛮因素却可能出自马其顿等希腊地区。所以，不能将希腊文明和波斯文明、埃及文明之间的区别简单地等同于民主与专制、文明与野蛮的区别。

文明野蛮的简单二分法流传甚远，亚里士多德认为，唯有希腊人才是文明理性的民族，其他外邦人都是野蛮人，他对人类德行和理性的赞美，事实上只限于希腊人。在他看来，如果由自由人统治奴隶是合乎自然正义的，那么希腊人统治"野蛮人"也是合乎自然的。亚里士多德曾告诉自己的学生亚历山大大帝,要待希腊人如自由人,待"野蛮人"如奴隶。

不能不说,亚里士多德的这种"希腊种族优越论"对后世的西方文化中心主义和欧洲的"白人种族优越论"产生了极大的影响。典型的例如,著名诗人但丁就曾公开宣扬,最高贵的民族理应高居其他民族之上。我们非常虔诚地崇拜人类文明的先哲,把他们视为自己进化的精神导师,然而对于这种极其狭隘的文明观点,我们外邦人究竟应该做何感想?

应该看到,这种简单二分在基层逻辑和史实上并不能自圆其说。其一,美国从英国,英国从西欧,西欧从罗马,罗马从希腊,所继承的未必只是所谓民主和自由,还有非常专制和野蛮的一面。其二,波斯文明、埃及文明、印度文明乃至中华文明也从不同区域经济、文化交流中传承了希腊文明的优良品质,希腊文明并非西方的"专属品"。其三,全球化过程中的重大事件,并不完全符合这种"二分套路",伯罗奔尼撒战争、亚历山大大帝征服波斯、罗马征服希腊,还有日耳曼蛮族入侵导致西罗马灭亡,都不能套用文明战胜野蛮、自由战胜专制的刻板模式。

总之,不宜将希腊和波斯一分为二,一个民主,一个专制,西方和东方就此分野,一个文明,一个野蛮。然而,这种历史判断上"二分"的刻板印象,往往成为世界历史认知的底色,非常容易误导当今全球化的平衡发展。

7.3.3 如何解读"大希腊时期"

在所谓"大希腊时期",也未必就是希腊文化占据主导地位,而应该是整个地中海东部地区人类不同文明的互相博弈和交流,波斯文明和埃及文明实质性地在其各自的区域内占据主导地位,虽然名义上的统治者来自希腊的马其顿(并非雅典)。然而,史书对雅典乃至希腊的文明一面大书特书,其占史书的"体量"份额深刻地影响了人们对文明的认知。

　　弗兰克·威廉·沃尔班克教授在《希腊化世界》[①] 中指出："希腊人影响蛮族人，蛮族人影响希腊人，正是这种文化之间的冲撞和融合构成了这一时期的重要内容之一。"当然，沃尔班克教授采用"蛮族"来标示东地中海区域的非希腊人，这本身就确定了文明的等级高下和影响的主次。

　　不过，该书中文版的译后记中有一个注，陈恒先生摘译了 J. M. Roberts 的一段话[②]：西方世界对马其顿一直抱有偏见，希腊文明的形成是由希腊北部的一个王朝决定的，一些人认为这个王朝根本不是希腊人，而是马其顿人，公元前 4 世纪上半叶，马其顿创造了一个比以往所知都要大的帝国，继承了波斯和城邦国家的遗产，它所组织的世界，我们称之为希腊化世界，因为在这个世界里起主动作用和凝聚力量的是希腊文化和语言。然而，马其顿是蛮荒之地，在生活质量和文化品质上或许要落后雅典几个世纪。笔者对此的疑问是，马其顿在生活质量和文化品质上与波斯和埃及相比，又处于一个什么样的水平层级（如果文明确实存在等级）呢？

　　陈恒先生认为，希腊化文化是一种折中文化。一些关键主题起源于东方，如统治者神圣不可侵犯的概念，世俗王权的观念等。[③] 各本土文化在历史过程中不断地反作用于征服者，尤其在宗教信仰和政治制度方面对希腊人产生了极大影响。

　　东西方文化在早期的交流其实比我们所想象的更为流畅（或充分），不同文明相互学习相互促进，在所谓"大航海"之前就很繁荣。应该强调指出的是，当时居于陆地丝绸之路中不同城市的居民并不是要阻碍交流，而是作为中间商垄断了交流及其利润。葡萄牙和西班牙王国鼓励出海探险，动机并非

---

　　① 弗兰克·威廉·沃尔班克：《希腊化世界》，陈恒、茹倩译，上海：上海人民出版社，2009，第 16 页。

　　② 参见 J. M. Roberts：The New Penguin History of the World. 5th ed., New York：Penguin Books, 2007, P. 212.

　　③ Roy T. Mathews, F. DeWitt Platt：The Western Humanities. 5th ed., Boston：McGraw Hill, 2004, P. 87.

打通被封闭的贸易航路,"大航海"对人类的客观意义与当事人的主观动机不宜混淆,从航海商业的巨额利润(当然也有风险)可见,中间商的贸易利润的确相当丰厚。

总之,所谓"大希腊时期"(或"希腊化时代")在概念确定上有所偏颇,实际上是不同种类文明之间互相交流和融合,希腊文明、波斯文明、埃及文明,甚至印度文明和中华文明都参与了这种交流。而且政治专制并不必定意味着市场不自由,马其顿帝国的征服不过是给更广大地区加一个名义上的统治者。而"希腊化"的概括将一种文明定于主位,未必完全符合历史现实。萨克斯教授提出七轮全球化之说,从这个角度看,确有其道理。基于这些史实,笔者认为,如果切实采取多元视角,摒弃不同文化交流中的主位预设,尊重文明间交流的多元性质,或许应该将"希腊化世界"改称为"东地中海文明"。

7.4 不同文明间的多维度比较

文明等级论从方法论角度看是一种排队(ranking),基于一个特定的维度来比较不同国家的文明水平高下。然而,现实社会是多元的,文明比较也应该是多维度的。本节从三个方面做一拓展。

7.4.1 社会价值的两种基本取向

不同文明在不同时期其活力不同,所表现出来的活跃程度也不同,其社会的基本价值取向也可能不同,有的偏重平和(协调能力),有的偏重效率("控物能力")。

第一，西方文明更注重效率[①]（"控物能力"）。

西方文明的优越感，往往建立在其对人类的物质贡献之上，但是其文明对人类的副作用究竟如何，却是很少被注意到的。如科技新产品广受关注，但是像塑料、某些农药对人类对生物多样性的危害究竟多大？

西方学者往往愿意将"控物能力"（生产率）高低作为文明程度高低的标准，但单一的能力标准其实无法全面地测度文明的程度。试想，如果只看能力，那么相对于正常细胞而言，人体中的癌细胞获取营养的能力最强，其生产能力最高，但对人体的损害最甚。如果"控物能力"成为国家间竞争的标准，强者可以依此而居高临下、恣意妄为，弱者则国将不国。回溯美帝国对待他国的种种极端敌对行为，美国是否正相当于全球各国家中的"癌基因国"？

第二，东方文明更注重社会和谐（协调能力）。

东方文明传统上更注重将心比心和同情心，注重换位思考。柯岚安（William Callahan）教授曾评论过由刘慈欣作品改编的剧作，其中提到，人的文明程度是由人能否"从他人的价值观和观点来思考"来衡量的。西方一些战略家认为，中国人对"换位思考"的侧重值得军事上的重视。

西方国家强调法治和个人独立，而东方社会更强调天理国法和人情，曾经特别注重家族宗法精神，至今仍有重大影响。究竟何者更优，也不能一概而论，需要做具体的分析，需要看针对什么事项，在什么环境下，具备什么样的条件，处于什么样的历史阶段。例如，若要满足马斯洛先生的高层次需求，可能更需要靠人情等。

第三，社会发展节奏与文明程度的高下。

[①] 效率一词可做多种理解，就对物质资源的利用率，即东方讲究的"物尽其用"而言，特别重视生产效率的西方未必占优。例如，东方人吃鱼的能力比较强，鱼头、鱼刺都可成为佳肴，西方则只能享受鱼肉。

即便发展方向正确，增长速度是不是需要那么快？康德拉·洛伦茨先生将"与自己赛跑"归结为"文明人类八大罪孽"之一："种内竞争压力和对速度的盲目追求，无时不刻不在迫使人类'自残'。"[①] 这些年来，全球都被资本增值"带节奏"，超快速生活给全人类带来生理紊乱和心理紊乱，这种社会成本究竟如何测度？究竟是不是文明的提升，也需要反思。

第四，极化其实是文明水平低下的表现。

一个趋于极化的社会往往是在退步。如果事物已经过了"极点"，极化的社会即恶化的社会。

当这种对能力的追求走向极化，就容易滋生非常恶劣的极端手段，导致竞争的异化，甚至引向专制行为。回溯人类历史的极端异化行径，希特勒纳粹的奥斯维辛集中营，英国人在南非对荷兰移民后裔（布尔人）惨无人道的战争。而白人对有色人种则更为恶劣，往往是灭绝人性的屠杀和折磨。

7.4.2　西方文明自身的弊端

第一，究竟是民主，还是仍由精英做主？

基佐先生在《欧洲文明史》[②] 中告诉我们，欧洲文明发展过程中，四种社会力量相互博弈，国王、僧侣和地主贵族三种为所谓的社会精英，而平民则充当了群众演员的角色。哪一种精英都没有绝对优势，于是此起彼伏的阶级斗争导致欧洲的混乱和变化，斗争和妥协两种手法让社会精英各领风骚。

到了近代，第三等级（市民阶层）出现了两极分化，工商业主从一般市民中脱颖而出，成为中产阶级乃至资产阶级（有的著述将此二者混为一谈），

---

① 参见康德拉·洛伦茨：《文明人类的八大罪孽》，徐筱春译，北京：中信出版社，2013。
② 基佐：《欧洲文明史》，程洪逵译，北京：商务印书馆，2009。

资本家们成为新贵，地主贵族和僧侣甚至国王都边缘化了，而多数平民则沦落为无产阶级。

在资本家集团上升时期所倡导的民主，是他们要从国王、僧侣和地主贵族这些原社会精英那里争取社会的主导权，口号是民主，实质上只是由资本家集团来主导，平民中多数只是充当"幌子"的角色，当原有社会精英边缘化，其大权旁落后，就由资本家集团取而代之，是由资本来做主，并不是真正的民主。平民只是被摆弄，社会精英间争权夺势，表现为所谓民主，结果还是精英主政，不过精英的类别由旧时的国王、僧侣或土地贵族变成资本家集团。

资本家对工人阶级的剥削非常残酷，从而造成了狄更斯所描述的"悲惨世界"，马克思对资本主义的内在机理做了深刻的剖析，各种反抗运动正是要从资本家手中争取民主和自由，当时资本家在社会上非常不得人心，确似过街老鼠，根本不像如今这么堂而皇之。应该说，资本家精英比起之前的国王、僧侣和地主贵族更为聪明，非常善于运用软实力掩饰阶级矛盾。同时，随着人类物质生产水平的提升，工人阶级的待遇也有水涨船高之利，服务业发展对平民的就业提升也有帮助。然而，收入分配问题并没有解决，皮凯蒂教授撰写《21世纪资本论》，揭示了经济增长快于平民收入增长这个核心弊端，而美国发生"我们都是99%"运动，充分表明了财富极化的社会现实。显然这是资本做主的必然结果，绝非民主所致，这从反面否证了民主的实现。

第二，"好帝国"之辨：欧洲帝国与美国帝国，谁更文明？

比较两个世界级帝国，美帝国更为极端。英帝国还允许欧陆强国的存在，只要它们相互制衡，但美帝国则不然，任何大国的存在都让美国政客心存芥蒂[①]，即便是欧盟作为统一体存在也不行，特别是欧盟的政治化存在、军事

---

① 毕竟美欧之间意识形态高度一致，英国还是其母国，可见其狼子野心。

化存在更不行。英国的重心和核心利益在海外殖民地，美帝国则把全球都视为其治下的疆域，都关乎其核心利益，都是"山巅之城"的卧榻。中东、日本、欧盟、中国、印度都是需要美国干涉的，相比而言，英国在海外还有更值得他们做的殖民事项，所以对欧洲还有所放手，美国无论在帝国能力、帝国欲望和帝国性格上都远远超出英国。

美国独霸全球的西方文明，与欧洲列强制衡的西方文明相比，何者更优？美国帝国独霸世界，究竟是人类文明的进步，还是退步？如果必须在其中做出选择的话，全球各国人民更能接受哪一种西方文明？柏林墙倒塌后，人类历史并未终结，然而，美国精英的心态却始终按照那时的完胜定位而顽固不明。

如果美国真是山巅之国，那么欧洲算什么？在"大离岸平衡手"①的心里和眼中，欧洲不过是与苏联对抗的战略缓冲带，这便是欧洲对美国政治精英的存在意义和价值所在。所以，当柏林墙倒塌之后，美国要在全球巩固其唯一霸主地位，首要的便是肢解或打垮欧盟，不能让欧盟借苏联之尸还世界霸主之魂。冷战时期欧盟对美国而言具备两重性，既是帮手，又是对手，而苏联垮台，则只剩下负面那一重性了。鸟尽弓藏、卸磨杀驴，打压欧盟自然是全球霸主地位争夺非常正常的戏码。

是否存在"好帝国"与"坏帝国"之分？此种争辩②隐含的前提是帝国的必要。国家实力强大，就具备了殖民他国的资格。实际上还是奉行丛林法则，是野蛮，而非文明。帝国殖民乃文明等级论的支撑、延伸及其恶果。

尼尔·弗格森教授在《帝国》③第 21 页列示了英帝国的五大优秀遗产

---

① 相比美国而言，英国只是"小离岸平衡手"。

② 相关论断的隐含之意：所谓落后国家总归要被殖民，与其让"坏帝国"殖民，就不如让"好帝国"殖民。

③ 尼尔·弗格森：《帝国》，雨珂译，北京：中信出版社，2012。

（在第 17 页则为 9 项），这种"好帝国"的表述，在某种意义上也是对美帝国的批判。而主张美国公然充当帝国，也是欧洲精英出于实力地位的一种无奈之举，当然也离不开文明等级论的内涵支撑。

第三，西方文明的许多基层逻辑无法自圆其说。

西方文明的许多基层逻辑无法自圆其说，下面稍加列示。

历史上，英国王室在印度直接任命总督，一群"和平安静的商人"成了"罗马的继承人"，"专制仍是他们最喜欢的政治制度"。冈仓天心先生早在《觉醒之书》[①] 中就指出，"欧洲展现的怪异组合——医院和水雷，教士和帝国主义"。"在西方，国际道德水平远远低于个人道德的水准。好斗的民族良心泯灭，在压迫柔弱的民族时，所有的骑士精神都被抛到九霄云外"。

还需要质疑尼尔·弗格森的"帝国优秀遗产说"，为什么英语在全世界流行就是优秀文化的成果？显然这是把英语当成了理应称霸全球的高级语言，隐含着文明等级论的内涵。然而，英国女王对此并不满意，她认为并没有美式英语这种东西，只有（英式）英语和其他错误。如果按照伊丽莎白女王的标准，世界上又流行了多少错误语言？

从宗教事务看文明的进展，"对那些后来被称为清教徒的人来说，以英国圣公会为国教简直就是胡闹"[②]。新教的核心主张是从僧侣那里夺回对圣经的解读权，但我们可以发现，帝国主义者总是要垄断对全球事务的解释权和评判权。东方国家，特别是新兴国家，则希望能够做出自我的解读，就如同新教人士，往往希望能够破除帝国评判全球事务的垄断权。

再看欧洲精英在殖民认知上的矛盾。东印度公司的罗伯特·克莱夫，后来成为孟加拉总督。他对印度的评价[③]：被殖民前是"富饶而繁荣的国家"……

① 冈仓天心：《觉醒之书》，黄英译，成都：四川文艺出版社，2016，第 160–161 页。
② 尼尔·弗格森：《帝国》，雨珂译，北京：中信出版社，2012，第 56 页。
③ 尼尔·弗格森：《帝国》，雨珂译，北京：中信出版社，2012，第 33 页。

印度人的懒惰、奢侈、无知、懦弱超出你的想象 ……他们总是通过背信弃义…… 而非武力来解决所有问题。这个评价隐含着深刻的矛盾,素质如此低下的人们怎么能建设出富饶而繁荣的国家来? 在非洲,除了最北端和最南端,到处蔓延着对欧洲人及其喜欢饲养的牲畜致命的疾病,包括疟疾和黄热病,这成为维多利亚时代英国人认为其"尚未开化"的三方面表现之一。然而,当印第安人被欧洲人带去的天花、白喉等感染导致大规模死亡时,白人却将之视为上帝站在殖民者一边。[1] 按照这个理路,非洲对白人致命的疾病应该是上帝站在被殖民者一边啊!

尼尔·弗格森教授的论述[2] 告诉我们,白人契约劳工和贩奴充分反映了大英帝国自由理念的局限性,从而显现出追问"谁的自由"之必要。他认为[3],美国独立战争爆发,"这是英国被自己宣扬的自由主义理想引火烧身的时候,也是大英帝国开始分崩离析的时候"。"这场战争就是美国人民所理解的自己的精神核心所在:从一个邪恶帝国手中争夺自由就是这个国家的建国神话,但这也是美国革命的最大矛盾之处 ……那些反抗大英帝国统治的人是英国所有殖民地臣民中最富裕的。"[4]

第四,西方文明中公开和隐含的野蛮行径。

帝国的野蛮表现,不仅对外族,英国人对布尔人(白人)的残酷镇压,堪称史上野蛮之最。尼尔·弗格森教授在《帝国》中文版第五章"帝国鼎盛"做了描述和评论。至于对非白人的殖民者更是惨无人道。

吴拉姆·侯赛因·汗(《现代印度史》作者,此处所引用的话由弗格森先生转述)认为,"每年向英格兰输出的大量金钱"与这个国家的灾难之间存在

---

① 尼尔·弗格森:《帝国》,雨珂译,北京:中信出版社,2012,第 99-100 页。
② 尼尔·弗格森:《帝国》,雨珂译,北京:中信出版社,2012,第 62 页。
③ 尼尔·弗格森:《帝国》,雨珂译,北京:中信出版社,2012,第 74-75 页。
④ "到 17 世纪 70 年代,新英格兰人差不多已是世界上最富有的人了。"这种生活境遇告诉我们,《独立宣言》为什么无须强调摆脱贫困的权力,因为宗主国早就给予他们了这项权力。

明显关联。1770 年孟加拉大饥荒 1/3 的人口（约 500 万人）丧生。1783～1784
年间又发生了一次饥荒，夺去印度平原上 1/5 人口的生命。[1] 英国曾对印度
总督黑斯廷斯进行过审判，其罪行包括"让这个昔日园林般的国家变成无人
居住的荒漠"，这种审判"也是对公司在印度的整套政策基础的审判"。

18 世纪的大英帝国在海外殖民很缺乏道德感[2]。殖民者对土著胸怀着不
加掩饰的憎恶和蔑视。[3]詹姆士一世时期的人们将殖民地称为"种植园"，在
约翰戴维斯男爵口中，殖民者是"良谷"，当地人则是"稗草"…… 建立种
植园就意味着进行"人种净化"[4]。弗吉尼亚总督弗朗西斯·怀厄特爵士说：
"我们要做的第一件事就是将这些野蛮人驱逐出去，好腾出空地饲养牛和猪
等…… 这比与野蛮人生活在一起要强得多。"[5]

为什么现今还需要揭示这些西方文明的耻辱？因为这种野蛮发自帝国的基
因，其手法可能与时俱进，但野蛮的本质绝不可能改变，其灭绝人性的基层逻辑
并没有被斩断。殷鉴不远，尤其是如今还有人公然主张帝国公开作为，实在需要
化外之人警惕。

第五，对帝国的现代批判并不过时。

2001 年"反对种族主义、种族歧视、仇外心理和相关的不容忍现象世界
会议"召开，发布了《班德宣言》。尼尔·弗格森教授在《帝国》前言首页引
用了如下的表述："殖民主义导致了种族主义、种族歧视、排外情绪，以及与
之相关的民族主义……非洲人民和非洲裔人民，以及亚裔人民和原住民都是
殖民主义的受害者，并且至今仍受殖民主义所带来的恶果影响。"

英国批评家声称，英国的"巨额财富是建立在压迫和剥削之上的"。英国

① 尼尔·弗格森：《帝国》，雨珂译，北京：中信出版社，2012，第 41-42 页。
② 尼尔·弗格森：《帝国》，雨珂译，北京：中信出版社，2012，第 99 页。
③ 尼尔·弗格森：《帝国》，雨珂译，北京：中信出版社，2012，第 36 页。
④ 尼尔·弗格森：《帝国》，雨珂译，北京：中信出版社，2012，第 51 页。
⑤ 尼尔·弗格森：《帝国》，雨珂译，北京：中信出版社，2012，第 58 页。

广播公司的网站评述:英国的辉煌是建立在屠杀和掠夺之上的。① 一位知名的历史学家发出如下质问:"一个自认为自由的民族何以奴役了世界上如此广大的疆域…… 一个自由之国何以变成了一个奴役之国?为什么'出于善意'的英国人却因'市场崇拜',而牺牲了'共同人性'?"②

第六,对西方文明国内弊端的揭露。

反观西方国家自身,其国内事务也弊端丛生,并未拿到免于贫困的毕业证或"免死牌",其原有的或内生的社会弊端完全可能复辟和泛滥。集中揭露社会弊端的著作例如:布尔迪厄先生的社会调查《世界的苦难》,还有王梆女士《贫穷的质感:王梆的英国观察》,阅读类似的著述,就愈能体会到,多少化外之人向往的文明世界尚且那么不堪,更可见,人类文明之路漫漫,其修远兮。

7.4.3　东方文明与西方文明的多元比较

第一,东方文明自身多元存在的真善美。

东方文明自身存在着多元的真善美,不可胜数。即便是帝国的主张者也不能否认,英国尼尔·弗格森教授在《帝国》③中对此有过不少记述。如在该书第 34 页,第一任孟加拉总督黑斯廷斯告诉曼斯菲尔德伯爵,"穆斯林法律是一部完备而审慎的法律,较之欧洲大多数国家的法律毫不逊色"。在《帝国》第 99 页他指出:"非洲其实并不像他们想象的那样落后,这里远远不是一位早期的英国旅游者所称的'原始的混沌'之地,撒哈拉以南的非洲地区居住着许多不同的国家和民族,有些在经济上远比同期处于殖民地时代的北

---

① 尼尔·弗格森教授在《帝国》第 37 页指出英国殖民者在印度的责任:尽可能地搜刮钱财大量地运回英国,破坏和摧毁这个国家,成为这个国家再次繁荣的外部障碍。

② 由此可见盲目"市场崇拜"之害!

③ 尼尔·弗格森:《帝国》,雨珂译,北京:中信出版社,2012。

美或者澳大利亚更为先进。"在该书第 112 页尼尔·弗格森教授告诉我们，传教士戴维·利文斯顿深入非洲后改变了原来的坏印象，他写到，非洲人，往往"比他们的白人邻居更加聪明"，他"在黑人中从未遭受过卑鄙伎俩的陷害，除了少数情况之外，他总是能得到礼貌对待，事实上，更中心的那些部落是那样文明……"。他拒绝相信，"非洲人的头脑或者精神是落后无能的 …… 比照非洲在世界各国中的地位，我们没有理由认为，他们与最文明的民族相比是完全不同的'品种'或者'种类'"。在该书第 116 页，尼尔·弗格森教授还记述了东印度公司员工对印度妇女的由衷赞美。当然，类似的著述还有很多，如果不抱偏见和歧视，很容易发现东方文明中多元存在的真善美，西方精英实在不应该用"粪坑 shithole 国家"来污蔑东方。

第二，应该注重基于类似经济发展水平的文明间比较。

由于种种复杂的主客观原因，不同国家的经济发展水平存在相当大的差异，这样对社会福利的支撑能力也是不同的，所以我们更应该注重基于类似经济发展水平的文明间比较。例如，相同人均 GDP 水平① 时的社会福利指标比较，本书第六章就设计并计算了这类指标。可以回溯一下，美国人均 GDP 一万美元是哪个年代，在那个时期美国平民的福利待遇究竟达到了什么样的水平，这样就可以更明确地知道，当今中国社会发展的成就究竟如何，当今中国社会发展的福利成就未必逊色。

应该注意到，优裕条件下的宽容和善行往往未必是真正的宽容和善行，反倒是行为者表现自己高尚的手段，而逼仄条件下的宽容和善行，却应该是真正的爱心使然。有 100 个面包与他者分享 1 个，与有 1 个面包与他者分享半个，哪一个更有爱心呢？

相反，优裕条件下的专制肯定是"主动专制"，反倒是逼仄条件下的专制，

---

① 如果这个指标切实可以作为经济社会发展水平的标志。

倒可能是"被动专制"。任何社会都不可能在战争或危机时刻实施一人一票的民主,但强国总是处心积虑地让对手处于濒临战争和危机的环境,逼迫对手采取集权措施,再将对手污名化,扣上专制的恶名。这种恶意操作,根本不是促进对手国家的民主过程,而是促退。他们并非真心在意对方国家的民主和福利,只是不择手段地打垮对手,无所不用其极,实在野蛮。

第三,是否经历重大文明事件未必是文明程度高低的判别标准。

并不是说,西欧国家经历了文艺复兴、启蒙运动和宗教改革,就比东方国家和其他国家的文明高出了一个乃至若干个等级。需要思考的是,这些重大文明事件发生的缘由,为什么西欧国家的文艺需要复兴?为什么需要启蒙?为什么其宗教需要改革①?如果这三者对文明的发展如此重要,那么其动因一定是当时的西欧社会极其黑暗,文艺极其凋敝,宗教极其专制。

而当西欧国家经历中世纪漫长的黑暗期,伊斯兰文明正处于其繁荣期,东方国家的民众可能生活得相对比较富足呢。不过也有另外一种可能,所谓中世纪的西欧未必像史书描述的那样黑暗,不过为了强调文艺复兴、启蒙运动和宗教改革的必要性和伟大意义,刻意将中世纪时期社会中的恶放大(妖魔化),形成了对之完全负面的刻板印象。

也应该看到,正是由于中世纪专制的存在②,近现代西方人才更加注重更为强调自由和民主,西方平民更需要对冲社会各类精英的种种专制,更注重正是因为前期过分缺乏。

自由有许多种类,民主也有多种形式。在精英阶层与平民阶层所谓的社会博弈中,平民总是处于劣势。弱势者需要政府保护,需要政府提供公共品,例如在经济发展过程中,居民和小企业需要政府出面来限制大企业的扩张,而大企业则需要更多的"积极自由"。当然在对外国扩张过程中,大企业又

---

① 按照西人的逻辑,需要改革正说明存在重大谬误,他们正是这样来理解中国的改革。
② 如果中世纪确实像西方历史所描写的那么黑暗。

需要政府为他们提供政治保护，在推动所谓自由贸易时，甚至不惜动用军事手段。

参 考 文 献

多德 D. 2008. 资本主义经济学批评史. 熊婴，陶李译. 南京：江苏人民出版社.

郭双林. 2016-12-26. "文明等级论"带着偏见——国际交往中，旧观念的影响犹在. 北京日报，16.

汉南 D. 2020. 发明自由. 徐爽译. 北京：九州出版社.

基辛格 H. 1998. 大外交. 顾淑馨，林添贵译. 海口：海南出版社.

刘禾. 2012-07-11. 文明等级论：现代学科的政治无意识. 中华读书报，13.

刘禾. 2016. 世界秩序与文明等级：全球史研究的新路径. 北京：生活·读书·新知三联书店.

尼克. 2017. 人工智能简史. 北京：人民邮电出版社.

彭慕兰. 2010. 大分流：欧洲、中国及现代世界经济的发展. 史建云译. 南京：江苏人民出版社.

齐泽克 S. 2012. 暴力：六个侧面的反思. 唐健，张嘉荣译. 北京：中国法制出版社.

邱东. 2012. 中国非二. 北京：中国统计出版社.

萨克斯 J. 2021. 全球化简史. 王清辉，赵敏君译. 长沙：湖南科学技术出版社.

萨义德. 2002. 知识分子论. 单德兴译. 北京：生活·读书·新知三联书店.

萨义德. 2003. 文化与帝国主义. 李琨译. 北京：生活·读书·新知三联书店.

萨义德. 2009. 世界·文本·批评家. 北京：生活·读书·新知三联书店.

斯蒂格利茨 J E，森 A，菲图西 J P. 2009. 对我们生活的误测：为什么 GDP 增长不等于社会进步. 阮江平，王海昉译. 北京：新华出版社.

孙郁. 2016. 重审"文明等级论". 文艺争鸣，8：4-6.

沃尔夫. 2018. 欧洲与没有历史的人. 贾士蘅译. 北京：民主与建设出版社.

扬 R J C. 2013. 后殖民主义与世界格局. 容新芳译. 南京：译林出版社.

张夏准. 2020. 富国陷阱——发达国家为什么踢开梯子？. 蔡佳译. 北京：社会科学文献出版社.

张跣. 2007. 赛义德后殖民理论研究. 上海：复旦大学出版社.

赵汀阳. 2013. 现代性的终结与全球化的未来. 文化纵横，4：80-91.

Parthasarathi P. 2011. Why Europe Grew Rich and Asia Did Not：Global Economic Divergence, 1600-1850. Cambridge：Cambridge University Press.

附录 从陶斯到纽约
——有关"文化接触"的一些随想

1. 下马观花接地气

"十一"黄金周前后，去了趟美国。回来后发现，这一次的主题似乎与文化接触有关。不少时间花在了印第安人保留地、印第安部落遗址上，那是连美国游人都鲜有涉足的地方。在几个城市的艺术或历史博物馆，所耗的时间也比一般游客要长，或可算是下马观花。倒是黄石、大峡谷等游人必到之处竟没排上计划，似乎此行自然风光不及人文景观重要。

下马观花比走马观花要好出许多。然而，花是观不尽的，毕竟不能事事靠直接经验，多数还是得靠书本、靠间接经验，正所谓"坐地日行八万里"。走千里路与读万卷书是相连、相对的。下马去观花，是为了寻找"现场感"，是为了"接地气"。有了这种经历，再读书的时候，与作者对话就容易些。尽可能地设身处地，应该可以更深刻地理解作者，理解书的内涵。

如果说二十年前第一次出国，是被发达国家丰富至极的物质生活所震惊，那么这一次就稍稍"内向"了一些。视点不同，所到之处，总会有一些与文化有关的杂想生出来。

逮个空儿，也就把它们记在纸片上，或录在我的"随笔记"中——这几年正在养成的习惯。文气点儿说，是敝帚自珍。换用时髦点儿的词，那叫自恋。自恋就自恋吧，恋这个事儿不该有啥大错。

我没系统读过什么文化方面的专著，于社会学或文化人类学压根儿就是一个门外汉。愿意取一个"随"字作盾牌，可见是胡思乱想，大胆假说。并不晓得自己对也不对，没有把握，斗胆说出来写下来，正应了无知者无畏那句话。只是感觉这一次文化接触对自己冲击不小，好像是第一次把思绪集中在文化问题上。以我的学识准备和时间分配，小心求证怕是做不到了。但这些个随想若能有幸做个靶子，供人批判，激发进一步思考，也算不虚此行不虚此想。

本来是从洛杉矶入境，但大都市已是司空见惯，故而没在那儿停留，直接就奔了美国西南部。在丹佛稍事休整，便驾车南下。主要在当年印第安土著人的地盘里转，陶斯、圣达菲、阿尔伯克基、查科、弗德、马图尼斯普林等等，集中在新墨西哥州。当然此行也有另一极：拉斯维加斯、华盛顿、费城、纽约。最土的和最洋的都有，这种不经意的混搭，也算得上张力凸显了吧。

从文化接触的意义上，我宁愿把美国之行的第一站解读为陶斯。

2. 文化接触该是个总概念

陶斯，Taos 的中文名字。陶醉的陶，斯文的斯。翻译过来，一个很中国的名字，好名字。可否解为陶醉于斯，或陶醉于斯文？中国人总是乐于美化异邦，这该是又一个例证。

这是一个位于美国新墨西哥州北部的小城。外貌上，陶斯有些像中国西北的某个县城。有一些像，比如黄土屋什么的。

也或者说，它看上去带有地中海风格。特想傻傻地追问一下：地中海风格是源自这里，还是被带到了这里？抑或这里原本就是如此？如果说地中海风格是西班牙文化与印第安文化的融合，那么，其中哪一种文化的味道更浓？

从文化接触的角度看，陶斯那一带（格兰德河谷 Rio Grande Valley）的历史应该最为丰富。当地印第安文化先是与西班牙文化撞击，再与盎格鲁撒克逊文化撞击，还有西班牙与盎格鲁撒克逊两种殖民文化的撞击，这三种撞击搅在一起，不知当年有何等的血腥！三大文化的角力，几百年的历程，竟然成就了我们今天看到的样子：陶土色的、湛蓝的、浑圆的、厚朴的——我们似乎可以说，我们知道它们从哪里来，然而不免又生出些许的迷惘，我们还能清晰地辨认出其各自母体文化的痕迹吗？我们能不能一一指认？

流连于陶斯的印第安文化博物馆，我脑子里突然转悠出文化接触 culture contact 或 culture touch（或文化遭遇 culture encounter）这个词儿。觉得它特别重要，值得好好琢磨。

读者看官敬请原谅！我这书读得半吊子，却养成了一个毛病。不先把概念还有它们之间的关系清理得差不多，下面的事和理就不知道怎么接着说了。那我就先扔一堆概念出来。

我以为，文化接触应该是一个总概念，或基础性概念，包括了多种形式。要是以接触的对等性而言，可分为强形式、弱形式和中性形式。文化接触的强形式有文化侵略、文化侵蚀和文化吸纳。这是强势文化对弱势文化的主导接触形式。当强弱二种文化在某些时期形成大致的均势时，则有文化交流，或是文化融合，这是较为对等的形式。此时通常没有压倒性的文化输送，而是相互影响，互通有无，较为中性。对弱势文化而言，对外的文化接触多采用弱形式，主要是文化接受和文化学习，间或会有强烈的文化反抗。

思考和研究文化接触，既得研究不同文化间的相互作用，还得研究同一文化中不同亚文化间，或不同文化主张之间的相互作用。不过，都应该放在一个大背景中来研究，即社会大系统（经济、政治、军事等）对文化的作用及反作用。

记得读到过一种说法：军事行为的作用管几个月，政治行为的作用管几年，经济行为的作用管几十年，而文化行为的作用管几百年。比较来看，这是在说文化的长期重要性吧。

在我看来，一种行为的作用有效期越长，其对当期的作用力往往就越小。这有可能就是常常让文人生憾的原因之一：文化问题在当期往往没那么重要，在时间上似乎也没那么急迫。

文化力量或文化影响总要受制于经济、政治、军事力量及其影响。所谓盛世修典，或者学子通常是在盛世，或出身于富家，才愿意读文史，就反映出这种影响。当决策踌躇于军事、政治、经济和文化之间时，文化在行动上的优先顺序上也往往排在后边。无论雅俗，还是生死最要紧。

文化对经济、政治、军事的反作用通常就没有那么直接和明显，一般得在一个比较长的时期后才能显现出来。如果把它比做一种酒，那么它入口时味道并不冲，可后劲儿大！像绍兴的加饭酒、日本的清酒。

军事、政治、经济、文化，外延一个比一个大。我觉得文化最大，太太点评说，比文化更大的，该是环境，心由境造。可究竟啥是环境呢？恐怕就是这些东西搅和在一起了吧？乱七八糟的，心乱往往是这"境乱"造成的。文化，又往往是花慢工夫把这乱往整齐了清理。然而，剪不断理还乱，还有越理越乱的，这便是文化误读。

文化撞击、文化接受、文化迎合中会产生文化误读。要说明文化误读，国外旅途中会碰到一个现成的典型例子，这就是中餐馆。

欧美原来流行的中餐，并不是真正的中餐。早年中餐在海外餐饮业中不占优势，店主为生存计，迎合欧美人口味，做了菜品改造。供应者有了文化迎合，消费者跟着便产生了文化误读。似是而非，长期地指鹿为马，好多欧美人以为中餐就那个味道，就那点味道。

须待真马来了，方可知鹿之非马，方可识得庐山真面目，这又引发了一个文化再改正、再认识的过程。

现在国人出去的多了，形成了不小的中餐需求。国外有的中餐店是两套做法齐备，增加了专给中国人吃的中餐，下单时打上了"人"的标记。也有的欧美人往中国跑多了，对中餐有了全新的认识。可见，不同文化的接触往往是从吃开始的。一旦了解内情，他们回去再吃中餐就学乖了，点菜时指定要吃给华人吃的中餐。

更有新开的中餐馆老板仗义，干脆只供应正宗中餐。这是现代做企业的一种范儿吧，餐馆老板认定自己的作用是多元的，还负有拨乱反正的饮食文化使命，不单单是经商赚钱。无论是需求方还是供给方，他们的行为都可算作是对中餐文化误读的一种修正吧。

或者也有另外一种可能：欧美式中餐已经成为一个独特的餐食种类，一种悄然不同于中餐的新样式，挂羚羊头卖羊肉。或许人家欧美人并不要吃原汁原味的中餐，人家就是喜欢有欧美特色的中餐，不需要我们去修正。那就不是什么文化误读，而是饮食文化发展过程中的一种无意识创新。如果真是这样，那应该把名字索性也变一变，称为欧式中餐或美式中餐，更为妥当不是？

3. 文化发展更具马太效应

当强势文化形成定式之后，便开始趋于保守，血性渐失。多数人只是沉浸于定式中享用既得利益，往往也就沦为文化迷失者。纸醉金迷，为何讲"纸醉"？是否可以借来从文化迷失上解读？

　　强势文化中的少数自觉者会寻求文化创新或进行文化突围，这时他们的眼光必定向外，甚至投向所谓弱势文化的一边，如奥姬芙（O'K），美国 20 世纪初著名的画家，她从大都会纽约出走，来到当年还十分偏僻封闭的陶斯，以从美国土著文化中汲取养分，甚至是血液。而在她之前，米利森特·罗杰斯（Millicent Rogers）、B. E. 哈伍德（B. E. Harwood）、N. 费欣（N. Fechin）等人到陶斯一带采风，撞到印第安文化，还有西班牙文化的遗留元素，加上壮美的自然风光，让他们激动不已。艺术生命有了新的源泉，于是他们到这里安营扎寨，艺术之根也扎下来，并终其一生。文化人的集聚也有自强化效应，陶斯就这样成为美国艺术家的集聚地，因而名声显赫。

　　客观上其时英美文化需要外来的撞击，这是文化生命内在的张力需求。历来文化随着人类的分化由统一而多元，故而不同文化在基因上具有相同的部分。当某种文化再发展时需要新鲜血液，需要他民族文化的补充，实际上也是一种深层次的文化回归。

　　但文化求新者或突围者并不是完全放弃了原有主流文化，只是吸纳、嫁接他们所需要的元素，为其所用。吸纳、嫁接是手段，主观目的往往是另树一旗帜，指向仍然是他们原来的文化母体。在原有主流文化发展的竞争中，他们特立独行，不同凡响。后来岳父告诉我，尼古拉·费欣的素描在中国也很有名气，他的作品带有东方线描趣味，与西方传统迥异，曾被引进多种画册，广受青睐。

　　陶斯只是他们新的疆土，异族文化成了主流文化谋求革新的资源。当两种文化接触时，主流文化是居高临下的，接触姿态大有不同。经济发展里有马太效应，富者愈易富，穷者愈易穷。文化发展也是如此，或许，由于文化作用的长期性，文化发展更具马太效应：强势文化，其势愈发容易强势；而弱势文化，其势愈发容易弱势。

　　在陶斯，寻求革新主流文化的叛逆者高居引领者的地位，他们甚至不肯放弃原有优越的、高标准的物质生活。到陶斯的费欣故居美术馆（Taos Art Museum at the Fechin House）就可明显看到这一点。探访他们生活过的住所，其厨房和卫生间设施，相当现代。还有暖气、电和上下水，一应俱全。

这些生活设施，与当时的印第安人生活全然不搭界。这使我们可以更为清晰地看到，那些迁居而来的艺术家们，对当地土著而言就是一种外来文化，是一种突兀闯来的异物。他们或许喜欢当地的土味道，但只不过将他们自身放在一个粗放朴素的壳中，在物质生活的外表或形式上求新，而他们已有的、优越的，绝不肯放弃。新瓶装老酒，他们知道老酒的醇香。这种自觉的不自觉的走向，自然也会反映到文化上来。

陶斯本来很小，印第安农庄扎堆儿而已。由于这些艺术探索者的到来，这里让欧美众多艺术家趋之若鹜。英国作家劳伦斯（D. H. Lawrence），就是写《查泰莱夫人的情人》的那位，当年竟以一部小说的手稿在陶斯郊外几十英里处换取一个农场。劳伦斯创作的九幅禁画，当年被苏格兰场（英国警察机构）判定永远驱逐出境，如今在陶斯西班牙老广场的芳达旅馆，这九幅画仍在展出，而像我一样慕名前往的，大有人在。

而今，陶斯城内（如果陶斯也算个城的话）到处都是博物馆、画廊、艺术工作室、艺术品商店，俨然成为全美第三大艺术品市场。小小的县城，这方面却仅次于纽约和洛杉矶，一个艺术之都兴起在荒漠之中。

要论博物馆的丰富，当然还得数纽约。

在纽约大都会博物馆里，专门设立了一个兵器馆。让兵器紧紧毗邻于艺术品展览，是件挺有意思的事，这似乎是在提醒人们，二者之间颇有联系，谁知道呢，总之我的思绪是被它们绑在了一起。

原来在我狭隘的脑子里，兵器只是与粗野、暴力挂钩，只是破坏性的，似乎跟艺术跟文化不大沾边，甚至相对立。而在大都会博物馆的参观，让我大开眼界，闹了半天，这枪炮原来可以非常之文化。

　　馆藏有原本属于王室和贵族的宝剑，"宝"字缘何而来？黄金、白银、钻石、珠宝……几近所有的华丽 …… 压轴的是象牙雕刻的剑柄。兵器的收集范围相当广，地理跨越性很大，包括了埃及、古希腊、罗马帝国、古代近东地区、非洲、大洋洲和美洲，以及 19 到 20 世纪的美国枪械（特别是柯尔特枪）。

　　这些所收藏文物（明明表现为"武物"）中，大部分为国王和王子所有所用，包括属于英国亨利八世、法国亨利二世和德国斐迪南一世的盔甲。那些兵器专为展示、检阅等仪式用，其象征意义更为突出。因此，收藏品以独特的巡游方式展示，比如，骑在马上人物身穿的装甲。

　　那些刀剑枪炮像艺术品一样，不，那些刀剑枪炮本身就是艺术品。诚然，这些兵器多不是用来打仗的，而是"摆花架子"的。然而，如果不是打赢了你死我活的残酷战争，哪里会有如此高雅的闲情逸致，哪里会赚得如此雄厚的经济实力。

　　有了武力，就容易有"文力"，有多强的武力，就容易有多强的文力。或直接有，强而占之；或间接有，通过财富购买。

　　到纽约，自由女神那里总得去拜一下。那天排了一个多小时的队方登得渡船。可见，与我们同样心理的游客不在少数。

　　见过自由女神，下一站就是爱丽丝岛，美国人喜欢买一送一，不过这个"送一"可是意味深长。当年成千上万的移民大潮涌来，并不能直接登堂入室，必须先到这个小岛接受审查。当然，坐一等舱来的就免了这份烦恼，票价在那儿摆着呢，笃定是备受欢迎的财主。

　　在移民博物馆里，看到了许多珍贵的历史照片。立于空旷的移民大厅，我想到，人是文化的承载主体。人口输入/吸纳，不仅是体力劳动者的输入/吸纳，从长期看，更是精神生产者的输入/吸纳，是文化第一要素的输入/吸纳。

　　爱丽丝岛虽小，但对好多欧美游客而言却意义非凡。他们不仅仅是闲来旅游,更有人是到那里去寻根或访亲。博物馆建有美国家庭移民中心,建了便于操作的数据库。很多人只要输入名字,直接就能查到他们祖辈的信息,当年如何由此入境。

正是在这个小岛上,美国人建立了一种机制,撇奶皮的机制,文化过滤的机制。体检、精神科方面的检查、财产检查、担保证明,好几道关卡过后,才能脱欧入美。展览墙板上列示的数据表明,入美的这个"欧"主要是南欧和东欧,西欧和北欧的移民相对少一些。

在爱丽丝岛,不合格者当场被淘汰,拒你没商量!手续不全的就得蹲"移民监"候着,最终被遣返的也不在少数。自由女神可是立足美国的,对投靠者也并非来者不拒,虽被称颂为最为宽广的胸怀,但哪里有那么大公无私。而且,这种过滤机制对蠢蠢欲动的后来者也是一种预警,条件差不多的才敢往这儿奔呢,乘船漂洋过海先得掏银子买票。移民过滤使得美国文化正向选择,良性循环,形成更大的优势。

以原本印第安人的土地等财富为诱饵,吸引大量的欧洲人到美国,既招募到经济发展所需要的大量劳力,同时也形成了与印第安土著竞争疆土的雄厚人力资本。

美苏两个超级大国竞争世界霸主,折腾了几十年,其实胜负在二战之时就已经露出端倪。苏联得胜后是一门心思抢物资,美国主要是抢人,当然是抢高素质的科学家和文化人。显然,美国人立意更为高远,大格局上早已抢占了先机。

有"自由女神"指引到美的航向,又有形形色色的"爱丽丝岛"进行文化过滤,应该看到,这是一种相当完美的政治乃至文化设计,也是美国国运经久的移民文化保障,就是李光耀所说的三大优势之一。

文化是烧钱的。这是说,发展文化是需要大本钱的。作为人,都知道文化是可贵的,但同时也得记住,文化也是很贵的。有了钱,不一定有文化。

但没有钱，文化很难持久，很难有大文化。文化之花得靠经济之水去滋润。对个人、对社会都是如此。

文化人得有闲，还得有钱，更得有对文化的强烈偏好。这文化人往往好吃懒做。好吃，是对生活热爱的表现之一，在最基本的欲望上就比常人来得强烈，似乎由此欲望方可达及彼欲望。懒做，是指不愿意做体力活儿，四体不勤是也。（呵呵，太坏了！）当然好多文化创造也是挺耗体力的，那就另当别论了。乐在其中，又何苦之有？

文化人需要钱，可他们多数还不愿意做生意赚钱，不屑于当老板。口不言钱，而称阿堵物，一派自命清高的心理。这种人当中，恐怕多数只会花钱不会赚钱，以怪异著名如凡·高，穷困一生，全靠亲弟弟苦苦支持，饥肠才勉强得以维系。艺术家特别是大艺术家中，此类生计"笨人"属实不少。

尽管茶余饭后我们可以漫不经心地谈论这些穷文人的糗事，但文化良心却会责备我们，会让我们对凡·高们更持有敬重之心。社会还是需要这样的怪才和生计"笨人"，或许只需要一小部分这样的人？社会也得养文化人，恐怕这是社会分工的必须！局势再困难，也得保留文化种子，文化之薪火相传，靠的往往就是穷文人。鼻子底下这点事儿，他们看似无用，到了关键时刻，他们和他们的作品却堪大用。

由富而贵，是个普遍规律。都说资本家唯利是图，其实他们还有文化上的追求，这是他们比土财主高明的地方，也是资本主义比之前的生产方式高明的地方。特别是资本家创业成功后就更离不开文化人了，他们的文化需求客观上为文化人提供了生活保障，穷文人的那些个雅兴全靠他们的财力给撑着呢。

一直有理论家或者俗人不断声称：油画就是给中产阶级挂在家里墙上的。此言不差，事实确也如此，可其文化意义还是不可小觑，这事儿得从两方面思考。物欲社会充塞的尽是财富，先是物质的，但文化财富也借势而上，这在客观上也给文化攀升留出了足够的市场空间，管他是不是无心插柳呢。

在纽约大都会博物馆中，专有一个美国馆。看过那里，明显感到，美国富豪是把艺术应用于日常生活最为成功的人群。艺术品在美国并不只是束之高阁，而是用来提升生活品质的，得琢磨着把艺术融到生活的品位中去，在市场中实现其潜在的价值。这样的需求多了，文化人就多了存在的市场价值。

暴发户是个贬义词，在我们的文化中尤其如此。其实暴发并不可怕，不就是发达得比常人迅猛吗？怕的是富而不贵，怕的是没有进一步的人文情怀与精神追求。或许开始没那么多的文化，可谁都是打从光屁股那时候过来的。但过了原始积累期，有的暴发户可以动用到手的实力来弥补文化传统方面的缺欠，可以催生出大文化。

在美国的博物馆里，常常撞到一群群小孩子、中学生，甚至大学生，他们参观，现场寻找答案，讨论问题，有的教授领着大学生现场教学。这么个劲儿孜孜以求，上百年累积下来，再上百年，这样的一群群小孩子、中学生、大学生成长起来，成为国家民族的栋梁，你还敢说人家没文化吗？

常有人说，欧洲人看不起美国人，其原因主要就是嫌他们文化底子太浅。但在纽约，我看到成群结队的欧洲人来参观博物馆。博物馆丰富的藏品原本主要在欧洲，可枪炮和资本的力量让它们搬了家，移居到了美国。

哦，不单单是枪炮和资本，还有战略上的决策。早在 20 世纪四五十年代，美国就通过了一条法律，凡是捐赠艺术品给博物馆的公民都可以扣减所得税，减税立即生效，而艺术品则可在捐赠者死后才给博物馆。这一立法的目的，意在鼓励欧洲艺术品的引进。

现如今，让圣者的子孙离家去朝自己的祖圣，并且是到他们曾经低看一眼的地方，等于祖庙里的神仙搬了新家。苍天啊，文化遗产到底该归谁？文化底子总得跟出身挂钩吗？这种文化大迁移到底说明了什么呢？

4. 哪里是真正的美国?

记得 20 世纪末第一次到美国,那是参加美国新闻总署组织的"国际访问者计划"(International Visit Program),IVP 不是 VIP,纽约、拉斯维加斯等旅游城市等就不安排参观,理由很简单:那里并不是真正的美国。

那么,哪里是真正的美国?是东海岸的费城、波士顿、华盛顿、匹兹堡、新的约克、新的罕布什、新的奥尔良?还是西海岸的洛杉矶、旧金山、西雅图?或者是中部的芝加哥、孟菲斯、丹佛?甚至有人说,中西部的乡村才是真正的美国,那恐怕是出自约翰牛的偏见吧。

如果说美国是个文化熔炉,可以说哪里的文化种类多,哪里就是代表美国,纽约是美国,陶斯也是美国。如果从大工业大金融的引领看,那芝加哥、巴尔的摩、底特律、纽约、旧金山等城市代表着美国。如果论民风淳朴,那中西部的乡村确实代表了美国。如果讲吃喝玩乐,那无疑拉斯维加斯、大西洋城代表美国。如果追捧好莱坞、迪士尼,那洛杉矶代表美国。如果评大学,那波士顿代表着美国。如果讲政治,那费城、华盛顿代表美国。反正,各有各的说辞,各有各的道理。

到底哪里是真正的美国?这确实是个值得琢磨的问题。我这次走了一个多月,现在反而比没去时更糊涂了。不过明白了一点,这事儿单从地域上是说不清的。

文化接触,就是人的接触,是不同文化背景的人打交道。转了一大圈,打了这么些天的交道,美国人到底怎么样?我的一个基本感觉:美国人,作为个人,是最容易打交道的。他们多数人比较直接不兜圈子、不大计较愿意帮人、守规矩但又不死性。特别是美国的政治文化结构,多数人醉心于吃喝玩乐,为享受生活才去打一份工。

也许是赶上了好季节,这里常常阳光灿烂。美国人也很阳光。还记得早年在英国,曾在路上看到一美国旅游团,一堆老头老太太欢声笑语穿路而过,有的还举着冰激凌哨。旁边的英国老太太一脸的不屑,我倒是很以为然。又不是听音乐会蹲图书馆,干吗总那么拘着自己?高兴了你就喊,自己身心畅通不说,没准还能感染旁人呢。

这次在陶斯南边找一个印第安部落旧址,到一家音像租售店问路。一个小伙子出来指路,一位女士帮着打电话询问是否开门,还有一姑娘帮着从网上把行车线路图打印下来,几乎是全体上阵来帮你,让人感动得一塌糊涂,不过去参观都不好意思。"有事找警察"也绝不是空洞的口号。几次问路问事问地址,警察的那个周到劲儿,真是叫人感动。

在好多地方,你打个喷嚏,周边的人都跟上一句"上帝保佑你!"还有的干脆只说"保佑你!"俨然人家就是上帝的代言人,专管送温暖的,有的离你好几步远,一个喷嚏早过去了,他还是赶过来,说,"保佑你"。当然,在纽约就没人接你这个茬了,城市大小,民风迥异。不过也有人说,在纽约街头转悠的尽是汝等老外,待人不热情,可不怨人家美国人。

然而别忘了还有一点:美国,作为一个国家,又是最难打交道的。甭说发展中国家,就是他们曾经的宗主国英国,还有第一个盟友法国,当年给他们建国当主力军的,也经常被他们气得干瞪眼儿。他们就是太霸道了,国家利益当前,收拾你没商量,一点交情都不讲,一点面子都不给。

最容易打交道的个体怎么会组成一个最难打交道的国家?这似乎是个谜。

如果留心,你会发现,实际上美国人洗脑很有一套,宣传也非常起劲。

在国会山,参观者一进去先被安排看大屏幕,无非宣传片。壮观的画面,动情的解说,宏大的气势,叫人难免怦然心动。还没看到实物呢,就试图把你拿下,岂不是先声夺人?

在费城独立宫旁,又耗资专为自由钟新建了展馆。对钟本身的介绍极其详细，自由钟与后人的故事也没少展开，唯独一点语焉不详——此钟到底怎么为自由贡献？我估计是实在没那么多可说的，钟本一物件，恰好成了历史一题材，且很有指征意味。于是乎，小题可以大作，大肆宣传，是其一也。

美国人在宣传和洗脑上是舍得掏银子，不过，美国人的公益文化事业也并不都是政府花钱。像华盛顿的弗农山庄，那是第一任总统的故居啊，联邦政府、地方政府都一个子儿不掏，只是由福特基金会在操持。

我们也可以认真回顾一下以往看过的好莱坞大片，难道那只是娱乐流行吗？难道那只是赚全世界的钱吗？寓宣传和洗脑于娱乐之中，不知不觉地，把他们所裁定的"主旋律"灌进了你的脑子，还是你自己花大价钱主动受洗的！企业能掏这个钱，并靠这个赚更多的钱，得益于其背后政府的文化战略。

此行还可以发现一点，美国人也为尊者讳。你到弗农山庄，那里介绍华盛顿如何伟大，就连办农庄都数一数二。但那里不会告诉你，他其实是个常败将军。当年如果不是法国出兵跟英国人打，就新大陆这点民兵，哪里够大不列颠正规军打的？真要是北美移民独立的战争，其后果就是没什么独立，独立宫里的法庭就会听命于英国王家，那可是得审判一大批叛国者呢，包括华盛顿在内。美国人倒也不全都避讳这段历史，不过在公众场合却尽量避而不提，低调处理。

还有一个例子，国会山下游非常著名的航空航天博物馆，是游客们必到的地方。那里不光介绍科学技术，美国空军有史以来的战绩也让你历历在目，可就是缺朝鲜战争那一段。选择性遗忘，还是公然的。

5. 弱势文化的两难

主流文化中会有人从土著文化中求新，但求新过程同时也可以是他们对土著文化施加影响的过程。一方面他们得到了新鲜血液，另一方面也是对土著文化的驯化和市场化。文化侵蚀对双方都可能是非自觉的，悄然进行的。

但文化侵蚀发生后，原有的"粗蛮"文化被去势，雄风不再。陶斯的印第安手艺人与来自纽约的艺术家有过相当广泛的接触，在经受过外来主流文化的侵染后，他们的作品越来越有价，越来越被市场所接纳，越来越被称为艺术家，名声也越来越大。

然而，当这些印第安人一旦被称为艺术家之后，他们的作品便失去了印第安原初的稚拙和古朴。在博物馆里我们可以看到，越是名声显赫的印第安艺术家，他们的陶艺作品就越是明显地向精细化风格化转变。

最初的土陶器具—— 陶罐、陶碗、陶碟什么的，本来只是象征性地，寥寥几笔勾勒出几根粗拙的羽毛。到了后来，陶罐的质地色泽不仅光可鉴人，羽毛也整齐精致，装饰味儿十足地有序排列。即便是出自印第安民间的挂毯，也从最简单的条纹图案里走出来，渐渐地，渗透进了西班牙文化的元素，色彩也潜移默化地嬗变，单一朴实的赭红色，融入了热烈明丽的蓝色 …… 看到这些，不免让人感到若有所失，一种没着没落的怅然。

而今，美国当局正在补偿印第安人，据说措施之一便是给予开赌场的特许权。到底是感恩，还是赎罪，抑或两种因素都有？印第安人在物质财富上是得到了一定的弥补，可这种方式的补偿到底怎么样？在文化上、精神上有没有负面效应呢？会不会是另一种变相的文化侵蚀？

所幸的是，印第安人一直在为自己的文化抗争，印第安文化并没有被连根拔起。文化有可能被去势，甚至有可能濒临消亡，但也完全可以有另一种走向，那就是，它更可能在一个民族的血脉里永远地存活下来。

这次在美国，也许是跟文化绑定了，只要有可能，太太和我就会走进印第安博物馆。

在新墨西哥州圣达菲博物馆，一进大门，第一眼看到的就是醒目的主题性词语：HERE，NOW，AND，ALWAYS：这里，现在，永远。另一排英文给出了注释：西南原住民的声音。他们的声音是怎样的呢？

I am here,

I am here, now.

I have been here, always.

很显然,这声音指向地点,指向时间,指向现在,指向将来。在这个博物馆,到处可以读到印第安人的诗句,一些对远古的呼唤,对自己祖先的遥想,对逝去事物的缅怀;随时随地,你可以感到弥漫着的一份不可遏止的忧伤:

洪荒之初,圣洁的祖先居住在这儿。

他们造出了第一个 hooghan,第一件利器,

他们唱出了第一首歌,第一声祈祷,

Dine,语言,仪式,历史,信仰都在这里发源,

这里,是我们开始的地方。

在今天,在印第安博物馆里,这样的诗句,这样的声音,源远流长,它们来自一个古老民族的血脉里。因为流逝,因为物人皆非,你情不自禁,体会到其中深藏着的文化召唤。

选择本是人生中社会中的一个大词。但对弱者来说,往往只能在两难中选择,往往是无选可择——无可选择,自愿融化在无奈之中,选择也就被虚化了。

对印第安人来说,面对着殖民文化的强迫,是拒绝 rejecting 还是接受 accepting?前者恐怕会失去市场乃至逐渐消亡;后者则是占有部分市场,但不再那么纯粹。土著文化会发生变化,甚或会变种。

到底哪一种选择更好?说不定:短期内看不出来,事前不能有定论。

对非主流文化而言,不用英语就难以大面积地被人理解,就只能是一种孤独的存在,百年孤独,这是非常尴尬的事情。在印第安文化的博物馆,得由操英语者用英语来讲述印第安故事,印第安的歌谣和诗歌只能通过英文才

得以传诵,局势如此,呜呼哀哉!

民族文化的弘扬不能通过自己的语言传播,而必须通过借助、转借,假道而行,这怎么能说不是弱势文化的悲哀?甚至,仅仅通过语言,主流文化轻易就取得了弘扬文化的道德制高点。而非主流文化只得接受这种恩赐,才可能重新取得早已失去的社会地位。

只有具备了一定的物质基础,才会有实力并有意愿来维护自己民族的文化,讲求文化道德也需要一定的物质基础。有了一定的物质基础,才会更注重精神生活,才会将维护本民族文化视为自己的使命。是使命者,才会有使命感。

"下层文化"中的某些事物,也可能被"社会上层"乃至全社会接受,如咖啡、蓝调(blue tune)等。但"下层文化"在全社会流行是有条件的,它往往需要通过"上层"的过滤。先是"上层"中的个别叛逆者在"下层"事物中找到新体验,逐步被整个"上层"接受。当"上层"认可后,全社会再模仿"上层"的时尚,转手后才能得到普及。这种自下而上的文化接受颇为艰难,成功的事例也并不多见。

在印第安博物馆的早期文物中,可以看到大量的基督教方面的内容。显然,这是欧洲移入的舶来品。同样显著的是,这种宗教文化被印第安人广泛接受了。

对被征服者来说,因为弱势,屡战屡败,就容易把征服者的宗教作为根本原因。中文的"征服"这两个字很有意思,因征战让战败者服气。而根本上的服气是皈依征服者的宗教。我猜想,好多被征服者可能有这样的心路历程:侵略者很强,很可能是因为他们的神强大,保佑着他们。于是对侵略者的宗教愈加敬畏。这是强势文化提升了自己的神,水涨船高。

6. 借文化飞地调节文化不适

一个国家驻在国外的使馆是该国的领土,政治、经济上与所属国相统一,是一块飞地。这是政治飞地、经济飞地，从文化接触的角度看，这也是一块"文化飞地"，或者可以叫"文化围城"？扩展而言，文化飞地还可以包括一国主流文化包围中的非主流文化社区，如美国宾州的荷兰语区（兰开斯特县，Lancaster County）、曼哈顿岛上的"小意大利"、洛杉矶的"小东京"、好多城市中的"中国城"等等。

文化飞地或文化围城对异乡人（移民、游客）都有着相当重要的文化调节和文化保护作用。

不管对主流文化的主观态度如何，喜欢或不喜欢，异乡人在融入主流文化过程中都会产生种种文化不适问题，如文化隔阂、文化单调、文化孤独、文化寂寞、文化困惑、文化厌倦等等。文化不适一定会有，这是文化接触中的必然现象，区别只是程度的或多或少。这时异乡人必然会对其母体文化产生一种饥渴，有追认、寻求保护的需求，至少是需要母体文化的间歇性调节。

于是，亚文化积聚社区等文化飞地便应运而生，这是一种相当必要的存在，它让异乡人有回乡的真实感受。在主流文化包围下，文化飞地是一种便捷的替代，可以使异乡人的文化不适问题得到一定程度的缓解。

就以饮食文化来说，异邦中国城里最多的便是中餐馆和中国食品商店，这是因诸多中国胃嗷嗷待哺所形成的巨大产业群。不仅仅是喂饱了我们的胃，甚至你会有这样的感觉，这些中餐馆和中国食品商店，它们解放了我们，一瞬间地，把我们从文化困境中暂时地解放了出来，甚至我们的母语，会脱口而出，根本无须投石问路，你只要张口便是了。这样的调节，从某种意义上来说，无异于回家。这就是文化飞地。

在文化飞地中，原来在主流母体文化环境中不大愿意做的事情，也可能变得可以接受了。比如，在自己国家不喜欢看的电视节目，在飞地中如别无选择，也可能将就去看。这时的看，往往是无心的看，其实就是一种调节，一种休息。为了某些方面的难得的好处，你得忍受其另外一些方面的坏处。

在这点上,异乡人实际上是经历了利弊权衡的,在文化飞地或围城中歇息仍是一种明智的选择。

在费城在纽约,城中心摩天大楼林立。那原本是我们特别神往的,可如今却叫人生厌了。即便是阳光灿烂,你也往往得行走在阴影之下,这种感觉叫人很不舒服!这种不舒服,可能是资本、财富极度积聚的负效应。我不知道,长期生活在摩天大楼下的人做何感想。

为了发挥积聚效应,资本可以挤压在一起,财富可以挤压在一起,商界精英们也得跟着挤压在一起,可生活是不该被挤压的呀!人们在郊区选择居所,每天耗时耗心耗力在上下班的路上拥堵和奔波,就是为了逃离这职业挤压,让生活有自己的释放空间吧?那郊外居所,恐怕就是人们一块小小的文化飞地吧?借以暂时逃离主流文化的职业挤压。

资本驱动下的主流文化太过强大,甚至宗教都难与之抗衡。原来高耸入云的教堂塔尖被挤压在摩天大楼的阴影之中。我不知道,大都市里的宗教信徒对此做何感想。这种压抑的物理感受似乎在告诉人们:拜物或拜金比拜上帝更为神气。当资本之花盛开时,似乎就连宗教之花也显得不那么茂盛了。

然而,在闹市中走进教堂,摩天大楼的阴影便消失了,对资本的挤压也有了屏蔽,人们的心灵得到了一个安静的氛围。秩序,你在纷乱中突然看到了教堂高远的穹顶,看到一道道整齐有序的线条,仿佛告诉你,这世界眼花缭乱,秩序却依然存在,心中的道德律依然存在,犹如仰望星空。于是你的心灵可以得到慰藉,一瞬间安宁下来。相对而言,这城中心的教堂,也是一块文化飞地吧?

7. 文化不该有先进落后之分

历史有可能是循环的、转向的,甚至是倒退的。文化过程亦可能如此,并不一定总是前进着。

例如创新，好多时候其实是复古。

在印第安文化的博物馆中，可以看到类似中国西北风中丰乳肥臀的女人像，那是几百年前的作品。这个事例告诉我们，我们往往是创而不新！为了出新，有人在现实生活中汲取灵感，造出丰乳肥臀的女人来。其实他时他域早已有人如此这般，哪里还有什么新可言呢？

太阳底下无新事，信也！

当然，创新者也许并不是偷得前人创意，实乃不约而同，都别具慧眼地想到了看到了这一点。

文艺作品中，抽象与具象（写实）也是此起彼伏，艺术潮流或有轮回。当人们对一种表现方式腻歪了，另外一种表现方式就容易大行其道。

不过，抽象与具象（写实）之间并没有截然的鸿沟。比如，奥姬芙（O'K）的花对常人而言可能有些抽象，甚至还含有性暗示的意味，但她本人并不承认这一点。试想一下，她的花对鸟而言呢？还会那么抽象吗？或许就是特别具象的呢。

澳大利亚雄黄蜂见到有琥珀黄、有颗粒状体表的啤酒瓶，就会产生错觉，以为这些在人类看来抽象的视觉构成是雌黄蜂，并与之"交配"。澳大利亚人为了灭绝这种对人类有害的黄蜂，巧妙地利用了这种抽象具象的错觉。

认识角度之外，关键是格局。应该从什么样的格局来认识事物？

粗粗地比较印第安文化和盎格鲁撒克逊文化，我竟然得出一个与书本上历史进程相反对的结论，文化，不应该有先进落后之分。

究竟谁先进？谁落后？或者哪个方面先进？哪个方面落后？恐怕得有更长时期的观察，才可能得出较为正确的认识。最典型的疑问是，农业文明相对狩猎采摘文明是否一定先进？美国政府把印第安人的土地作为无主地分给欧洲移民开"荒"，是否符合如今可持续发展的信念？是否真的具备法理性？

人生不满百，个人对文化的体验观察够用吗？答案显然是否定的。然而，多长才够长呢？诸多疑问，不得其解。

可以肯定的是，短期看似前进的文化，从长期看可能是倒退的。短期看似倒退的、静止的文化，或许只是一种表象，放在更长期看，却可能是前进着的。遗憾的是，哪一个人也等不到那么久，哪一个个人也不能独立充当判官。会当凌绝顶，一览众山小，只是空间里的格局宏大。而一定空间里可以做到的事，时间上却未必能持续。

因此，不能说时间在前的、离我们远的文化、先发生的文化就一定落后；也不能说时间在后、离我们近的、发生在后的文化就一定先进。

一条直线，可以有先后。持"线性文化观"才有文化先进落后之分。横看成岭侧成峰，远近高低各不同，多元文化观下，没有一个统一的尺度，没有一个唯一的尺度。不同的角度、不同的线，就有不同的先后之说，不好定于一尊。

文化发展的引领者是强势文化，而强势文化不一定就是先进文化。强势文化客观上或许引领着人类社会，这种引领据说促进了社会文化发展，但很可能截然相反，也可能迫使社会文化倒退，且其促退作用不易被人们察觉。从给人的感觉看，强势文化通常就是先进文化，然而，二者之间并不能画等号。

仅从生产或物质消费的角度，欧美文化对他们自己国家自己的民众算是成功的，看上去似乎特别先进。但从全球可持续发展的角度，从资源利用效率和环境可持续看，就未必如此，至少那是很难复制的。人类的发展一定要那么快吗？从全人类生存的长期利益看，欧美这几百年来呈压倒性的垄断态势，反倒可能隐藏着大问题。

虽然羡慕者甚众，但欧洲梦美国梦恐怕不能全世界都来做。美国的模式是赢者多得，甚至全得，跟他们大选的机制差不多。商机有限，人家早占先机得了，这么多国家过了好久才反过味儿来，哪里还会有那么多的奶酪剩下？须知在人家心目中，这奶酪早就划归好所有权了，人家不是大声地喝问，"谁动了我的奶酪？"那绝对是"主人翁"才可以有的口吻啊。

这世界，毕竟最多只能是一个国家靠发票子过日子，就连昔日帝国后裔联手组成的欧盟都不成。要说消费模式，那美国更不能真成为榜样，都向美国看齐，这地球就掏空了。过度消费，恐怕并非人类的正途。

其实，早就有散淡之族。在查科（Chaco）遗址，在弗德台地（Mesa Verde），在马尼图斯普林斯的"悬崖居所（Cliff Dwelling）"，看印第安部落的聚居地便可知，他们生活所需要的自然资源很是有限。他们是自古居住于此，还是经由部落战争定位至此，抑或是被殖民者驱逐，才到了这里？我没去查阅印第安部落的迁移史。但有一条毋庸置疑，他们在极有限的自然资源环境下生存了一代又一代，他们的生命力很顽强，他们的部落文明同样悠久，他们对美国、对全人类都颇有贡献。

无论物质生产，还是精神活动，印第安人都有其自己的系统。不能因为他们被打败了，就认定他们的系统原始、粗野、荒蛮，"不成体统"。其实，深入研究印第安文化，就肯定可以发现，人家的文化是很有特色的，是自成一统的。因而同样，我们也不能将弱势文化与落后文化画等号。

先进文化之说，最大的问题在于：极容易给强势文化赋权，让他们的掠弱得到似乎合理的借口。真从全人类可持续发展的角度看，没准印第安文化更是环境资源友好型的。我们到底应该如何选择？从哪个或什么样的角度来看文化的先进与落后？

第 8 章
"后领土殖民时代"的形式正义：列强争霸的
副产品

就当下所处时代和全球化格局，本章提出并说明两个基本观点：①自"苏伊士时刻"以来，世界进入"后领土殖民时代"，而非"后殖民时代"。帝国殖民不仅存在，而且以更高级的方式存在。②列强对他国的善行往往是其国际争霸的副产品。

8.1 "后殖民时代"还是"后领土殖民时代"？

本小节先做一般性论述，再转述萨义德先生的批判和"科学殖民主义"的典型事例作为支撑。

8.1.1 从"领土殖民"转为"经济殖民"和"文化殖民"

"殖民"与"帝国"相对，"后殖民时代"非常容易被解读为"后帝国时代"，似乎到了 20 世纪后半叶，帝国不复存在。然而，当今 21 世纪严峻的现实告诉我们，世界其实正处于帝国最为鼎盛的时期，其他帝国都被美国帝国打败，一个超级帝国成了全球的独裁者。所以，不宜采用"后殖民时代"的说法，那只会麻痹我们自己的神经。

现实国际社会中，殖民主义并没有结束其实践，不过改变了方式。如今帝国是用"看不见的手"搞"市场殖民"，不单单是实物产品，还有文化产品、观念产品、精神产品，是全方位的殖民。虽然大规模"土地殖民"被免除了，被殖民的国家范围却大大地拓展了。因为是"隐秘殖民""间接殖民"，让发展中国家难以设防，"经济殖民"和"文化殖民"处处、时时发生，无孔不入。殖民看似通过市场方式"自然"地发生，甚至用发展中国家的表面进步（GDP 的增加）来强化"市场殖民"，而主要帝国名利双收，其"国外净要素收入"大增①，且在道义上，不仅免除了殖民责任，还获得了投资促进穷国发展的美誉，"巧实力"使得殖民自强化。

因殖民主义的重心由领土转变为经济、文化，原来 "领土殖民"的规模大大收缩，仅仅表现为帝国的军事基地，似乎表现为某种"殖民主义的残余"。而相比之下，"经济殖民"和"文化殖民"打着自由市场的旗号大行其道，殖民范围全球化，殖民手法比较间接和隐秘，受到的抵抗远远小于"领土殖民"，甚至被视为一种社会财富的"解放"，不少发展中国家竞相争取这种新兴机遇。

概括而言，如今我们并不是处于什么"后殖民时代"，确切而言，应该是处于"后领土殖民时代"，做这个区分非常重要。二战之后，殖民主义实质上并没有消亡，不过由欧洲帝国列强的"领土殖民"转换为美国帝国主导的"市场殖民"。半个多世纪的全球现实是，从"显在殖民"到"隐秘殖民"，从"硬实力殖民"到"巧实力殖民"，从 "领土殖民"到"市场殖民"（主要是"经济殖民"和"文化殖民"两个基本方面）。虽然存在方式和表现方式及手段等发生了变化，但殖民的目标紧紧围绕着掠夺他国财富这一基点没有变。白人种族主义的本质没变，"文明等级论"作为殖民心理依据没变。

---

① 参见本书第 3 章的数据分析。

帝国是对其他国家或民族的征服、占领和统治。理解这个传统定义需要注意的是，所谓"占领"既可以是"全面占领"，即建立殖民地实施统治，也可以是"有限占领"，如建立军事基地这种比"全面占领"更低成本的手段，毕竟，征服和统治才是帝国目的。我们切不能因为"全面占领"（领土殖民）的消退而误认为帝国已经消亡。二战后崩溃的只是欧陆帝国，帝国并没有消亡，从来没有消亡，只是换了主人，新帝国采用了新的帝国方式，帝国转型而已。

随着时代变迁，更注重通过经济和文化等手段进行殖民，即在殖民中更注重"软实力"和"巧实力"的运用，"经济殖民"和"文化殖民"比"领土殖民"更为合算，殖民力度和范围更为充分，受到他国的抵抗更弱，"不战而胜"实乃更为精明的帝国主义方式。

第一次产业（农业）在经济中居于重要地位时，土地和人口是帝国殖民的核心要素，到了工业化时代乃至后工业化时代，殖民重心则发生重大转移，试想，甚至连生产率分析时都可以将"土地"要素隐去，可见，"有限占领"不过是全球帝国与时俱进的战略调整。特别要看到，美国帝国自身体量巨大，英法帝国无法望其项背，放弃"领土殖民"，正是新时代美国帝国战略的妙手。美国殖民地（如菲律宾等）大大少于英法等欧陆帝国，都文明地放弃"领土殖民"，相比而言，显然是欧陆帝国损失更多，多到失去其帝国的基业。

8.1.2　经过成本效益精心算计的殖民方式转向

需要注意到的是，为什么会从"领土殖民"转为"市场殖民"？主要有两个原因，第一，殖民暴力行为需要与帝国的领土拥有体量相匹配，"头号帝国"变了，由英国换成了美国，殖民方式也就可能发生变化，这与"头号帝国"本身的国家体量特性相关。

英国原初的"本土体量"与实施帝国行为的"领土体量要求"极不相称，正所谓"缺啥补啥"，故而"领土殖民"方式对之非常关键，否则无法成为"日不落帝国"。

然而美国大不相同，独立后其领土几番大幅度扩张，为日后成就为世界帝国的领土体量准备已经完成。这种土地大幅占有的后果是，对美国而言，自身领土规模已经扩张到了相当规模，大大超出称霸世界所需要的最低临界值，领土规模的数量级远非英法两个帝国可比，领土因素作为帝国殖民的必要性已经大大降低，海外领土对帝国扩张的边际效益大大降低，而其边际成本却可能大大上升。对美国帝国而言，并不是殖民行为本身需要消亡，而是其重心、实施和表现方式需要调整。

第二，为了打击英国的"头号帝国"地位，解除"领土殖民"成为美国取代英国的重要道德理由，如果美国自身仍然接续这种硬殖民路径，则在国际法理上太过违和。

当然，同样不能忽视的是，对帝国来说，"巧实力殖民"绝不是完全不要"硬实力殖民"，"市场殖民"绝不是完全不要"领土殖民"，全球的战略领地必须掌握在全球性帝国手中，保留海外军事基地就是一种非常划算的替代。据估计，美国大约在 70 个以上的国家有军事基地，在 100 多个国家有军事人员（萨克斯，2021）。美国主要在交通要冲和东西博弈的前沿保留了所需要的军事基地，由网络披露的基地数目，为 374 个。

"欧洲殖民主义的历史事实"，这个用语掩盖了"美国殖民主义的现存事实"。"后殖民"词义可多解，且容易被误解，而最大的误读就是殖民行径已经消亡。然而不然，"后殖民，隐帝国"。现实世界中消亡的只是大规模"领土殖民"，而且即便这种消亡也还留着尾巴，美国在世界各地保留的军事基地，是采取最小成本的方式来维系世界霸权，为其"经济殖民""文化殖民"提供不可或缺的武力保障和服务。

应该看到，美国的这种殖民方式的转向非常奏效，既获得了利益，又掩盖了其殖民本质，形式上甚至表现为对他国发展的援助。按照安格斯·迪顿教授的演说[①]，对于美国资本投资于国外，西方国家的政治和知识精英有一个"世界优先主义"的看法和解释：虽然部分美国劳动者（没有接受过大学教育的）的利益受到伤害，但世界各地其他更为贫困的劳动者所获得的利益是大于这种伤害的，全球平均收入增加，全球不平等现象改善[②]。

笔者认为，适合低端劳动者的产业向发展中国家转移，的确增加了落后国家的就业机会，但未必是迪顿教授所说的美国"对外援助"，按照本书第 3 章分析所揭示的国际收入分配态势，美国每年都从国外获得 4000 多亿美元的要素收入，一直是"国外净要素收入"的盈余国。由此宏观背景可见，这种自由竞争的市场行为原本是美国资本获益更多，而且美国平民也得到了更便宜的中国商品。再者，贸易逆差仅仅是出超国出口商品更多，但未必是获利更多，如果成本效益分析做得彻底，很可能呈现另外一种认知。美国政客利用中美贸易巨额逆差来蛊惑民众，嫁祸于人，其实是一种拙劣的浑水摸鱼，手段很不专业。而且，按照自由竞争的市场逻辑，美国未受过高等教育的劳动者也没什么可抱怨的，他们没有参与产品价值的创造，资本家不让他们参与收入分配，只是因为他们在劳动力市场中没有竞争力而已。

8.1.3 萨义德先生对美国帝国殖民的批判

萨义德先生曾说过："我希望（也许是奢望），我能对帝国主义中文化领域的拓殖历史进行描述甚至起到阻碍作用。"（萨义德，2003）"正如 C. L. R.

---

① 2022 年 12 月 18 日，北京大学国家发展研究院第七届国家发展论坛在线举办，论坛特邀两位诺贝尔经济学奖得主发表视频演讲，并与国发院的教授在线对话。文中引述来自于 2015 年诺贝尔经济学奖得主、普林斯顿大学经济学与国际事务荣休教授安格斯·迪顿（Angus Deaton）的讲演整理稿，未经本人确认。

② 也就是达成了一种全球福利的"卡尔多改进"。

詹姆士说过的那样，贝多芬属于德国也属于西印度，因为他的音乐已成为人类遗产的一部分"（萨义德，2003）。但相比而言，东方国家乃至整个非西方国家的优秀文化却很难进入世界文化的"正册"。

萨义德先生明确指出："19 世纪，美国成为帝国主义国家，但只是到了20 世纪后半叶，在英法殖民地开始解体之后，美国才直接效法它的两个了不起的先驱。"（萨义德，2003）"冷战结束后，美国政府关于'世界新秩序'的修辞，它那种孤芳自赏的气味，难以掩饰的胜利情绪和它对责任的庄严承诺，都是康拉德在霍尔洛德身上描写过：我们是老大，我们注定要领导别人，我们代表着自由和秩序，等等。没有美国人能逃脱这种感觉体系"（萨义德，2003）。

萨义德先生还指出：首先令人沮丧的是，美国的现行政策我们都似曾相识。所有追求统治全球的宗主国中心都说过、做过同样的事。在干涉小国的事务时，总会诉诸权力和国家利益的托词；每当出现了麻烦时，或当土著奋起反抗，拒绝一个被帝国主义扶持的言听计从的统治者时，总是有一种毁灭性的冲动。总是会有人声称"我们"是例外的，我们不是帝国主义，不会重复老牌帝国主义所犯的错误。而这种声音的后面总是继续犯错误，就像越南战争和海湾战争证明的那样（萨义德，2003）。

萨义德先生对美国帝国的殖民行径深表遗憾：更糟糕的是知识分子、艺术家和记者的立场。他们在国内问题上经常保持进步态度，充满使人钦佩的感情，但一旦涉及了以他们的名义在海外采取的行动时，却正相反（萨义德，2003）。

这些醒世之论指向对帝国现实的深层次认知。而知识界对欧洲帝国主义历史的批判，过多地吸引了人们的注意力，而忽略或放过了对美国帝国主义现实的批判，萨义德纠正了这些忽略。

不过，萨义德先生并没有强调指出"市场殖民"的危害，我们应该特别注意到，美国帝国主义在殖民方式上做了形式改革，往往以为全球提供公共产品的方式出现，最典型的是"马歇尔计划"。还有，美国支持第三世界的非殖民化运动，实际目的是摧毁英法中战后借助其殖民地恢复帝国地位的机会，进而取代英法老牌帝国，是列强争夺全球霸权的博弈手段和"副产品"，下一节将展开论述。

8.1.4 科学殖民主义的一个例证

美国主导的帝国"经济殖民"比较明显，例如，以市场交易为名输出垃圾，以投资为名输出非清洁生产线，以极低的人工成本将全球生产链的低端布局在所谓新兴国家和其他发展中国家，把这些国家的企业压制在所谓"微笑曲线"的底部，这种种方式，使得美国、日本、德国和法国大致占据了全球"国外净要素收入"（"NFI"）的 80%，而美国一国就占据其中的大半。

文化殖民最通常的是输出文化产品，以提供娱乐的方式赚取利润，同时还给全球民众洗脑，大肆宣传美欧文明。广义地看，文化殖民还包括科学研究中的殖民行径。著名报人刘亚东先生近期撰文《弱国化石，逃不脱科学殖民主义的阴影》①，介绍了一个科学殖民主义的最新例证。

2020 年 12 月，一篇发表在《白垩纪研究》（*Cretaceous Research*）期刊上的论文给古生物学带来了一大新发现，该文章介绍了来自巴西的全新恐龙物种：长鬃矛神龙（*Ubirajara jubatus*）。

就在文章发表不到一周的时间内，众多巴西古生物学家纷纷质疑这块如今保藏在德国卡尔斯鲁厄国家自然历史博物馆（State Museum of Natural History Karlsruhe，SMNK）的化石为非法所得，随后推特上发起了"矛神龙属于巴西"（#UbirajaraBelongstoBR）的大范围声讨活动，指责论文作者和

---

① 该文载于中国科普网，https://baijiahao.baidu.com/s?id=1729153636079032374&wfr=spider& for=pc.

SMNK 通过非法手段获取化石。[①] 最终，迫于外界压力，针对这篇让全球认识了长鬃矛神龙的论文，期刊做出永久撤稿的决定。

巴西皮奥伊联邦大学（Federal University of Piauí）的考古学家、古生物学家 Juan Carlos Cisneros 和同事们 2022 年 3 月 2 日在《皇家学会开放科学》（*Royal Society Open Science*）期刊上发表文章《深挖墨西哥与巴西当今的殖民主义古生物研究》（Digging deeper into colonial palaeontological practices in modern day Mexico and Brazil），比较系统地揭露了近 30 年欧美古生物科学家在拉美的科学殖民行径。

"科学殖民主义"往往带着"空降科学"（parachute science）的含义。Juan Carlos Cisneros 认为[②]：最大的问题是，别人只是把我们这些国家当成数据和重要标本的提供者。所谓科学殖民主义，首要条件就是从其他土地挖掘资源。我们仍然被视作殖民地，这也就是为什么这些研究人员想方设法从我们这边攫取资源。

纵观刘亚东先生提供的信息，至少以下七个方面表明了相关欧美古生物科学家的殖民行为特征。

第一，科学知识的产生与更富裕、政治环境更稳定的国家之间存在显著关联。这一失衡现象昭明了"科学殖民主义"的遗产，或者说是一种新殖民主义倾向在影响学界：某特定国家原本能够通过本国科学家的研究建立科学知识体系，却经由其他国家科研人员之手，最终纳入后者的知识体系，其中以地球科学、古生物学领域为最。[③]

---

① 巴西学界和巴西联邦检察办公室强烈要求 SMNK 出具化石合法出口的证明，并且要求返还化石。根据 1990 年巴西政府颁布的国家法律 Decree 98.830，任何想要从巴西永久出口标本的外国方必须获得巴西国家技术和创新部的许可，而且必须要与巴西科研机构（后者负责申请出口许可）合作。

② 刘亚东先生对 Juan Carlos Cisneros 访谈内容经授权翻译自 https://www.the-scientist.com/news-opinion/q-a-paleontology-s-colonial-legacy-69765.

③ 提出这个观点的论文发表在《自然·生态及演化》（*Nature Ecology & Evolution*）上，https://www. nature.com/articles/s41559-021-01608-8.

第二，以法治国家自诩的科学家却不尊重他国的关于古生物化石的法律。他们在发表论文时非常蛮横，根本不标明其获取的他国古化石是否得到出口许可。英国朴次茅斯大学（University of Portsmouth）的古生物学家 David Martill 就曾发表过好几篇文章，被诟病有"剥削性"。2018 年他发表自辩文章《为什么古生物学家必须违法》（Why palaeontologists must break the law：a polemic from an apologist），公然反对他国旨在保护化石免遭国际挖掘的法律条文。此外还有人会说，其实一切都是墨西哥和巴西的错，因为他们没有推进法律措施。

第三，富国的科学家认定，出口发展中国家的化石送到欧洲或者美国的研究机构，能够更好地保护样本，展开更有成果的研究。他们以 2018 年国家博物馆的火灾事故为例，批评巴西资金不足，无法安全保护珍贵的自然遗产。这种认知居高临下，似乎别人家的财产利用率不高，就可以由他们代为行权，他人产权神圣不可侵犯的信条居然丢掉了，显然基于"文明等级论"的支撑。

第四，欧美科学家从当地黑市购买古生物化石，使之丢失了出土地点的背景信息，还容易诱使化石贩子人为地加工古生物化石，导致原件失真，所造成的科学研究损失无法估量。

第五，由于科学资源掌控权在欧美学者手中，这种偷窃行为从未在国际学界真正大范围地被讨论过。揭露真相就意味着与学界权威人士（例如论文审稿人）和权威机构对着干，这是捍卫母国骨化石产权的本土科学家在拿自己的研究生涯冒险，非常容易遭受报复，且往往是无形的报复。

第六，以该类科学殖民行径的普遍性做自我辩护。盗窃古化石者居然说，美洲古生物科学家对欧洲的研究机构过于苛刻，而对美国机构却过于友善。这等于说"我错了，但他们也错了，所以我的错没那么大"。

第七，导致古生物化石二次灭绝。巴西圣加布里埃尔潘帕联邦大学

（Federal University of Pampa，São Gabriel）的古生物学家告诉《科学》期刊："论文撤稿，一切无迹可寻，就好像这一物种从来没有在学界存在过一样。它在地球上已经灭绝过一次，这次的事件无疑让它遭受了二次灭绝。"

如果不是巴西和墨西哥古生物科学家挺身而出，世人对这种科学殖民行径知之甚少，充盈双耳的倒是帝国为了全人类民主、自由和平等的种种善行，然而所谓善行往往只是事物的表象，需要去蔽。

8.2　去蔽①：列强的所谓善举往往是其国际争霸的副产品

对这个似乎比较另类的观点，笔者主要以两个世界级"超级帝国"美国和英国的史实为代表加以说明。应该明确的是，这些史实并不过时，其基层逻辑延伸可以帮助我们深切理解：当今全球国家间博弈的内在矛盾所在。

虽然建国历史不长，但以"正义之师"为号召，美国参与和发动了不少重大事件，且总是将之归结为美国的善举，例如南北战争、两次世界大战②、马歇尔计划、促进印度独立、支持埃及收回苏伊士运河、建立联合国等国际治理机构等等。美国也因此顺理成章地成为世界政治的主导者，收获了许多国家和民众的赞许。

然而需要去蔽的是，我们不能仅仅看到这些重大历史事件的正面或表面，还应该深入地挖掘其底层逻辑，应该看到其包含（未必隐含）的另一面行为者动机。就对帝国善行的判断，实际上还存在着不同的声音。

---

① 因为所隐含的"文明等级论"底色，"去蔽"应该是社会科学的长期使命。
② 美国人认为自己站在了历史正确的一边，故参战被视为善举。

8.2.1 充分注意帝国学者对本国所谓善举之动机的深层次分析

尼尔·弗格森先生在其《帝国》第四章中指出[①]："1841 年和 1856 年的鸦片战争显然不仅关乎鸦片。《伦敦新闻画报》就将 1841 年的战争描述为向又一个蒙昧的东方专制国家带来自由贸易的正义之战；为结束冲突而签订的《南京条约》并未明确提到鸦片。""但是，我们很难相信，1821 年就被中国政府禁止的鸦片出口如果不是对印度的英国统治政府的财政那么重要的话，这场鸦片战争还能打得起来。"在该段论述的脚注中，尼尔·弗格森先生明确告诉我们，"19 世纪上半叶，东印度公司从其鸦片垄断贸易中所获的收益差不多与它上缴伦敦政府，以支付巨额债务利息的资金相抵……"（弗格森，2012）。

当然，英国从印度得到的远不止鸦片的"垄断贸易"收益，由此可见，所谓自由贸易，无非帝国殖民者垄断贸易的自由，随意开辟其获利市场的自由。尼尔·弗格森强调："我们还应该记住，印度的契约劳动者为大英帝国提供了其经济赖以发展的廉价劳动力。"著名诗人吉卜林（被称为英国文学界的帝国之声）"热切地相信，如果没有印度，英国将从'世界最强国的宝座'上跌落，沦为'三流'国家"。

然而，麦考利时代的帝国官员却为自己的殖民行径涂上了非常美丽的玫瑰色："让一个伟大的民族不再深陷奴隶制和迷信的泥潭，管理他们，让他们充满希望，拥有一个公民应有的所有特权，那对我们自己来说也是一件荣耀的事。"而此善举的后果呢？尼尔·弗格森先生告诉我们，"19 世纪强加于印

[①] 参见尼尔·弗格森：《帝国》，雨珂译，北京：中信出版社，2012，第 145，186，187，188 页。值得我们注意的是，"为蒙昧的东方专制国家带来自由贸易"正是一种尼尔·弗格森先生所谓"不列颠打造现代世界"的正义之举。弗格森先生在该书中有两条主线，一方面深刻地揭露帝国恶行，另一方面又每每将英国与欧陆其他帝国，特别是美国相比较，以表明英国是所有帝国中最好的帝国。这种比较恰恰表明，殖民并没有完结，帝国至今尚存，甚至登峰造极，"后领土殖民时代"，是"全方位殖民时代"。

度的自由贸易致使本土制造商暴露于与欧洲人的致命竞争中",那些契约劳动者"并不比一个世纪前的非洲奴隶们的待遇好多少"。更不用说,在英国殖民者的独裁统治下,印度发生的数次大饥荒,夺走了多少印度平民的性命。

当然,也有赤裸裸的帝国殖民阳谋,似乎根本用不着所谓的善举来伪装。约翰·罗斯金 1870 年在就任牛津大学史莱德艺术教席教授时,就公然表明:"我们有两面旗帜,应该把哪一面插在遥远的岛上——是飘扬在圣火中的那面,还是沉甸甸地挂满缀着黄金的肮脏布条的那面? 我们面前铺开了一条能给我们带来益处和光荣的路,可怜的凡夫俗子们从未得到过如此良机,DNA对我们来说,这也是涉及生死存亡的问题,'要么统治,要么死亡'……这也是(英格兰)的命运,要么扩张,要么衰退……"索尔兹伯里勋爵 1878 年提醒他的内阁同僚,"如果我们的祖先那么关心他人的权利,那么大英帝国永远不可能建立起来"(弗格森,2012)。

我们再来看美国,在尼尔·弗格森先生的《帝国》中,有不少事例告诉我们,美国的帝国行径比英国更为恶劣,并非什么善举。曾任教于美国多所大学的道格拉斯·多德教授指出:美国内战通常被看作以消除奴隶制为首要(或唯一)目标,正如二战被看成一场以反法西斯为主的战争一样。但就美国内战而言,如果不是由谁来控制美国政策与北方大企业利益息息相关的话,那么什么时候会发生战争,甚至会不会发生战争,会摧毁谁的根基,消除谁的影响,恐怕就是未知数了(多德,2008)。

在该段阐述的注释中,多德教授进一步指出:在法西斯时代的许多年里,美国与法西斯世界三巨头保持着良好的关系,战后德意日三个国家中的"企业、军队、法官甚至政客的领袖人物都能重新拥有从前的权力",而在美国呼吁反对法西斯的人则被联邦调查局(Federal Bureau of Investigation,FBI)文件标记为"草率的反法西斯主义者(premature anti-fascist)"(多德,2008)。到底是不是真的人道主义? 是不是真的主持正义? 其中是否包含对帝国利益的追求？甚至行为基准就是维护帝国的利益？

威廉·A. 威廉斯在《现代美利坚帝国之根基》等作品中指出，美国一边反殖民（特别是为了西半球的土地），一边在采摘所有帝国的果实。这就是美国在凡勃仑提及的"不让右手知道左手在干什么"的"道德阴影"中的政策的例证（多德，2008）。

在帝国根基打好后，这条路径仍然被坚持使用。第一次世界大战中，作为盟军的主要供货商，参战前和参战时的美国延迟了一场严重衰退的到来。二战是美国摆脱萧条的手段（多德，2008）。美国不仅可以通过参战来解决本国经济困难，还可以通过战争的善后工程来消减本国经济的周期波动，这便是大名鼎鼎的马歇尔计划。

8.2.2 马歇尔计划的第一动机究竟是什么？

马歇尔计划由 1948 年的欧洲合作法（European Cooperation Act，ECA）通过，美国以人道主义的名义向民众提出马歇尔计划，以美国的直接经济利益和战略利益的名义贩卖给国会（由此可见是促进"美国优先"的阳谋）。其最令人震惊的条款与石油有关，"1949 年，马歇尔计划石油分部的领导人、前美孚经济学家指出，'没有 ECA，美国在欧洲的石油业务可能已经被打得支离破碎了……ECA 不相信欧洲应该通过把美国石油赶出欧洲来节约美元或是其他货币'。马歇尔计划总计 130 亿美元的援助中，有 20 亿美元用于石油"（多德，2008）。

更需要明确指出的是，虽然美国号称马歇尔计划是对欧洲重建的"人道主义"援助，其实更是对本国经济的自救。要理解这一点，首先需要明确一个问题:美国在 20 世纪实际产出增长率最低的年份是哪一年？恐怕多数人容易联想到 1929～1933 年的大萧条，然而，采用宏观经济统计视角认真观察就会发现，美国增长率最低的年份竟然在二战胜利之后。

美国著名经济学家罗伯特·巴罗在《宏观经济学》教材中给出了"1870～1996 年间美国产出的增长率"的图 1.2，见本章的图 8.1。该图清楚地表明：①1930～1933 美国产出增长率也存在一个谷底，但并没有二战结束时的谷底深；②反观美国产出增长率的高峰，二战期间非常突出，峰值高，持续时间长；③图中表明，美国二战后产出增长率的最高峰是在朝鲜战争开始的 1950 年；④拓展观察，美国产出增长率次高峰值是在 1870 年之后，可见南北战争为其工业发展铺平了道路。

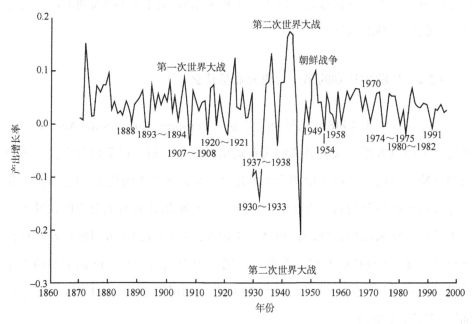

图 8.1　1870～1996 年间美国产出增长率

产出增长率是实际 GDP（1960 年前是 GNP）的年均增长率

基于国民经济统计学的视角来读图，指标数值与其社会经济含义必须相对应。应该深思，为什么二战赢得胜利，反而使得美国的产出增长率出现那么深的低谷？其实，马克思早就给出了非常深刻的答案，资本主义的经济危机本质上是生产过剩的危机。如果生产的产品没有销路，再先进的机器也不过是一堆废铜烂铁。产品变成商品，货币变成资本，中间可能隐含着万丈深渊。没有市场来实现，技术再先进的产能也无法谋得利润。

二战中美国成了一架庞大的战争装备的生产机器，战争结束，对军工物资的需求就迅速大规模地消失了，由二战需求所迅速开动的生产能力① 没有释放对象了，市场没有了，产能过剩了，于是经济危机就来了。如何转型以摆脱产能过剩的危机？如何把产出波动从谷底拉起来？让美国政客心中暗喜的是一个恰逢其时的历史机遇，朝鲜战争爆发了，一场小型战争正好可以帮助释放为大型战争所开动的产能，非常匹配的一个产能调整台阶，一个熨平经济波动的一个绝佳机会。对这一点，巴罗教授在《宏观经济学》的图 1.2（即本书图 8.1）中明确地加以标示。

然而这只是一条明线，我们还应该看到，马歇尔计划在此前就开始实施了，这是一条美国产能调整的暗线（暗线未必就是阴谋）。如果说朝鲜战争是美国抓住了产能调整的历史机遇，那么马歇尔计划就是美国政府刻意为之。这是美国精英主动设计的一个大市场，名义上号称帮助欧洲重建，但深深隐含着美国的市场空间和利益——亟须消化过剩的生产能力。尤其应该注意到，马歇尔计划是有条件的援建，并不是无偿撒钱，是贷款，而且是需要购买美国设备和产品的指定性贷款。马歇尔计划拉动美国产出增长走出谷底，为其产能转型提供了不可或缺的窗口期。巴罗教授的图中对此没有标示，但我们在读图时应该自行脑补，唯有如此，历史脉络才切实达成清晰的逻辑。

8.2.3 美国支持殖民地独立的深层次动机

战争需要财力支持，而巴罗教授的这张图揭示了美国帝国的精明之处，

---

① 萨克斯教授指出："美国工业部门蓬勃发展，从 1940 年到 1945 年增长了 60％。"

反倒是通过战争发财。打不打，打谁（未必只是一个目标，如果"一枪打俩"，那么各打谁的什么方面），联合谁打，什么时间打，用什么方式打，怎么节省资源打，怎么为战后铺垫，都是系统战略思维的内容。认真复盘当年历史过程，可见美国精英的战略规划深谋远虑，战略实施力度到位。

可以说，美国参加二战，目标是多元的，不仅要赢得对德意日法西斯的胜利，也要为全球霸主易位完成所需要的前期战略步骤。例如，以军事援助（当时奇货可居的二手军舰）为条件，换取英国的海外军事基地（弗格森，2012）。①虽为友军，英国也不得不签署城下之盟，毕竟因为敌友是可以转换的。再例如，放手让苏联去攻克柏林，以大量消耗日后对手的有生力量。

众所周知，美国正式登上头号"超级帝国"宝座是在"苏伊士时刻"，当年如果不是美国强硬介入，埃及根本无法对抗英法联军的进攻，也根本无法收回苏伊士运河。我们应该注意到，这是在美国 GDP 总量和人均量都超过英国 60 多年以后的事情。头号帝国易位的收官之作便是强势逼迫英法联军退兵埃及，战略目标就是对英法两个欧洲领土殖民帝国搞釜底抽薪，让他们彻底失去帝国所必需的海外"领土体量"，让他们无法借助殖民地资源再度翻身，那种机会越少越好，这是欧美霸权博弈过程中最不可看漏的关键因素。

二战后，民族解放运动兴起，我们往往认定，世界真是发展到了历史新阶段，就是应该消除殖民统治了，各殖民地就是到了应该独立的时候。历史潮流，不可阻挡，其时其势②。然而需要深思的是，单靠殖民地的反抗，甚至是"非暴力反抗"，就可以让英法等欧洲殖民帝国良心发现，欣然放弃如此巨大的财富和未来收益？正义伸张从来都需要以实力对比和使用为基

---

① 尼尔·弗格森指出："与美国的战时结盟就好比一个令人窒息的拥抱，但确有其必要性，没有美国人的钱，英国人早就在战争中一败涂地了。"

② 1945 年到 1965 年 20 年间，联合国会员国从 51 个增加到 117 个，增加了 66 个，可见殖民地独立的势头。

础，在殖民地与英法殖民者的博弈中，还存在着若隐若现的强大的第三方。

尼尔·弗格森先生指出："大英帝国的灭亡被描绘成'自由战士'的胜利…… 这种说法其实很有误导性，在整个 20 世纪，英国统治主要的威胁——或者说，最可能成为大英帝国统治之外的另一个选择——并非殖民地的民族独立运动，而是其他帝国。"

《帝国》第五章最后两节专门描述了美英两国围绕殖民地进行的战略博弈，核心就是美国要将"大不列颠（Great Britain）"缩成"不列颠（Britain）"，就是刻意将那个 Great 去掉，也就是把"大英帝国"变回"英伦三岛"（弗格森，2012）。1943 年，美国起草的一份《民主独立宣言》草案似乎表述得更为明显，一位英国官员因此叹道，"它的整个主旨就是期盼大英帝国最终分崩离析"，然而，美国政客并不是不要帝国，种种"反帝国行为"却"掩盖了一个非正式的美国经济帝国的崛起"。其时英国殖民部的官员说："美国人早就准备好了让他们的属国在政治上'独立'但在经济上却只能彻底依附于他们。"由此可见，美国只是在殖民方式上"与时俱进"罢了。1944 年 1 月，澳大利亚驻华盛顿公使艾伦·瓦特观察到："有迹象表明，一种帝国主义倾向正在这个国家迅速蔓延。"其时被流放的德国犹太经济学家莫里茨·博恩指出："美国是现代反帝国主义的摇篮，同时也为一个强大帝国的崛起打下了基础。"

好多人忽略了美欧列强争霸对殖民地独立这一历史现象的强大促进作用。应该看到，正是美国这个新兴霸主支持了英法各殖民地的独立，然而，这种支持并不是出于对殖民地人民的热爱，不是为了伸张殖民地的人权，而是要在世界大战的基础上彻底消除英法两个强国称霸世界的政治经济基础。美国支持各殖民地独立，看似"道义之举"，实则一箭双雕，既收获了国际社会支持，又彻底断了英法老牌帝国的复辟之路。

所以，民众反抗殖民统治固然重要，但这只是结束领土殖民统治的一方面力量，甚至是比较弱小的力量，更大的时代背景是美英作为世界霸主的博弈。须知在 1947 年，大英帝国的"珍珠"印度终于独立，其中一个重要因素是美国的施压，英国无奈放弃后，美国就向英国提供了它所急需的 30 亿～50 亿美元贷款（多德，2008）。没有美国的背书，民族独立运动的波澜壮阔很可能被压制成死水微澜。回顾这段历史时，萨克斯教授一针见血地指出："在二战后的早期，美国支持非殖民化。这很符合美国取代英国和法国主导全球事务的目标。"（萨克斯，2021）

在《全球化简史》第七章"工业时代"中，萨克斯教授专门用一节阐述英美霸权移易过程，其中可瞥见"领土体量"对全球霸主易位的重要性，也就揭示了美国"釜底抽薪策略"的厉害。

萨克斯教授借用了安格斯·麦迪逊先生的世界经济统计历史数据，给出了其图 ——"英美经济主导地位的兴衰，1820～2005"，见本章的图 8.2。从经济统计的视角来读图，特别需要注意的是，前期与英国相关的有两个指标口径，一个是"大英帝国"，一个是英国（本土），只有到了海外殖民地独立以后，图上的两条曲线才重合为一。

图 8.2 至少给出以下三点认知：①美国经济总量占全球的份额在 19 世纪晚期就超过了英国本土，但与"大英帝国"经济总量的差距还比较大，不过此后差距呈逐年缩小的态势。②一战结束时，美国与"大英帝国"经济总量的份额差不多，此后美国份额呈波动性扩大的态势。③二战结束后，特别是英国殖民地独立后，"大英帝国"这个统计口径失去意义[①]，在图 8.2 中表现为，美国经济总量在全球的份额压倒性地超出英国，份额差距在 15% 左右，英国在经济体量上彻底失去了与美国较量的资格。

---

① 二战之后，英国外交部大臣欧内斯特·贝文相信，国内生活的复苏之路始于非洲。还有人在讨论重建殖民部。

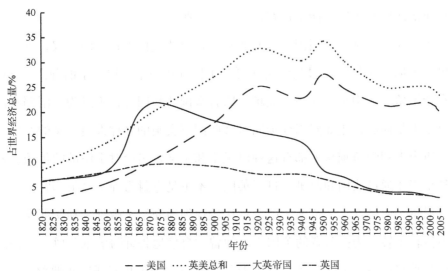

图 8.2 英美经济主导地位的兴衰,1820~2005

资料来源:杰弗里·萨克斯:《全球化简史》,王清辉、赵敏君译,长沙:湖南科学技术出版社,2021。

很多人仅仅从意识形态角度解读丘吉尔的"铁幕讲演",然而在笔者看来,让美国注重与苏联的对抗,除了"主义之争"以外,还很有(应该是更有)"祸水东引"的意味。从二战开始,美国对英国的打压就越来越凶狠,为了尽一切可能维持或延长大英帝国的余脉,这位政坛老手才慷慨激昂地表演出这么足的戏份。固然,美国帝国一定会将苏联看作头号对手,但这并不影响它在东西对垒的同时,先完成早已成竹在胸的战略布局——替英法统率西方世界乃至全世界。

历史不能回转,但可以回味。其中,带有社会经济统计意识的回味很重要,专业视角或许能帮助得出某些新知。

不仅美国在争夺全球霸主地位时实施多目标战略,欧洲霸权国家在争夺霸主地位时也喜欢如此这般"假公济私",其中最明显的例子是法国在美国独立中的作用。试想,如果当年只有北美独立者(即其时的叛国者)的零星武装斗争,没有法国正规军的规模性参战,北美民兵真能打得过英国国王派来的镇压部队吗？美国还能出现在这个地球上吗？

　　当然应该看到，法国国王也并非真心在意北美白人移民的人权，支持敌国民众争取"自由"，不过是给出兵打击英国寻找一个拿得出手的理由。合理地在帝国争霸战中再开辟一个战场，联合敌国的叛国者，不过为了削弱敌国的有生力量而已，正如同当今美国对某些国家实施的号称人道主义的军事行动。历史上列强争霸从来都有这种以民主和正义之名给对手添乱的传统。罗马教皇当年通过法国和西班牙打压英国，不也是自封为神圣之举吗？

　　尼尔·弗格森在《帝国》第三章比较详细地介绍了戴维·利文斯顿，一位由传教士转变为探险者的英国人，他曾"自信地告诉阿盖尔公爵和剑桥的地理学教授亚当·西奇维克"，组织探险当然是"为了我们开发非洲贸易、推动非洲文明这一公开的目的，但我还有一个没有公开的目的……我希望在环境优美的中非高地上建立起一个英国的殖民地"。利文斯顿先生"相信他能找到上帝应允的福地"，"种植棉花，可以减少英国的纺织作坊""对美国努力种植棉花的依赖"（弗格森，2012）。

　　反观人类历史上，白人对非白人权益的维护，往往是列强争霸的副产品，这种事例不胜枚举，不过欧美政客往往喜欢"又当又立"，只说他们在推进人类文明。例如荷兰反对奥匈帝国、西班牙、葡萄牙等对东印度群岛的殖民，不过是要取而代之。例如美国南方国会议员为黑人（黑人中有些是白人农场主的血亲，争来的黑人投票权也由白人代为行使）争得 3/5 投票权，不过是为了维系美国南北政治力量的均衡。再例如，当年亚当·斯密和亚当·弗格森等英国精英反对奴隶贸易，其主观动机和主张理由只是节省本国生产成本，因为"自由人的劳动力最终会比奴隶的劳动力更便宜"（弗格森，2012）。

　　历史的经验告诉我们，不能过于迷信正义的力量，这种作用力往往只能指向长期的大趋势。如果乐观地估计人类命运，则需要在短期和趋势实现过程中通过各种力量博弈来完成，需要争取民族复兴的国家建立起统一战线，有时甚至需要与市场殖民者的对手联合，达成某种妥协。

8.2.4　"美国优先"是美国外交策略的基石

即使在成为世界的"超级帝国"后，美国在维持和加强全球霸权时仍然是奉行"美国优先"的理念。萨克斯教授非常坦白地阐述了这个历史过程。

萨克斯教授指出，"美国利用二战后的地缘政治领导地位和经济实力，建立了一套有助于治理战后秩序的制度"（萨克斯，2021）。然而，"美国地缘政治领导力向世界展示了两张面孔。一方面是美国对建立以法律为基础的多边机构的兴趣……另一方面是为了狭隘的美国利益而无所顾忌地行使权力。虽然美国在二战后没有直接殖民他国，但它利用其强大的军事力量和经济影响力，多次且经常残酷地将有利于美国商业和安全利益的政府推上权力宝座，并将反对美国特权的政府赶下台。'政权更迭'行动，意思是美国主导入侵、争辩和诡计，推翻被美国官员认为对美国有敌意的外国政府，这想来是美国外交政策的主要内容"（萨克斯，2021）。

萨克斯教授还指出，"在 20 世纪 60 年代和 70 年代，美国总体上继续维护发展中国家的经济利益，部分原因是为了引诱它们加入美国反对苏联的联盟，但随着发展中国家获得经济实力和政治发言权，美国的立场开始改变。20 世纪 70 年代，当联合国的发展中国家呼吁建立一个'新的国际经济秩序'以重新平衡发达国家与发展中国家之间的全球力量和财富时，美国的态度变得敌对起来。坚持要求发展中国家跟随美国的领导，否则自生自灭。随着唐纳德·特朗普当选总统，美国的立场变成了'美国优先'，这是将美国自身利益凌驾于国际主义目标之上的鲜明宣言，许多美国战略家开始将趋同增长，尤其是把中国的趋同增长视为对美国利益的直接威胁，而不是美国政策的目标"（萨克斯，2021）。

　　萨克斯教授的这种批判非常直白，无须进一步解释，正切合笔者本书的基本观点。不过有一点异议，并不是特朗普当选后美国立场才变成了"美国优先"，对美国精英而言，"美国优先"是天经地义、一以贯之、心照不宣的。只是特朗普总统将之从幕后公然推到了前台，直言不讳地道出这种极致的"文明等级论"。再者，笔者之所以没有用"联产品"而用"副产品"来概括帝国的善行，正是基于多年来"美国优先"的国际社会现实。

　　英镑被美元取代，失去其霸主地位，与苏伊士时刻相对应，需要注意美英易位过程中的"国家体量效应"。英国本土面积与其殖民地面积不成比例，主要靠巧实力，故而其与美国博弈在手法上也往往偏于取巧。美国则往往用蛮力比英国更多，到后期，国家实力更允许他们那么做。

　　但是还需要认识到，美国成为世界霸主基于精心的设计和操作。选择二战出兵时机，慷慨地让苏联攻占柏林，实施马歇尔计划等等，并不是偶然事件，而是战略设计在前，而抓住机遇在其后，所谓机遇是给有所准备的人，就是这个意思。就战术动作而论，美国对行动的"火候"拿捏得特别准，恰到好处。美国精英讲究最佳时机、最小牺牲、最大长期受益、最大棋局，故其战略博弈取胜较多。且其战略深意被掩盖得非常巧妙。

　　美元体系的建立，是有"剧本"的，设计的剧本未必得到完全的执行，实践中离不开博弈各方"演员"的相机抉择。再例如，时任总统克林顿同意与中国进行入世谈判，给出的三个理由表明，美国帝国战略的"剧本"的确存在。

　　人类历史上真正成为全球性帝国的，只有英国和美国两家，有人认为，现代帝国的确比较文明，其中一个重要理由是，英美霸主地位转移这么大的世界格局变化，并没有采用战争的方式。其实，这并不是博弈双方的"去野蛮"所致，而因为"非热战方式"对两国都是国家利益最大化的选择。这主要表现在：

　　第一，美国与英国的"本土体量差异"足够大，导致双方国力形成不对称博弈。也正是由于这一点，对英国实施去殖民化战略，才成为二战后美国政客的关键性操作。

第二，美国政治精英集团具备足够的"战略耐心"，从 GDP 总量和人均量超过英国，到"苏伊士时刻"的霸主易位，长达 60 多年时间，愣是把生米煮成了熟饭。

第三，两次世界大战的助力。前期靠卖军火形成以军工为核心的现代产业体系，后期靠选择适当时机"站在历史正确的一边"，取得瓜分停战红利的优势资格。第一次世界大战，美国就成为世界政治的主导力量，威尔逊总统提出"十四点和平原则"，虽然没有让美国真正移居首位，但却占据了所谓"山巅之城"的道德高地。

第四，英国政客面临着"笃定失去首席"的前后夹击困境，不是被德国击败，就是被美国取代。实质上英国面临着不选之选的政治对策，取舍只是在失手后复辟的可能性（如果能借助其殖民地恢复帝国实力）大小，或者战后境遇能否相对不那么恶劣。事后判断，英国政客精英集团还算识时务，在与美国的较量中没有一味硬怼，而是尽可能地周旋，减少损失。

第五，美国政治精英集团学习历史的能力比较强，国际博弈技巧相对高超。总体上看，美国政客对其扩张战略的格局盯住全球，战略取向多维，对战略时机的判断和选择向来精明[1]，战略准备扎实，战略实施能力强大，战略取舍更偏好于长期利益，战术动作到位。典型表现在二战中用旧军舰换取英国的海外军事基地，攻克柏林时让苏联抢头功，占领德国时注重网罗人才而非抢夺战略物资。

---

[1] 美国扩张战略失手的典型案例是第二次美英战争（1812～1814 年），但这往往被美国主流舆论选择遗忘。当时英国正在与法国拿破仑争霸，美国试图借机占领整个北美洲，也就是将加拿大从英国人那里抢过来，"毕竟，《美国联邦条例》第 11 条已经明确地将加拿大纳入了未来版图"（引自尼尔·弗格森：《帝国》，北京：中信出版社，2012，第 93 页）。但此次美国押宝失误，导致白宫被烧。

需要充分认识到，原子弹并不是二战后期美国制胜的必要条件，其核武器决策主要基于两点考虑：第一，作为在减少美军伤亡条件下占领日本的工具，其隐含的计算公式是，X 万名美军士兵的生命价值高于 Y 万名日本平民的生命价值。正如阿伦达蒂·罗伊 2001 年 9 月 27 日在《卫报》所言，这种行为充分体现了美国外交政策的一个基点："对美国之外生命的漠视。"第二，美国战后在东亚获取更多的战略利益，防止日本在苏联出兵其本土时投降，减少苏联讨价还价的"资本"，是构建大国争霸格局的自利性和攻击型"投资"。同样，美国二战后期对德国城市和平民的大轰炸也并非其取胜的必要手段，所以才引发质疑其正当性的争议。

当然这种巅峰优势发挥到极致，就是二战之后（特别是柏林墙倒塌之后）美国的帝国野心过于膨胀，帝国行径过于恣意，导致欧盟国家和新兴国家越来越多的不满。

柏林墙倒塌之后，全球争霸的格局发生了重大变化，原来是美国与苏联相争，苏联这个庞然大物消失后，欧盟就上升为对美国独霸全球的最大障碍了。本来在美苏争霸中，欧盟的存在对美国而言具备两重性，既是帮手，也是潜在（甚至显在）对手。美国当然需要欧洲国家作为战略缓冲带，同时，也时时提防西欧强国借机重圆帝国殖民旧梦（领土殖民不再可能，但经济和文化殖民却可大行其道），欧盟的经济总量在若干年都超过了美国，大大高于某些国际关系学者给出的所谓"70%容忍底线"。

苏联垮台后，美欧争霸就成为大国竞争的主战场。这是新兴经济体得以出现的最大历史背景。欧洲边缘出现争端和战争，显然是出于美国敲山震虎的设计和操作，山巅帝国的"巧实力"使然。这个认知是从结果、从受益者动机倒推其原因，固然无法完全证实，但也无法证伪。

从日常竞争看，美国欧洲发达国家都需要进行产业结构调整，将低端产业和污染产业推出国门，用更多的资源从事高科技竞争，即将发展中国家当作低端和污染产业的接盘手，表面上却是大发慈悲，允许部分穷国进入全球产业链。"入链"是竞争性的，所谓"新兴经济体"不过就是低端生产线得手较多的经济体。

不过，这种结果并不在美欧资本的算盘之内，它们只是没有料想到，居然能有这么吃苦耐劳的劳工群体，居然能把低端产业做得风生水起，居然还不安分——"入链"之后还想着提升"链位"，居然还心想事成，部分产业还真就有所成就。跨国资本压根儿就没想把鸡蛋放在一个篮子里，新兴经济体群体的出现是它们内心所不愿意看到的，至于领头羊就更是替罪羊，跨国资本的奶酪哪能允许随便动？显然坏了霸主钦定的秩序和规矩。强国博弈是世界各国博弈的主战场，主要矛盾的演化带来次要矛盾的演化。美国前副总统彭斯说中国发展来自美国的恩赐，就是根据这个理由：美国当年为与苏联的博弈而"同意"了对中国放开投资，允许中国发展经济。从生产率测度的角度解读，就是认为美国资本在中国经济增长中的作用为100%，而中国劳动力对增长的作用为 0。多少年亿万劳工的血汗，精英的一句话，中国人的增长努力统统归零，什么事儿总归是"美国优先"。

8.2.5　关于"帝国善举乃副产品"的几点说明

第一，认清帝国行为与全球公共品的内在矛盾。

对列强而言，如果争霸是其 "私"，主持世界正义（即提供公共品）是"公"，那么他们认定"公私兼营"或"假公济私"没什么不对，正当博弈而已。历史就是这么公私混杂地走过来的。

但如果因此相信美国只是为全世界提供公共品，只是为落后国家推动自由、民主和平等，以为人类真的进入了"后殖民时代"，各国就应该奉行世界主义，就应该放弃国家利益，似乎我们真的可以，而且正在美国带领下，步入全人类所追求的大同世界，那么需要严正提出警示，这种宗教般的信任和理念归顺其实相当危险。

自由、民主都应该是多元的，不同文化、不同国家面临的外部环境和社会内部结构不同，对之的认知和重心选择在不同历史时期和不同国家是不同的，为什么必须按照一个国家在特定时期的认知和重心选择为统一标准？当年宗教改革之所以兴起，不正是针对着教会对圣经的垄断性解读吗？不就是要打破宗教专制吗？美国垄断对自由、民主的解释权，不正与罗马天主教垄断对圣经的解释权如出一辙吗？

众所周知，任何权力失去制约都是危险的，不论这种权力以什么高尚的面貌和动机出现。试想，如果200多个国家都必须听命于一个超级帝国，这个世界会变成一个什么样子？如果一个帝国凌驾于国际组织之上，还有什么国际平等而言？这不正是处于强化全球独裁的路上吗？

且不要忘记，希特勒正是欧洲文明的产物。哈耶克先生在《通往奴役之路》中告诉我们，"在1933年以前的一些时间里，德国已经到达一个实质上不得不实行独裁统治的阶段，记住这一点是重要的"（哈耶克，1997）。而且更值得注意的是，其时英国爵士们的共同面貌——"他们会异口同声地说'我们正生活在经济混乱中，只有在某种独裁领导下，我们才能摆脱这种混乱'"。这是英国研究者埃利·阿列维先生所指出的，而被哈耶克先生所明示（哈耶克，1997）。

请重读哈耶克，请系统地读哈耶克，请思辨地读哈耶克。且不要以为，哈耶克教授的批判矛头仅仅针对社会主义国家的政府。哈耶克先生的确是一位值得尊敬的学者，对他的著述应该是深度的阅读和理解，而不是廉价的贩卖和标签化的利用。

第二，关注比"生物多样性"更为必要的"社会多样性"。

为了全人类的可持续发展，"生物多样性"是全球各国都接受、都愿意倡导的，那为什么社会形态必须一律？"社会形态多样性"难道不应该同时提倡吗？甚至，不是更值得提倡吗？

而世界现实呢？韩裔德国学者韩炳哲先生失望地指出，"他者（der Andere）的时代已然逝去……他者的否定性让位于同者（der Gleiche）的肯定性，同质化的扩散形成了病理变化，对社会体（SozialkÖrper）造成侵害"（韩炳哲，2019）。

有的美国政客非常乐意夸耀麦当劳和好莱坞电影在全球广为传播，往往将其当成美国文化征服全球的形象代言，似乎这些快餐确是因为其内在优良品质而受到普遍欢迎。韩炳哲先生指出，"消费者像牲畜一样，并饲以看似花样翻新实则完全相同的东西"（韩炳哲，2019）。应该看到，正是内容雷同，才需要花样翻新。韩炳哲先生认为，"查理·考夫曼（Charlie Kaufmann）的木偶动画片《失常》（*Anomalisa*）淋漓尽致地描绘了如今同质化的地狱"（韩炳哲，2019）。"用毕希纳（Büchner）话来做这部电影的脚注，真是恰如其分：'我们就是被不知名的力量操纵的牵线木偶，没有一丝一毫是我们自己'"（韩炳哲，2019）。读到这里，我们会不会想起那只著名的"看不见的手"？

韩炳哲先生该书的第二小节标题为："全球化与恐怖主义的暴力"，该节内容包含了学界所剖析的全球化的另一面。让·鲍德里亚（Jean Baudrillard）认为，正是全球化的非理性催生了丧心病狂的恐怖主义。亚历山大·吕斯托夫（Alexander Rüstow）断言：仅仅听任新自由主义市场法则的社会会变得更无人性，并产生社会性的抗拒（soziale verwerfungen）。全球化的暴力是一种肯定性暴力（gewalt der positivität），它是"后免疫性的"（postimmunologisch）。珍妮·霍尔泽的名言"保护我免受我所欲之害"（protect me from what I want）恰如其分地点明了这种肯定性暴力的后免疫属性。

应该看到另一面，帝国主导的全球化，以所谓的"贸易精神"（handelsgeist）为号召，纳入了资本认定值得纳入的经济体，将可以利用的他者变成了"相同的他者"和"其他的同者"，形成了全球生产链、交易链和价值链（收入链和财富链），同时将"自然"也作为他者对待，才引发了人类的环境资源困境。正如韩炳哲所点明的那样，"全球商贸不过是手持别样武器的战争。歌德在《浮士德》中早已言明：'我何须懂得航海：战争、贸易和海盗行为，本就三位一体，不可分割'"（韩炳哲，2019）。

第三，注重史料的真伪，而非社会批判声音的音量大小。

持"美国帝国论者"大致可分为两种[①]：一种是肯定式的。特别是"9·11"以来，帝国意识在美国受到了青睐。而肯定"美国帝国"的又可以分成不同的两个阵营：一方倡导美国不受节制的单边主义主导世界，代表人物有《华盛顿邮报》专栏作家查尔斯·克劳特哈默尔、评论家罗伯特·卡普兰、美国对外关系委员会沃尔特·拉塞尔·米德、《华尔街日报》编辑马克斯·布特等。另一方则倡导"人道主义的帝国主义"，又有"新帝国主义""自由帝国主义""后现代帝国主义"等名称。代表人物有《华盛顿邮报》社论兼专栏作家塞巴斯蒂安·麦莱比、英国教授尼尔·弗格森等。还有的提倡"只做不说"的帝国主义，比较有名的政客如拉姆斯菲尔德、切尼、沃尔·福威茨等。

另一种对美国帝国持否定式或批判式的态度，如美国教授查默斯·约翰逊、英国院士埃里克·霍布斯鲍姆、美国教授克莱·G.瑞恩等。可能有人会感觉本书的参考文献来源还不够广泛，前述所引较多的有道格拉斯·多德教授，他对资本主义持强烈的批判态度，是否偏颇？萨克斯教授对美国的批判，是否过于严厉和直白？

笔者想要强调指出的是，本书所引更多侧重于史料，故而问题的关键在于，如果这些史料真实，则足以支撑本文的观点。同时，正因为多德教授、萨克斯教授等对资本主义历史秉持批判的态度，我们才可能更多地注意到这

---

① 参见查默斯·约翰逊教授"帝国三部曲"之二《帝国的悲哀》第三章，由上海人民出版社2005年出版。

些被遮蔽的史料，以及其他学者的相应观点；他们将这些史料和观点比较集中地整理出来，也才使得我们能够集中于该论题的思考。笔者也相信，还存在着其他学者相关议题的批判著述，但上述引用文献已经足以支撑笔者"帝国善行乃副产品"的观点了。

从认知的发展过程看，即便这些史料片面或偏执也不要紧，甚至非常必要，因为它们多年来被其他所谓"正面"的、主流的史料淹没了，似乎史料所揭示的另一面并不存在。因而，另一面史料需要被发现和被显示，让它们在数据深海中翻出些许的浪花来，以对冲一面倒的认知。从认知动态发展来看，前车后辙，正因为"主流"声音的淹没和偏执，正因为某种偏执已经存在，故而需要以偏执对冲偏执，认知才会动态地趋于接近历史事实。

还应该深入思考，为什么 21 世纪以来"帝国研究"再度成为政治学研究的热点？因为美国独霸全球的"帝国现实"越来越突显，进而引发了新的"帝国想象"。并不是中国、印度等新兴经济体的出现，对美国的帝国地位造成了多大的威胁，大国竞争重心转移的本质在于，美国在柏林墙倒塌后，已经将欧盟折腾得差不多了，基本上可以将欧洲置于自己的掌控之中，美国驻德国大使直白地指出了这一事实①，这样就需要用一个新的对手来完成对世界的主宰，美国独霸全球的战略重心就需要转移到亚太，而中国和印度不过恰好在表面上最适于作为这样的对手。美国是一个需要敌人的国家，按照自己战

---

① 美前驻德国大使约翰·科恩布鲁姆一直是"跨大西洋关系的重要设计师"，德国《世界报》网站 2023 年 1 月 30 日发表了对他的专访《我们别无选择，现有秩序总会崩溃》，其中直言美欧矛盾：德国人普遍的观点是，没有俄罗斯，欧洲就不可能有和平，许多美国人并不赞同。德国人的潜台词是什么？或许美我都没有压倒性的优势，所以和平意味着二者间的制衡；或许欧盟在俄罗斯倒下后就会成为美国的打压目标。法国人对把欧洲防务纳入北约存有顾虑，即顾虑成为美国独裁下的二流国家，而德国人顾及了法国人的顾虑。美国人把欧盟两个首要国家的行为视为"背弃"和"最大的错误"，"他们忽视了美国早已成为欧洲领导力量这一事实"。欧盟国家放弃军备的潜在成本或长期成本是，听任自己成为美苏（俄）对抗的战略缓冲带，战争一旦爆发就沦为战场。尽管欧洲一直想"规划与北约对立的自己的组织结构"，显然，这一努力一直受到阻扰，没有成功。

略需要刻意制造一个敌人，也是其惯用伎俩。所以当美国说你强大时、说你成为威胁时，很可能并不是发自内心的真实判断，而不过为了配合其独裁全球战略动作的宣传手段，至少包含有这种成分。

第四，"去蔽"是彰显被忽略的阳谋，而非杜撰什么阴谋。

这种去蔽，并不是刻意揭露某种阴谋，而是明确显示一种被我们好多人所忽略的阳谋。美国政客和精英从来都充满了"国家地位自信"和"道路自信"，他们并不避讳将其战略目标公之于众。例如马歇尔计划的实施，需要国会批准，就必须公开把该计划对美国的战略利益说清楚。美国前驻华外交官员、美国智库威尔逊中心基辛格中美关系研究所主任罗伯特·戴利（Robert Daly）公然宣称，无论如何，美国在国家安全上不能出现竞争对手，并骄傲地教训他人，他的这种主张基于"野兽派哲学（brutalist philosophy）"。

应该看到，美国精英的战略规划能力和落实能力都很强，也就不用避讳公开其攻击目标。他们确实如哈佛大学肯尼迪政府学院约瑟夫·奈教授所分析的那样，具备了从成本效益比较看最为划算的"巧实力"。硬实力、"软实力"和"巧实力"都成为美国人自豪的资本——吃人的本事。资本是吃人的真老虎，吃人对资本来说是天经地义的，老虎并没把嘴边、嘴里的食物当作平等的生命，资本也没把牺牲者当作人看。"美国优先"是美国人骨子里、基因里的存在，美国人并不在意掩饰这种理念，不过，我们好多人往往只注意到美国和欧洲帝国表现出来的所谓善举，而没有留意硬币的另一面，实在是一种选择性失明。

"帝国善举乃副产品"，既是对列强争霸历史过程基本事实的一个概括，也是帝国行为逻辑的一种特征描述。

参 考 文 献

多德 D. 2008. 资本主义经济学批评史. 熊婴，陶李译. 南京：江苏人民出版社.

弗格森 N. 2012. 帝国. 北京：中信出版社.

哈耶克. 1997. 通往奴役之路. 王明毅，等译. 北京：中国社会科学出版社.

韩炳哲. 2019. 他者的消失. 吴琼译. 北京：中信出版社.

萨克斯 J. 2021. 全球化简史. 王清辉，赵敏译. 长沙：湖南科学技术出版社.

萨义德. 2003. 文化与帝国主义. 李琨译. 北京：生活·读书·新知三联书店.

第9章
全球独裁："美国优先"的逻辑指向
——"他国"自主发展最大的外部障碍

对外经贸大学林桂军教授指出，"当前中国发展面对的最大外部变量仍是美国"，这明确指出了一个非常残酷的基本事实，我们能不能做好自己的事儿，受制于这个"外部变量"非常之大，大到了其负面影响难以避免的程度，更不要说，中国保持对外开放态势、提升发展质量将会遭遇到空前巨大的阻力。

当然，全球各大经济体都面临着这样一个格局，不过中国处于发展中国家"出头鸟"的位置而已。显然，过去的这一轮全球化是由美国主导的，在世界各国的关联深入到如此地步的格局下，任何国家，除了美国自己之外，都只有真正把握了"美国真相"，才能真正了解"世界真相"。一般而言，国势判断从来都基于国际比较，从这个意义上看，也只有真正把握了"美国真相"，才能真正了解"中国真相"，进而"避免陷入同样的发展困局"（林桂军教授语）。

刘斌等翻译了斯蒂格利茨教授的新作，中文书名标为《美国真相：民众、政府和市场势力的失衡与再平衡》（斯蒂格利茨，2020），不过这与原著的英文名字相差太大。如果直译的话，斯蒂格利茨教授的书名应该是：《民众、权力与利润，不满意年代的渐进资本主义》。当然，原著作者的确揭示了美国国内相当多的社会问题，但应该看到，斯蒂格利茨教授对美国、对资本主义总体上还是肯定的。所谓"真相"，所谓"失衡与再平衡"，都包含了译者对原著的解读,其与作者原意的贴近程度究竟如何,还需要结合全书内容深入思考。

尤其值得注意的是,斯蒂格利茨教授在这本书中并没有揭示美国不同类型资本之间矛盾对其社会的影响,更没有提及美国资本全球化掠夺对世界各国的负面影响。全球化并不是天外来物,而是强国操控下各国力量博弈的结果,不存在那种纯粹的正面力量,也不一定是历史必然趋势,所谓趋势无非是博弈的结果,其过程在本质上是或然的。一般寓于特殊之中。而倒可能是某股力量出于私利而动作,引发了某种正面效果。例如,美国打击英法帝国的"领土殖民主义",并不是不要帝国殖民,而是要搞更高质量的殖民。因果关系中隐含的因,非常重要。

如何看待美国,早有各种著述,可谓汗牛充栋。本章只是基于经济统计数据所揭示的线索做一些补充,试图提出一些需要注意的现象和问题,其中既有他国与美国打交道中我们应该学习的经验,也有值得注意的教训,本章还根据数据的逻辑指向提出或强调了一些对美国的认知。只有真正了解了这个"最大的外部存在",才能扎实地在这个纷争的世界上立足。

一个基本态度应该是,既不应该迷信美国的文明,也不应该误判和夸大美国的困难和问题①,接受所谓"中美对决"的说法太过鲁莽,将给中国发展带来极大的困难。

本章主要包括以下十四节:①究竟应该如何解读《独立宣言》首句;②"布兰戴斯悖境"与美国是否民主的判定;③美国收入分配恶化的两个背景:资本贪婪之极致;④美国政府不干预经济的神话——美国并非所谓纯市场经济;⑤"机遇之地"的另一面——全球人才"撸奶皮"大战略;⑥美国产业真的"脱实向虚"吗?⑦如何看待美国政治中的危机意识?⑧美国真是

---

① 时寒冰先生在《美国真相:民众、政府和市场势力的失衡与再平衡》中文版的序言中提出:"有一个简单的比较,那就是美国低收入者的生活水平普遍高于许多政府过度干预经济的发展中国家中产阶层的生活水平,这也是大量移民愿意涌向美国的一个重要原因。"

奉行"孤立主义"吗？⑨并不文明的争霸博弈：美国打压欧洲和日本；⑩美国对"他国"的基本心态：顺或昌，逆必亡；⑪美国究竟给世界带来了什么？⑫美国真的要搞"逆全球化"吗？⑬美国"巧实力"伤害他国更为致命；⑭美国作为巅峰帝国的行为特征。

9.1 究竟应该如何解读《独立宣言》首句

美国《独立宣言》的首句是：All men are created equal，我们通常译为"人人生而平等"，成为一个广为传播并深入人心的一个文明理念。然而，需要引起注意的是：①这里说的是男人（men），并不包括女人，在基督教传统中，女人多少年来一直只是男人的财产。②只有"上帝的选民"才有资格谈平等，宣言所说的 men 必是由上帝造出来的（created），异教徒当然不在其列。③《独立宣言》是北美拓殖者向英王索要拓殖者自认为其与生俱来的人权，其正当性的前提是新教的理念。而英王与教皇本来只因私事决裂，在宗教理念上本来并不那么革命，与同为新教的路德派和加尔文派大有区别，所以英国殖民地的拓殖者需要格外强调自己信仰所蕴含的权利，而这种强调本身就意味着其时其地不平等的存在。总之，美国提倡的自由、民主和平等都是有限的、具有特指范围的。

并不是只有我们在意这种人权宣言的有效范围，英国著名历史学家尼尔·弗格森先生对此也感兴趣，他在 2003 年出版的 *Empire: How Britain Made the Modern World* 中就专门发问（弗格森，2012），[①] 这句话"对他们集体所有的 40 万黑奴来说是否适用呢？"所有人"生而平等"，此名言首次出

---

① 需要注意的是：英文原书名应该是"帝国：不列颠如何打造现代世界"，弗格森认为，英国是所有帝国中最好的帝国，他对美国政治精英言行不一的揭示，也是在论证英国优于美国的核心观点，我们阅读时不能看漏了这一点。

自托马斯·杰弗逊之口，但他自己也是弗吉尼亚的地主，拥有 200 名奴隶，其中他只释放了 7 人。

弗格森先生还为我们介绍，塞缪尔·约翰逊在他的反美手册《税收并非暴政》中犀利地问道："那些自由呼声最高的人怎么竟然是欺压黑奴的主人？"英国废除奴隶贸易和奴隶制比美国早，在大多数美国黑人眼里，美国独立战争使得奴隶解放被推迟了至少一代人。甚至对美国原住民来说，美国独立也并非好事。远在伦敦的帝国政府倒是比渴求土地的殖民者更愿意承认美国原住民的权利。

美国版的平等本来只是"有限人的平等"，但却被解读成，或包装成，全世界民众的平等，就像纽约自由女神所表现的那样，来者不拒。[①] 不过其中更重要的原因是，他国民众在翻译和解读这句表述时出现了某种"错位误读效应"（布尔迪厄，2017），法国热拉尔·莫热（Gérard Mauger）先生认为，这种误读在"国际观念贸易"中时常发生。本来，《独立宣言》中的"人"是有其定义域的，所说的"平等"从根本意义或作者的本来意义上看，仅仅对盎格鲁撒克逊白人有效，世界上大多数是局外人。然而，我们却对其首句做了一般化的解读，使之成为一句理想的人权口号，顺便美国就成了倡导全世界人人平等的先锋。

当然，在美国的现代化建设过程中，特别是全球化兴起的后期，美国实施了在全世界人才"撇奶皮"的战略，奉行实用主义哲学理念，扩大了天选之民的"候选人"范围，对美国所需要的且所能接受的异族人才也实施开放政策，在一定范围内允许移民享受某些方面和某种程度的平等。可以说，全球人才撇奶皮的策略使得美国名利双收，除了"吸血"获取外来发展动能，难得的个人发展机遇还博得了国外精英和潜在精英的好感，人们起初不大在意美国

[①] 如果注意史实，就应该了解到，这尊自由女神原本是作者为埃及塑造的"发展"女神，但埃及实在出不起这份钱，作者才转而"送给"美国，雕塑的主题也随之改变。

对移民生长空间的潜在限制，从而巧妙地掩盖了美国"有限平等"的实质。

相比而言，美国文化中缺少对平民和底层民众发自内心的尊重和关爱。他们的拓殖者祖先没有长期经历英国狄更斯时代的那种生活苦难，没有长期切身地体会作为下层人的痛苦，而主要依靠丰富的自然资源和全家的共同努力，相对而言比较快地改变了生活。

在赶走土著之后①（弗格森，2012），拓殖过程似乎主要就是向大自然索取，他们与外人打交道主要通过市场交易，如果设定交易公平，双方行为都处于其"偏好"，似乎不亏欠任何人，因而成功就是上帝恩惠加上自己的奋斗。即使创业失败了也愿赌服输，而那些不愿意参与残酷竞争的，就"搭便车"享用公共服务，等于把自己交给社会精英，同时也认可社会精英的财富优先等级。这种创业文化是一种精英文化、英雄文化。

既为"天选之民"，就不用感恩于他者（他国、他族和他人）。早期白人拓殖者就不打算感谢北美土著，明明最初得到了当地土著的热心帮助和照顾，却并不用感恩。因为把自己设定为上帝的选民，设置感恩节，只需感谢上帝就可以了，就可以把土著的这份恩情省略了，这是确定并强化选民身份的好处。

由此可见，美国本质是一种不知感恩于他人，讲竞争而不讲平等的文化，个人成功就是本人奋斗的结果，或者上帝的惠顾。因而也就是一种排他性的文化。有的感恩甚至是为了将其成功中不那么光彩的一面遮掩过去，取得法理性，也未必真心感谢上帝。

这种精英文化非常容易演化为一种"极端文化"。如果并不准备平等地实施或主张人权，试想，如果维护人权还需要某种资格，人权的天平势必向精英倾斜，从而不免成为精英的特权。极化的过程中，"民主"就往往更多地沦为形

---

① 尼尔·弗格森介绍，英国议会 1838～1839 年在新南威尔士和西澳大利亚都任命了原住民保护官，并对比指出，"要知道，当美国发起对美洲印第安人的战争时，是不受任何力量约束的"，"大屠杀在那时是司空见惯的事情"。

式，而实质则演变成"资本主"，社会究竟由谁主导？形式与实质大大脱节。

美国的平民和精英中都确实有相当部分人是真正的人道主义者，然而他们虽然人数众多，却往往无法在美国政治的关键事项上真正发挥其作用，反倒是成了政客证明本应"美国优先"的借口。因此，他国的民众就应该注意区分"概念上的美国"与"现实中的美国"。欧美政客常发"善言"，但其国家行为，尤其对他国而言，未必是"善行"，因为在美欧的政治过程中，真正奉行人道主义的精英和平民往往无法主导其国家行为。

9.2 "布兰戴斯悖境"与美国是否民主的判定

"布兰戴斯悖境"是笔者提出的一个概念，是对美国大法官路易斯·布兰戴斯一个论断的概括。安格斯·迪顿教授转述了布兰戴斯大法官如下的判断：美国要么是民主政治，要么就是财富集中于少数人的手中，这两者不可能兼得。实现民主政治的前提是政治平等，而政治平等总是处于经济不平等的威胁之下（迪顿，2014）。当然，也有将财富与民主、自由断然切割的看法（主要是在针对他者的时候），典型的例如美国明星演员、联合国难民署特使安吉莉娜·朱莉女士，她在 2018 年视察伊拉克时说：虽然他们一无所有，但他们自由了。不过，恐怕多数人难以接受朱莉女士的看法。

判断一国是否民主，收入和财富分配是一个相当重要的标志。民以食为天，无论在哪里都是硬道理。民众首先要行使的是"免于贫困的权利"。但是，作为全球首富的美国，其收入分配却趋于呈现"倒 T 字形分布（the inverted T-shape distribution）"，从图形上看近似于三根线，这就是为什么美国民众上街高呼："我们都是 99%。"

按照社会发展的基层逻辑，美国收入分配绝不应该如此极端不平衡，这种收入分配极偏状态断不应该是民主政治的结果。难道美国民众会主张财富集中于 1% 的人口？那不是对美国民众智商的侮辱吗？

扩展我们对人权的思考，"免于贫困的权利"究竟在人权诸种选项中排在什么位置上？据说民主国家中公民选举权利最重要，但如果选举权真的大于一切其他人权，美国选民中却有相当大的比重的人口并不行使其选举权，这是为什么？这部分人对人权的不同内容究竟怎样排位，是否与唯选举权为重的所谓主流观点不同？美国最多只有 2/3 的选民参加选举，即有 1/3 的选民放弃所谓最重要的自由权利，这意味着对这些选民来说，选举权未必就是最为重要的自由权利。

安格斯·迪顿教授指出，"如果民主政治变成了富豪政治，那就意味着非富有人群的权利实际上遭到了剥夺"（迪顿，2014）。也就是说，名义上美国是民主（democracy）制度，但在本质上则是"金主（money-cracy）制度"，或者说是"资本主（capital-cracy）制度"。皮凯蒂教授在《21 世纪资本论》中给出的核心描述是：资本回报率大于经济增长率（皮凯蒂，2014）[1]，即 $R > G$，这个不等式典型地说明了这样一个问题：全社会都关注经济增长，然而增长所真正提高的效率，却归属于资本，这样的效率提高并非普惠，应该追问，大众努力所提高的究竟是"谁的效率"？

由于现实社会不平等的广泛存在，由于太多虚假的宣传充斥于这个世界（尤其是在所谓发达社会），我们就需要警惕，对所有推荐给自己的美好东西都需要深度追问，做"主体追问"，追问"谁的"这个问题：最要紧的例如，究竟是谁的自由（有限的人，还是所有的人）？究竟是谁在主导社会（民主，还是"金主""资本主"）？究竟是谁的可持续发展（富人的，还是穷人的）？

在美国经济中，"劳动所得"不过是资本"大赢"其"利得"的一种副产品，在资本家眼里，劳工所得只是维系资本增长的"必要之恶"，所以才会在

---

① 曼昆教授对此并不以为然，隐含地表现出，主流经济学对皮凯蒂的反击并没有针对这个核心理念，并不足以构成"反击"。

利益分配中安排非常有限的份额。体力劳动者，乃至相当部分白领，并不是平等地参与收入分配，从动态上看更是如此。正因为如此，美国才会在 21 世纪出现"我们都是 99%"的口号，才会出现极端不公平的现象。

关键是社会力量的对比失衡。美国资本外移，使得工会失去了"谈判资格"，劳资力量的对比出现坍塌性失衡。真正的人道主义者虽然人数并不少，却无法主导美国的政治，国会的两大类主要议题中，民意既无法主导对外关系，也无法主导美国国内的预算。国会议员本应作为民意的代表，却始终被庞大的游说团体包围着，而游说团体的背后则是让议员们无法"说不"的大资本。试想，美国每年将那么多的经费用于军事目的，等于把钱撒给"军工综合体"，而置关系到民生的医疗保险、城市建设等而不顾，这究竟是民主的结果，还是"资本主"的结果？如果施政结果无益于民众福利的提升，却长期依然如故，无从改善甚或下降，反向溯源这至少表明：美国的民主机制出了问题，民众的真实意愿被政客摆布了①。

如果再考虑美国对国际事务的独裁，就更与民主扯不上关系。按照许子东先生在"锵锵三人行"中所介绍，美国有护照的人只有 10% 多一点，出国旅行过的人非常少，对世界态势知之甚少。然而，美国国会议员往往号称代表民意来评判和决定世界上的重大事项，例如对有关国家实施非常严厉的惩罚。这种行为其实非常不文明、非常野蛮，究竟是谁赋予了美国国民裁定世界事项的权力？为什么世界事务要由对他国和他人根本不在意的美国人来决定？美国国民是否具备正确表达其对世界事项意见的能力？根据什么证明国会议员对世界事项的决定确实代表了美国国民的意愿？即这种裁决凭什么就是民主的？他国人民在被决定命运时究竟能不能具有并行使表达自己意愿的权利？为什么屠杀伊拉克 50 万儿童是值得的？难道真的可以用这么多生

———————————

① 正如同《纸牌屋》中所形象表达的那样。

命换取（当然遭杀害远不止这些）美国人对大规模杀伤性武器的"放心"吗？
奥尔布赖特女士的判断基于什么人权理念？为什么那项决定是"艰难"的？
这位难民出身的精英究竟艰难在哪里？

9.3　美国收入分配恶化的两个背景：资本贪婪之极致

不说对外国人，美国资本和政客对自己国家的"红脖子（redneck）"有
过真正发自内心的同情吗？红脖子之后被牺牲的又会是谁呢？"华尔街占街
运动"源于美国收入分配极端不公，证明了自由市场资本主义的制度性失败，
表明所谓市场自由不过是资本的自由，这种自由市场非常容易导致另一种奴
役①——资本的奴役。

需要强调指出的是，这里有两个背景特别值得注意，其一，这种收入分
配恶化发生在美国一家独霸的世界格局中；其二，美国这些年每年从海外赚
取 3400 多亿美元的"国外净要素收入"。

"我们都是99%"，这是在美国一家独大、失去世界主要争霸对手之后发
生的。在没有重大敌对势力捣乱的形势下，帝国的国内还搞成这种收入分配
格局，恰恰证明了资本的贪婪之恶，乃其基因所内生的恶。这意味着，柏
林墙倒塌了，苏联已经垮台了，就不需要再证明美国的制度之善②，就不必
再善待自己国家的劳工和白领，白人"红脖子"曾经的相对优越地位也就
不保了。③

---

　　① 哈耶克著名作品《通往奴役之路》，希望用自由市场避免政府的奴役。然而需要当心的是，
市场那"看不见的手"究竟出自什么力量呢？难道没有可能是大资本的力量吗？难道没有可能是
通向资本奴役之路？

　　② 当年著名的"厨房辩论"，美国把多数国民尚未使用的厨房设备都搬进去展览了。

　　③ 按照东方文化福祸相依的理念，偏执在一定场合、一定范围和一定程度是必要的，即使偏执
也是一种"必要之恶"，因为它往往是另一种反向偏执的对冲力量。如果失去了某种偏执，与之相对
立的另一种偏执就注定会带来其所隐含的恶劣效果。

布尔迪厄先生在《世界的苦难》中明确指出,"美国贫民窟好比一面既放大又变形的镜子,它使我们看到,一旦国家放弃了首要使命即支持在任何复杂的社会运行都不可或缺的基础设施,反而采取全面削弱公共机构的政策,社会关系会变成什么样子。国家把社会上的一部分人,尤其缺乏经济文化和政治资源的人,丢给市场之手和人人为自己的逻辑(也就是说,丢给最有利于富人的赤裸裸的蛮力。因为,正如社会经济学家最前沿的研究指出的,市场是一种社会虚构,也是一种利益攸关的虚构,每个人的利益并不是平等的,而且有着实质性的经济和社会后果),然而这部分人最需要国家扶助,才能切实行使公民权利"(布尔迪厄,2017)。布尔迪厄先生的论述告诉我们,"自由主义和国家干涉主义之间的对立"使得"贫民窟经济第三世界化","最终将威胁民主制度的正常运转"。

试想,美苏对抗时期,美国资本和政客敢不敢对国内基层百姓这么差?敢不敢对国内利益分配问题这样无动于衷,只是耍嘴皮子?当时是美苏两国政府抢着对百姓好,以证明其制度的优越性。这是一种大国竞争博弈对国内劳工的正效应,国外竞争压力有利于国内利益分配更加公平。

而今这种无视本国多数劳工的收入分配格局,绝不应该是民主决策的结果,否则,民众对资本也太过放纵了,这显然应该是"资本主(capital-cracy)"决策的结果。如果是自由市场的内在机制所致,一个严峻的问题便由之而生:市场自由,究竟是市场体制之下谁的自由?究竟是哪种市场主体[①]的自由?为什么人数众多的平民,在普选制条件下,能够容忍形成极其偏态的收入分配结局?网络上相关的美国经济统计图表都可以清楚地表明这一点。

当然,美国政客和资本不会承担这个责任,他们把这种收入分配偏态的责任推给新兴国家的竞争,颠倒黑白,似乎资本往国外转移是出自落后国家的指

---

① 按照 SNA 的经济主体账户结构设计,一个经济体包括居民户、企业、"广义政府"、NGO 和"国外"五种经济主体,如果"广义政府"的作用被排斥,谁将主宰市场?

令。时任美国总统大肆宣扬"美国吃亏说"，只是无良政客惯用的颠倒黑白，毕竟他自己曾经亲力亲为，内心非常熟悉美国跨国资本在海外牟利的操盘之道。

无良政客居然能用出这种愚弄群众的低劣做法，于是需要特别指出世界背景的第二点，美国国内收入分配极度不平等的格局是在海外获得大量"要素收入"的国际利益分配格局下发生的。

在判断一国国势时，目前还离不开 GDP 数据，但同时还需关注 GNI 指标。有些学者以为这二者差异不大，或许这只是从单个国家观察得出的看法，但从全球视野比较二者差别，就可能得出全新的认知。尤其是对所谓新兴国家而言，更需要从经济统计角度深入挖掘全球化利益的国家间分配格局，而不能被本土经济活跃的外表所迷惑，"生产在哪里开展"与产出的"利润归谁"是两种截然不同的事情，GDP 与利润归属完全可以分离。

须知，美国是世界上最大的"国外净要素收入"NFI[①] 盈余国，美国、日本、德国和法国四国占全球"NFI"总额的 80%，而美国一国的盈余份额又超过了日本、德国和法国三国之和。从"NFI"这个最为要紧的角度看，美国是全球化最大的赢家。本章附录 9.1 列示了美国"NFI"指标 30 年的数据，就充分地说明了这一点。

市场机会平等，往往演变为资本自由运作的托词。用"看不见的手"，将竞争失败的责任推给市场的普通参与者，让普通参与者误以为令人不满的结果都是自己的过失，或者是命运不济使之失败，而成功者（资本家）则是上帝的宠儿，平民只能心安理得地臣服，接受结果的不公平。

按照安格斯·迪顿教授的分析，美国经济属于"狭基型增长（narrow-based growth）"（Deaton，2020），并不是没有增长，核心的麻烦是在分配方

[①] 一国生产要素从国外得到的收入，减去外国从该国得到的收入，这两笔收入的差额就是"国外净要素收入"，该指标数值也可以从其 GDP 与 GNI 的差额得出，理论概念上两种算法一致，但由于 GDP 是常规统计过程获得的数值，而 GNI 仅仅是估算值，所以严格从经济统计方法论角度看，二者的实际数值结果尚存在差异，可靠性并不相同。参见本书第 3 章。

面,用经济统计的指标分析,可表现为:算术平均数收入与中位数收入(列示历年数据)的时间变化呈喇叭口形态,二者相去越来越远,显然是收入结构出了问题,而在收入总量增加上并未出问题。

对富国强国而言,GNI 往往大于 GDP,GNI 增速往往高于 GDP 增速[①],这也说明,先发优势具有自增强性,往往压制、阻碍着后发国家的追赶。而各国平均富裕的主张却又往往"反效率",非常难以实现。总之,实现共同富裕是全人类的难题,都需要艰苦的探索。

9.4 美国政府不干预经济的神话——美国经济并非所谓纯市场经济

论及政府在经济中的作用,可以说欧美更甚,只是通常没有表现出来而已,只是作为一种"看不见的手"隐身存在。一旦美国公司感觉自己强势地位受到国际竞争的威胁,美国政府就会悍然出手维护本国企业利益,绝无心慈手软。

在世界经济事务上,美国历来极不民主。如果将地球设想为一个国家,则美国政府就是独裁政府。勒令台积电等企业交出核心商业数据,那原本是商家历来刻意保守的机密信息,但必须交给美国政府,就是非常明显的例子。说美国政府不干预经济,与"基本事实"不符。美国政府直接出手打压华为,逼迫欧洲国家放弃华为产品,根本不是推进技术进步,而是大搞技术退步,在美国资本的心目中,只有美国主权的技术进步才可以四海横行。

不仅在国际市场上美国政府会直接上手,就是在国内市场也照样出手。2021 年在股票市场上,美国政府就直接插手,帮助机构投资者(空头)打击散户(多头),用中国人民大学一位教授的说法,政府干脆就是使用"断电拔

---

① 发达国家并不在意这两个指标的差异。

插头"的做法。美国政府并非放任市场运作，一旦出手，根本不顾什么自由市场的理念，也不顾他们曾经对中国政府的指手画脚，把政府干预经济说得那么不堪。

人们也会记得，2008年美国政府出手救大公司，理由无非是"太大以至于不能倒"。更早的典型案例是，在"马歇尔计划"的实施过程中，GNP指标扮演了计划工具的角色，测度了欧洲不同国家参与该计划的效率，成了美国政策工具的标杆。为什么美国精英把GDP（GNP）称为"20世纪最伟大的发明之一"，显然这个测度工具被用得非常到位。还有二战期间，由国民收入（National Income，NI）改成统计国民生产总值（Gross National Product，GNP），即现在的国民总收入（Gross National Income，GNI），助力美国政府调配资源，在国际战争博弈中辨明了国势，成为非常成功的"政治算术"。

较真起来观察其核心实质，而不拘泥于具体形式，美国国会预算正是有资金保障的计划，是最为真实的国家计划。美国也"集中力量干大事"，而且在政府干预经济的问题上，从来不会被自己所宣称的自由市场理念困住手脚。富国不仅任意踢开穷国发展的"李斯特梯子"，还备好了自己的梯子，随时随意调用。

对比来看，其实应该是弱国政府更具备干预经济的正当理由，因为弱国往往面临着巨大的外部压力和负面营商环境。美欧经济处于强势地位，美国跨国公司比不少国家的整体经济实力还强壮了许多，让穷国企业与跨国公司平等竞争，简直是天方夜谭。所以，即便美欧政府不应该介入其企业的国际竞争，穷国政府也有充足的理由介入外来经济事务，不然，根本无法抵抗跨国公司的强势竞争压力，毕竟没有世界政府来保护国际竞争中的弱者和弱国。

9.5 "机遇之地"的另一面——全球人才"撇奶皮"大战略

美国是靠移民建设起来的，而且一直靠人才输血保持其旺盛的国家生命力。美国的人力资源大战略可以分两个层次考察。

第一，四大人力支柱支撑美国产业的体力劳动力需求。

（1）欧洲移民，从立国到建国（西进），主要从欧洲白人招募拓殖者，仅埃利斯岛就引进了 1650 多万移民。

（2）在一战后大规模欧洲移民中断的背景下，南方黑人 600 万人从南方到北方，至 20 世纪 70 年代，美国国内的大移民，使北方取得了所需要的劳动力；南方则减少了其所谓低等劳动力的数量，农场主与劳动力的力量对比发生了很大变化。

（3）资本将初级加工产业外移，发展中国家劳工成为美国资本获利的劳动力来源。白人初级产业工人自恃美国人的身份，没有与时俱进地提升就业能力，因而被淘汰，引发了与国内资本的激烈矛盾，同时对国外劳工的替代非常愤慨。

（4）墨西哥等拉美劳工进入美国，从事美国黑人或白人不愿意从事的所谓低端工作。在全球化生产的背景下，美国白人工人还自认为是"天选之民"、天之骄子，不知道本国资本实质上早已放弃了他们，还不肯干粗活。而黑人有相当部分认为美国社会亏欠他们太多，应该给予补偿，所以也不愿意通过力所能及的劳动来提高待遇。而墨西哥等拉美劳工既为美国填补了其所需要的所谓低端劳动力，也使得美国低收入者的社会地位更为边缘化。美国社会就"边境墙"问题发生争论，正反映了不同群体的矛盾心态，也成为民主党和共和党争夺选民的基础性问题。

第二，美国对高质量人才实施从全球"撇奶皮"的大战略。

高质量发展需要靠高质量人才，而美国帝国建国伊始就比较充分具备了分化"他国"社会精英的社会条件和战略意识，一以贯之，卓有成效地实施着人力资本从全球"撇奶皮"的大战略。

美国的人力资本构建总体上就是一种"空手套"。早期政府手中的土地资源是从印第安土著那里抢占的，数量巨大，足够帝国吸引人才之用，同时，欧洲移民也是帝国对冲原住民"人口体量"的统治工具。成为经济大国后，美国政治精英的优点在于比较大方，给出丰厚的优惠条件吸引人才，尽管这些财富条件实际上是这些外国优质移民参与创造甚至主导的，帝国政客真正给出的不过一个收益分配的承诺，给出的是一个成长机会及其相应的期权（option），棋高一着之处在于"舍得"，因"舍"而"得"，将预期财富划出部分作为比竞争对手出价更高的薪酬，吸引"他国"精英前来"分享"，预期自我实现，从而实现了人才引进的良性循环。应该看到，美国高科技发展迫切需要更多接受过高等教育的劳动者，而其国内高等级劳动力供给并不充足；甚至，美国大学更需要来自于外国的教授、本科生和研究生，不然，美国高等教育根本无法达成如今这种大大领先于全球的水准和规模。

挖掘史料，我们可以进一步认清这种人才"撇奶皮"的过程。19世纪中，英国工业实力世界第一，美国第四，英国防止技术外流美国，采取各种封堵办法。美国用了一招轻松破了封堵，即吸引人才。首先是向英国工匠和专业技术人员宣传美国的美好生活，展示美国对技术移民的优厚待遇。接着是颁布《专利法》，明确专利的授予对象仅限于美国公民。最后是建立配套保障制度，拥有专利权的技术移民另外还可以享受土地租金、税收减免优惠。1860年，世界各地移居美国的机械师达到40.7万人，以英国技术移民居多。

现代移民是一种"修正了的盎格鲁撒克逊优先"主张，允许或者鼓励"非白人技术精英"或潜在的精英人才到美国学习、打工，慷慨地将其创造的价值分配给异族打工者，甚至比美国本土的"红脖子"待遇还高，虽然有玻璃天花板，但收益空间对异族打工者相对而言足够大。还要看到，其实这也是一种集体主义的操作，对美国起到了双重作用，既可以减少竞争对手国的人才储备，又可以增加自己的人才资源。在世界大国博弈中，好多美国政客倒是非常注意建立"统一战线"这个法宝，拜登在这方面表现尤为突出。

虽然客观上存在着"他国"人才在美国成长的天花板，但这种天花板通常不会直接显现出来，白领移民的所谓"成长空间"足够大，能让"他国"的多数移民实现白领自身的职业和生活理想，也就对美国的成长环境心悦诚服①（韩炳哲，2019）。应该看到，像萨义德教授这样的"第三世界知识分子"毕竟还是少数，虽然已经进入"第一世界知识分子"的学术圈子，仍然心系母国，仍然坚持真正自由、民主和平等的全球大同主张。

发达国家的高等教育，成了优质移民的筛选机构，起到了与早年埃利斯岛大致相同的作用，不过"撇奶皮"更为巧妙，层次更高。能在美国顶级大学拿到学位的，就有机会在美国拿到高级岗位，这意味着进入了提升美国人力资本的候选队伍。

即便无法留在美国，留学也起到了镀金作用，跨国公司通常在投资对象国招聘代理人，而选用当地在欧美留学的毕业生成为首选，给予高级岗位和高收入，这种高位就业的便利也具备强大的示范效应，也可强化"文明等级论"。高质量发展往往需要脑力劳动者的作为，而高等教育水平的差异成为人才待遇等级划分的重要依据。高等教育作为构建跨国竞争"软实力"的重要因素②，美国抢占了先机，且具备着"自强化"的态势。

---

① 韩炳哲在《他者的消失》中有过这样的描述："相反，我心甘情愿地剥削着我自己，还天真地以为是在自我实现。这是新自由主义的奸险逻辑。所以，过劳症的初期表现恰恰是亢奋。"引自韩炳哲《他者的消失》，吴琼译，北京：中信出版社，2019，第 57 页，该书第 23 页、第 106 页也有类似的论述。

② 应该看到，就客观效果而言，这种"撇奶皮"的做法，对他国的发展具备某种类似于倒逼机制的正效应，他国政府需要更大力度地善待本国人才，需要当心人才的流失，避免在国际竞争过程中为渊驱鱼。

9.6　美国产业真的"脱实向虚"吗?

美国产业并不是"脱实向虚",至少并不虚,其理由如下。

第一,最大、最高端的实体产业是军工产业、太空开发装置、大飞机、计算机产业等,这些高端产业的核心技术都控制在美国手中。美国既然存在军工综合体,显然不可能脱离实体产业,并没有脱离实体产业的"实"。例如,计算机辅助绘图(computer aided drafting,CAD)、计算机辅助工程(computer-aided engineering,CAE)、电子设计自动化(electronic design automation,EDA),起源于军工研发,由美国的军工综合体支持。

而且,军工产能这种独特供给还会设法创造海外对自己的需求,可以主动扩展其市场空间,保障其产品的市场实现。为什么美国总是会对外进行武装军事干涉,这与武器和军事装备的淘汰、更新相关,与美国谋求技术进步与军工领先发展相关,也与美国经济周期的宏观调节相关。需要深入探索美国军工发展与二战后战争频率①之间的关系,毕竟,技术进步的第一动力和最强劲动力是军事用途。

第二,考察美国产业结构是否比例失调,不能只看美国本土。尽管出于无奈,事实上世界上很多国家的实业都并非独立运行,都是美国产业大结构中的一个有机组成部分,这就是全球产业链的真意。辨明不同层级国家产业比例的现实背景和论域,就可以看出,美国产业实力未必下降,不过通过全球化分散在世界各地。

如果说美国产业真的"脱实向虚",那也是为获取更高份额利益的一种全

---

① 二战之后美国深度参与的战争如下:(1)1950 年朝鲜战争;(2)1961 年的越南战争;(3)1983 年的美军入侵格林纳达战争;(4)1986 年的美军入侵利比亚战争;(5)1989 年的美军入侵巴拿马战争;(6)1991 年的海湾战争;(7)2000 年的科索沃战争;(8)2001 年的阿富汗战争;(9)2003 年的伊拉克战争;(10)2011 年的利比亚战争;(11)2011 年的叙利亚战争;(12)2022 年的俄乌战争。

球链式布局，尽管这种安排可能会隐含某种风险，但总体上还是由美国控盘。如果说对美国而言存在某种缺陷，那就是在柏林墙倒塌后美欧博弈时，一时放松了对中国的限制，鸡蛋放在一个篮子里多了一些，逐步将实体产业分散转向其他新兴国家，即可消除美国对产业布局的担忧，仅此而已。

第三，美国产业中的虚者并不虚。认真观察"微笑曲线"并将之宏观联系，就可以参透此理。中观和微观上，很多产业和产品事例也证明了这一点。厂家在产业中地位排列通常的规律是：做标准的高于做品牌的，做品牌的高于做产品的，生产核心产品的高于为人代工的，一个产业本身在全球化链条中形成了几个获利等级。美国减少较多的只是初加工的工业，即"微笑曲线"中的底部，或者"非清洁生产"的部分。

第四，全球生产链中的"链位"非常重要，不同"链位"，刚性（弹性）不同，被替代的可能性也就不同。线性推断国际产业分工的风险，忽视"链位"层级不同所造成的风险差异，就容易产生不同"链位"国家间可以"对等竞争"的错觉。夸大对手的问题，忽视本身的弱点，在认知上等于对产业链中不同"链位"国家做了"平均国"的统计处理，这是统计指标和分析方法套用过程中非常容易出现的误判。

第五，注意产业现代细分的影响。应该看到，并不是美国工业减少了，而是其工业进一步分化，相当部分转移到现代服务业当中去了，成为"为制造业服务的服务业"[①]，而且是为全世界的实体产业"服务"，这不仅是后工

[①] 美国生产性服务业岗位计入服务业岗位，但由于生产性服务业具有较高的中间需求率，其产出很大一部分是作为生产资料投入到美国制造业生产中，可以说生产性服务业岗位的增加也是制造业拉动就业的一大体现，却没有体现在制造业增长对就业岗位的贡献中。2005年美国生产性服务业岗位仅占服务业岗位的三分之一，2013年该比例上升至41.2%。

为制造业服务的部分，例如原来工厂内的辅助工作，从制造业独立出来，或者说工厂采用外包方式完成，这种专业化分工导致的制造业份额下降，服务业份额上升，其实是不同分工发展阶段的数据口径实质性的变化，前后并不可比。基础数据的变化常导致对经济结构及其国家间对比的误判。当我们以为美国产业"脱实向虚"时，这种专业化分工的影响究竟有多大？需要深究。

业化时代的"实业",而且是美国在国外"剪羊毛"的利器,应该注意到,美国不仅仅是用其金融产业搞经济侵略。此外还要注意一种产业分类的说法,工业软件并不是 IT 产品,而是工业产品。如果这种说法成立,那么美国工业软件的成就就系其工业的领先发展。

迪顿教授明确指出,美国经济是"狭基型增长",注意,这可不是没有增长,只是收入分配出了大问题,且对其经济增长的影响并不很大。不能误以为[1]美国经济出了问题,就一定影响其收益增长,就可能导致美国垮台。

发达国家用 GDP 表示的经济增长可以近乎零甚至是零,即便时间长一些,都未必会出大乱子。日本用 GDP 表示的经济长期"低迷",就典型地说明了这一点。不过对比来看,新兴国家的经济增长却非常怕慢,通常都具有"失速恐惧症",这从相反方向说明了发展质量的欠缺。需要注意的是,不能因此就以为发达国家也存在"失速恐惧症",欧美国家对 GDP 的关注,主要在于如何向选民交代。

新加坡李光耀先生说过,只要美国具备三大优势,就可以保障美国持续地发展(李光耀,2013)。其中最主要的还是人才优势,中国教育为美国高等教育培养了大量优质生源,不是一种最大的人力资源被收割吗?反过来,这就表明了美国经济的实在和韧性,这种局面不改变,就没法断定美国产业"脱实向虚"。

9.7 如何看待美国政治中的危机意识?

本节从三个方面来提出相关认识。

第一,美国政治运作具备"形散实不散"的特征。

---

① 误判最强劲的对手,误判国际竞争格局,就难以巧妙应对美国的干涉和打压,对新兴经济体非常不利。

在美国政治运作中，看似舆论非常散漫，说什么的都有，吵成一团，所谓言论自由，哪怕极端言论也可以大肆叫嚣。

这种情况与第四权力的堕落存在一定正向和反向关系。乔·拜登先生2020 年 1 月 20 日在总统就职典礼致辞时强调，我们必须拒绝这种事实本身被操纵甚至被捏造的文化。这恰恰说明美国这种现象比较严重，西方堕落的一个重要现象就是新闻界的底线被美欧媒体突破，操纵事实甚至捏造事实的报道经常发生，不再是独立的第三方，而是深入介入其国内和国际不同利益集团的争斗过程当中，乃至全球的政治运作中。

但是，应该注意到，在美国政治运作中，"管事"的舆论，"关键事项"的舆论，其实非常集中，往往是压倒性的声音来定调子，其他媒体照搬照转。而自媒体的不同声音则往往被淹没，虽然在客观上的确存在，但被压制在"信息深海"之中，无法成为新闻，更遑论"头条"，有同于无。

还应注意一点，不应该误读美国人的危机意识，其对敌手的赞美之词是否真心流露？其国势判断言论中有没有作为博弈手段的成分？是否有利益相随？是否虚张声势，"浮夸对手"，而自己相应地守拙？

同时还要看到，美国的言论自由，即便在形式上其实也是打折扣的，得看什么言论，是否对资本产生致命的负面影响。发声或许是自由的，但传播则未必。言论自由的涉及范围究竟有多大？天真的幻想注定远离现实。阿桑奇、曼宁、斯诺登为什么获罪？判其罪与言论自由主张相符吗？

反过来看，可以骂总统就表明了言论自由？无非"法不责众"的一种无奈而已。再者说，骂人被鼓励，缺乏对人的起码尊重，其实也是不尊重自己，这种行为在东方文化中是可耻的，居然还能拿来炫耀？西方文明的高级如何体现呢？难道拿着"不是"当理说？

第二，制造危机意识，是美国凝聚人心的惯用手段。

美国为什么总是需要敌人？应该深入分析其内在机理。美国在二战中形成了军工综合体，尾大不掉，美国老百姓实际上已经被其绑架。原是军工综合体需要"境外敌对势力"，不然，军工资本的生产能力就没有社会需求，军工资本的利润链条就断了，军工集团的资本家就会被边缘化。因此，即使国外没有敌人，也得生硬地制造出来。柏林墙倒了之后，虽然当时世界大国博弈格局中首先需要打压欧盟，但此举在政治上通常"只能做不能说"，除欧盟外，中国等新兴经济体就成了打压的首选对象。如此这般操作，军工综合体的存在就顺理成章了，百姓们就欣然接受了。

美国政客总是把国内问题的责任外推，本来政客就擅长转移矛盾的关注焦点，而美国更是一个需要替罪羊的国家。美方剪羊毛得了实惠，还要将其百姓所得羊毛不多的责任确定在替罪羊身上，需要让一个"大块头"国家背锅，便是美国发动对华贸易战的起因。

按照美国资本的设计，中国得按其指定的道路走，但又不能走得太快离得太近，而应该是"低端锁定"，得心安理得地接受全球链条"垫脚石"① 的角色定位。最好是维持众多发展中国家的格局，别冒出来什么"新兴经济体"。如果穷国不安分，就破坏了霸主制定好的国际秩序，就会让霸主产生危机意识。霸主就要把其认定的"捣乱者"踢出局，甚至连"低端锁定"的身份都得取消，同时震慑其他新兴经济体，是为"立规矩"。制造危机意识，是霸主维护其安全感的法理基础。

第三，美国政治具备实用主义的特征。

美国是一个实用主义浸入骨髓的国度，重实惠而敢舍虚名，不打无效益之仗，不打无把握之战，是他们一直以来努力遵循的国际博弈准则，如果需要选择，那么"里子"比"面子"更重要。二战时大方地把攻克柏林的光荣让给苏联，同时也就把攻坚战的兵力损失让渡了出去。当然，美国无须重大

---

① 全球生产链低端，特别是全球价值链低端。

牺牲，通过对德国城市和非战争目标的疯狂轰炸，就可以在战后大有斩获，美国并不需要打败希特勒的头功。

由于其"灯塔国"的地位已经确立，也不用过多顾及"面子"，美国不怕自揭其丑。例如政府关门也不要紧，反正核心岗位照常运转，无碍大局。美国虽然把"宣传"当作一个贬义词，但却是将"宣传"做得最漂亮的国家，往往为其恶行找出种种冠冕堂皇的理由，让他国无法与之打舆论战。

应该注意到美国国际政治中一个规律性的现象，但凡美国反对他国最起劲的事务，往往是美国自身实践得最拿手的事务。例如舆论宣传，例如政府干预，例如信息监控，例如最高等级的专制和全球独裁，例如军工一体①，莫不如此。基于"文明等级论"，美国可以做的事，他国就不能做，因为在WASP②心目之中，他国、他者都等而下之，不具备相应的行为资质。所以虽然美国自己随意操作，却极力反对他国、他者做同样的事情。

9.8　美国真是奉行"孤立主义"吗？

美国平民中乃至部分精英中，确实有部分人持孤立主义的立场，自认定在"山巅之城"生活，把自己国家做强，保护好自身利益就可以了，不必管域外的闲事。

然而，这种主张并不能主导美国的对外事务。美国政客在应付国内孤立主义者时很有一套。战略方向早已制定，平日里便精心并耐心地准备扩张条件，未必需要公开采取实际的扩张步骤，而当扩张机遇来临时，美国精英则非常敏感，"即时决策"很容易做到，只需要一个能拿得出手的借口，即能轻

---

① 中国的"军民两用"原本是"军转民"，于和平时期释放原来"备战"时所形成的产能，但在美国人眼里这就成了打压中国的借口。

② 盎格鲁萨克逊族裔的白人新教徒，即社会上拥有强大权力和影响力的白人。英文原词的意思为"黄蜂"。

易说服孤立主义者的由头，例如日本偷袭珍珠港。民众决策只是个表象，民众只是在"不选之选"中做了选择的动作，实则"被摆布"，还自以为是在积极采取爱国行动。

"门罗主义"常常被当作美国孤立主张的证明，但外人应该认识到，门罗主义绝不是关门的主张，而是在美国国力还不算强大时就进行扩张的宣言，是对自己所认定的全球扩张使命的第一次公开宣示。是美国对海外阶段性扩张的第一步，而今美国帝国的全球殖民就是门罗主义的基本逻辑延伸。

门罗主义并不是要关美国的门，而是抓住英法等国忙于争夺欧洲霸主地位的有利时机，针对欧洲列强关上整个美洲的门。立下美国担任美洲户主的规矩，从那时起，美洲就是美国的，欧洲列强再不允许染指。就当时美国所具有的综合实力，特别是军力而言，就其实力与野心的匹配度而言，这其实是一个相当大胆和冒险的扩张主张，与好多人所理解的正相反，门罗主义是扩张主张，而非闭关自守的国家主张。

从美国后来的海外实践看，门罗主义是一个阶段性的扩张战略。还应该看到，门罗主义明文规定了美洲各国的宗主国归属，但并没有明确表示，美国只要美洲，欧洲的事务固然美国可以（暂时）不参与，但地球不只欧洲和美洲，此外的地区究竟如何瓜分，恐怕是美国帝国的下一步战略目标。

实际上，即便在当时，美国的"美洲概念"也并非纯地理概念，其战略矛头对准西班牙的殖民地，并欲取而代之。例如远在东南亚的菲律宾就包括在其中，也是美国必须接收的，有了菲律宾，下一步在东方的扩张就有了战略基地。正是有了这个基地，美国非常方便地参与八国联军对中国的瓜分。

我们应该注意到，非常吊诡、极为罕见的一个历史现象是，菲律宾共和国成立了两次。一次是在反西班牙殖民统治之后，1898年就开创了共和。可没有多长时间，就被前来"帮助"反西班牙殖民的美国军队颠覆了，沦为美国属地，到了1946年，过了将近半个世纪之后，菲律宾才再次圆了共和之梦。

美国精英其实非常孤傲，虽然与犹太人相比，在他们眼里，"上帝选民"的范围有所扩大，但内心所设定的门槛还是相当高的。美国不可能与任何国家共治全球，这可以算作他们确立"山巅之国"宏大理想的一条底线。就连自己原来的宗主国英国都不行，顶多允许英国帮着摇旗呐喊而已。[①]

美国一直在讲"美国特例论"，什么事儿都讲"美国特色"。例如，好多人以为只应履行统一国际标准的国民核算制度，但美国就是另搞一套，"NIPAs"就是具有美国特色的核算体系，美国学者参与乃至主导了 SNA 的制定和修订，但那只是给世界上其他国家用的，他们自己并不用，而是一直使用自己的一套核算制度。讲"美国特色"对美国人而言乃天经地义，以至于成为美国人的一种"政治无意识"，融化在其血液中。

9.9　并不文明的争霸博弈：美国打压欧洲和日本

我们从五个方面提出这方面的认识。

第一，如果文明等级存在，美国与欧洲强国谁更文明？

从文明层次的欧美对比而言，美国文化总体上仍然比较浅薄。表现在以下几个特点：①欧洲学者移民到美国多数是一种个体的存在，无法系统发挥对整个社会的人文启蒙功能。②从学科类别分布上看，美国学者以自然科学和工科为主，经济发展凌驾于社会、文化、政治事务之上，形成一种美国式的"唯物主义"倾向。③实用哲学是美国社会科学的主导思想，与欧洲国家相比，缺少系统的深层次哲学思考。④麦卡锡主义的余毒，迫使多数学者下意识地倾向于确保政治正确，并不敢坚持对社会问题的更深层次的独立思考，

---

① 由此可以想到，带有血亲的英国都不成，更何况异种异宗教异意识形态的中国？任何可能性都没有。美国弗格森教授提出"中美国（Chimerica）"概念，不管学者个人究竟如何认知，但这个说法挑动了美国资本家和政客最敏感的神经，实在是把中国放在火炉上烤。

少数杰出学者的独立思考往往孤立存在。

第二，柏林墙推倒后，美欧争霸是大国竞争的主战场。

柏林墙推倒之后，欧盟一时[①]失去了其原本还有的美苏之间战略缓冲带作用，于是美欧争霸成为 30 年来大国竞争的主战场。奥巴马当年说，不允许美国成为世界第二，这本来是指欧盟说的，是对大国博弈现实状态的不满。中国却有人接了过来，似乎奥巴马高瞻远瞩，在对将来世界发展态势布局。其实于当时的国力对比而言，这在相当程度上属于对全球格局的误判。仔细观察一下，从世界组织公布的经济总量数据看，在若干年份，欧盟的以现价计算[②]的 GDP 确实超过了美国，这样美国确实多次当过世界第二，而中国彼时则处于美欧 GDP 总量大致 1/3 的水平。

奥巴马上台伊始就得到诺贝尔和平奖，其实是欧洲力量在对冲美国对欧盟国家的打压动作。当初组建一系列的联合乃至欧盟，西欧国家的最主要目的就是对冲美国的压力，而与苏联的对抗在某种意义上更是一个借口。就高科技发展而言，美国搞波音，欧洲搞空客，美国搞 GPS，欧洲搞伽利略系统，如此等等，都包含了大国博弈的动因。

欧美矛盾是列强诸国自己说不出口的事情，只能暗斗。宣称欧盟是美国的敌人，本来这是双方心照不宣的定位。美国通用公司收购法国阿尔斯通，是一个典型的大国博弈案例，如果深入研究这方面的专题，应该对相同的案例系统地加以梳理，去蔽求真，得出对大国博弈的准确认知。

欧元曾经对美元体系构成一定威胁和挑战，但十年后 2010 年达到顶峰，之后越来越弱，内因何在？外因何在？美国主导发动科索沃战争等靠近欧洲的动作究竟意味着什么？

---

① 普京给俄罗斯带来的复兴让西方政客始料不及。

② 本书第 2 章第 2.3 节对 G20 的分析，数据口径是固定价格 GDP，各国的增长表现又有所不同，解读世界经济发展态势时，需要注意不同指标口径之间的差别。

第三，美国政客要的就是一家独大。

对“一极”而言，对所有外国（不管意识形态异同）的“掐尖”行为是最顺理成章的选择。谁冒头就搞谁，苏联之后，首当其冲自然是欧盟。这势必引发美国权力与他国主权的矛盾，美国人搞“美国优先”很自然，但不应该在国际事务中强迫别国也搞“美国优先”，如果必须执行他们的主张，不就是全球独裁吗？

日本在二战后也冒过头，不过一直在美国的治下，实质上并不是一个完整的国家，当年曾在经济上企图与美国较量，被美国联合西欧（英法德）大国巧妙操作，锐气大伤。很多人都相信，日本经历了“失去的 10 年”，甚至 30 年，但这个判断需要利用其他经济统计指标深入分析。客观去看，日本在如何应对美国打压的事情上，调整得比较好，海外发展就是日本的一项基本对策，藏富于海外，日本连续 20 来年海外净资产增长排名世界第一，“国外净要素收入”也仅次于美国，排名世界第二。

在争夺和维系其全球霸权时，美国不仅要赢，而且还要最低成本地赢，即便在二战那种残酷时刻，也是如此。在美国政治精英的行动脚本里，除了眼下的目标，还往往考虑下一个目标。在与希特勒德国作战时，就已经采取替代英国成为世界霸主的行动了。须知，美国当时用二手军舰换取了英国所有的海外军事基地，这种交易的条件何等苛刻。恐怕不能说是出于英国的偏好，在二战期间把海外军事基地让给美国，虽然有两国之间的协议，就连那么崇美的汉南先生，都在《发明自由》中露出美国借机打压英国的蛛丝马迹，笃定不是平等交易。

2022 年俄乌战争究竟指向哪里？按照美国的脚本就是，以和平的名义独裁世界，更充分地具备“不受制约的权力”，而这对全球治理是否公平和正义最为关键。试想，柏林墙倒了之后，欧美的文明水平不升反降，是不是由于缺少了制度竞争的压力？

第四，美国实质性地主导并参加了2022年俄乌冲突。

需要明确指出的是，此次所谓美国不参战只是一种假象。现代战争不仅仅是武器的现代化，其进行方式更是有了多维转变，不同战争要素完全可以进行多重组合，采用与原有战争迥异的方式。这场所谓的冲突，由美国政客在幕后统帅指挥，美国还用高科技为乌方前线提供战场实时信息，还提供了部分经费。特别是，美国得以大量出售武器，欧洲好多国家提高了军费开支，这就意味着军售大国美国的成系列订单，美国军工综合体的市场空间得到了长期保障，这就具备了挑动战事的深层次动机。相比以前所谓"代理人战争"，综合从成本和效益两个角度判断，美国的参战程度实质上最为深入。

然而，挑动这场战争，美国的战略目标绝不只是俄罗斯一家。在2022年俄乌冲突尤为激烈的当口，国际社会不少人断定，美国的下一个目标就是中国。但同时可以判定的是，如果俄罗斯被美国搞垮，那么欧盟对美国而言就完全失去了战略价值，乃至存在价值。与俄罗斯一道要搞垮的恐怕还有欧盟，让欧洲重新回到一众小国的状态。经过柏林墙倒塌后美国多年的打压，加上此次重大消耗，欧盟恐怕很难维持下去。即便名义上继续维持，也将"北约化"，其盟主也将是美国。

对比来看，乌克兰出战场，出人命；欧盟国家出钱，出武器，并承担战争对自己的经济和社会恶果。需要思考的是，欧盟国家百姓对这场战争的态度究竟如何？为什么民主国家会这样决策？为什么执意进行对自己百姓生活造成巨大创伤的操作？

此外还得注意到，在美国政客心目中，土耳其的崛起也是不小的问题，也需要得到解决。如果土耳其能听命于美国，剩下的就是专心对付中国和印度几个新兴经济体了。

至于美国政客对东方诸国的如意算盘，如果俄罗斯垮了，那么日本对美国而言的存在价值将会失去一半。在美国政客内部的亚太方案里，在搞垮中国的同时,日本和韩国,包括印度和东盟,也都需要大大削弱。上述判断其实都是美国政客的阳谋,不过需要挑明。

第五,美国强迫"被保护国"出保护费有道理吗?

美国在好多欧洲国家设立了军事基地,欧洲事实上一直沦为美苏战略博弈的军事缓冲地带,但在名义上,却是美国的军事存在保护着欧洲诸国。当年的美国总统曾逼迫"被保护国"缴纳保护费,究竟如何看待这种要求?美国军事基地为驻在国提供了保护,所以,被保护国理应缴纳保护费,似乎成了天经地义的事情。

这种逻辑初看很有道理,但是如果深思一下,该国为什么需要美国的保护?真是他们的国家面临着敌对国侵略的威胁吗?难道不是美苏两个超级大国冲突才带来战争威胁吗?而且,正是由于美国处于强势地位,才能把战场摆在欧洲。如果是苏联强势,战场不就可能设在美国周边了吗,例如古巴、墨西哥和加拿大等国,战略缓冲地带不就远离欧洲了吗?

美国的一贯军事战略是,将战争推出国门,甚至远离国门。最为典型的实例是古巴导弹事件,即使是美国在土耳其部署导弹在先,苏联到美国家门口部署导弹也不行,必须撤走。如果情同此理,俄罗斯反对北约东扩,按照美国的行事方式看,从大国博弈的基层逻辑看,完全是正当要求。

此次北约总是对各国民众强调,他们从来没答应过放弃东扩。这是以"形式正义"来压盖"实质性非正义"的手法,问题并不在于是否有过什么承诺,关键是北约东扩本身的法理性究竟如何?

如果说这个世界上有国家需要战争,排在第一名的注定就是美国。不过,美国进行的战争必须是在他国领土上。在别国领土上打自己想要打的战争,这是多么高超的战略操作。他国预先就成了"潜在战场",这意味着,一旦战争爆发就会生灵涂炭,即便是联合作战,生命和资金究竟哪个代价更大?回想一下,已经"甘心"作为美国的战略缓冲地带,居然还要人家出钱来购买这个身份。

当然一般而论，在是非判断中也存在东西方文化上的巨大差异。西方人往往更注重"形式正义"，东方人往往更注重"实质性正义"。西方人往往更注重"点理性"，而东方人往往注重"域理性"。西方似乎较少东方文化中的"车辙"思维，中国人讲"前有车后有辙"，判断事情的对错不能只讲辙，不讲车，只看后果，不讲前因。

9.10 美国对"他国"的基本心态：顺或昌，逆必亡

我们从三个方面来分析美国对他国的基本心态。

第一，美国确定敌人的标准。

美国确立敌人的标准其实也很简单，就是任何一个实力靠近它的国家和国际联盟，说穿了就是实力标准，与民众的福祉无关，与是否民主体制无关，与意识形态无关。

对美国政客来说，是否成为其敌对国，与该国民众的福利状态无关。中国这么多人在短时期内脱贫，举世瞩目的增长业绩，人权的最大解放，却不入美国政客的法眼。美国前驻华外交官员、美国智库威尔逊中心基辛格中美关系研究所主任罗伯特·戴利（Robert Daly），2015年曾在一个研讨会上宣称，要不惜一切代价遏制中国的发展，哪怕让中国人重新陷入贫困也在所不惜，这位官员根本没有对全人类的人文关怀。这种咄咄逼人的压迫态势，反映了美国相当部分政客的内心想法。2015年，美国联邦调查局前翻译西贝尔·埃德蒙兹在接受视频采访时说得更直白："虽然美国大打人权牌，但真实情况是，我们从来不在乎百姓，人不属于我们的利益范围，除非人可以被利用，可以用来达到我们的目的。"

对美国政客来说，是否成为其敌对国，与该国是否民主体制无关。甚至

对专制与否的判定也须以美国为准，看其政府主要负责人首脑与美国政府的关系，其行为是否符合美国的战略利益。如果说美国是世界警察，那么其国际行为往往是"选择性执法"。即便是民选政府，如果美国不满意，那么也必须下台；而军人政变上台，乃至建立法西斯政权，如果亲美，那也不要紧。

当年西班牙内战爆发后，美国、英国和法国在中立的幌子下，一面拒绝为西班牙的民主政府提供援助，一面为法西斯分子提供支持。[①] 1938 年罗斯福禁止西班牙共和国政府的坎塔布连运输机离境，他们无法将在美国采购的军火运出纽约，几乎就在同时，美国政府却任由石油运往日本、德国（1938 年！）和意大利——他们都是法西斯主义国家，都在进行军事扩张——而德国为弗朗哥提供了几乎所有空中武器（主要是斯图卡轰炸机，后用于轰炸比利时、荷兰和法国的公路），意大利派出了 5 万名步兵。[②]

尤其值得一提的是，西班牙法西斯政权直到 1978 年才结束其统治，此时距二战结束已经过去了 33 年，弗朗哥还与美国结成盟友关系，这似乎表明，欧美政客对西班牙平民在法西斯统治下生活似乎并不在意。此外，葡萄牙的法西斯政体也持续到 20 世纪 70 年代。[③]

对美国政客来说，是否成为敌对国，也与信仰无关、与意识形态异同无关。最典型的例证是俄罗斯，虽然那么彻底地放弃了社会主义，放弃了共产党领导，市场经济也搞得那么彻底和迅速，但还是无法融入欧洲。到了普京挽救俄罗斯于危亡之际，国家实力稍有恢复，对美国来说，就成了敌对国的复辟，需要再度并彻底搞垮。

---

① 参见道格拉斯·多德《资本主义经济学批评史》，熊婴、陶李译，南京：江苏人民出版社，2008，第 156 页。

② 参见道格拉斯·多德《资本主义经济学批评史》，熊婴、陶李译，南京：江苏人民出版社，2008，第 201-202 页注 25。

③ 参见道格拉斯·多德《资本主义经济学批评史》，熊婴、陶李译，南京：江苏人民出版社，2008，第 198-199 页注 6。

那位戴利就宣称，美国就是不能在安全方面存在"竞争对手（peer competitor）"，哪怕中国完全照搬美国的宪法和法律，哪怕中国做出美国"接触"战略主张者所期望的那种改变，哪怕中国完全按照美国设置的线路去行事，哪怕中国是在为世界繁荣做贡献，只要中国可能成功，美国就得压制中国，这与信仰无关。

再说美国对待欧盟，离不开欧洲在二战后作为美苏争霸的战略缓冲带的两重性。美国要允许这一组织的存在，要与欧盟合作，从而以最小的成本与苏联对抗；但又不能让欧盟真的成为统一的政治力量，不能成为对美国的威胁。先是英国在欧盟中充当搅乱内部决策进程的作用，后期则转为依靠"新欧洲"国家，即原来苏联东欧阵营中的坚定反俄国家，此时，英国在欧盟内部策应美国的作用就不那么必要了，就应该退出欧盟了，这样美国的经济总量对欧盟就可以占绝对优势。

回溯历史，对美国建国以来重大事件的分析，例如第一次英美战争（1775～1783年）、第二次英美战争（1812年）、门罗主义（1823年）、南北战争（1861～1865年）、美西战争（1898年）等，都不能离开欧洲列强争夺霸主的大背景。美国的重大敌对动作往往都选择了欧洲列强争霸的有利时机，唯一一次失败的选择只是第二次英美战争。

第二，美国搞垮战略目标国的两种基本方式。

对付欧盟，美国更多的是搞文斗，是搞"体制内战争"，主要采取法律、市场手段进行压制性博弈。当然也会采取敲山震虎的手段，在欧洲附近搞战争，让资本外流，搞弱欧元。对付其他战略目标国，美国就没那么客气了，明火执仗地以武斗为主，主要有两种基本方式。

一种基本方式是破你底线，逼迫你动手，再强力介入。

原来美国对"他国"（包括，而且尤其是，其他可能的霸权国家，或妨碍美国战略格局的国家）的态度是："你不服就不行"；现在美国已经独霸到了这种地步，美国对他国的态度已经上升为："你服了也不行"。随意找个借口就可以证明你有罪，怀璧其罪，即使不怀璧也罪，存在即罪。

就如同鲍威尔将军展示的貌似"洗衣粉"的东西——那就是伊拉克的大规模杀伤性武器，我怀疑你有，就不行，就得搞死你。哪怕死掉 50 万伊拉克儿童，能够证明萨达姆没有"洗衣粉"，能够让全世界人民可以放心睡觉，也是值得的。用明星朱莉女士的话说，虽然伊拉克人民一无所有，但他们自由了。持这种倨傲心态来担任联合国慈善大使，真让我等平民哭笑不得。

残酷的现实告诉我们，在国际政治过程中，所谓"底线"从来是用来约束弱国的，国家间实力非常不对称，弱国无"底线"可守。只要美国将你视为战略目标，你就无底线可守。美国帝国及其代理人就是故意屡屡出手，就是要破你的"底线"，就是要逼迫你动手，你动手了，就可以进一步堂堂正正地置你于死地。这是美国帝国强力介入的主要方式之一。

再一种基本方式就是利用"战略目标国"的内乱。

本来，一个国家内部存在反对派很正常，就像美国的反对派已经激烈到冲击国会山一样，只要没有中情局（Central Intelligence Agency，CIA）插手，就不会真的搞出动乱来。

然而，美国对其"战略目标国"往往是暗中运作，没有反对派就利用 NGO 组织出一个强大的反对派，伺机搞"颜色革命"。乱子搞大了，美国就可以出兵进行所谓的"人道主义"救援，这是美国帝国搞垮对手的另一种主要方式，用以颠覆其不满意的政府。美国自诩为自由、民主和平等的世界代表，对妨碍甚至可能妨碍美国利益的"他国"，任意地采用其认为奏效的方式，根本不顾什么国际外交底线。

自 1984 年以来，美国对他国谋划并实施了 20 多次"颜色革命"，除了在中美洲打扫后院之外，主要集中在三个区域：一是在俄罗斯和东欧，继续未尽事宜；一是在中东地区，意在掌控美国所看重的战略资源，前期以美国获取为主，如今则以防止对手获取为主；一是在中国和周边，作为美国"印太战略"的先声。显然，这些地区都是美国的"利益攸关区域"。

还值得注意的是，尽管现在美国政客主要发力来遏制中国，然而既然要独霸全球，其竞争对手就必定不会是单一的，印度的地缘位置比中国更为重要，美国对之的钳制也是题中应有之义。回顾一下，美国在二战之后对日本也是双向施为：既要充分利用，也要不时钳制。这就像二战后乃至二战中，美国在欧洲实施大国博弈战略就是二元的：既要准备与苏联对垒，又要彻底剪除英、法帝国复辟的殖民地基础，所谓"苏伊士时刻"便深刻地揭示了这一点。

第三，究竟如何看待美国从阿富汗撤兵？

根据美国国际博弈的历史轨迹，美国从阿富汗撤军未必只有一种解释。好多人将其作为美国国力衰败的标志，但需要提防的是，是否美国已经有了替代方案，是否美国已经在中亚和巴基斯坦可以得手？如果存在这种替代的可能，美国就不必再花那么多的费用，就可以达成原来设定的战略目标。须知，美国的战术动作可以相机抉择，而其国际战略目标一旦确定，就从来不会轻易调整，不管哪个党派的总统上台，都不会任意翻车。别忘了，从阿富汗撤军的计划，可是特朗普总统制定的，拜登总统不过是实施者而已。

说到美国对中国的打压，国际社会往往被台湾问题所吸引，然而美国人搞垮中国的行动脚本里，台湾恐怕未必是首选的突破点，反倒是新疆更容易成为美国肢解中国的突破性目标。美国搞舆论铺垫非常厉害，可不是闲着没事说气话、打嘴仗。

很多人将美国从阿富汗撤军看成其实力吃紧的标志性事件，或许其中确有其实力下降的因素，但是否存在其他因素？甚至是战略实施层面上的调整因素？我们也可以从另外一个角度来思考：既然美国的战略目标并没有改变，为什么要主动撤走其战略支点? 难道美国真缺这点经费吗? 既然并不是已经达成了其战略目的, 会不会是地缘政治格局发生了变化, 阿富汗的战略地位已经下降, 该地区已经出现了美国可以用以替代阿富汗的战略基地? 如果可以借力打力, 就不必驻军在高成本区域了。这就意味着, 既定战略目标的实现已经有了替代方案。而且从成本效益角度看, 在其他地方发力, 比纠缠于阿富汗更符合美国的战略利益。

9.11　美国究竟给世界带来了什么?

美国给世界带来了什么? 非常容易就可以开出一个负面清单。

第一, 一个危弱的欧洲。柏林墙倒塌之后, 美国就加紧了对欧盟的竞争乃至恶意破坏活动, 因为已经不再需要欧盟作为一种政治力量对冲苏联了, 这堵墙已经失去了其对美国的历史意义。

如今一个危机四伏的残弱欧盟, 当然有其自身的历史原因, 但美国隐性乃至公开的副作用绝不可忽视。吊诡的是, 欧盟国家深受美国打压之苦, 但相当部分的人一副若无其事的样子, 或许局限于意识形态的长期影响, 又或许是患上了宏观的 "斯德哥尔摩综合征", 还或许是深谙此道的人无法左右局势, 更有解释力的是欧盟部分政客已经被美国拿下, 成了美国利益的代理人。欧盟国家的整体国际博弈行为表现为: 不以美国为害, 反而却是联手打压新兴国家, 甚至帮助美国实现其同时针对自己[①] 的战略目标。

第二, 2008 年全球经济危机。美国放松金融监管, 所谓自由市场走向极端, 爆发 "次贷危机"。在制定和实施政府救市对策时, 美国一意孤行, 成功地实现了从美国货币到他国 "问题" 的转化, 压根不管对全世界的负面影响,

---

① 至少包含此种成分, 典型的例如 2022 年俄乌冲突。

有意让祸水外溢，欧盟等主要经济体成为美国的金融泄洪区，全球经济倒退。如果不是中国不惜代价地逆周期调节，全球经济不知会倒退到什么地步。人们不应该忘记，1929 年大萧条也是在美国首发进而蔓延全球的。

第三，造成一大批"国外净要素收入"的赤字国。近十年来，从全世界获得每年 3400 多亿美元的"国外净要素收入"，而主要"NFI 赤字国"是所谓新兴国家，当然对资源国和"次等发达国家"，美国也是羊毛照剪不误。

对"中等收入陷阱"，人们往往只是从其国内发展的缺陷去分析，需要补充探索的是，在全球化的背景下，其国外成因究竟是什么？发达国家特别是美国，究竟起了什么样的负面作用？相反，又有哪些国家是在美国帮助下成为发达经济体？美国资本在该国领土上占有多大资本份额？而哪些国家则是在美国作用下破产的？对这些国际竞争的国别历史应该认真地梳理，用基础统计数据深入分析。

第四，二战后的系列战争。需要深入思考，二战之后，为什么这个世界还发生了那么多次战争？究竟是谁需要这些战争？究竟是谁需要敌人？没有敌人就制造敌人，以保持军工综合体的生命力，当年艾森豪威尔总统的警示，恐怕就是对这种机制的深度认知，可是，世界民众，包括美国民众，为什么对此如此掉以轻心？

还有……

试问，如果外星球存在着更高层级的文明[1]，要求美国按外星的正义标准进行改革，美国会如何应对？就算美国在地球上最为优秀，但肯定也存在不足和毛病，如果外星文明强制要求美国整改，美国将如何回应？

---

[1] 由于其弥漫性，这种辩论仍然需要假设"文明等级论"成立，其实，划分文明等级首先要设定或内置一个判别维度。这从其反向表明，西方文明等级论在基层逻辑上就无法自圆其说。

9.12 美国真的要搞"逆全球化"吗？

世界上（包括美国）确实存在"反全球化"的人士，但美国多数政客，或主导格局的政客，实质上却并不反对全球化，因为跨国资本根本离不开全球化。下面从三个方面展开分析。

第一，产业全球化的镜像：美元体系。

吉林大学李晓教授出版了《双重冲击——大国博弈的未来与未来的世界经济》，这是他近年来就相关主题讲演的合集。该书冷静地系统地分析了世界经济的态势，值得认真阅读。需要特别注意的是，全球化过去是，将来很长一段时期仍然是美元体系[①] 下的资本全球扩张，虽然其他国家的"特别提款权"份额在增大，但还只是量变，何时能引起质变，尚不知道。

美国精英曾直截了当地道明：美元是美国的货币，却是他国的问题。铸币国的地位是美国的命门，从成本效益对比来看，简直是最有效率的财富工具。作为世界货币，可部分地免责逃灾，世界"铸币国"的地位使然，所以美国人能做的事情，其他国家就不能做，美国人敢冒的风险，其他国家就不敢冒，这是独一无二的国家地位，世界上只能有一个国家能如此使用铸币权，无法攀比。

这也表明，其他国家做了经济会崩盘的事情，美国做了却未必受到应有的损失，因为他们具有特殊机制可以向全世界转嫁危机。正因为如此，判断美国会崩溃，依据往往是经济学一般原理，但美国并不"一般"，美国非常"特殊"，用经济学的一般原理套裁美国的态势，往往失误，那只是理论模型，即便"管用"，也是用来管辖其他国家的。

相比而言，欧盟、日本等高位经济体在金融事务上也搞不了美式操作，

---

① 而非布雷顿森林体系，早已经变了，但并不是布雷顿森林体系变了，就不是美元体系了，其实美国对世界的控制更加负面了。

其他货币，即使相对还算强势，也无法达成美元所为。反过来，这也印证了这些经济体的经济实力，从金融角度看，并没有那么强，GDP虽为综合指标，数值表面所表达的依然非常有限。

第二，美国仍然操弄着对全球的自由裁量权。

按照李晓教授的说法，正是美国破坏了二战之后的国际秩序，这个秩序本来是美国联合他国一手建造起来的，用意便是反对原头号帝国——英国。当然，当初美国建立这个新秩序是为了美国利益最大化，成为头号帝国；而后破坏这个秩序的基本规矩，也是为了美国利益的最大化。但帝国的"善行"，往往以塑造和推进人类文明为旗号。

美国为债权人时，坚定维护"债权人利益"，与当时的主要债务人也是昔日世界霸主英国坚决做斗争；而美国转变成为债务人时，则又相应地转而维护"债务人利益"，用当年布雷顿森林的术语说，即从"怀特立场"，转到了"凯恩斯立场"。然而，当今世界并不存在另一个怀特，无法有效地制约当今的凯恩斯。

美国在二战之后取得全球治理者的独霸地位，占据了裁判员的地位；但同时，美国又是国际政治竞赛场地上最具实力的运动员，是排名第一远超他者的主力运动员，是除了美国自身以外任何一个国家的最重要的外部因素。这样就形成了国际政治的悖境：美国兼具裁判员与运动员两重身份，如果出现了运动员之间的纠纷，美国的裁判根本无法做到公正。

美国通常是国际政治竞争场地中"看不见的操盘手"，当形势对美国不利时，甚至成为公开的操盘手。原来是列强间通过竞争"共治"世界，到了二战之后，表面上成立了若干国际组织，由国际组织协调，但实质上则是由美国独裁。那些"无关紧要的事项"，或许可以让各国搞民主程序去决策，然而对"关键事项"，无论什么手法，实质上都是由美国独裁。至于哪些"无关紧要"，哪些"关键"，全凭美国政客的心思。

第三，不宜将美国的战术动作变换误解为战略转向。

很多人将特朗普担任总统期间的所谓"退群"视为美国要搞逆全球化的证据，然而，"退群"只是其战术动作，并不是美国国际关系的战略转向。

对印度和印度尼西亚、越南等东南亚国家而言，美国、欧盟当下并没有搞"逆全球化"，而正是大力推进全球化，只不过，这种全球化是"去中国的"。这两三年来好多国人高调批判美国搞"逆全球化"，是不是对当今国势的误解？需要深思。如果长期轻视经济统计常规分析，误判国势，很容易造成无法计量的福利损失。

美国资本太过贪婪，明明已经从海外获得了巨大的利益，但还不满足。而且从海外获得的利益并没有用于解决其国内的收入分配不公问题，政客只是将其国内问题的责任往他国的身上推，鼓吹所谓"美国吃亏论"。美国资本和政客妄想建立一个更为偏向美国利益的国际经济关系，故而放弃在现有各种合作协定中的多边博弈。

"退群"之后美国就不用 "打群架"了，避免"一对多"的尴尬，而是转为采取"一对一"的谈判方式，这样可以仗势压人，逼迫单个对手让步更多。如果所有国家都采用这种方式，逐一单打就可以达成令美国满意的协定，一个围绕着美国的新群就自然建成。而且，拆庙另建，还可以赶走不喜欢的和尚，让其他和尚对金主更为恭顺。

事实上，美国政府一直是在重建让美国满意的全球化格局，"美国吃亏论"不过是让他的战术动作师出有名，体现出某种"形式正义"。仔细回顾这段历史过程，"退群再建"其实已经实施得差不多了，对中国打贸易战不过是收官之作。认真复盘当年的国际经济合作争端的全过程，就不应该把美国的战术动作调整当作其战略转向。从基层逻辑去理解，全球化是美国资本掌控的，美国政客哪能又哪敢自己拆自己的台？

9.13 美国"巧实力"伤害他国更为致命

我们首先考虑对约瑟夫·奈教授的"巧实力"定义进行修正。国家实力究竟巧在哪里？到底应该如何定义？

按照约瑟夫·奈教授的定义，"巧实力"是硬实力与"软实力"的结合[1]，笔者认为，从国际关系的角度看，这个定义过于一般化，无法深入揭示问题的要害。笔者修正的定义是，"巧实力"对美国而言，是帝国能够摆布"他国"、在多元博弈中借力打力的实力，是一种能够借助主张所谓全世界共同利益（让他国无法反对）而悄然实现本国利益的实力。

美国政客口口声声宣扬自由、民主和平等，的确让人难以直接反对。但认清问题的关键在于"行"——推行美式民主的国外实践。美国政客隐蔽地，甚至公然地违背其口头主张，破坏了国际交往的"实质性正义"，不守公道，却在所谓的"形式正义"上大做文章。

不管表面上多么漂亮，时间长了，就容易被他国看穿其实质，其实也就损害了、减弱了其"软实力"和"巧实力"，那就是弄巧成拙。然而这个大趋势的过程太过漫长，对诸多他国而言，熬不了那么长时间，美国施加的伤害就几近致命了。所以，对美国的这种"巧实力"，所有他国，包括欧盟国家，都还需倍加警惕。

美国为首的发达国家摆布"他国"主要采取以下几种方式。

（1）路径指定和路径锁定。经济和社会发展本来应该是多元的，但全球化意味着发达国家将"他国"强行拉入他们所制定的路径，时间具有"一次性"，机遇具有"偶发性"，对所谓"后发国家"[2]，国际环境逼迫，往往只能按照西方的路径去谋求发展，不选之选。

---

① 约瑟夫·奈：《权力大未来》，王吉美译，北京：中信出版社，2012，前言第ⅪⅩ页。
② 这个词本身就意味着在一个路径（一条直线）上的比较，不然就无所谓先后。接受并采用这种表述，本身就是"文明等级论"的政治无意识。但是，这种话语体系是如此广延，弥漫到了这样一种地步：不采用这种隐含有"文明等级论"的表述，甚至很难讨论相关问题。

发挥"后发优势"是有代价的，似乎节省了技术研究的时间，实际上被置于"路径锁定"的状态。典型的例如，平时可以免费使用发达国家的开源、通用软件，这些软件是"用户友好型"的，但到了关键时候，软件就可能"变脸"，就成了发达国家控制、要挟"他国"的武器，平时免费的便宜，"搭便车"之利就将转化成昂贵的妥协和选择成本。如果打算转换路径，或自己研发技术以摆脱控制，机会成本或损失就会巨大。同样是全球化发展，后发国家无法安全地享受国际分工的收益，还需要提防帝国利用国际分工的潜在弊端打压的风险。

（2）富国按照自身的波动需求来带动全球的变化节奏。发展中国家迫于国内外的压力和动力，往往需要加快步伐。主观上也往往求快，尽快改变自己国家的落后面貌，这也是受到了发达国家"先发优势"的诱惑，期望本国也能享受到相对先发优势。

从全球格局看，发展机遇的供给远远小于需求，发展中国家彼此间相互竞争着很有限的生产要素——资金、原材料和"先进"技术，以促进本国市场扩展，城市发展和农民新的就业机会。

新兴经济体就是一定阶段内众多发展中国家在这种竞争过程中的所谓"胜出者"。发展中国家很难自主掌握本国的发展节奏，只能在发达国家的摆布下尽可能跟进。但是又不能增长过快，否则会非常容易成为列强特别是美国的打压对象，中国如此，印度和其他新兴经济体也是如此。可以说，进入"中等收入陷阱"的国家大都如此。

（3）经济殖民与文化殖民相结合。利用"先发优势"将英语表现为一种"自然优势"，表现为文化上的先进性，为其文化出口奠定了坚实的社会基础。发达国家可以出口语言，可以在国际交流中更方便地掌控话语权。而发展中国家则需要进口语言，如果要抓住国际交往中的增长机遇，还需要投入大量的时间和精力去学习英语，这一正一反的效应，效益和成本的差异相当大。

清华大学用庚子赔款建立，不少人将其作为美国帝国"善行"的代表。其实，美国政客当年建议此举的文件清楚地表明，这是出于文化殖民的目的，是为了美国在华的战略利益和长期利益，只是用中国人的钱来投资于亲美派系的构建。而且对美国开设清华大学使得不少国人感恩戴德，这本身就让我们看到，美国的这一文化殖民长期战略确实奏效。

历史上"美国优先"的事例众多。西班牙流感本来是从美国传染给欧洲的，美国什么时候为此向欧洲和全世界道过歉？二战中借机把英国的海外军事基地"交易"到手，中国抗战前期美国与日本进行大规模的战争物资交易，赚取昧心钱，根本不顾中国人的死活和中国的存亡，到了抗战后期，支援中国原本是要利用中国拖住日本兵力，仍然提出相当苛刻的条件。当时的美国总统公开强调"美国优先"，不过是把美国政客的心里话说出来而已，对美国政客和资本家而言，即便战时也没有什么无偿的合作和贡献，全都是交易，根本没有什么人人生而平等。

（4）应该注意到，杰弗里·萨克斯教授对21世纪战争特点的归纳，是"网络战争"，他没有提及工业时代的常规武器、核武器和太空武器。如果真的不使用核武器和太空武器，绝不是帝国对"他国"的仁慈，而是帝国的骄傲，他们仅仅凭借"网络战争"就可以制胜于千里之外。2022年俄乌冲突，美军至少就公然以网络战的方式深度参与，这种参战方式，也是"巧实力"的一种实现方式。

9.14   美国作为巅峰帝国的行为特征

从上述十多个方面,可以总结概括出美国作为巅峰帝国的如下行为特征。

（1）具备地球主人的使命感,以全球最优秀的文明自居,以掌控全球为国家目标,甚至野心不限于地球。

（2）对地球实施全方位或全领域的殖民，涵盖军事、经济和文化诸多方面。

（3）帝国行为具备长期动态性，向欧洲列强学习，形成了帝国的自适应性和自强化性。具备足够的战略耐心，虽为最年轻的帝国，却谋事老成。实施"大离岸平衡"，与苏联（俄罗斯）争霸时以西欧（柏林墙倒塌后则以整个欧洲）为战略缓冲区，格局显然大于英国的"小离岸平衡"。

（4）注重战略实施的机制性（精英集团而非个人）建设。智库多元且相对独立彼此竞争，得以吸收各方面的智慧。构建了精英人才的"旋转门"机制，理论与实践能够较好地结合，取得实效。

（5）注重软实力（约瑟夫·奈教授对其实践加以总结和理论提升），保持管理弹性、过程的渐进性，殖民的间接性和隐蔽性。注重武力威慑，力图不战而胜；注重借力打力，善于发动和操控"代理人战争"。主张采用法律手段，"三权分立"成为美国开展国际竞争的重要手段。

（6）注重人力资源特别是高质量人才的引进，注重国外代理人的长期培养，化敌为己，至少为友。利用实惠挖所需之人才，出手非常大方。

（7）长期重视"第四权力"的形成和舆论导向。善打信息战，造势精明，形成完全可以实施"降维打击"的信息态势。

（8）对"道德高地"和"世界家长地位"的谋求和使用。长期谋求国际准则的制定权，以世界利益为名目指挥各国，以"普世价值"为名为美国牟利，即所谓"巧实力"的运用。

（9）以实用主义为行为基调，形散实聚，里子重于面子，以实惠为重。战略调整时不怕示弱（典型的例如阿富汗撤离），战术实施时不怕示恶，如绑架外国总统等，现实主义为其所谓道德理想所用。

明确美国帝国的行为特征，方能在全球化变革过程中更为有效地应对其残酷打压，减少损失。

参 考 文 献

安德森 B. 2012. 比较的幽灵. 甘会斌译. 南京：译林出版社.

巴罗 R. 宏观经济学. 第五版. 沈志彦，陈利贤译. 北京：中国人民大学出版社.

波尔特. 2009. 存在的急迫——论海德格尔的《对哲学的献文》. 张志和译. 上海：上海世纪出版股份有限公司, 上海书店出版社.

波兰尼. 2020. 大转型：我们时代的政治与经济起源. 冯钢，刘阳译. 北京：当代世界出版社.

布尔迪厄 P. 2017. 世界的苦难：布尔迪厄的社会调查. 张组建译. 北京：中国人民大学出版社.

布劳特 J M. 2002. 殖民者的世界模式——地理传播主义和欧洲中心主义史观. 谭荣根译. 北京：社会科学文献出版社.

戴蒙德 J. 2022. 枪炮、病菌与钢铁. 王道还，廖月娟译. 北京：中信出版社.

迪顿 A. 2014. 逃离不平等：健康财富及不平等的起源. 崔传刚译. 北京：中信出版社.

多德 D. 2008. 资本主义经济学批评史. 熊婴，陶李译. 南京：江苏人民出版社.

弗格森 N. 2012. 帝国. 北京：中信出版社.

福山 F. 2020. 国家构建：21 世纪的国家治理与世界秩序. 郭华译. 上海：上海三联书店.

戈莫里 R，鲍莫尔 W. 2003. 全球贸易和国家利益冲突. 文爽，乔羽译. 北京：中信出版社.

格兰诺维特 M. 2019. 社会与经济：信任、权力与制度. 王水雄，罗家德译. 北京：中信出版社.

辜朝明. 2019. 大衰退年代：宏观经济学的另一半与全球化的宿命. 杨培雷译.

　　　　上海：上海财经大学出版社.

郭双林. 2016-12-26. "文明等级论"带着偏见——国际交往中，旧观念的影
　　　　响犹在. 北京日报，16.

哈耶克. 1997. 通往奴役之路. 王明毅等译. 北京：中国社会科学出版社.

韩炳哲. 2019. 他者的消失. 吴琼译. 北京：中信出版社.

汉南 D. 2013. 发明自由. 徐爽译. 北京：九州出版社.

卡特里斯 F Y. 2018. 经济增长值得期待吗？. 张俊丰译. 北京：中国经济出
　　　　版社.

克鲁格曼 P. 2012. 一个自由主义者的良知. 刘波译. 北京：中信出版社.

李光耀. 2013. 李光耀观天下. 北京：北京大学出版社.

李晓. 2022. 双重冲击：大国博弈的未来与未来的世界经济. 北京：机械工
　　　　业出版社.

李应志，罗钢. 2015. 后殖民主义：人物与思想. 北京：北京师范大学出版社.

刘禾. 2012-07-11. 文明等级论：现代学科的政治无意识，中华读书报，13.

刘禾. 2016. 世界秩序与文明等级：全球史研究的新路径. 北京：生活·读
　　　　书·新知三联书店.

罗德巴斯 M N. 2017. 美国大萧条. 谢华育译. 海口：海南出版社.

罗哈斯 C A A. 2006. 拉丁美洲：全球危机和多元文化. 王福银译. 济南：山
　　　　东大学出版社.

罗桑瓦隆 P. 2004. 乌托邦资本主义——市场观念史. 杨祖功等译. 北京：社
　　　　会科学文献出版社.

麦克米兰 J. 2006. 市场演进的故事. 余江译. 北京：中信出版社.

莫里斯 I. 2014. 西方将主宰多久. 钱峰译. 北京：中信出版社.

奈 J. 2012. 权力大未来. 王吉美译. 北京：中信出版社.

彭慕兰. 2010. 大分流：欧洲、中国及现代世界经济的发展. 史建云译. 南京：

江苏人民出版社.

彭兴庭. 2021. 资本 5000 年, 资本秩序如何塑造人类文明. 北京: 中国友谊出版
公司.

皮凯蒂 T. 2014. 21 世纪资本论. 北京: 中信出版社.

瑞恩 C G. 2007. 道德自负的美国: 民主的危机与霸权的图谋. 程农译. 上海:
上海人民出版社.

萨克斯 J. 2021. 全球化简史. 王清辉, 赵敏君译. 长沙: 湖南科学技术出
版社.

萨义德. 2002. 知识分子论. 单德兴译. 北京: 生活·读书·新知三联书店.

萨义德. 2003. 文化与帝国主义. 李琨译. 北京: 生活·读书·新知三联书店.

萨义德. 2004. 格格不入. 彭淮栋译. 北京: 生活·读书·新知三联书店.

萨义德. 2007. 东方学. 王根宇译. 北京: 生活·读书·新知三联书店.

斯蒂格利茨 J E. 2020. 美国真相: 民众、政府和市场势力的失衡与再平衡. 刘
斌, 等译. 北京: 机械工业出版社.

孙郁. 2016. 重审"文明等级论". 文艺争鸣: 8: 4-6.

王绍光. 2012. 波兰尼《大转型》与中国的大转型. 北京: 生活·读书·新知三联
书店.

威尔克森 I. 2021. 美国不平等的起源. 姚向辉, 顾冰珂译. 长沙: 湖南文艺
出版社.

沃尔夫 E R. 2018. 欧洲与没有历史的人. 贾士蘅译. 北京: 民主与建设出版社.

扬 R J C. 2013. 后殖民主义与世界格局. 容新芳译. 南京: 译林出版社.

俞可平, 黄卫平. 1998. 全球化的悖论. 北京: 中央编译出版社.

约翰逊 C. 2005. 帝国的悲哀: 黩武主义、保密与共和国的终结, 任晓, 等译.
上海: 上海人民出版社.

约翰逊 C. 2008. 反弹: 美利坚帝国的代价与后果. 罗原译. 北京: 生活·读

书·新知三联书店.

约翰逊 C . 2009. 帝国的警钟:美国共和制的衰亡. 周洁译. 北京:生活·读
　　书·新知三联书店.

张春晓. 2021. 他者的声音：反思后殖民理论的二元结构. 北京：北京大学出
　　版社.

张夏准. 2020. 富国陷阱——发达国家为什么踢开梯子？蔡佳译. 北京：社会
　　科学文献出版社.

张跣. 2007. 赛义德后殖民主义理论研究. 上海：复旦大学出版社.

朱云汉. 2015. 高思在云. 北京：中国人民大学出版社.

Deaton A. 2020. GDP and beyond. Survey of Current Business，100：（6）.

附录 9.1　美国 1990～2019 年 GDP、NFI 与 ANFI

附表　美国 1990～2019 年 GDP、NFI 与 ANFI

年份	GDP	NFI	ANFI
	亿美元	亿美元	亿美元
1990	59 600	−610	−610
1991	61 600	−610	−610
1992	65 200	−850	−850
1993	68 600	−1 250	−1 250
1994	72 900	−1 170	−1 170
1995	76 400	−650	−650
1996	80 700	−270	−270
1997	85 800	120	240
1998	90 600	730	970
1999	96 300	590	790

续表

年份	GDP	NFI	ANFI
	亿美元	亿美元	亿美元
2000	102 500	1 320	1 320
2001	105 800	1 620	1 620
2002	109 400	1 180	1 280
2003	114 600	720	880
2004	122 100	1 000	1 050
2005	130 400	1 330	1 380
2006	138 100	2 580	2 580
2007	144 500	910	1 120
2008	147 100	−280	−500
2009	144 500	−500	−500
2010	149 900	1 350	1 650
2011	155 400	2 900	3 120
2012	162 000	4 740	4 740
2013	167 800	3 910	3 910
2014	175 200	5 360	5 360
2015	182 200	4 850	4 850
2016	187 100	3 380	3 380
2017	194 900	3 450	3 450
2018	205 800	2 570	2 780
2019	214 300	1 970	2 270

资料来源：NFI 根据世界银行数据网站获取 GDP 与 GNI（现价美元）计算得到，数据更新于 2020 年 7 月 1 日，网址为 https://data.worldbank.org.cn

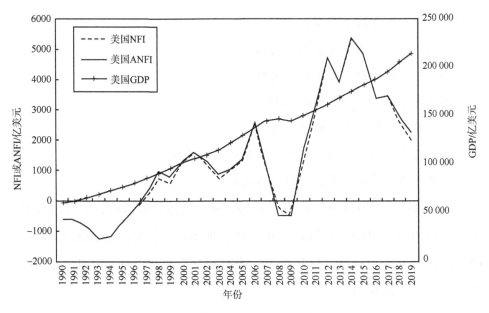

附图　美国 1990～2019 年 GDP、NFI 与 ANFI

附录 9.2　埃利斯岛和常春藤高校

1. 与自由女神"配套"的埃利斯岛

埃利斯岛（Ellis Island）就在纽约赫德森河口的"自由岛"旁边，也就总是在自由女神所高举的火炬的照耀下。游客要去自由女神像这个"国家纪念地"，船票都是买一送一，还让顺便到埃利斯岛转转。

对我等老外来说，这不过是多了一个旅游景点，然而对不少美国人来说，事情就没那么简单了，还很可能是寻根之旅，不少人的祖先很可能曾经到过那里，可能正是在埃利斯岛，他们的祖父或祖母才正式成为美国公民。还记得《教父》中的教父——维托·唐·柯里昂吧，这位日后显赫的黑道头头，当初的羸弱少年，就蹲过那里的移民监。

按电影脚本，这位柯里昂先生也在"自由之火"的光芒下到达埃利斯岛，亲耳聆听过自由女神的召唤：

　　给我你们的疲惫，给我你们的困苦

　　给我你们的彷徨，给我你们的绝望

　　拥挤在旅途，渴望解脱的人们

　　被彼岸无情地抛弃，颠沛流离的惊魂

　　把这些走向死亡，饱受折磨的苦难者统统给我

　　我矗立在大洋的彼岸，高举自由之火

　　然而诗歌好多时候不管饥更不管饱，国家仍然是有墙的，是有门槛的，进门或者出门都可能需要付出代价。社会现实是，越是愿意去的人多，目的国的国门就关得越紧。说是自由，说是照耀全世界之光，自由女神可不是真就什么人都欢迎。

　　梦想归梦想，手续归手续，自由市场经济首先是法治经济。自由，并不是想怎样就怎样，想干啥就干啥。孙悟空一个跟头就能翻出去十万八千里，可惜享有的只是戴着紧箍咒的自由。平时活蹦乱跳的啥毛病都没有，紧箍咒一念，估计跳出小小的埃利斯岛就得费点儿劲。因为当时欧美往来主要是海运，埃利斯岛就成为当年美国的国门之一，欧洲平民跨越苦海投奔"自由"，先得在那里过"移民筛子"。这个历史事实就形象地提醒或警示我们，国家是一个利益基本单位。

　　19世纪最后十年，美国GDP总量和人均GDP相继超过了英国，经济实力处于增长的快速上升通道。此时，填充劳动力需求缺口成了平衡生产率要素的第一要务。然而，美国精英真就聪明绝顶，他们居然玩出了一手"欲取却与"的"空手套"，先是从印第安土著手中抢来广袤的土地，再将之描绘成梦幻般的"应许之地"；而新兴工业城市需要人气支撑，更是被打造成孕育发财机遇的沃土，以国际竞争对手——欧洲诸国作为自己的劳动力供给端，诱发了长达60年的移民潮。

从 1892 年到 1943 年，有 50 多年时间，埃利斯岛作为移民检查站，被失望的老外称为"眼泪之岛"，当然也是试图移民者的"希望之岛"。其间共有 1700 万人到过此岛，最多一天有 5000 人，行政数据记载，被拒绝的只有区区 2%，所以，好莱坞电影总愿意表现这样的镜头：准移民们仰望自由女神，似乎真是那敞开的仁慈胸膛，张开双手拥抱全世界的苦难众生。

然而，有动于衷也得适可而止，若外国人真是像好莱坞大片演得那么自由，来者不拒，美国是受不了的，国将不国。把电影画面全都当成真实历史，人们在国际关系的认知上也容易出现偏差——人人不分国籍彼此平等，国家似乎并不是利益的基本单位。所以需要认知上的补偏：还要看到好莱坞没演的，或没充分表现的另一面，移民过程的历史现实其实非常"骨感"。尽管美国当时非常迫切地需要大量地补充劳动力，可人力资本的引进必须"理性"实施。埃利斯岛这个"身份筛子"其实相当厉害。

2. 反自由劳动力市场的移民筛子

How much money do you have? 这是移民官通常都要审问的问题，第一站到埃利斯岛的人，得额外准备出 18～25 美元，如果被拒，就得自费买船票被遣返。在当时这可是一笔不小的金额，如果较真，可以用通胀率算出如今所需要的数额"约当量"。远洋渡船当然有等级之分，头等舱和二等舱的乘客大概超出了彼时证明其"财务自由"的最低门槛，不必过审，设有快速通道（有点儿像如今机场的海关），他们可以直接走出移民检查站。

三等舱的移民人数最多，但需要审核其谋生能力，进行"智商测验"，非熟练工人被拒的可能性比较大，因为他们可能成为公共负担，毕竟需要秉持"斐而泼赖"（fairplay，"斐"字比"费"字更显得优雅，更符合单词原义，故换之。当初选用"泼赖"两个字也很有趣，估计译者在与欧美交往中深有体会）的准则。还需要检查身体，以防止传染病输入。更需要审查有无犯罪记录，如此等等，各种审查需要 1 周到 3 个月的时间，得蹲在埃利斯岛上候审。

不能只看"被拒比率"2% 这个比重指标的数值，解读社会经济指标需要专业眼光，需要深入，需要别具匠心、别具慧眼。应该看到，身份证明、体检、远洋交通费用等等，审核这些入境条件的行政程序丝丝入扣，本身就是一堵无形的城墙（看不见的手），把那些条件不靠谱的老外挡在了外边。单看"显性被拒比率"确实很低，到美国的差不多都成了美国人，成功者居多。但如果把愿意去美国但连船票都凑不齐的人也算进来，那预先淘汰所占的比例就相当高了，可见埃利斯岛的这套程序非常厉害，间接作用还隐藏着呢，由此可以容易理解经济学中的"有效需求"概念。

当时欧洲边缘地区生活艰苦，想移民美国的多了去了，这么些入境条件一一设置，好多人就连尝试的欲望都不敢有，无形之中被淘汰的得有多少人？这里存在一种看似相悖的关系：审查过程越严格，"拒绝比率"就越低，因为"制度和程序之墙"事前已经预先"筛"过一遍了。就算什么证件都能搞齐全，光是来回船票的钱，也能把不少穷光蛋挡在外边。

然而，"拒绝比率"比较低却表现出相反的倾向，单看指标数值，似乎移民审查并不严格。"低拒绝率"突出地表现出了自由女神的宽容，尽管这种"宽容"的实质性条件非常苛刻。欢迎移民不假，但只是鼓励那些更接近入境条件、适合美国劳动力要求的老外，主动权在接收者手里，条件的松紧则可根据美国劳动力的需求状况来调节。对欧洲移民尝试者来说，美国只是鼓励前来闯关而已，然而并不预先承诺什么。结果不好，咎由自取，美国自己倒是免责了。

鼓励，确是鼓励，然而这个移民潮并不是自由市场机制的体现，并不是劳动力市场的自然国际转移，而是美国政治精英有意为之的从欧洲"撇奶皮"，是美国国家人力资本长期战略的大手笔。我们回溯这个历史过程，不应看漏了这个移民潮的国家"需求端"。

3. "撇奶皮"的高级化：大学接掌"移民筛子"

美国白人在开疆拓土中需要大量劳动力，最先填充过来的就是欧洲移民。当初所谓"美国西进"，给白人移民赠送土地，玩的就是"空手套"。印第安土著从事狩猎和采摘，对土地采用粗放的方式占有并使用。从当今的眼光看，原本是一条"可持续发展"的路子，没有环境污染，没有自然资源过度开发，没有劳动力的残酷剥削，哪里是低下的文明呢？

然而，美国政府却以"无主地"为由，占领并公然将之分配给白人移民。这种居高临下反客为主的姿态很讲究程序正义，土著在移民者政府眼里居然成了"他者"：怎么就能证明是你的土地？谁叫你浪费自然资源不搞更高效率的农业？谁叫你不白纸黑字把"地契"写下来？在我的法庭上你能拿出有效证据吗？政府统计不是应该讲"原始记录"吗？心领神会约定俗成又算什么呢？

白人移民的人权高于印第安土著的人权，这是"美国梦"的底色。"美国梦"绝不仅仅是自由市场经济的个人勤劳致富，而是由政府支撑的国家规划，是美国崛起与欧洲争霸的国家战略，是美国精英刻意构建的一个动态财富意象，概括指向了符合美国国家利益的人才市场环境。

可以说，优质移民一直是美国得以走向强大不可或缺的人力资源。美国建国、强国本来非常需要移民，却以恩赐外人自由的方式进行，这就是美国"软实力"的一种历史表现，也是美国政治精英刻意发挥"巧实力"的一种体现。利用经济发展的周期性差别，吸引本国所需要的人力资源，同时也就掏空了竞争对手的人力基础，这种移民策略还具备国家间竞争的正反两个方向的效用，一赔一赚，反差加倍，博弈手法实在是高明之至。

哪怕人道主义危机非常严重的二战期间，美国对难民的移民审核也是严格秉持了"撇奶皮"的传统，并非救大众于水火之中，而是利用时机把国际竞争所需的被淹之人（精英人才）捞到自家船上。再看占领德国后的瓜分场景，苏联忙着搬运机器，美国则悄然搞技术移民，格局高下立见。

"巧抢人"的优良传统发展至今，已经别出心裁，高明到无以复加的地步：美国大学也成为高端"移民"的筛选机构，蜚声海外的常春藤高校竟然与埃利斯岛功能相连，以提供教育之名，集全球英才而用之，用英才来创造财富，再大方地拿出其智力产出中的很小部分，就可以慷慨地给英才以丰厚的待遇和科研环境，就可以最充分地利用人的自利倾向（毕竟人往高处走啊），把所需要的科技人才留在美国，这才是美国最为根本的国际竞争优势，切切不可忽视。

仔细琢磨，美国办大学也颇有"空手套"的味道，优秀师资可以来自国外，优秀"学苗"也大量来自国外，美国只是提供一个诱使脑力劳动者集聚的场地，不过这倒正是"大学 university"这个词的本义和初心。"巧使唤"，一以贯之，验收合格（毕业留在美国）后，"剪羊毛"就可以换作"拔鹅毛（纳税）"的方式，实为可持续之道。

确实是"用"，其实在提供教育阶段就开始"用"。典型并较为普遍的是，研究生导师揽来科研项目，让自己的海外研究生打苦工。深究起来，没有海外研究生的知识贡献，一些美国导师其实自己搞不出什么研究成果，不过是学术的"中间商"或者"包工头"而已。这就是美国好多研究生称导师为"老板"的缘由，一声"老板"，形象地刻画了地位之别。

应该说，美国政治精英确实厉害，明明是一种自利行为，却表现为仅仅是"利他"的行为，或者说，明明是主观为自己的国家策略，却活生生搞成了貌似自由的人才市场，你情愿我宽容，"看不见的手"，似有神助，结果自然是连名带利，统统收入囊中。

美国是宏观意义上的全球人才"猎头"，这套精心设计的"猎头操作程序"确实巧妙，关键在于充分利用了"猎物对象"的心理和能力机制。发展中国家的人，尤其是年轻人，大都自认为具备成为精英的潜质，大都希望获得学习和提升的机会，大都希望去竞争取得这种机会，大都希望打破生存环境对自己的限制。在这种人力资本提升的国家间竞争中，美国大学做到了全球提供教育环境和发展机遇的最高层次，自然也就成为留学的首选"目的国"，从而形成、接续并强化其人才"撇奶皮"的良性循环。

美国人讲究"美国优先"，倒也无可厚非，哪个国家不应该这样为自己的国家主张呢？本书强调美国移民中"撇奶皮"的一面，只是要表明一点，美国移民过程并不像宣传的那样高尚，并不是"人人生而平等"，所谓"人"是特指而非泛指的，是有其"定义域"的。我等在人家眼里笃定处于"化外"，故而尤其需要当心"文化观念误置"，这是法国莫热先生专门为后发国家民众所揭示的。

应该看到，《独立宣言》中的"人人生而平等"，翻译和理解都出了大问题。原文是"男人 men"，连美国白人妇女当时都不算人，美国黑人则是五个人只算作三个人（人口普查的目的主要是解决投票权之争，还是 fairplay），但投票权归白人农场主。外人（多半不是上帝所造 created）是不是人，是不是在平等之列，哪里容得被审判者自作多情？

不过，美国并不纠正这种"观念误置"，甚至是充分利用了这种"误置"。在美国，"宣传（propaganda）"是个贬义词，可他们的宣传却做得非常高超，入眼入脑入心，不着痕迹。市场经济是"信用经济"，美国对其"国家信用"的建设和维护之业绩，实在值得全球各国关注和学习。

附录 9.3　弗洛斯特的心声

在其著名的《指令》一诗中，美国现代田园诗人弗洛斯特有这样的句子："有魔咒守护，不合格者就找不到，就不能得救，如圣马可所说必不！"原诗是：Under a spell so the wrong ones can't find it, So can't get saved, as Saint Mark says they mustn't.

马可福音中，耶稣对跟随者和十二门徒说："神国的奥秘只叫你们知道，若是对外人讲，凡事就用比喻。叫他们看是看见，却不晓得；听是听见，却不明白。恐怕他们皈依了，罪过就得到赦免。"（参见弗洛斯特著《弗洛斯特诗选》，江枫译，北京：外语研究出版社，2012，第290-291页。）

就其实质而言，所有的社会科学都应该是人学，文学当然是人学，所以，笔者这里的转述并没有跑题，而且更具深意，与本章所述内容相应。

弗洛斯特还有一首更为著名的诗《彻底奉献》（参见其诗集的第266-267页），1961年肯尼迪总统就职典礼时，特别邀请作者亲自上台朗诵，其时弗洛斯特已经年近90岁。请看：

彻底奉献

我们属于这国土以前她已属于我们。

她成为我们国土比我们是她的人民更早一百年。

在马萨诸塞，维吉尼亚，她已是我们的，

我们还是英格兰的，殖民地居民，

我们拥有的，尚未拥有我们，

是不再拥有我们的拥有我们。

有种东西我们不愿献出曾使我们软弱，

我们终于发现我们不愿为了我们赖以生存的土地

而献出的正是我们自己，

于是从毫无保留的奉献中找得救赎。

我们就像曾经的那样把自己彻底献出，

（事实便是那许多次战争的业绩）

奉献给这片逐渐向西拓展的国土，

尽管她拙朴、粗糙，尚未写成历史，

以往，她是这样，今后也该如此。

The Gift Outright

The land was ours before we were the land's.

She was our land more than a hundred years
Before we were her people.

She was ours In Massachusetts, in Virginia,

But we were England's, still colonials,

Possessing what we still were unpossessed by.
Possessed by what we now no more possessed
Something we were withholding made us weak
Until we found out that it was ourselves
We were withholding from our land of living.
And forthwith found salvation in surrender.
Such as we were we gave ourselves outright
（The deed of gift was many deeds of war）

To the land vaguely realizing westward,

But still unstoried, artless, unenhanced,

Such as she was, such as she would become.

最后一行，肯尼迪总统建议"乐观一点"，而重读成"以往，她是这样，如今也是这样——今后也定会是这样"。弗洛斯特欣然从之，朗诵非常成功，受到现场观众热捧。

然而，诗人和这么多美国人"完全忽略了，欧洲殖民者到来以前北美大陆的原住民"（译者语，参见译者对该诗集的介绍——《弗洛斯特，一个现代田园诗人》，第X-XI页）。而且美国拓殖的经历告诉我们，他们向西拓展并无边界，当年并未止步于海岸线，很早就到达菲律宾了。

弗洛斯特的心声，颇具代表性，突出表现了美国人自以为"上帝选民"而理应独霸天下的文化基因。

第 10 章
新兴经济体增长的两重性

新兴经济体是全球化背景下发展中国家分化的一种新现象。何以实现？什么外部条件使得某些国家得以新兴？其走向究竟如何？需要充分地深入地加以探讨。

10.1　注意新兴经济体增长的两重性

10.1.1　如何解读"新兴经济体"这一历史现象

新兴经济体是第三世界或发展中国家大类中进一步分化出来的经济体子类型，这种分化是上一轮全球化过程中产生的、部分发展中国家增长业绩突出的新现象。

如何全面判定"新兴经济体"？当前的"新兴经济体"主要有哪些？在G20 中，目前的新兴经济体主要有：中国、印度、巴西、俄罗斯、墨西哥、印度尼西亚、土耳其、沙特阿拉伯、阿根廷和南非 10 个经济体。这些经济体在过去 30 多年中发展虽有波动，但相对而言总体增长更为突出。需要注意到的是，没进入 G20 的某些发展中国家增长业绩也还不错，例如非洲的尼日利亚等，可能会超过进入 G20 的某些经济体。所以，新兴经济体应该是一个动态概念，不同时期和发展阶段其构成可能不同。如所谓"金砖五国"的概念，现在的新兴经济体肯定不止于此。

应该看到，新兴经济体的出现与美欧资本主导的全球化密切相关。跨国资本以国际投资为名向发展中国家转移生产要素，主要目的是谋求更为廉价的劳动力，并逃避环境保护责任，正如本书第 8 章所阐述的那样，帝国善举乃列强争霸的副产品。应该看到，这种增长机会的主体内容是低端制造业和垃圾输出，而发展中国家为了进入全球生产链而竞争这种增长机会。在这种"入链竞争"中胜出较多的就成了新兴经济体。

西方国家在输出非清洁生产线和垃圾时，本来并没有把发展中国家当回事儿。借美欧争霸之机，部分发展中国家抓住了机遇，正是利用这个较少受到列强干涉的空档期，GDP 增长也就相当突出，出乎美欧政客意料。

以白人资本家和政客的傲慢，更由于"文明等级论"的内在心理，就是现在，他们内心里也未必就真把新兴经济体当回事儿。但是，由于美欧国家自 2008 年以来经济社会问题爆发且频发，非常需要跟本国选民做出政治交代，于是就拿新兴经济体当作替罪羊，似乎是新兴经济体的平民抢了蓝领的工作岗位，人为制造一个国内泄愤的出口，让富国平民对穷国的增长业绩心生怨气，转移本国平民对追责于政府的注意力。中国轰轰烈烈地搞 GDP 增长，自然就成了主要靶子。

但是应该注意到，欧美资本也从新兴经济体这一历史现象中吸取了教训。跨国资本的转移将更讲究宏观布局意识，正所谓"不能把鸡蛋都放在一个篮子里"，他们不仅会继续对中国加强遏制和打压，对其他新兴经济体也会格外小心，对印度、印度尼西亚、越南等都会内设一个发展的玻璃天花板。他们会在多个新兴经济体之间搞均衡，不让哪一个新兴经济体突出地增长，以免对其造成"链位"大变动的威胁。

10.1.2 新兴经济体的两重性——成本效益分析

新兴经济体这个名词的出现，是对部分发展中国家快速增长这种现象的总结概括，但应该注意这个名称在英文中本来是新出现（emerging）的意思，翻译成"新兴"，就更为强调所出现该现象的正面性，隐含了价值判断——GDP 增长快是好的。

为了对冲这种偏执，本书强调，我们应该同时看到，经济快速增长注定是需要付出代价的，不能只看到 GDP 增长的一面，还要充分注意到"快速"肯定会带来的额外代价，尤其是要注意增长与发展的重大区别。

一般而言，快速增长的正面性（效益）主要包括：GDP 总量增长快速、本国 GDP 占全球 GDP 的比重提升、外资引进规模增大、进出口总额增大、外部经济联系扩大、进入了全球生产链、城市化进程加快、低端制造业就业规模增大等。

快速增长的负面性（成本，或额外成本）则主要有：多数成为"国外净要素收入"赤字国、碳排放总量增大、经济对外依赖度增大、受外部冲击影响增大、在全球生产链中处于低端"链位"、仅局部处于中端"链位"，在全球生产链的"链位"与在全球价值链的"链位"差异比较大，在全球价值链中处于低端"链位"。

然而，对新兴经济体而言，最大的隐性成本还是其增长的国际环境恶化。最为典型的就是对中国崛起的围攻。中国经济快速增长成了原罪，缩小与发达国家的经济差距，"求快"成了不安分，成了主动挑起事端。客观上，中国的快速增长确实改变了世界结构，但整个新兴经济体的出现都是如此，不过中国的增长比较突出而已。这就成了破坏现有国际秩序，怀璧其罪，不罪之罪，本来正是新兴经济体积极配合了美国资本主导的全球化。

美国发起对华贸易战，将中美经济交流搞成一个双输的结局。如果美国人真是信奉自由市场交易，那么中美两国扩大贸易和投资往来就无可厚非，美国人就不应该埋怨克林顿给中国人机会，而中国人对这些年来的忍辱负重也只能当作必须支付的成本。

美欧精英把中国人当作"窃贼"有一个理念前提，即中国人脑子愚蠢，不可能创造出新技术。如果有了新技术，只能是从白人那里偷去的。例如，当年中国的氢弹爆炸成功，美苏都不认为中国人能够自主研发成功，马上查找所谓泄密渠道，看看中国人如何窃取了他们的机密技术，这是"文明等级论"的一种典型表现。中国人产业发展快了，技术水平提升了，低等国家居然逆袭成功，只可能是从他们那里偷窃的。

然而历史上，美国赶超英国，其政府就鼓励采用"偷窃"的办法，可见，他们对中国的指控颇有以己度人的意味，将技术进步的一般过程与特定文化绑定，逻辑上说不通。

10.1.3　新兴经济体与国际秩序的重构诉求

美国资本主导的全球化模式不可持续，固化后发国家"链位"的资本设计与各国提升"链位"的发展要求相矛盾，而且形成根本矛盾。说中国威胁或破坏了国际秩序，此论断的一个前提，现存国际秩序是好的，应该维护。但应该看到，并不只是中国一个国家与欧美主导的所谓国际秩序存在着矛盾，实际上是所有新兴经济体都与现有国际秩序之间存在着矛盾，不过中国在其中冒了头，增长超出了欧美政客和大资本所预设的限制，客观上就成了对他们的挑战。

究竟如何看待国际规矩之争？

第一，发达国家在规矩制定上占据先机。世界市场分割完毕，不仅是物质形态的市场，还是规则形态的市场，后发国家要想加入，就得按照既定规则行事，因为列强已经在早年的国家博弈过程中"抢注"了规则。世界银行和国际货币基金组织由美欧当家，为什么？他们的经济政治势力强大，不仅具备硬实力，还具备软实力，并结合二者使用形成巧实力，是其实力使然。在资源占用和消费水平等问题上，采用"先来先得原则"是否合理？美国等富国挥霍资源的高消费水平是否应该维持？

第二，新兴经济体是规矩制定的迟到者。国际标准好多是在新兴经济体之前出现的，由欧美主导，主要是为了协调欧美国家间博弈的矛盾，他们的规则和所谓治理工具当然没有考虑发展中国家的情况，因为其时多数国家尚未进入国际市场。后发国家的特殊国情与这些规则不合，完全正常，即使需要遵守规则，也需要磨合期，需要实施的经验积累。

2023年1月19日，南非外交部部长纳莱迪·潘多尔在接受卫通社采访时说："我们一直对美元的主导地位表示关切，需要寻找替代方案，这也是我们创建金砖国家新开发银行的原因之一。目前的体系倾向于非常富裕的国家，这对于像我们这样必须以美元支付的国家来说是一个问题，就我们的货币而言，美元要贵得多。所以，我确实认为必须制定更公平的体系，这就是我们与金砖国家部长讨论的经济领域的内容。"她认为，新的开发银行和其他类似组织可以帮助金砖国家制定更公平的货币交换体系。

第三，本来，所谓国际规则只应该有"阶段性效力"，还有一些过时规则并不应该强迫人家遵守，而应该在新的全球经济结构和格局下修订和改善。就拿国际贸易差额来说，究竟应该按"全值方法"，还是按"增加值方法"计算，道理其实是很显然的，但发达国家改进测度方法的积极性并不高。沿用旧方法的估算结果对他们更有利，更容易用来打压新兴经济体，恐怕就是一个重要原因。

发展中国家只得先争取加入全球体系，先取得市场的入场资格，这就需要妥协。列强对新兴经济体尤其苛刻，事先强加后来者难以兑现的条款，这往往是造成新兴经济体被迫违规的重要原因，这些障碍也表明，帝国资本和政客根本就没想让这些国家发展起来。

第四，规则运用上发达国家的优势。即便公平的规则，由于运用规则的能力不同，新兴经济体也往往在与列强的竞争中处于下风。西方列强彼此间竞争的历史比较长，所以资本家和政客的实战经验丰富。规则运用过程复杂且矛盾激烈，在博弈中强国精英早已练就各种竞争手法，既有行政手法，也有法律手段，既有强硬的，也有妥协的，是名副其实的"组合拳"。

西方国家非政府组织发达，在国际竞争中往往成为美欧实施全球治理的得力政治工具。欧美政府往往借助其他行为主体出面做代理，欧美非政府组织全球化发展，这种非国际组织能否提供真正的全球公共品？由它们出面提供全球公共品的法理性何在？

第五，规则不能将所有国家都套在一个治理模式中。欧美好多开明人士提倡"生物多样性"，那么，为什么不提倡"社会多样性"？为什么国际社会的事务上不能提倡多样性？为什么一定要按照欧美模式来治理全球？为什么他国一定要按照欧美模式发展？为什么全世界都得听 WASP 的主张？基督教本身都那么多派别，为什么广大发展中国家都得听美国一个帝国的指令？发展模式的多样性难道不好吗？至于发展中国家在全球治理中究竟应该承担多少和什么样的责任，应该采用"同等人均 GDP 水平"进行国际比较的思路来确定。

10.1.4　需要探究"中等收入陷阱"形成中的强国冲击影响

强国富人对全球发展格局的心态是：这个地球并不需要，也不可能容纳那么多发达国家，所以，发达国家俱乐部基本上处于"关门"状态。为什么很长历史时期以来"新发达国家"只有新加坡和韩国？特别需要注意其中隐含的地缘政治因素，从大国博弈视角看，韩国是美国在东北亚制衡俄罗斯、中国以及日本的重要棋子，更不用说，美国资本在韩国超大垄断企业三星中所占有的股份。

所谓"中等收入陷阱"就是美国等列强外力压制，充分利用和引发当时拉美新兴国家的国内矛盾，借以打造新兴国家的发展障碍。认真地回溯历史，美国使得"他国"失败的案例颇多。如果重视发展的经验教训，就应该搞清楚：现代史上产生的"中等收入国家"有哪些，外部冲击如何通过其内部经济缺陷而发挥阻断作用。同时也应该看到，在柏林墙倒塌后的相当一段时期里，中国和印度的经济还不成气候，对中国和印度的打压还没有列为美国打压他国的优先事项。

经济发展本身就是一个博弈过程，不能指望发达国家会对"他国"崛起无动于衷。所谓"中等收入陷阱"，并不是凭空出现的，需要深入挖掘，发达国家特别是美国在"中等收入陷阱"形成过程中的明面干涉和暗箱操作。

实际上，"低端锁定"才是列强资本家和政客所期望的，仅仅允许发展中国家进入全球产业链的低端，作为资本运作的垫脚石，这是列强为他国，特别是穷国，所设定的角色和身份，如果新兴经济体试图提升自己在产业链中的地位，就被视为对现有国际秩序的破坏，就需要强力打压。

发展中国家谋求发展所面对的外部力量过于强大，已经超越了自身内部力量，所以，发展并非自主进行。按照欧美精英的设计，世界各国的发展结果只能是"二八分布"，甚至更趋于极化。"中等收入陷阱"是一种宏观意义上的"中端锁定"，看上去已经远远优于"低端锁定"，但总起来都属于"非发达锁定"。

如今人们往往想到将阿根廷与"中等收入陷阱"联系在一起，然而不应该忘记的是，曾几何时，即19世纪末到20世纪初，世界上好多人的看法却是，未来掌握在美国和阿根廷手中，这两个国家将共同统治世界经济。1861

年，阿根廷统一，进入发展的快轨道。阿根廷被称为"世界粮仓"，1914 年以前，连续 43 年经济增长超过 6%，吸引了许多欧洲移民，其时欧洲一个流行的说法是，"我们要像阿根廷人一样富有"。只是到了 20 世纪 30 年代，阿根廷才不再那么风光。而后数次力图振兴，也没能摆脱困局。

外部强国的打压往往是所谓"中等收入陷阱"非常重要的成因。在发达国家看来，这个地球容不下那么多发达国家，发展中国家收入水平的提高或许有利于全球市场扩容，资本得以在国外完成从商品到货币的跨越，但应该有限度，到达中等水平也就可以了。对体量大的发展中国家来说，尤其如此。生活水平再高就容易改变现有世界秩序和格局，这显然是发达国家资本及其政治代理人不愿意看到的。需要明确的是，这并不是阴谋，而是阳谋，诺贝尔和平奖获得者、美国前总统奥巴马，当上总统后就公开声称，中国人过上美国人那种日子是个灾难。

10.1.5　认清新兴经济体历史地位的重要作用

从发展中国家到发达国家是质的飞越，从"增长"到"发展"也蕴含着质的飞越，高质量发展才是真正的发展，对应而言，低质量的发展恐怕更多的是经济增长。要升格成为发达国家，所谓的"格"，不单单是人均 GDP 的大幅度上升，达到了国际组织制定的标准就可以了。首先，这个标准是可能调整的，其次，达到这个标准未必是一个直线上升的趋势，可能出现波动。即使人均 GDP 是一个综合性指标，对发展的测度也可能存在着漏测和误测的情况。

（1）应该做长期奋斗的思想和心理准备。经济社会发展是一个持久战的过程，其间新兴经济体的"成员"起伏变化，有进有出，并不一定总是呈现快速新兴的状态。

（2）应该注意经济和社会发展的客观规律：①外延扩展相对容易，但内涵深化困难；②增长容易，但发展困难；③硬件建设相对容易，软件建设相对困难；④前期工作容易，但后期工作往往越做越困难，因为容易的工作都已经做了，剩下的工作就是比较困难的。

（3）内涵、发展、软件、后期工作等相对于外延、增长、硬件和前期工作都是"耗费时间（time consuming）"的，不容易加速赶超，不大可能靠决战取胜，而需要"慢功夫"，需要行为者（人）的高素质。

（4）发展市场经济，需要国家信用。但需要注意"面子"与信用还有区别。而且，"面子"是需要成本的，越要"面子"，越容易损失"里子"。

（5）经济全球化竞争（非热战）的输赢与热战的输赢不同，即使取胜，也只能是让对手力不从心，欺负你的实力减少一些，但可能失去了原来的市场，净损益具备不确定性。

（6）新兴经济体需要向竞争对手学习，除了美国帝国，还应该学习日本、欧盟、印度等，美国不仅打压新兴经济体，还打压过第二世界国家，所以应该向"好学生"学习，学习他们如何成功地应对美国帝国的全方位打压。学习其他新兴经济体的经验，吸取其教训。

（7）新兴经济体发展与发达国家利益的确存在零和博弈的场合或成分。哪怕是技术创新也必定有"创造性破坏"的一面，与所谓"知识产权保护"存在内在矛盾。应该看到，"创造性破坏"不仅针对现有技术，而且针对现有价值链，针对现有制度和秩序，具有宏观效应。西方的"巴黎统筹委员会"及其后继的"瓦森纳协议"，都是高端产业占据者的市场垄断联盟，现实中根本不存在什么真正的自由竞争的市场经济。垄断而非竞争才是资本的底色。中国作为垄断利润的粉碎机，招来了更严厉的技术封锁，这是所有新兴经济体提升"链位"时势必遭遇到的"国际待遇"。

10.2　中国作为新兴经济体增长的两重性

当今世界存在着两大基本矛盾，一个是富国和穷国之间的矛盾，通常用"南北矛盾"概称之；再一个是西方与非西方的矛盾，在西人心目中，除了西方之外就是东方，故而有近东、中东、远东之类的称呼，于是，可用"东西矛盾"来概称之。

如果采用系统观来判断国势，就应该将中国放在"南北矛盾"和"东西矛盾"之中看待，这个视角告诉我们，中国正处于世界两大基本矛盾的交汇处。用周光召先生的话讲，要从世界中看中国，其中很重要一点，不能学美国，偏好所谓"光荣孤立"，还需要在发展中国家中看中国，在新兴经济体中看中国。

10.2.1　中国仍然属于发展中经济体

如何理解中央规划建议中对国势判定的"两个不变"？为什么中国还是发展中经济体？展开而论，就是要认清中国诸方面的大与小：总量之大，均量之小；规模之大，收益之小；有形之大，无形之小；流量之大，存量之小。

应该注意到，从诸多经济统计指标看，中国都与"非发达经济体"的状态相类似。例如以下 8 个方面：①GDP 按 PPP 计算与按 MER 计算二者之间的差距大；②作为"NFI"的赤字国，GDP 增长，"NFI"赤字也增长，可表现为剪刀差的形状（美国则是最大的盈余国，其图形表现则是两个指标同方向上升）；③人均碳排放量大大低于发达国家；④"单位制造业增加值碳排放量"系统低于发达国家；⑤多数产品没有市场定价权，往往是价格接受者；⑥人均最终消费支出低于发达国家；⑦"单位 GDP 碳排放量"与"单位制造业增加值碳排放量"系统差异①；⑧"定规则权"，中国参与国际标准制定和修订工作远远不够。例如 SNA 2025 年将发布新版本，中国并没有参与其中。

尽管美欧宣扬所谓"中国威胁论"，但其实际行动并没有真正承认中国的大国地位。中国并没有被允许加入 OECD，列强也没有将 G7 扩大为 G9 的打算，限制入群，本身是一种打压，但其背后也存在对中国实力的藐视，至少两种因素都存在。

分析国势如果只看 GDP 总量和增速，容易盲目乐观，但深入分解数据结构，则未必那么如意。中国 GDP 总体上还属于"赠人玫瑰"之后的"手留余香"，如何看待"奇迹"说，还需要深思。

增长并不是天上掉下来的馅饼，天下没有免费的午餐，凡产出必有投入。就投入而言，物质有形，劳动付出无形，所谓"人口红利"就是这种人工额外付出的反映。为了改变落后的面貌，中国人太舍得了，忍辱负重，接受资本家吃肉自己喝汤的现实。大舍，而小得，靠"米饭效应"点滴积累才凸显了国家整体的增长成果。正如美国物理学家亨利·奥古斯特·罗兰（Henry Augustus Rowland）1886 年在讲演中所说：美国获得的面包屑，是从欧洲列强的面包上掉下来的，可见当初美国也经历过此种不堪。

特定历史阶段产生特定的利益分配格局，承认这一点并不丢人。事实上，如果承认微笑曲线，就等于承认了这一点，将微笑曲线中单个产品的微观描述宏观化，就是对整个利益分配格局的描述。微笑曲线是告诉我们产品利润如何分配，这条曲线的状态与宏观上"NFI"的状态相对应，从微观上为宏观指标的态势提供了说明，是宏观状态的微观体现。而且它从反向上也告诉我们，"低链位国家"的实得收入并没有 GDP 表现得那么多，这一点对国势的准确判断非常重要。

---

① 前者的计算并不确切，相比而言，考虑后者更符合"谁干粗活谁排放"的原则。

落实系统论思想，有助于对国势做出冷静的判断。寄希望于天赋中国人权，似乎增长成就是中国国运使然，似乎就是轮到了中国人发财，似乎中国捡到了大便宜，这种臆想对下一步发展很不利。凡有业绩，都有国人辛苦劳动所支撑，要鼓实劲，天下根本没有"躺赢"这回事。

10.2.2　得之舍：工作债

一般而言，工作有不同类型，一种较为基本的区分在于：工作有"快工作"和"慢工作"之分、有可突击和无法突击之分、有一时性与常规性之分，还有效果突显和隐含之分。这两大类工作的结构需要优化，需要适配。如果总是指令性地布置工作，如果总是要求加快进度，如果工作在一定时期内超出下层的执行能力，那么下层就只能选择那些"快工作"，可突击的工作，一时性的工作，效果短期明显的工作。如果布置工作时并不匹配相应的工作资源，总体上有限的资源往往只能抓重点地配置，那么下层就只能用负债的方式来维系运转。这样的"得舍选择"，不仅容易欠下资金债，还往往容易欠下工作债。所以，我们在评价工作业绩时，需要注意正反两个方面。

例如不少人说，中国是全球化最大赢家，这就需要深入分析，我们到底赢在哪里？如果是市场经济公平交易，那么就会出现赢与输两种因素之间的平衡，有赢必有输，那么，输的因素又在哪里？当时的美国总统，总说中国占了美国的便宜，而我们接受"中国最大赢家说"，是不是与这种说法相呼应？按照指标定义，GDP 是增加值之和，似乎 GDP 数值越大，增加的价值越多，国家实力也越强。但这只是浅表化的认识，其中还有不少经济测度的陷阱，需要提防。

中国积极进入全球化进程，究竟赢在哪里？赢在了快速脱离的贫弱的过去，赢在了经济活动空前活跃，赢在了农民转入城市得到新的就业岗位，赢在了改天换地的城市化进程，但还需要注意，在"NFI"上中国总体上是赤字国，就凭这一项，就不能接受"最大赢家"的高帽。须知，现在中国远没有发展到那个程度，甚至连"怀璧之罪"都够不上，不过是"怀米之罪"。

即使造成国际经济体系的某种结构性变化，也仍然离发达国家相差很远，不能仅看一段时期的 GDP 快速增长，而需要认真反思：中国为什么会出现"三期叠加"？对其内部原因和外部原因都需要系统梳理。出现这种状况意味着什么？尤其要辨明因快速增长所隐含的额外成本，还有探讨建立防止返贫的有效机制，主动弥补因追求速度而欠下的工作债，以实现可持续发展。

10.2.3 "中国最大消费市场说"的深入考察

人固然是消费者，但并不是人多了，消费市场就大，一般而言，应该是有钱的人多了，肯花钱的人多了，消费市场才可能真正形成，故而需要深入分析。在中国的零售消费市场份额占全球的比重加大后，还需要分析其内在原因。

（1）结构分析很重要，什么年龄段的消费者是消费主力，其资金来源主要在哪里？要想维系最大的消费份额，就需要注意培育这部分人的消费能力。

（2）还要注意分析，有多少年轻人基于借钱来消费？甚至基于高利贷借款消费？有多少人掉入了高利贷的陷阱，无法持续其攀比性消费，还影响其亲友的正常消费？

（3）基于收入的消费才比较可靠，但还要进一步分析。有多少人基于目前手中的工作岗位收入来维系贷款型消费？如果失去了高薪岗位，如何来偿还已经借入的贷款？如何维系原有的消费水平？

（4）年长的消费者通常基于储蓄和退休金，这部分人口的消费占多大比重？他们是不是为自己消费？即是否还负担了大家庭中子女的消费？如果是老年人群自己的消费，他们的消费属于什么类型？应该进一步区分补偿型消费、（对通货膨胀）恐慌型消费、备灾型消费等等，以分析其持久性及其对消费市场规模的影响。

（5）按照经济统计的规定，在指标计算时购买就算作消费。但如果是储备型购买（如粮食、食盐等），则当经济局势平稳后，真正进行家庭消费时就不会再购买，而是使用早前的家庭库存，此时就容易导致零售商品的销售额下降。

（6）注意中国消费额在全球总消费额中比重的演变，未必就是线性扩大的趋势，数额和比重指标上去了，有没有波动的可能，得注意这个份额与经济周期的关系。

总之，不能完全寄希望于此，所谓用市场换技术的策略，或因为市场大，而不怕制裁等等预期，是否那么可靠？

10.2.4 中国产业链最为完整，不怕列强围堵吗？

在深度全球化的格局下讨论一国的产业完整度，这本身就存在基层逻辑不通的问题。对一个国家而言，参与全球化即意味着产业"去完整"，参与程度愈深，则"去完整"愈烈。一个部门有一个企业或少数企业，就认为我们拥有这个部门？就算拥有多数企业都无法断定自己拥有该产业的完整性。企业"多"与产业"完整"之间的关系，涉及计算和判断完整度时的权重，不能简单地看企业在产业中的分布数量。

如果认定我们参与全球化程度比较高，则无法再认定我们的产业完整，二者截然相悖，自以为"部门齐全"，殊不知其中隐含了相当多的漏洞。关键在于，从产业分类的哪个层次来判定所谓产业的完整度。现在我们从联合国产业分类目录来看，中国唯一拥有其所有 41 个工业大类、191 个中类和 525

个小类，所以按现有的国际标准判断，中国产业似乎非常完整。

然而我们不能忽视的是，现在产业发展已经细化到"产品内分工"的程度，因此在分析产业完整度时，就需要相应地再细化，要切实"分析"联合国产业分类目录小类以下的产品及其零部件，深入观察我们产业的真实基础状态和趋势。产业是否完整的判断，还与经济统计的部门分类详尽程度相关，分类越细，越容易判断产业的完整度。所拥有的产业完整与否，或者说完整度高低，与分类粗细相关。试想，如果只分成三次产业，绝大多数国家的产业都是完整的。

更需要充分注意的是产品及其零部件的替代弹性（刚性），而不是仅仅停留在种类"有无"的判断上。在合成"综合产业完整度"指标时，应该进行加权处理。对产品及其零部件的替代弹性低（刚性高）的要赋予高权数，反之则赋予低权数，而权数确定又是值得深究的经济统计学专业学问。

通常而言，处于全球产业链低位的国家，其产品及其零部件的替代弹性高（刚性低），对"综合产业完整度"的贡献比较小；而处于全球产业链高位的国家，其产品及其零部件的替代弹性比较低（刚性高），对其"综合产业完整度"的贡献比较大。最典型的事例便是：当年日本福岛地震后，中国东莞某些工厂停工等待日本企业生产的核心部件，否则根本无法进行产品成型的安装工序，是不是老天爷在启发我们认清自己的产业局限？可惜相当多的国人对此"天启"无动于衷。

误以为中国的产业最完整，误以为世界离不开中国，误以为中国不怕美国发动的产业围堵，没有产品替代弹性（刚性）的概念，没有意识到全球分工隐含的"断链效应"，仍然固执"世界工厂""X国制造"等工业化时代的过时概念，就无法切实应对后工业化时代全球产业链的最新一轮调整。

产业完整度分析，主要是为了判断未来国际经济博弈，甚至贸易战的风险。工业部门间的关联相当复杂，但农业的完整度相对比较容易判断。现在中国的大豆主要靠进口，而大豆除了食用油之外，还支撑了整个肉、蛋、水产品养殖业等。所以，口粮的保障建立在非主粮提供蛋白质的基础上，失去这个基础，口粮的充足度就可能存在风险。还有全世界的农业种子都受控于美欧垄断公司，如果断供，粮食产量能否维持现有水平，也是个问题。

应该注意提防静态比较得出的片面结论，虽然总量进步了，但结构还有很大问题。结构分析还不够，还需要做弹性和刚性分析，光看比重还不够，还需要检查是否存在断链效应，其影响究竟有多大。内循环能否维系世界最大的消费者市场？拉动内需的口号喊了多少年？低端产业为谁存在，为谁就依赖谁，千万不能误以为世界离不开中国。

我们对应调整对外开放程度，需要准备其前提条件，即产业结构的关键环节是否能够自主掌握。面对卡脖子的风险，还得具备反制手段。加大产业链接的保险程度，往往意味着生产能力的"库存"，笃定会增加社会成本。如果先定目标，倒过来做，往往很难，也绕不开。

近年来中国的外贸订单不减反增，说明当前中国生产能力还被世界所需要。但需要注意和准备的是，新冠疫情对我们的市场维系作用有多大？一旦此疫情过去后，发达国家决意要全面围堵中国，将生产基地转移到其他新兴经济体，我们该怎么破解这种恶意竞争？此外还要关注外贸订单的产品科技含量，如果只是临时保住了打苦工的产品生产岗位，庆幸之余还需要未雨绸缪。

中国现代国际关系研究院副研究员马雪认为，在构建供应链时，弹性和效率之间一直存在紧张关系。弹性可以带来安全的供应来源，同时也意味着更多的冗余和成本。[①]

马雪所述为一般性关系，需要注意的是，"链位"高低不同的国家所受影响的程度差别很大。修复"断链"的可能性和成本不同，虽然全球生产链中

---

① 马雪：《美国制造业的"假衰落"和"真困境"》，《美国问题研究》，2021 年第 2 期，第 18 页。

的国家互为条件，但此条件的必要性程度不同。"高链位国家"可在短期实施"自损损人"策略，而贸易伙伴的可靠性对"低链位国家"更为重要，供应来源的多样化也更为重要。"低链位国家"之间是竞争性成分更多的关系，而"高链位国家"与"低链位国家"间的合作性成分则可能更多。

10.2.5　高质量发展与注重"软实力"

现在大力提倡高质量发展，这本身就说明中国在过去的发展过程中还存在低质量的内容。但如何提升发展质量是一个宏大课题，这里从几个方面强调"软实力"这个因素。

第一，需要特别关注"国家信用"建设。

有的人认为，国家实力强了，国家信用就增强，这种判断实际上隐含了一种认定：世界流行"丛林法则"，竞争就得靠硬实力。这种分析有其道理，但问题在于不大注意"软实力"和"巧实力"，不大注意社会基础结构的建设。似乎有了物质基础结构，有了高楼、高速和高铁，也就是我们引以为自豪的高楼大厦和"铁公基"，就实现了经济和社会跨越，就大功告成，至今社会和网络上还流行对这种"唯物"成就的自豪感。

需要特别重视国际组织、跨国企业和 NGO 对各国的排名数据。例如以碳排放总量排名，中国成为世界上最大的碳排放国。需要思考，为什么那么多指标都采用人均量来分析，而在碳排放上却偏偏采用总量指标？中国对此数据不能无动于衷，更不能盲目接受。需要进行深入分析，给出国别碳排放责任的真正状况。还有信用评级、外部审计等，并非仅仅是中性的金融和会计方法技术，其中都涉及西方文化对全球各相关经济体的价值判断。

第二，需要提升政府的政策有效性。有一种误解，西方国家政府也干预经济过程，所以我们的行政手段就可以四处使用。这里不仅要注意不同政府政策工具的组合，还要注意提升政策的有效性。

第三，双循环的真正打通问题。只有"内循环"建立好了，"外循环"才容易真正打通，"内循环"成为"外循环"的条件。如今应对列强围堵的一个措施，就是把中国的发展放在新兴经济体之中。

其实其他新兴经济体也清楚，中国遭受打压一旦失败，马上就会有另一个出头鸟成为列强的打压首要对象。所以新兴经济体之间既有竞争博弈，也面临着列强同样性质的打压，不过不同时期不同经济体面临的打压力度不同，这是新兴经济体之间彼此加强合作的基础关系。

列强对新兴经济体是在"掐尖"，而美国要独霸全球，则所有的"他国"，包括欧盟、日本等，都可能成为它的打压对象，如果中国被美国压制下去，则欧盟、日本、韩国包括印度等国家日子就更难过。就像苏联垮台后，欧盟成了美国打压的重点，一个道理。

基于这个认知，中国应该尽可能避开与美国的单打独斗，至少要减少这种斗争的烈度，应该谋求与其他新兴经济体一起发展，与其他发展中国家一起发展。

10.2.6　关注结构之一：地区结构

在中国的地区结构问题中，东北地区特别值得重视，因为该地区曾经是中国的发达地区，同时，该地区发展还涉及人口结构的重大变化。但应该看到，东北经济下滑，并不完全是因为老工业基地资源枯竭。典型的例如，抚顺就是一个工业类型齐全的城市，并非资源枯竭后缺少其他产业支撑，但照样衰退。

放在全国格局中看，事实上是当时中国增长只能局部实现，有限生产要素在地域空间的几个点集中投放，也就是集中优势兵力作战，重点突破。在当时的格局下，可用于增长的要素非常有限，市场经营人才和资金等，主要是资金缺口，不可能全面开花，各地齐头并进。在市场引导下，由资金而项目，由项目而人才，由人才而市场，大都被南方沿海地区吸引走，珠三角和长三角的"虹吸效应"，对其他地区间资源分配而言就是某种"挤出效应"。

　　履行社会责任是企业应尽的义务，不过，还要看到，履行社会责任可能会对东北国营企业产生一定的影响。设立"大集体工厂"是当时下乡中学生主要回城后的安置措施，规模巨大，成为国有企业在市场竞争中失败的一个重要原因。父母在国营厂工作，有了生产任务，或者产品有了市场需求，先得让给"大集体工厂"，因为不能与自己的孩子抢饭吃，久而久之就拖垮了国营"母厂"。增长颓势一旦形成，则非得有重大措施才能逆转。如果外商不投资，私有资本不投资，国有大企业也不投资，中央政府的转移资金仅能维持补贴生计，自然就无法图谋本应有的发展。所谓东北现象，在东西发展差距之外，又引发了南北发展差距。如果蔓延开来，则不仅是国家经济安全的问题，人口外移，还容易引发国防安全问题，应该引起足够的警惕。

10.2.7　关注结构之二：产业结构

　　很多人为中国的工业发展而骄傲，因为中国的工业增加值占世界工业增加值的28%，而排名第二、三、四的工业强国，其工业增加值加在一起，只比中国多了一个百分点。

　　对已有增长业绩当然要充分肯定，不过，对这个判断还需要做深入的分析，以利于今后的高质量发展。

　　第一个方面，应该特别重视"为制造业服务的第三产业增加值"。应该注意到，"微笑曲线"描述的是两类产业在单个产品生产中的态势，既有制造业，更有为制造业服务的第三产业。对中国的国势判断而言，将服务业划分成"为消费服务的部分"和"为制造业服务的部分"，并整理出相关的基础数据，更具备现实意义。不能一提到第三产业，就下意识地只想到"居民服务业"。

现代社会分工，服务业向生产阶段扩展，更重要的是为制造业服务的这部分，即"生产服务业"，也正是这部分，往往仍然是新兴经济体的短板。从另一个角度看，也就是制造业的细化，分成高端制造业、低端制造业和"为制造业服务的部分"，后者从制造业中独立出来，也为发达国家将其生产要素集中于高端制造业，将制造业低端转移到国外提供了方便。

发达国家之所以肯把制造业低端部分让给国外，正因为他们更在意"为制造业服务的第三产业"，这才是高额利润的来源。我们在制造业排名第一，一方面是我们人口规模大，而且比其他新兴经济体更为努力，另一方面也确实是列强出让的结果，他们并不想在这个赛道上持续做第一。

第二个方面，这个判断仍然基于静态结构描述。需要考虑到该指标动态变化中隐含的风险，如美欧围堵后的"产业断链效应"，一旦发生，比重指标所减少的就不只是被"卡脖子"的零部件份额，还包括因为该项中断导致的波及效应，与该零部件相连的该生产链条可能会断掉，损失的就将是该产品生产链条的整个产值份额。

双循环如果以"内循环"为主，则意味着要防止对"外循环"的过分依赖，因而需要分析对进出口的依赖程度。但要注意，"进出口依赖度"的计算和分析不能只看比重（进出口依存度），还得看进出口两个方面的"链位"高低：所进口产品（或零部件）在产业链中的位置；所出口产品（或零部件）在产业链中的位置。显然，处于高位的产品（或零部件）其影响权重大于处于低位的产品（或零部件）。或者说，在计算比重指标时，要考虑权重不同的"链位"影响，要计算加权的比重指标。

深入认识产业结构问题，还应该注意以下几个方面。

第一，认清实际的技术差距。为了维系高额利润，欧美企业专门生产能够防止他国模仿的产品设备，中国可模仿的空间越来越小了。这里需要注意避免一个误解，并不完全是我们与欧美之间技术水平的差异变得很小了，似乎产业水平提升后就接近于发达国家。就整体而言，真实的状态是：在人家原来"放开"给我们的可操作空间中，我们已经做得差不多了；再进一步，就势必需要突破人家默许我们操作的空间，需要进入人家不允许我们开发的空间。

第二，把握产业虚实调整的度。还有的产业观点认为，工业比重下降是国民经济结构优化的表现，是产业水平在提升。我们应该注意这种判断的有效前提，对"高链位国家"大概率如此，但对"低链位国家"则未必如此。所谓优化，须以现代产业服务业的提升为条件，否则产业确实容易"脱实向虚"。

第三，处理好高端发展与低端就业的关系。高质量发展的目标其实要求非常高，光是扩大投入还不成，还得提高生产效率，但这又与保障低层就业的需求相矛盾。新兴产业对低层就业有挤出效应，如何弥补？需要预先做出安排，需要把握新兴产业的发展节奏和力度。不能指望甘蔗两头甜，不能两头堵，不能什么都想要，看似全面，实则行不通，劳动密集型与资本密集型二者存在相悖的发展效应和结果。

第四，产能调整与发展水平相匹配。处于不同发展阶段的不同国家，对产能过剩的容忍度不同，发展水平低的国家，其容忍度相对可能高一些。

第五，规划好高等教育对产业提升的切实支撑。如何应对高端产业发展对高级蓝领乃至白领的需求？如何切实发挥高等教育对高质量产业的支撑作用？劳动力成本上升，是脱贫和中等收入群体扩大所带来的必然现象，是一体两面的事情。"大学生民工"群体的出现，容易导致新的"读书无用论"，原来用高等教育延缓就业压力的办法也可能失灵，甚至可能导致原来的三本大学招生困难，要尽量防止出现"两头不靠"的局面。

10.3　如何在新兴经济体与发达国家矛盾格局中看待中美关系

对任何国家而言，进行"国势研判"都绕不开美国，世界现实就是美国谋求独霸全球。尤其对中国等新兴经济体而言，对于与美国关系走向的研究和判断更为重要。

一国 GDP 如果超过美国 GDP 的 70%，就是美国的敌人，这么重大的战略判断是一种经验总结，但是，仅靠 GDP 总量的比重一个指标就做出来，还不够严肃，也不够学术，这里应该是系统化的研究。

10.3.1　解读中国崛起的东西文化差异

中国的发展目标并不是取代美国成为世界霸主，中国文化在基因中趋于"守成"，中国人的"天下"概念是当时皇朝已经掌控的土地，至于外部世界如何，国人并不在意。民众也从来没有类似白人拓殖者那种四海为主人的心态。中国人并不想统治世界，加快发展是为了尽快脱离过去那种饱受列强欺凌的时代，是为了中国老百姓过上幸福生活。

中国反对美国对"他国"的欺凌，但并不想替代美国，GDP 总量只是判断是否为经济大国的指标之一，从诸多其他指标看，中国距世界性大国还有相当的距离。尽管中国发展首先是为了中国人民的福祉，但也愿意为全世界为全人类做出更大的贡献，中国人是最富有奉献精神的。中国对全世界的发展提出建议，并不意味着中国要当在各方面都排在世界第一的国家。

崛起心态基于"身大力不亏"和"落后就挨打"等认识。中国人有此诉求是历史的教训使然，因为在"丛林世界"中生存的确需要以实力作为基础。但"中国崛起"本性上是保守的，更多的是为了少受欺负。我们只是不愿意处处时时按照帝国的指令行事，毕竟我们是独立主权国家。

"GDP 总量第二经济体"与"挑战国""替代国"是完全不同的概念，GDP
总量大国与"经济总量大国"也可能存在差异，或许中国可能更是"经济流
转总量大国"，只有基于"线性思维"才容易将之混为一谈。国外某些人给中
国戴上"挑战国"的帽子，是为了引导美国政客聚焦压制中国，是要把中国
放在火炉上烤。GDP 总量第二大经济体，未必就是超级帝国的"挑战国"，
更不要说成为"替代国"。凭借高楼、高速、高铁，绝对不构成对第一发达国
的挑战，发展中国家的崛起需要弥补的工作太多。专注于物质形态的崛起，
也是一种增长的偏执。

如何解读"崛起"，东西方文化存在不小的差异。西方国家间竞争和战争
的历史悠久，"崛起"往往是侵略性的，所以东西方之间对这个概念存在
着"文化误读"，西方人根本不相信、不接受"和平崛起"的理念，人类历
史上也确实并没有存在过和平崛起的世界性大国。

从与其结果的关系看预期，既有"自证型预期"，也有带"否证倾向"的
预期。中国超过美国的预期越被肯定，受到美国及其联盟的打压力度就越
大，预期就越难实现。这是一种预期悖境。如果对某事物不利因素及其演变
估计得越不足，应对打压的心理和预案就越不容易变得成熟。

10.3.2　中美交恶的责任难道在中国吗？

国内有一部分人也总觉得中美交恶责任在中国，是我们占了人家的便宜，
是我们破坏了国际规矩。应该看到的是：

第一，美国在每个时期都会选定一个外国"敌人"，作为国内政治的发泄
怨气的出口。

第二，美国在中美经济往来中并没有吃亏，贸易差额大小与盈利大小并
不相同，如果做亏本买卖，贸易差额越大，亏欠越大，这是经济常识。

第三，美国是要中国等发展中国家永远都做低端产业，只要穷国试图提升在全球生产链中的地位，就是破坏世界秩序。

第四，经济间谍是列强竞争中再正常不过的手段，是他们彼此心照不宣的"国际惯例"，中国野生大豆种子就是某国偷走的，类似的事件非常多，中国在这方面是吃亏较多的。

第五，或许在某些产品的研发上，中国企业成了欧美跨国资本暴利的粉碎机，是他们获取超额利润的克星，动了跨国资本的奶酪，招致其异常的愤恨。这恰恰表明了一种基本态度，列强尤其是美国，对"低下的他者"：你必须走我的路，但你绝不能离我太近，只允许远远地后面跟着。

第六，美国在国际贸易争端诉讼中往往强词夺理。2023 年世贸组织的一次会议上，美国代表玛利亚·佩根指责中国利用世贸组织争端解决机制，保护非市场政策和行为。这种指责从正反两个方面都说不通。如果是利用世贸组织争端解决机制，说明中国遵守了世贸组织现有规则，没有破坏解决秩序。国际贸易存在争端非常正常，通过世贸组织来解决争端更是遵守规则的表现。如果说国际组织的规则存在问题，需要改进，那么美国指责中国破坏国际规则和秩序，逻辑上就不成立。相反，正是美国在破坏世贸组织的争端解决机制，一直推迟对世贸组织法官的任命，便是典型事例。

10.3.3　美国真在意中国的人权吗?

西方政客一面指责中国不民主，一面却极力破坏中国推进民主的基础条件，总是将中国置于战时和危机状态，他们明明知道，没有任何国家可以在紧急状态下实施民主制度，特别是美国所指定要求的那种民主。在战争和非常状态（危机时刻，强敌当前）下，哪个国家能实施"一人一票"的民主制度? 特朗普作为总统要在美墨边界修建边境墙，都得实施"紧急状态法"，更何况发展中国家？欧美如果真心要在别国推进民主，为什么总是破坏别国的民主进程，总是给别国刻意制造麻烦，总是输出强行美式民主，总是直接鼓动和支持别国的"颜色革命"。

美国真心关心人权，那么沙特记者在国外被残酷地杀害，为什么不出面主持正义？卢旺达大屠杀，近百万人的死亡，美国和欧洲人权卫士在哪里？香港普通居民受到残忍的杀害（火烧），竟然成了美国议长嘴里"亮丽的风景线"，良心哪里去了？中国新疆居民遭受恐怖袭击，为什么中国就不能反恐？

可见，欧美并不真心在乎别国民众的福祉，只要新兴经济体别再发展，别对他们自己构成竞争态势就好。也可见，美欧政客并不真心让中国实施一人一票的民主，因为他们总是刻意破坏我们实施民主的政治环境。

帝国的掠夺和强权介入使得穷国政府直接介入本国经济事务有了更充分的理由，而大资本家同时又给穷国政府官员腐败提供了榜样、机会和渠道。特别是"颜色革命"迫使面临美国策反的国家加大控制力度。

美国在国际经济事务上非常专制，其国内政治在要害事务上也相当专制，所谓民主也只是让无关紧要的多数在无关紧要的事务上于无关紧要的日常中加以实施，确实没有资格来裁定别国如何，制裁中国不过是为本国民众确定一个发泄对象，转移仇恨目标。

10.3.4   GDP 总量不宜作为超美的代表性指标

即便客观上存在 GDP 总量超过美国的某种可能，主观上也确有超过美国、少受帝国欺辱的意愿，但需要冷静地分析这种超越的可能性。用 GDP 总量接近美国作为超越的依据严重不足。有人说，中国超过美国只是时间问题。这基于中美差距逐年缩小的设定。需要注意观察 GDP 总量指标的态势，中国与美国差距只是在近 15 年才呈现收窄的状态，但在此前，从 1993 年到 2005 年，两国 GDP 总量的差距却是逐年扩大。

历史上美国真正超越英国成为世界霸主，即所谓"苏伊士时刻"，是在其 GDP 总量超过英国的 60 年以后，其间还有两次世界大战的客观助力，战争使得昔日头号霸主英国的实力大大消减。由于国家体量的不同，即美国与英国本土比较，美国人均 GDP 在总量超越的几年之内就完成了对英国本土的超越。中国与美国的"体量差"（从领土面积和人口两个基本维度比较）远没有美国与英国的"体量差"那么大。历史经验表明，对世界霸主的超越并没有那么容易。

社会舆论中存在一种误解，美国将中国作为头号对手，这就说明中国确实强大。应该看到，一个国家是否强大，只是美国选择战略对手的标准之一。作为对手，有多种成因。美国需要敌人和战争，是军工综合体的生存需要，不仅是意识形态上和其文化基因上的需要，更是实实在在的需要，是其军工生产能力市场实现的致命性需要。还有欧盟国家和日本等国为缓和美国对其的打压，而刻意转移美国政客的注意力，乃祸水外引的博弈过程所致，还包括新兴经济体彼此竞争的作用结果。客观上，欧盟作为一个大经济体存在，是美国念念不忘的。将"三国杀"的格局做出中美"对决"的态势，也有欧盟政客的功劳，他们极力将中国推到美国霸权面前，祸水东引，以减轻美国多年来打压欧盟的巨大压力。

美国资本利用我们谋求增长时的求快心理，典型的例如让我们使用开放软件，即使使用拷贝软件也不追究，让我们依赖现成的工具，把我们引诱到、逼到这条没有科技基础的"快速路"上。现有范式的成功者，从另一个角度看，往往就是被该范式缺陷所损害的受损者。一个经济体总需要快速增长，本身就说明了实力还不够强，还缺乏"从容发展"的资格。

10.3.5　不宜接受"中美对决"的说法

有不少人以为，中美对决是当今世界最主要的大国博弈。还认为中美对决不可避免，这是中国实力所致。对这种判断需要深入分析，至少其中存在博弈中"祸水东引"的成分。

第一，不能忽视的是美国政客的"甩锅"操作。各国政客为其政府失责而诬陷、嫁祸中国，用贸易战缓解美国不同类型大资本的矛盾。美国资本主要有三大类：产业资本（芝加哥资本）、金融资本（华尔街资本）和数字资本（硅谷资本），军工综合体资本则隐身在各类资本中，无法准确断定其归属。美国跨国资本全球获利，民众没有参与，自然无法分羹。并不是美国经济没有增长，不是美国资本没有获利，而是其国内利益分配上出了问题，民众出局，不同类型资本间分赃不均。

但是美国白宫（政府的行政部门）根本无法解决国内分配问题，需要一个足以卸责的"敌人"，于是把中国产业发展扯进来，似乎中国贸易顺差数额大，就是从美国得到了利益。其实如果交易亏损，做得越多，亏得越多。当时的美国总统明白这个道理，但美国好多人并不理解这一点。所以当时的美国总统揣着明白装糊涂，让中国"背锅"，转移民众的注意力，得以赢得不少民心。本来贸易差额是美国对中国放开设限造成的，真要单纯地减少两国贸易差额，只要美国放开一点点限制，多卖给中国值钱的产品就能奏效，非常简单。

第二，注意承认大国博弈过程中其他主体的存在。在美国极力打压遏制中国时，竞争过程各利益攸关方也纷纷动作，将中国作为替罪羊送到美国制裁者手中，以减轻美国对其的竞争压力。在当今国家间博弈中，除了中国外，世界上重要国家力量都在"挑美遏中"，而美国恰恰是一个需要敌人的国家，没有敌人，美国的斗志就无从激发。回顾历史，我们是否忽略了欧盟作为世界最大经济体的存在，是否忽略大国竞争主战场在欧美之间的历史事实，是否忽略了日本、韩国作为发达国家的存在？至少有一点，我们不应该将欧美日韩等看成铁板一块。

有学者认为，欧盟与联合国相同，都是一个一般性的国际组织。笔者不同意这种判断，欧盟组建的重要动因便是抗拒美国对欧洲事务的独裁，试图成为一个具备独立性的国际政治力量。我们好多人忽视欧盟多年来在经济总量的经济体排名中列居第二的事实，甚至有些年份超过美国成为世界第一，也即美国前总统奥巴马公开声称不能容忍之事。

第三，一个最大的发展中国家与一个最大的发达国家对决，在事理逻辑上能否说得通？约瑟夫·奈教授提出美国在地理、能源、金融、人口和技术这 5 个方面的"长期优势"，言外之意，这是短期内别国无法逆转的，恐怕意指发达国家对发展中国家在综合国力上目前世界竞争的国势格局，中国当然不能妥协，不妥协并不等于要挑战，更不等于要对决，应对与对决在性质和程度上都存在非常大的区别。

第四，真要进行所谓"中美对决"，中国的成本或代价都有哪些？仅仅是失去最大的产品买家？如果采取非热战方式，中国的胜算究竟多大？"中美对决"这种说法不宜接受，还在于它把发达国家长期对新兴经济体进行压制的过程看成一种短期现象，没有打持久战的心理准备。还要想到，即使对手真的垮了，我们能得到什么？国内多年来积累的社会问题能否得到解决？和热战结果可能并不同，贸易战多半得不到战争赔偿。

第五，注意区别美国搞"产业回流"动作与中国"产业外流"的区别。"产业回流"只是美国政客对选民的口号，他们明明知道初级低端产业无法回到美国，只是把责任推给中国，只是"甩锅"策略。但我们不能因此掉以轻心。不能将"产业回流"与"产业外流"混同起来，低端产业无法回流美国，并不等于无法流出中国，对中国在全球产业链中的份额而言，产业回到美国与产业流出中国是等效的，不能把产业回流美国的难度等同于产业外流的难度，麻痹大意，放松警惕，自大和轻敌要不得。

第六，应该注意学习其他博弈方应对美国的方法。美国霸权确实令人气愤，但历史上美国霸权的主要施加对象：西班牙、英国、法国、苏联（俄罗斯）、德国、日本、欧盟等，他们是如何与美国进行博弈的？我们应该从历史中学习哪些经验和教训？是否也应该软硬兼施？应该看到，美国建立全球唯一霸权国家的战略，是把制服中国当成其收官之战，长期以来直接打击的大动作似乎并不多，只是到了特朗普政府时期才直接开战。当时我们对这个格局和趋势是否有所察觉？有的人还庆幸美国之前对我们的"忽略"，以为是韬光养晦的成功。

10.3.6　在中美博弈中注意"软实力"与"巧实力"的学习和运用

吉林大学李晓教授对大国竞争的双重冲击做过比较系统的阐述，值得引起重视。在"经济主义时代"而非"领土主义时代"，误以为守住了领土就守住了经济，守住了实物就守住了经济，这其实是"防守误置"。美国放弃了阿富汗，但美元却在收割全世界，至少是将其风险外移到国外。

从世界各国平等的法理上看，美国不应该特殊，但世界现实中美国确实非常特殊，因此，不能用常规的危机成因去判断美国的国势走向。美国政客非常直白地挑明：美元是他们的货币，却是他国的问题。所谓美国搞"逆全球化"恐怕是一种误判，因为这并不符合资本的逻辑。这一轮全球化是以国际分工合作形式出现的，但在本质上却是美国资本的海外扩张。

在判断中美竞争态势时，有人愿意强调：美国历史短，中国则具有历史悠久的优势，其实这也是一种基于"文明等级论"的说法。从反向可知，不同国家都可以找到自己文明等级高的理由，因此，处于发达国家地位的列强每每显露出文明等级的论调，也并不奇怪。

曾经有人做出这样的判断，中美贸易差额占 GDP 比重很小，所以中美贸易战无关大局。这是被巨大的 GDP 总量迷惑了判断力。还有人基于资本家要来中国赚大钱的贪婪，以为我们只要让他赚到钱，中国与美国关系就斗而不破。哪有资本家放着钱不赚的道理？这种情况还真的有，关键就看赚这笔钱的风险多大。

我们有的人误以为美国真是市场经济，是自由市场主导。其实美国经济的实际操作与此大相径庭，政府的作用若隐若现，总是存在着。还需要注意到，美国对中国从来都是有限地放开，虽然相反要求中国全面开放。美国绝不会因为自由市场的理念而放弃政府对他国经济的干涉，不会放弃对"他国"尤其是对中国的打压。

从现今的中美博弈看，第一，美国资本家也有其爱国情结，利用人权等借口制裁有其效果。第二，美国政府出手，加大资本在中国赚钱的风险。原来是中国给外资的优惠非常丰厚，资本家纷纷到中国淘金。稳赚、包赚不赔的钱人家当然积极来赚，如今被美国政府单边加大了在中国投资的风险，资本就完全可能却步不前。

以前光是指望着中国与美国"斗而不破"，东北亚经济圈的构想被美国和欧洲政客所破坏，无法实现。当时似乎并不觉得可惜，回过头来看，过分依赖美国，现在回旋余地就比较小。

在中国与美国合作时，我们还愿意把双边经济合作解读为"压舱石"，希望美国政客不要做损人不利己的事情，但这种劝说不大容易奏效。应该看到，短期内"双输博弈（lose-lose）"是强势方能接受且可以主动实施的，其结果即所谓"损人不利己"，也即"逆帕累托改进"，各竞争方都损失，总体也损失。我们固然应该谴责对这种浪费资源、损害人类整体利益的卑劣做法，但不能忽视强势方在短期内主动采取这种极端博弈策略的可能性。从长期看，只要能够将弱势方"熬倒"，或令对手失去基本对抗能力，强势方在后期就能够获得更多利益，足以弥补前期采用"双输博弈"策略的损失，总体上仍然有利可图。弱势方需要认真准备的，是当强势方采取这种极端博弈方式时，凭借什么力量能够挺住，不至于被"熬倒"。

由于强势方多了这种博弈"选择"，他们往往得以在非常刻薄的条件下逼迫对方达成所谓交易协议，而弱势方为了避免出现更差的局面，往往不得不妥协而接受"还不那么差"的妥协方案，所谓交易达成，并不是由于什么"显示性偏好"。关键在于成本效益的相对性，人家耗得起，蛮可以不赚你的钱，或者短期认亏，或者逼迫盟友承担损失，可见强者并非真的喜欢自由竞争市场，美欧政客一点儿也不受其主流经济学理论观念的束缚，深入介入市场并无心理障碍。

参 考 文 献

安德森 B. 2012. 比较的幽灵. 甘会斌译. 南京：译林出版社.

巴罗 R. 2001. 宏观经济学. 第五版. 沈志彦，陈利贤译. 北京：中国人民大学出版社.

波尔特. 2009. 存在的急迫——论海德格尔的《对哲学的献文》. 张志和译. 上海：上海世纪出版股份有限公司，上海书店出版社.

波兰尼. 2020. 大转型：我们时代的政治与经济起源. 冯钢，刘阳译. 北京：当代世界出版社.

布劳特 J M. 2002. 殖民者的世界模式——地理传播主义和欧洲中心主义史观. 谭荣根译. 北京：社会科学文献出版社.

戴蒙德 J. 2022. 枪炮、病菌与钢铁. 王道还，廖月娟译. 北京：中信出版社.

迪顿 A. 2014. 逃离不平等：健康财富及不平等的起源. 崔传刚译. 北京：中信出版社.

多德 D. 2008. 资本主义经济学批评史. 熊婴，陶李译. 南京：江苏人民出版社.

福山 F. 2020. 国家构建：21世纪的国家治理与世界秩序. 郭华译. 上海：上

海三联书店.

戈莫里 L，威鲍莫尔 W. 2000. 全球贸易和国家利益冲突. 文爽，乔羽译. 北京：中信出版社.

格兰诺维特 M. 2019. 社会与经济：信任、权力与制度. 王水雄，罗家德译. 北京：中信出版社.

辜朝明. 2019. 大衰退年代：宏观经济学的另一半与全球化的宿命. 杨培雷译. 上海：上海财经大学出版社.

郭双林. 2016-12-26. 《"文明等级论"带着偏见——国际交往中，旧观念的影响犹在》. 北京日报，16.

哈耶克. 1997. 通往奴役之路. 王明毅，等译. 北京：中国社会科学出版社.

韩炳哲. 2019. 他者的消失. 吴琼译. 北京：中信出版社.

汉南 D. 2013. 发明自由. 徐爽译. 北京：九州出版社.

卡特里斯 F Y. 2018. 经济增长值得期待吗？. 张俊丰译. 北京：中国经济出版社.

克鲁格曼 P. 2012. 一个自由主义者的良知. 刘波译. 北京：中信出版社.

李晓. 2022. 双重冲击：大国博弈的未来与未来的世界经济. 北京：机械工业出版社.

李应志，罗钢. 2015. 后殖民主义：人物与思想. 北京：北京师范大学出版社.

刘禾. 2013-07-11. 文明等级论：现代学科的政治无意识. 中华读书报，13.

刘禾. 2016. 世界秩序与文明等级：全球史研究的新路径. 北京：生活·读书·新知三联书店.

罗哈斯 C A A. 2006. 拉丁美洲：全球危机和多元文化. 王福银译. 山东大学出版社.

罗桑瓦隆 P. 2004. 乌托邦资本主义——市场观念史. 杨祖功等译. 北京：社会科学文献出版社.

麦克米兰 J. 2006. 市场演进的故事. 余江译. 北京：中信出版社.

莫里斯 I. 2014. 西方将主宰多久. 第二版. 钱峰译. 北京：中信出版社.

奈 J. 2012. 权力大未来. 王吉美译. 北京：中信出版社.

彭慕兰. 2010. 大分流：欧洲、中国及现代世界经济的发展. 史建云译. 南京：江苏人民出版社.

彭兴庭. 2021. 资本 5000 年，资本秩序如何塑造人类文明. 北京：中国友谊出版公司.

萨克斯 J. 2021. 全球化简史. 王清辉，赵敏君译. 长沙：湖南科学技术出版社.

萨义德. 2002. 知识分子论. 单德兴译. 北京：生活·读书·新知三联书店.

萨义德. 2003. 文化与帝国主义. 李琨译. 北京：生活·读书·新知三联书店.

萨义德. 2004. 格格不入. 彭淮栋译. 北京：生活·读书·新知三联书店.

萨义德. 2007. 东方学. 王根宇译. 北京：生活·读书·新知三联书店.

斯蒂格利茨 J E. 2020. 美国真相：民众、政府和市场势力的失衡与再平衡. 刘斌，等译. 北京：机械工业出版社.

孙郁，2016，重审“文明等级论”，文艺争鸣，8：4-6.

王绍光. 2012. 波兰尼《大转型》与中国的大转型. 北京：生活·读书·新知三联书店.

沃尔夫 E R. 2018. 欧洲与没有历史的人. 贾士蘅译. 北京：民主与建设出版社.

扬 R J C. 2013. 后殖民主义与世界格局. 容新芳译. 南京：译林出版社.

俞可平，黄卫平. 1998. 全球化的悖论. 北京：中央编译出版社.

张春晓. 2021. 他者的声音：反思后殖民理论的二元结构. 北京：北京大学出版社.

张夏准. 2020. 富国陷阱——发达国家为什么踢开梯子？. 蔡佳译. 北京：社会科学文献出版社.

张跣. 2007. 赛义德后殖民主义理论研究. 上海：复旦大学出版社.

朱云汉. 2015. 高思在云. 北京：中国人民大学出版社.

第 11 章
国家信用建设与经济统计的基础性贡献

11.1 国家信用建设、软实力与高质量发展

11.1.1 国家信用建设是新兴经济体的长期战略任务

国家信用建设是新兴经济体的长期战略任务，需要超越发展经济学的思维，还应该采用"发展社会学"的视角来构建，从新兴经济体自身的角度（放在全球格局中）来思考总结这些年来的发展进程。

发达国家持"文明等级论"思维以"他国"的恩主自居，将发展中国家等而下之地"置放"在全球生产链和全球交易链之中，帝国对"他国"的程序设置是，必须进入其制定的轨道，但绝不能增长（甚至未必是发展）太快，"他国"应该安于作为帝国的底层铺垫（全球链的低端），否则就破坏了现有世界秩序。

"他国"需要深度思考，为什么发展中国家会出现"中等收入陷阱"[①]，究竟是谁设置了这个陷阱，对"他国"而言，是否存在一个列强内设的"发展的玻璃天花板"？如同美国前总统奥巴马所说，中国人过上美国人的日子是地球的灾难，发展中国家进入该陷阱，对其国外原因是否需要系统地加以

---

① 唯一的一个例外是韩国，但应该注意到韩国成为发达国家的地缘政治背景。严格而论，韩国并不是一个真正完整的国家，军事上需要听命于美国，经济上其最大的垄断企业都有美资参股。

总结？

国家信用建设并不只是争取正当的国际交流话语权，更主要的还是把自己国家的事情做好，让人民群众提升其福祉和"获得感"，实际行动胜过语言。当新兴经济体的经济建设和社会发展成就能够让民众满意，就能够让到实地考察和旅游的外国人切身感受到，列强对压制目标国的那些恶意攻击也就没有市场了。

国家信用建设的重心在于民众对国家发展的信心，外国有良知的人只能从一国民众的"获得感"来建立对其国家的信任。不过需要特别注意的是，民众的"获得感"是动态的，并不会停止于某个水平。

这方面一个典型的例子就是"赫鲁晓夫楼"。当初赫鲁晓夫执政时为了快速解决苏联居民住房的问题，把民众从居住无房、旧房和危房的困境中解放出来，专门学习了法国的经验，在苏联搞了第一批工厂预制的房屋，一时大受欢迎，被称为"赫鲁晓夫楼"，作为他的丰功伟绩。但是过了一段时间，随着旧房和危房的消除，新楼变旧，也就成了现存住房中条件最差的，民众对住房的要求又提高了，几十年后拆除"赫鲁晓夫楼"另建新楼又成了良心工程。

类似的情况，其实在美国也出现过。美国在二战之后，大批量的安居房屋也很狭小，只有不到 70 平方米，虽是独居房，却采用军队营房的方式批量建造。初期很受欢迎，而后也被诟病。可见，不管什么国度，民众的"获得感"都是动态的，需要随着经济社会发展而填补新内容，所以，国家信用建设是一个长期的战略任务。

11.1.2 "软实力"更为重要

在新兴经济体的增长初期，重心往往放在硬实力的提升上，抓紧去做容易见到成效的"快工作"，而资源有限，不大容易见到成效的基础性工作，或者"慢工作",一时还提不上议事日程。而到了高质量发展阶段,"软实力"的提升就更为重要,否则,也不会有真正高质量的发展。

应该认识到,是否注重"软实力"往往是发达国家与欠发达国家一个非常重要的区别。所谓新兴经济体,发展并不平衡,或者说质量并不高,突出表现是,在硬件建设上或许有所建树,但在"社会基础结构"方面却是可能比较落后。在"物质基础结构"建设取得明显业绩后,工作重心就需要转到"软实力"上面来。

萨义德先生曾撰写长文《重整与抵抗:寻求巴勒斯坦独立》(*Rally and Resist: For Palestinian Independence*),代筹巴勒斯坦独立建国大计,将地图列为要项。其中做过一个鲜明的对比:"以色列治西岸、加沙与耶路撒冷,图籍精详,举凡山川地理,水源、道路、人口、屯民、驻戍,一一勘实,按图经略,交兵则手握形势而战,谈判则脚踏实地而争,以示主权持有之故,巴勒斯坦人则凡事一厢情愿,据以色列地图而战而谈,虚实不明,任人摆布⋯⋯"(萨义德,2004)

这个事例充分说明了"软实力"在国际博弈中的分量。也可由此推论,在"后时代殖民领土",作为"软实力"组成部分的"国势学"对于国际博弈的基础重要性。

11.1.3　建立学习机制

新兴经济体更应该注意对外学习,建立起动态的学习机制。

第一,甚至应该学习博弈对方的手法,从其认知中找出值得中国注意的问题。无论是"中国崩溃论",还是"中国威胁论",欧美政客鼓吹时,还有一些智库在论证时,总会提出其论调的理由,可能更有提示作用。美国国会经常需要就其国策进行辩论,不管是出于傲慢,还是出于自信,他们对"他国"的干涉常常是阳谋，我们应该利用这个信息公开过程，专门加以研究。

国人有的觉得美国冤枉中国，因为中国已经在国际事务做出最佳表现了，美国还折腾我们，但如果看到美国折腾欧盟诸国，就可以缓解这种情绪，就连对与他们同人种同文化同意识形态的国家都如此狠辣，更何况对待人种、文化、意识形态相异的中国？

第二，侧重政策研究的智库应该有所分工，建立事项推演的"红军"和"蓝军"对垒机制，智库的产品不应该雷同，讨论相同的议题时意见应该有所交叉。

第三，政府还应该引导网民智慧地讨论国内外的种种社会问题，从中吸取有益的建议和建设性意见，同时也有利于消除误解，平息怨气。

11.2　中国发展对世界的三大贡献——中国实践对国家
信用的最好背书

美中贸易战以来，美方总是高傲地占据"道德高地"，堂而皇之的借口是中国不守规则，占尽了美国的便宜。而其时副总统迈克·彭斯（Mike Pence）更是高调，把中国这些年的发展都归功于美国的恩赐，这种谬论实在离谱，惹得台湾的主持人黄智贤女士挺身而出，呼吁公道。

彭斯的这种昧心之言总能让我想起一个场景①：出差乘高铁回北京，好多次是晚上十一点钟左右，在西直门地铁站换乘十三号线，看到满车厢、满站台、满通道刚刚下班的年轻人，真是心疼得发慌。这可都是独生子女，当年父母心里的小皇帝，含在嘴里长大的啊，约莫他们赶回居所睡下得后半夜了，第二天一早又得几点爬起来接着奔波呢？折腾一天两天容易，这可是长

———

① 欧洲流行时间利用账户核算，这便是一个典型场景。

年累月的事儿啊!

而这些人还是在写字楼格子间的白领呢,工地和车间里打工的蓝领又该有多苦?这么多人这么个累法子,中国再不快点增长,岂不是天理不容吗?对比来看,发达国家的年轻人有多少这么辛苦的?美国人不是一向认定并宣称"美国优先"吗?怎么这些年就发善心把增长机会"恩赐"给中国了呢?

尤其是,中国改革开放以来的迅猛增长,还不只是中国老百姓为自身造福,客观上也为世界发展做出了相当大的贡献,至少可以从以下三个方面来看。

11.2.1 超大大规模贫困人口减少

全球治理的第一位目标是减少贫困。中国 7 亿多人脱贫,全球脱贫人口目标的 70% 以上由中国完成,理应受到表彰。西方文明不是讲究人权吗?中国在人民群众行使"免于贫困的权利"这方面业绩如此突出,如果切实信奉人道主义,如果切实在意人权,那么不应该对中国的经济福利提升欢欣鼓舞吗?怎么还认定中国破坏了世界秩序呢?难道世界秩序就是让中国总是停滞于全世界的下层吗?中国的国家地位上升就坏了西方的设定吗?

西方政客总是愿意拿中国的问题说事儿,其中不少是捕风捉影,还有的则是夸大其词。退一步说,即使中国目前还存在发展中的不足也非常正常。按说,这么大的脱贫成就,哪怕是别的方面有些欠缺也可以理解。做什么事情都有轻重缓急,不能要求中国在所有方面都齐头并进。

11.2.2 经济危机时中国担当的大国责任

1996 年亚洲金融危机,中国没有落井下石。如果当时中国人民币顺势贬值,现在东南亚经济发展会是什么样的格局?美欧总是压人民币升值,如果顺势贬值,单单从国家竞争角度看,那将给中国自己带来多大的博弈空间?

若是换作美国政客操刀，还不得把这个机会用得淋漓尽致？

2008 年美国引发了全球经济危机，我国政府应对国际金融危机、提振经济的一揽子计划出台，可谓"美国得重病，中国灌猛药"。试想，如果没有当时中国的力挺，全球经济复苏要得到何时？甚至能不能进一步恶化到崩盘？在全球主要经济发动机都熄火的情形下，中国人的苦苦支撑该有多么大的正能量。欧美经济从血雨腥风中逃出来，难道中国人的"经济抗战"贡献[①]就一笔勾销吗？一贯号称"斐而泼赖（fair-play）"的欧美绅士怎么就不给予适当补偿呢？哪怕是道义上精神上的认账也理所应当啊。

11.2.3　承担了巨量的全球发展的隐形成本

"清洁生产"当然好，可如果把全球当作一个整体来看，"非清洁生产"还不可能完全取缔，总得在地球上的某个国家从事这种生产，现实社会非常残酷，"非清洁生产"往往由产业链低端国家来承接，所以，富国的清洁生产、福利生活乃至精神高贵，都以国外的低端产业为基础。

气不过富国对穷国污染的指责，笔者曾写了一篇《享用烤乳猪的贵族有资格斥责后厨残忍吗？》[②]，需要强调的是，富国输出"非清洁生产"和垃圾，往往以所谓新兴经济体为对象。国家越是新兴，输入的长期环境隐性成本就越多。中国首当其冲，多年进口了富国大量的垃圾，直到 2018 年国家才明令禁止。中国以零地价、N 年免税等优惠政策引进外资，而这个外资实际上正是富国需要输出的低价产品生产线。

富国精英总愿意对我们宣扬可持续发展的理念，我们也以为这是对全世界都通行的社会公允价值。可笔者却想提问：究竟是谁的可持续发展？富

---

① 本书第 2 章给出了中国在这个阶段增长对全球的贡献份额，对比欧盟相同指标的数据，便一目了然。

② 此文网上发过，也收录到随笔集《偏，得以见》中。可惜位卑言轻，没有引起国人注意。

国能不能停止输出垃圾和非清洁生产？甚至清洁生产和生活的制造品中的污染成本也别推给穷国？能不能把这些基本前提解决好了再来宣扬适用于全人类的社会公允价值？

对世界各国成本效益分配的许多基本问题，当下的国际经济统计并没算清楚账，给出的往往是扭曲的表象。正是这种扭曲，埋没了中国发展对世界的贡献。

11.3　高质量发展背景下应是"开放 2.0"

11.3.1　开放与放开的匹配

改革开放四十多年，中国经济旧貌换新颜，不少人产生了一个误解，似乎"开放"成了发展的灵丹妙药，只要坚持开放就能发展，似乎开放高于一切，人们唯恐国门再度关上。闭门锁国当然与全球化大趋势相悖，一个国家封闭，多半会比较穷。但国家开放未必一定致富，二者关系是不对称的，并不是"一开放就发展"。请仔细回顾当初的改革开放，不要忽略了其中的重要机理和关键情节。

需要思考，当初中国"开放"为什么会奏效？其中隐含的道理，应该是当年中国的"开放"恰好与上游的"放开"匹配（matching）。无论在产业承接层级和体量上，还是时机上，都相对应，所以对接非常成功。人家打算"放开"给我们的，正是当时我们愿意（或不得不）引进的。当时日本等正好处于产业升级关口，其低端产业需要下家接续，而这些生产线中国却求之不得，我们在产业链中的地位恰恰处于产业转出国的下家，处于接续位置，产业水平没相差过远，接续在规模或容量上也相宜。

只有"开放"与"放开"对接好，二者匹配，才可能有开放国的快速发展。不可忘记，国与国之间的国界其实隔着两堵墙！当一个国家建立一堵墙时，另一个国家可能搭便车，不用砌墙。而一旦某国把墙打开，他国发现需要阻断，自然就会张罗砌墙。这两年美国在美墨边境派重兵把守，与中美洲满心崇拜投奔自由民主的人对峙，甚至打催泪弹，当时的美国总统还执意砌墙，就坐实了这种国家间开放与放开的博弈关系。

因为是两堵墙，所以国家间的贸易战恰恰就是源于不同经济体"开放"与"放开"之间不匹配，即输出国的国门与输入国的国门没对准。在中美贸易博弈中，中国的门对上了美国的墙，比如高科技；美国的门对上了中国的墙，比如现代金融服务。

贸易差额只是国家间经济博弈的一个结果，但问题并不在贸易差额的大小，若消除"美中贸易差额"真那么重要，美国那么多值钱的高科技产品，还有航母等，取消限制多卖给中国，何止是消除逆差，完全可以让美国获得巨额顺差。

既然是两堵墙，就会有抉择和博弈——"在哪里开门？"是不是强国要求开放的我们都得照办？能不能有所保留？以金融信用评级为例，欧盟 92% 以上的评级业务都被美国三大评级公司占有了，而日本 70% 以上的评级业务还由日本本土公司进行，对一个经济体利益保全而言，这两种情况究竟哪一个为好？金融服务究竟应该开放到什么程度？如何在开放中最大程度地保护国家利益，始终是国家间博弈面临的重大课题。原来我们总讲"枪杆子"和"笔杆子"，现在以经济建设为中心，货币作用凸显，这"秤杆子"（信用）关乎国家与百姓的核心利益，开放博弈中需要格外当心。

而今贸易争端的问题恰恰出在开放上，原来是西方嫌我们不开放，压我们开放，现在是列强嫌我们开放太多，在世界上的存在感太强，要把我们围堵起来，而新兴经济体的竞争者也借机挤占中国在世界贸易中的已有份额。

在这种负面外部环境下如何坚持开放，坚持有实效的开放，应该是开放的提升版，需要深度思考如何做"开放2.0"。原来开放吸引外资主要靠让利，靠拼"优惠力度"，虽然达到了引进外资的目的，代价也不小。

开放，即意味着认可全球化这个背景，也即对美元体系的妥协，如同参加排名即认可其排名规则，排名前移就视为成就即认可其规则。如果说中国发展有什么不同，就是坚持不能完全照搬，不能对所谓国际规则处处都认可。

11.3.2　认清高质量发展背景下坚持开放的特质，做好"开放2.0"

真是开放高于一切，应该不惜代价开放吗？虽然中国的"开放"政策一以贯之，但要认识到，如今的开放与当初的开放大有不同，而我们应该坚持的，应该是升级版的开放——"开放2.0"。

第一，面临的全球大环境不同。

当初是美欧日列强怀着强烈的"道路自信"，又有着围堵苏联的地缘政治需求，竭力压我们开放，唯恐我们不开放，所以准备好了对中国开放的项目。原来我们的开放是开门就得，一放就有收获。从全球生产链的构建看，中国的"开放"正好对应着美国欧盟日韩等的"放开"，其实列强资本是有求于下家的，巴不得将其落后产能转移出去，其时的中国成了最合适的下家。

如今的全球竞争的矛盾和问题恰恰出在中国的持续开放上。

如今是美国率众围堵中国。美国前总统时期是乱拳横扫中国、欧盟、日本、韩国等等，拜登总统上来则联合欧盟、日本和韩国对付中国，中国开放的局面更难打开。是否仍然走老路子？是否坚持考虑环保因素？是否恢复进口垃圾？是否答应对方的附带条件（甚至"超国民待遇"）？

在如何与美国打交道、如何反压制的问题上，需要向日本学习，还要向欧盟国家学习。他们在对付美国强势打压方面既有教训也有经验，值得关注。有的时候不能跟老师（先发国家）学，倒是应该跟好学生（后起发达国家）学。

在大国博弈上我们也需要总结自家的经验和历史教训。有一段时间，我们有的专家总以为中国与美国"斗而不破"，一厢情愿地以为，美国在中国赚了这么多钱，怎么能舍得跟中国翻脸呢？抨击中国，无非是选举时当成捞选票的武器，过后并不会真的实施其竞选时压制中国的主张。马克思早就讲透了资本的本性，就是为了利润敢于冒险。但是，美国也知道资本家的这个特点，把美国资本在中国投资的风险加大，资本就得乖乖撤离中国了。

因为"斗而不破"的判断，我们过去相对而言过分重视与美国的合作，而忽略欧盟、忽略日韩。如果当初搞成多方博弈的格局，美国对中国的所谓极端打压效力就差了很多。

第二，两个时期的"开放"地位不同。

当初是拉升中国的产业，异军突起。而今引资取向不再占据主导地位，更需要注意中国开的门与全球各类经济体所开的门如何动态对接。

第三，开放与地方政府的积极性。

还有一个重要因素，当初实施开放政策得到了地方政府的积极响应。改革开放两件大事，开放比较容易做，主要是做加法，成果的辨识度也比较高。反之改革则不然，需要原有格局的改变，涉及利益的调整，不光有加法，还得做减法和除法。中国各地方政府竞相对外资开放，提高优惠待遇，降低进入门槛，形成了轰轰烈烈的开放局面。对企业而言，有了"快钱"，当然不乐意去赚"慢钱"。对于下级而言，有了"巧活"，当然不乐意做"笨活"。如今容易做的都做得差不多了，就剩下需要"攻坚"的"难活"了，布置工作时需要注意到这种难易度对节奏的影响。

第四，开放与建立国家信用。

市场经济，信用为本。如果确实要高水平对外开放，切实提升中国的国家信用，这个长期战略任务值得重视。并不是国家实力强大了，就可以呼风唤雨，别的国家就会全然听喝。"丛林法则"固然还在发挥作用，但不会处处奏效。更何况中国还只是处于初级阶段，还是发展中国家，明确这两个基本判断，就不能忽略国家信用建设的重要性和长期性。

11.4　实施国家战略，抢建高水平的信用评级平台，减弱世界三大评级寡头即将带来的大冲击①

信用评级看似技术工具，平时中性、公允，但其功能的"可转换性"非常强，战时和危机时期完全可以被帝国控制，成为对"他国"的攻击型和限制型武器，风险非常大。除此之外，长期对信用评级的使用，容易造成路径依赖，也就面临着"断供"风险。

国家主权信用评级，跨国公司信用评级等评级业务都控制在三大美欧资本的信用评级公司手中，垄断业务，并非市场的自由竞争，违反市场原则，成为文明等级论的推动工具。这并不仅仅是现代金融技术（其实不过是合成指标的计算，计算非常简单，核心逻辑就是确权），并不仅仅是金融统计的分支，然而却是非常重要的金融制度安排，是建立和维护国家信用的重要基础。

11.4.1　信用评级话语权问题的急迫性

信用评级是具有公权力和强大市场影响力的特殊行业，具有强外部性。与高速、高铁是经济发展的实物基础结构相似，信用评级是资本市场的社会基础结构，在金融业中其市场份额不大，却是战略性基础行业。至于国家主权信用评级，更是事关国家经济安全。

---

① 此节内容撰写于 2018 年。

世界三大信用评级公司以美资为主，业务份额占据了全球市场的90%以上，形成了寡头垄断，拥有足够大的操作空间，其评级结论往往成为"可自我实现的预言"，关键时点具有四两拨千斤的作用，是金融领域的战略性杀伤武器。

信用评级以客观性技术和公正性方法的面貌出现，却隐含着国家立场和文化立场，至少对新兴国家的特殊性考虑不够，对文化差异、经济差异和社会差异考虑不够。以往评级中有过恶意伤害，也有潜意识的偏误。克里米亚事件后，三大评级公司参与对俄罗斯的制裁，拒绝给俄罗斯评级，导致俄罗斯紧急组建自己的信用评级公司，以维系资本市场的正常运转。

从世界经济史得出的惨痛教训看，三大信用评级公司是近年来数次经济危机的放大器，它们在危机前尽责不够，不仅没有预警，反而评级偏高推波助澜；危机显现后，为维护其所谓专业声誉，又极端频繁地降低当事国的主权信用评级，形成金融市场恐慌的落崖效应，隐含着始乱终弃的顺周期机制。然而，亚洲金融危机、美国"次贷危机"和欧洲债务危机后，三大评级公司都没有得到相应的制裁和处理，垄断地位反而愈来愈巩固。

仅标准普尔一家2018年上半年的全球营业总收入为31.76亿美元，而中国前7家信用评级机构2017年全年的总收入仅仅为16.81亿元人民币，其中还包含穆迪和惠誉两家合资公司的份额。中资单个公司与"三大"信用评级巨头的收入体量比较约为30∶1，实力相差悬殊根本无法开展公平竞争。"三大"公司在评价他国主权信用时非常强调"市场的自由化程度"，而信用评级市场本身的自由化程度恰恰最低。

从网上非常容易找到信用评级公司垄断市场的极端破坏性，例如一篇网文喝问：美国经济危机最大的帮凶到底是谁？该文介绍，2008年10月22日，美国众议院监管和政府改革委员会就华尔街金融危机举行了第三轮听证。这是一次有关信用评级机构在信贷危机中扮演角色的听证会，听证的主角自然是评级机构总裁们，他们分别来自穆迪、标准普尔和惠誉。这三大评级机构在近一个世纪的时间内，一直被看作金融市场的看门人，人们笃信他们的工作，他们亮出的 AAA 评级被视为安全投资的黄金标准。然而，当金融危机全面爆发以后，人们看到了债券的"毒性"，也看到了评级机构的失职。

2002～2007 年期间，华尔街出现了大量被贴上了安全标签的"有毒"债券，利欲熏心已经使评级机构失去了它的公允性。然而，三大公司总裁并不这样认为，在听证会上，他们纷纷为自己辩解，而他们的证词显得很苍白：这是由不可抗力引发的，谁也无法准确预测未来。直到众议院监管和政府改革委员会展示了相关的备忘录和报告，他们才无言以对。

其实，穆迪公司首席执行官麦克丹尼尔在 2007 年就意识到了金融系统的风险。在 2007 年 10 月给公司董事会的报告中，麦克丹尼尔明确告知管理层：公司处于一种进退两难的境地。他说，真正的问题并不是市场忽视评级质量，而是在对评级质量进行惩罚。发行人要高评级，投资者不想评级下调，银行家在玩短视的游戏，在此基础上的恶性竞争已将整个金融体系置于危险之中，"我们的竞争对手发疯了，所有的东西都给了投资评级，而这些东西根本不合乎投资评级"。麦克丹尼尔当时就警告，次贷市场正在走下坡路。

众议院监管和政府改革委员还提供了这样的证据：三大评级机构员工对评级工作的评价。标准普尔员工的话令人震惊："我们什么都可以评级，哪怕它是头母牛。"而穆迪员工评论自己的工作时宣称，我们不像是在进行职业的评级分析，更像是在把自己的灵魂出售给魔鬼来换取金钱。而惠誉公司的员工则说："评级机构创造出一个更大的怪物——债务抵押债券市场（collateralized debt obligation，CDO）。但愿当问题出现的时候我们大家都已经富裕地退休了。"

这些员工对职业操守的反思，如今却成了三大评级机构的有力罪证。众议院监管和政府改革委员会主席维克斯曼这样总结：信用评级机构是一个巨大的失败。他们在金融市场占有特殊地位，是数以百万计的投资者依赖的标准，但是，评级机构破坏了这一信任，他们的评价不再客观，并且使我们的整个金融体系处于危险之中。

信用评级并不是单纯的金融技术，并不是单纯的经济统计评价方法，更不是什么国际标准。国际开放固然需要信用评级，但对其背后的利益输送背景却不可忽略。就中国市场而言，我们承诺开放信用评级业务，但是，国际信用评级竞争的"狼"实际上已经来了。世界三大评级公司占有香港市场100%的业务份额，而其两家（穆迪和惠誉）占股49%的内地合资评级公司，其业务份额已经占内地市场的 50%以上。1/4 的评级业务已经失手，博弈对手的冷棋早已布妥，先遣队早已悄然到达。作为国企的东方金诚（属东方资产）这几年一直呼吁，然而还没有得到应有的回应，抢建国家级平台的紧迫性没有得到应有的重视，说明我们的战略应对机制不畅。

东方金诚公司的各项研究报告指出了外资垄断中国信用评级对行业本身的可能后果：高端评级人才流失；高端发行人客户流失；投资人认可度降低。如果不采取果断措施，本土评级公司缺乏有效对策，将进退失据。若本土信用评级市场失手，就更无力参与国际竞争。

特别是，美资垄断中国信用评级对国家经济格局的战略影响：一是突然调整信用等级将导致跨国资本的集中性流出，诱发金融稳定性风险；二是评级的基础性数据要求将危及核心产业的国家信息安全；三是国内资本流动和"一带一路"相关的资金流动将受制于美资的评级结果。其言凿凿，值得深虑。

11.4.2　信用评级事务应该抓紧实施的对策

（1）尽快结束"多头监管、谁都顾不上"的局面，确定一家负责，并成立专门的司（局）实施相关工作（美国 2010 年成立了信用评级办公室）。东方金诚公司对中国应对"三大"评级寡头冲击如何开展信用评级改革做过系列研究，值得重视。

（2）以国有信用评级企业（东方金诚、中债资信、上海资信、中证指数）为基础，组建信用评级公司的中国队，打破国内目前"三大众小"的格局，争取成为全球第四大信用评级公司。高水平开局，招聘世界级一流人才，保住国内信用评级市场份额，并争取获得国外的业务资质，逐步构建信用评级全球"四大"的格局。

（3）形成逐步有序的、有限度的信用评级开放格局。

尽力防止中国市场出现一家独大或三家垄断的局面，充分利用外资间的竞争关系，"三大"中用欧资主导公司对冲美资主导公司，用其他国家（日本、韩国和俄罗斯）的评级公司对冲"三大"，至少降低对外资评级的单一性依赖。

实施日本等国采用过的"双评级制"，日本主要靠这一措施使得本土评级公司保有了 70% 以上的全国评级业务，经验值得借鉴。

在对外开放中，实施评级业务的分类开放，比如除"三大"之外，保险公司评级业务放给贝氏评级（A.M.Best），金融评级业务也放给 DBRS（Dominion Bond Rating Service）或 EJR（Egan-Jones Rating），资产证券评级业务也放给 DBRS 和克罗尔债券评级机构（KBRA）。

（4）加强与相关国际组织进行信用评级监管的沟通，设置或指定专门机构，与国际证监会组织（International Organization of Securities Commissions，IOSCO）、金融稳定理事会（Financial Stability Board，FSB）、巴赛尔银行监管委员会（Basel Committee on Banking Supervision，BCBS）、亚洲信用评级协会（Association of Credit Rating Agencies in Asia，ACRAA）、欧洲证券市场监管局（The European Securities and Markets Authority，ESMA）等机构

对接。充分利用并参与推进世界上对信用评级加强监管的趋势，派员参与相关监管事项的国际沟通，将来要派员参与其工作，提出并推动降低全球信用评级垄断程度的倡议，提升中国在信用评级监管国际组织和事项中的地位。

还有一个可供参考的方案，即积极筹备各种条件，推进成立新兴经济体信用评级公司，或者金砖国家信用评级公司，逐步打破美资对全球信用评级业务，特别是主权信用评级业务的独家垄断。

（5）组建专门的研究机构，并确定几家高等院校作为信用评级监管机构的专项科研教学合作单位，作为智力支撑。

改变国人将三大信用评级公司作为世界铁定标准的看法，系统梳理三大信用评级公司历史上存在的问题，特别是在三次重大国际性经济危机中给相关国家乃至全球带来的重大损失，以警示社会。信用评级需要补充新兴经济体的经济背景和实践经验，打破目前这种新兴经济体只能接受美欧现成做法的格局。

密切关注世界上其他国家信用评级实践的态势，系统梳理和总结世界各国信用评级事务，特别是其培育本土评级机构的经验和教训，持续地、系统地研究信用评级的理论和方法论，召开信用评级方法论研讨会，开设国际性论坛，提交新兴经济体发展过程中需要改革信用评级的问题、见解和建议，逐步改变全球信用评级由美欧主导的格局，奠定国家监管、行业博弈和国际交流的科学基础。

作为经济统计学的一个专门分支，组织编撰高质量的信用评级系列教材，招收信用评级方向的硕士生、博士生和博士后，定向培养本行业的专业人才，特别是能够参与全球信用评级行业管理的高端人才，以构建与中国地位相称的信用评级话语权。同时，构建高素质的服务中国的信用分析师队伍。基础学科的人才培养不能听任市场调节，需要政府指令以提供必要的公共产品。

（6）尽可能减少行政直接干预，运用软实力构建中国信用评级的软实力。

研究包括美国《多德-弗兰克法案》、日本《金融工具和交易法案（修订案）》和《欧盟信用评级机构监管法规》在内的法律法规，以作为国际博弈的借鉴和工具。

信用评级监管的立意应该具备战略性，不能仅仅将其作为金融业的一个小行业，信用评级的国际话语权是全球治理参与权的重要组成部分。本土信用评级质量是资本市场（债券市场）成熟与否的标志之一，中国信用评级也应该作为推进"一带一路"倡议的得力工具。

11.5　应系统开展 SDGs 测度和中国进程监测研究[①]

在 2015 年可持续发展峰会上，联合国 193 个会员国正式通过了 2030 年可持续发展议程，确认了可持续发展目标 SDGs。中国政府对实现 SDGs 做出了庄严承诺，在国家五年发展规划纲要中两次提出，要积极落实该议程。现在离 2030 年还有不到 10 年时间，中国实现该目标的进程究竟如何？

习近平主席指出："要强化统计监督职能，提高统计数据质量，加快构建系统完整、协同高效、约束有力的统计监督体系。"[②] 2021 年 8 月 30 日，中央全面深化改革委员会召开第二十一次会议，通过的四项重要文件之一是《关于更加有效发挥统计监督职能作用的意见》，其中强调统计要"重点监测评价国家重大发展战略实施情况"[③]。在这个大背景下，我们再次提出：应系统

---

① 本节由邱东于 2021 年初撰写提纲和初稿，由北京师范大学吕光明教授补充资料，形成修改稿，《中国统计》2021 年第 10 期发表。

② 习近平主持召开中央全面深化改革委员会第二十一次会议，https://www.ccdi.gov.cn/toutiao/ 202108/t20210830_249109.html，2021-08-30。

③ 中共中央办公厅国务院办公厅印发《关于更加有效发挥统计监督职能作用的意见》，http://www.gov.cn/zhengce/2021-12/21/content_5663844.htm，2021-12-21。

开展 SDGs 测度和中国进程监测研究。

11.5.1　深入开展 SDGs 测度和进程监测的追踪研究和对标研究

SDGs 基于"千禧年发展目标（Millennium Development Goals，MDGs）"，不仅包括经济发展方面的目标，还更多纳入环境保护和社会包容方面的指标。资源可转移，环境无国界。可持续发展不可能在单一国家实现。实施 2030 年全球议程，不仅需要将 SDGs 转变为参与国的具体政策工具，还需要建立多国合作机制。其中的关键就是基于追踪进展、保障透明性和管理创新等需要，进行翔实的测度和监测分析。

SDGs 涵盖 169 个子目标，指标如何量化和测度还有待深入研究。联合国和发达国家已经为此做了大量工作，我们需要深入开展追踪研究和对标研究，正所谓："知彼知己，百战不殆。"

为帮助参与国构建 SDGs 测度框架，联合国等国际机构专门成立机构间与专家咨询小组（Inter-agency and Expert Group on Sustainable Development Goal Indicators，IAEG-SDGs）。2017 年 7 月联合国大会通过了 IAEG-SDGs 提出的涵盖 232 个指标的全球测度框架。其中一个核心要素是将 SDGs 各项指标按照官方统计的收入、性别、种族或民族、地理位置等特征酌情分类，目的是实现"绝不让任何人掉队"的原则。

根据完善方法的程度和整体数据的可用性，全球框架的 232 个指标可归结为三类：第一类指标概念明确，具有国际商定的方法和标准，数据可以从半数以上参与国获得，约占 40%～50%，即 92～116 个；第二类指标同样概念明确，具有国际商定的方法和标准，但无法定期获得数据，约占 30%，约 70 个；第三类指标尚未具有国际商定的方法和标准，正在指标开发过程之中，约占 20%～30%，即 46～70 个。

联合国可持续发展高级政治论坛（High-Level Political Forum on Sustainable Development，HLPF）在跟踪和审查全球进展情况中发挥着中心作用。为了协助参与国做好监测 SDGs 进展的年度工作，贝塔斯曼基金会（Bertelsmann Foundation）和联合国可持续发展解决方案网络（the United Nations Sustainable Development Solutions Network，SDSN）自 2016 年起，在 2015 年 OECD 34 个国家监测的基础上纳入非 OECD 国家，每年定期发布《可持续发展目标指数和指示板全球报告》。2016 年全球报告给出指数得分的国家有 149 个，使用的数据指标有 77 个；到最新的 2021 年则分别上升到 165 个和 121 个。

虽然全球指标框架提供了统一的衡量体系，但对于指导具体国家的政策制定的作用仍然有限，因此，联合国鼓励各个成员国自愿建立监测 SDGs 进展的本土化国家框架，并向 HLPF 提交评估报告。

对于 2030 年可持续发展议程中 SDGs 测度和进程监测，我们应该系统地进行追踪研究和对标研究，仅仅是情况简介还远远不够，需要深入分析其进展所依赖的条件，先进国家已经经历的过程，其中的经验和教训等等，从而便于我们把握中国 SDGs 进程的节奏。

11.5.2　深入开展新冠疫情对 SDGs 进程影响的监测研究

新冠疫情还没有彻底结束，究竟会发展到什么程度？尚不能断言。故而，新冠疫情对 SDGs 的影响究竟如何？也就存在相当大的不确定性。但需要对之做出大致的预判，主要是：

首先是新冠疫情对 SDGs 进程的影响，新冠疫情打乱了全球各国原本的生活节奏，自然也会影响到 SDGs 的进程。新冠疫情的严重程度、结束时间，如若病毒发作常规化，其阶段性的时间节点，都将对 SDGs 进程产生重大影响。

2021 年全球报告显示，全球 SDG 指数的平均水平自确立以来首次下降。新冠疫情暴发后贫困率和失业率上升，进而引致了世界各国可持续发展的倒退。然而，由于统计数据时滞，2020 年的许多指标尚未公布，2021 年报告的下降极有可能被低估。同时新冠疫情促使撒哈拉以南非洲过去十年在减贫和改善社会经济产出方面的进步趋势发生了扭转。即使 SDGs 指数得分很高的北欧国家在几个分项目标上也面临着重大挑战。

其次是新冠疫情对 SDGs 重心的影响，通过新冠疫情，人们对可持续发展之重心可能会产生新的认识，是否需要补充新的发展指标？又应该补充哪些指标？指标的权重究竟应该如何确定？等等。

为了弥补数据缺口，2021 年全球报告中 SDGs 指数计算新引入了 6 个指标，其中与新冠疫情有关的是基本劳动权利有效保障程度和统计表现指数。

最后是新冠疫情对 SDGs 伙伴关系的影响。疫情传播无国界，各国在抗疫过程中如何合作，既有经验，也有教训。这些经历对如何深化 SDGs 伙伴关系，也具有借鉴意义，应该加以总结。由于低收入发展中国家缺乏财力，无法为应急响应及投资性复苏计划提供资金，而新冠疫情凸显了其有限的市场开拓能力。因此，2021 年全球报告呼吁为低收入发展中国家增加财政空间。

11.5.3　充分重视中国在 SDGs 分项指标测度上的真实差距

实现 SDGs 目标不可或缺的前提是，切实认知本国现实与该目标值之间的差距。在 SDGs 全部 232 个指标中，2021 年全球报告 SDGs 指数和指示板共用到 121 个，其中中国已经提供数据的有 85 个，约占 70%，尚需加紧；约占全部指标的 37%，差距就更大了。

具体到 17 个目标，当前我们的 36 个缺项指标是：

（1）"零贫困"目标 1/3，缺少"税后和转移支付后的贫困率"指标；

（2）"零饥饿"目标 1/9，缺少"产量缺口缩小占潜在产量的比重"指标；

（3）"良好健康和福祉"目标 4/17，缺少"每 100 000 名未感染人口中艾滋病新感染数量"、"地区间出生时预期寿命差距"、"按收入划分的自我报告健康状况差距"和"15 岁及以上人口中每日抽烟者比例"指标；

（4）"优质教育"目标 7/9，缺少"小学净入学率"、"4～6 岁儿童中学前有组织学习的参与率"、"25～34 岁人口中受高等教育的比重"、"PISA①得分"、"社会经济地位解释的科学表现差异比例"、"15 岁儿童中科学成绩不佳者占比"和"15 岁儿童中科学成绩抗逆（Resilient）者占比"指标；

（5）"性别平等"目标 2/6，缺少"性别工资差距占男性工资中位数的比例"和"无偿工作消耗时间的性别差距"指标；

（6）"清洁饮水和卫生设施"目标 2/7，缺少"享有安全供水服务的人口比例"和"享有安全卫生设施服务的人口比例"指标；

（7）"能够负担的现代能源"目标 1/4，缺少"一次能源供应总量中可再生能源的比例"指标；

（8）"体面工作与经济增长"目标 2/8，缺少"总人口就业率"和"15～29 岁人口中未就业、未受教育或培训（Not in Education Employment and Training，NEET）的青年比例"指标；

（9）"工业、创新与基础设施"4/10，缺少"每 1000 名就业人口中研究人员比例"、"每百万人口中拥有三方同族专利的比例"、"按收入划分的互联网接入缺口比例"和"高等教育科学、技术、工程以及数学（Science，Technology，Engineering，Mathematics，STME）领域毕业生中女性比例"指标；

（10）"不平等减少"目标 1/3，缺少"66 岁及以上人口中贫困率"指标；

---

① 国际学生评估项目，Programmme for International Student Assessment，PISA。

（11）"可持续城市和社区"目标 1/5，缺少"租金负担过重的人口比例"指标；

（12）"负责任的消费和生产"目标 1/7，缺少"非回收城市固体废物"指标；

（13）"气候行动"目标 1/4，缺少"享有安全供水服务的人口比例"和"享有安全卫生设施服务的人口比例"指标；

（14）"水下生物"目标 0/6；

（15）"陆地生物"目标 0/5；

（16）"和平与正义的强大机构"目标 5/11，缺少"监狱关押人口中未宣判的拘留者占比"、"在居住的城市或地区夜间独自行走感到安全的人口比例"、"5 岁以下儿童中在民政机构登记出生的比例"、"5～14 岁人口中涉及童工的儿童比例"和"每 100 000 人中被关押的人口比例"指标；

（17）"促进目标实现的伙伴关系"目标 3/7，缺少"高收入和所有经合组织发援会国家中包括官方发展援助在内的国际优惠公共财政占国民总收入的百分比"、"财务保密评分"和"跨国公司的利润转移"指标。

同时应该看到，这种指标缺口还可以区分出不同情况。在有的方面，中国发展的实际进步相当可观，但是我们的"标准"测度能力没有相应跟上，对流行的国际统计语言把握得不够，较少用之描述现实并推介给国外，尚存在基础数据标准化的缺口，需要补充"口径调整"等工作。当然，也有的方面我们确实缺乏统计能力，非标准数据的基础也相当薄弱，亟待改善。

如果这些缺项等到临近 2030 年时才加以弥补，我们提交数据的可信性就容易受到质疑，无疑是对中国国家信用的损害。但如果相应数据能够表现为一个过程，就比较容易为人所接受。对于确实无法向国际组织提供基础数据的指标，也应该经过认真研究，并提出足以服人的相应理由。

11.5.4　积极开展系统化的 SDGs 测度和比较研究

1. 开展 SDGs 中国测度的应急性研究

如今距离 2030 年只剩下几年时间，要实现 SDGs 目标，首先需要切实知晓中国现实与 SDGs 目标的真实差距。对于缺项指标，应该布置相关部门分别进行快速估算。我们亟须了解：哪些仅仅通过指标口径调整就可以得到基础数据，从而可以知晓中国推进 SDGs 的实际进程。哪些则需要创造条件尽快开始测度工作，对这部分指标需要知晓其数据得以弥补所需要的时间。总之，需要给出差距的态势分析和分指标估算，以提供坚实的数据基础，助力国家推进实现 SDGs。

这种应急研究尤其需要构建专门的切实得力的部际协调机构，并明确不同部门的职责。也应该动员高校和科研机构积极参与。

2. 系统开展 SDGs 指标设计理念的基础性研究

SDGs 主要涉及五个方面，概括为 "5P 原则"：即人类、星球、繁荣、和平和伙伴关系。需要对测度理念进行深入探讨，测度理论原则的提出，往往明确或隐含着对指标的测度要求。例如 "不让任何人掉队"，就要求人口特定群体的数据分类和覆盖面，进而涉及指标在具体时空条件下的可行性。

值得注意的是，即便只是参照执行国际标准，也并没有那么容易，各国测度发展的轨迹通常都是，在 "经济测度" 到一定程度后，再侧重于拓展 "社会测度"，但后者所要求的指标 "颗粒度" 往往更细，从而对测度的资源和精力投入要求更高，所耗用时间也更多，数据质量也更难提升。

还需要分析，SDGs 与我国的 "生态文明建设" 是否存在联系和区别？欧洲委员会的合成指标和指示板能力中心（The European Commission's Competence Centre on Composite Indicators and Scoreboards，CC-COIN）对

2019 年 SDGs 指数的审计已经发现,与生态环境相关的目标指数与 SDGs 指数负相关,有的目标指数与 SDGs 指数不相关。这意味着,SDGs 目标之间可能存在对冲关系。显然,类似的研究对我国生态文明建设也有参考意义。

3. 系统开展 SDGs "第一类指标"国际差异的深度研究

我们认为,SDGs "第一类指标"应该是 2030 年联合国考察各国是否达标的主要内容,故应特别重视。

需要深入研究的问题主要在于:为什么中国在这类指标上的统计口径与全球标准存在差异?差异是由测度工作水平[我们在"社会基础结构(social infrastructure)"构建上的欠债]造成的,还是国家发展的本土特征所造成的?

进一步看,从发展阶段视角考虑,其他新兴经济体在这类指标上是否同样存在统计口径的差异?毕竟,新兴经济体是前一轮全球化大潮以来的新型社会现象,是发展中国家的一种大分化,需要认真总结其发展特征。再从社会文化视角考虑,其他东方国家在这类指标上是否同样存在统计口径差异。

经过深度研究,就可以提出适宜的对策:对这种统计口径差异究竟应该如何处理,是否应该提出补充、修订全球标准的要求?还是聚焦于调整本国相应指标的统计口径?

4. 积极开展本土化的 SDGs 指标研究

联合国鼓励各国积极参与 SDGs,也认识到各国在经济社会发展过程的客观差异,所以同时也鼓励各国开展本土化的 SDGs 研究。中国作为一个东方大国,当然更应该积极开展本土化的 SDGs 研究。

但需要注意的是,应该避免此类研究对中国实现 2030 年 SDGs 目标可能造成的负面效应。如果我们开发一套具备中国特色的 SDGs 指标体系,并按照这套体系进行中国现实与目标差距的评估,可能会产生与按"标准"考核不同的差距认知,这里,特别需要考虑本土化 SDGs 测度的数据结果"等效性"，2030 年时联合国是否允许各国按照各自的特色指标考核达标程度？如果不允许，则本土化 SDGs 研究可能冲淡标准 SDGs 指标差距研究的急迫性。

例如，中国环境规划院的 2018 报告对中国 SDGs 态势设计了颇具特色的指标体系，其分析结论对中国 SDGs 实施进展颇为乐观：我们仅在两个目标（第 10 个和第 12 个）上需加大政策投入力度，其余 13 个"目前基础较好，经过努力预计可以达标"。需要深入分析的是，这种乐观结果与按照现行全球标准进行的评估是否真能达成一致？如果不一致，会不会给中国按期真正达标带来拖累？

我们认为，如果届时联合国还是按照其标准指标体系考核，则各国本土化 SDGs 研究的重心更应该放在"第三类指标"上。从创新路径看，在标准形成之前和过程中，提出从各国实践过程中总结提炼的测度方法及其标准，或许更容易被接受，或得以校正以发达国家实践为主的 SDGs 比较程序设定，这类改进建议将是以新兴经济体为代表的发展中国家对人类共同发展更为可贵的贡献。

5. 特别注意社会经济统计方法论研究

提及统计工作，社会好多人往往联想到数据报告风险（虚报和瞒报），似乎只需解决数据的真假。还有人把统计仅仅当成数理方法，近年又联想为大数据。这种理解缺乏对社会经济统计历史应有的认知，其实欧洲很早就有"社会统计学派"主导的统计发展，美国在 20 世纪 60 年代曾有"社会指标统计运动"，如今的 SDGs 其实与发达国家早年的社会经济统计一脉相承。如果缺少这方面的现代化经历，也就容易缺乏对社会经济统计的文化自觉。

应该看到，社会经济统计是"社会基础结构"的重要组成部分，在国际标准和社会现实之间，需要形成一套既符合基本准则又适于本土现实的指标方法体系，需要独特的方法论研究，这并不是数学抽象空间的数字处理，也不单单是计算机运算过程，而是一个社会博弈过程。看似简单容易的指标，真正做到按照国际标准提供真实反映本土现实的基础数据，实际上隐含了错综复杂的长期性的工作，不可能一蹴而就，需要基础工作的逐年积累，按照国际组织的说法，这些工作相当"耗费时间（time-consuming）"（The World Bank，2013）。

就 SDGs 而言，我们应该也需要对其方法论开展研究，任何排序都包含或隐含着维度，SDGs 指数的维度究竟是什么？其分项指标的权重设计和合成方法是否合理？需要相应采用什么样的缺失数据插补方法和数据标准化方法？我们不能仅仅停留于解读指标数值，而应该对"数据之据"进行深入研究。在 2019 年全球报告提交联合国 SDSN 的 HLPF 之前，特别邀请 CC-COIN 对 SDGs 指数的透明性和可靠性展开审计，显然审计工作需要依靠对合成指标的系统、深入研究。

6. 提升 SDGs 研究和工作的质量，提升中国国家信用

我们应该认真总结中国在实现 MDGs 过程中的经验和教训。中国大规模脱贫对全球实现 MDGs 目标的贡献巨大，如果切实把脱贫当作发展的首位目标，中国贡献本应当引发相当强烈的正效应，极大地提升中国的国家信用。而今美欧政客利用其发达的传媒手段公然诋毁中国发展，固然是出于其"文明等级论"立场，但我们也应该检查自身在统计展示方面的不足。还应该注意到，2021 年全球报告已经显示，高收入国家实施 SDGs 往往通过不可持续的供应链、税基侵蚀和利润转移，会对其他国家会产生较大的负面溢出效应。

此次 SDGs 进程，应该是提升中国国家信用的极佳机会，我们应该尽快补充提供基础数据，充分展示中国的社会进步。欧美不良政客发动对中国的信用诋毁和"软围堵"，我们应对的方式之一，就是用数据所代表的事实去破

解，因而要切实提高中国 SDGs 进程评估报告的质量和权威性。

参 考 文 献

邱东. 2010. 偏，得以见. 桂林：广西师范大学出版社.

邱东，吕光明. 2021. 加快推进可持续发展目标测度和中国进程监测研究. 中国统计，10：61-64.

萨义德. 2004. 格格不入：萨义德回忆录. 彭淮栋译. 北京：生活·读书·新知三联书店.

The World Bank. 2013.Measuring the Real Size of the World Economy，the Framework，Methodology，and Results of the International Comparison Program—ICP. Washington：The World Bank Group：498.

索 引

后　记

　　这部书是笔者原来谋划的"当代经济统计学批判系列"的第四部，批判系列的前三部，聚焦于经济测度和国际比较，从逻辑上为本书提供了专业论证基础，而本书所涉及的当代经济科学的基本概念及定理、"事理"与"数理"的关系、经济测度"悖律"及其意义等，也将在批判系列中接续展开阐述。

　　本书能入选《国家哲学社会科学成果文库》，确是十分荣幸。节点既是终点，也是起点，甚或更是起点。书稿交给出版社，仅是阶段性思考的终点，但同时也应该是下个阶段接续思考的起点。事物本身还在发展之中，对之的思考也就无法真正得出"结论"，顶多能有"小结"，更多的应该是问题。本人从事学术思考的"问题意识"比较强，用东北人的说法，就是个"问题篓子"，总是喜欢"寻思"于种种成见，不敢也不愿迷信，以问为学。

　　当代国势学的构建，所涉及的论题过于广泛，所以，原来打算用的书名是"当代国势研判的一个框架"，所谓"一个框架"，意思主要有两点：其一，这只是个主要内容的建议，蛮可以争论而产生别的框架；其二，既为框架，那么就需要添加更为深入的内容，还需要对同一论题不同思考之间的争论（笔者以为，师者使命的第三项不应该是"解惑"，而应该是"论惑"），由此看来，本书不过是一个靶子而已。期望本书所提问题能得到更广泛的讨论，期望本书所推荐的参考文献（尽管它们可能难以成为相关论域的"主流"作品，然而其所揭示的史料的确是人类发展史上被掩盖的另一面）能得到更多的关注，也衷心欢迎读者对笔者思考的批判!

很难说本书相关内容的思考从什么时间开始,应该早于《中国非二》出版(中国统计出版社)的 2012 年,或者在 2005 年以前,2005 年《经济主体归位与地区可持续发展》由东北财经大学出版社出版,那里包含了笔者的经济学三论:"政策位差"资源论、经济主体归位论和可持续发展层次论。也很难说相关思考什么时候可以完结,国势研判应该是一个长期过程,国势学构建(基于全球格局,具备"继绝学"的当代意义)也就应该是一场"持久战",路漫漫其修远兮。

在多年的经济统计方法论思考中,笔者得到了与多位学者交流的机会,这在批判系列前三部的后记中都有提及。就国势学构建的相关论题而言,这里还要特别提到的是:北京大学顾海良教授、耿直教授、许宪春教授、陈松蹊院士;北京师范大学李晓西教授、唐任伍教授、关成华教授、涂勤教授、胡必亮教授、戚聿东教授;北京工商大学李朝鲜教授;东北财经大学卢昌崇教授、吕玮教授、蒋萍教授、张向达教授、赵建国教授、杨仲山教授、徐强教授;对外经贸大学贾怀勤教授、林桂军教授;广东省调查总队前总队长叶兼夫先生、总队长赵云城先生;广东省深圳市统计局杨昌斌教授;国务院发展研究中心李善同研究员、卢迈研究员;国家统计局前局长宁吉喆先生、副局长毛有丰先生、文兼武总工程师、统计科研所闾海琪所长、统计教育培训中心金红主任、《中国统计》张玉妹执行主编;河南大学教授宋丙涛教授;《经济学家茶座》詹小洪主编;加拿大西安大略大学徐滇庆教授;江西财经大学校长邓辉教授、统计学院罗良清首席教授;九三学社贺铿教授;南京大学洪银兴教授、刘志彪教授、范从来教授、沈坤荣教授;南京审计大学晏维龙教授、林金官教授;南京特殊教育师范学院凌亢教授;南开大学逄锦聚教授、王兆军教授、刘晓昕教授;山东大学李守信教授、黄少安教授;山西财经大学/山东工商大学李宝瑜教授;山东工商大学王艳明教授;上海财经大学徐国祥教授；上海对外经贸大学校长汪荣明教授、刘永辉教授；上海国家会计学院夏大慰教授；天津财经大学高正平教授；天津财经大学/河南大学肖红叶教授；厦门大学/吉林财经大学曾五一教授；厦门大学吴世农教授、杨灿教授、方颖教授、林明教授；武汉大学党委书记韩进先生；西南财经大学刘灿教授、赵德武教授、卓志教授、庞浩教授、向蓉美教授、史代敏教授；香港理工大学宋海岩教授；云南财经大学石磊教授；云南玉溪师范学院王立宾教授；中央财经大学乔宝云教授、孙宝文教授；中国科学院关肇直首席研究员（发展中国家科学院）杨翠红院士；中国科学院大学汪寿阳教授、洪永淼教授；中国社会科学院张卓元教授、高培勇教授、郭克莎教授、李金华教授；中国人民大学赵彦云教授、高敏雪教授；中国政法大学张保生教授；浙江大学李实教授；浙江财经大学王俊豪教授、李金昌教授；浙江工商大学胡祖光教授、苏为华教授、向书坚教授，还有我的硕士研究生同学毕可平先生。衷心感谢诸位学者给予的支持、提出的意见和建议，特别是需要笔者注意的不同看法，弥足珍贵！能够修正的已经体现在书稿中，更多的改进留待下一阶段的思考。包括本书所列示的种种参考文献，也需要笔者深入地交叉地阅读和思考。

卢昌崇教授说，读了这部书稿，更能理解为什么你当初选择辞职专门做学术研究工作，开创学科新气象之作，倒也值得。这个评价，对笔者确是莫大的鼓励，也道出了笔者过于较真的性格，做什么事都只能一门心思。

本书部分内容在厦门大学、江西财经大学等多所高校做过讲座，感谢相关院校提供珍贵的讲学机会！

在本书涉及实证分析几个章节的撰写过程中，笔者分别得到了北京师范大学王亚菲教授、李昕教授、吕光明教授，北京工商大学王春云副教授、江西财经大学王静副教授、李晶副教授和郭同济博士的参与和支持。他们不厌其烦地按照笔者的要求（核心观点、分析角度与思路和框架提纲）辛苦工作，收集相关的基础数据和资料，多次调整计算口径进行核算，并绘制图表，形成文字初稿，有的还做了进一步修改。他们本来具有高超的经济计量模型运用能力，但笔者坚持本书只采用常规分析方法，这使得他们的定量分析水平无法充分显现。当然，如果这些实证分析存在什么不妥之处，责任只是笔者的。

感谢全国哲学社会科学工作办公室为本书入选《国家哲学社会科学成果文库》出版提供的支持！科学出版社经管分社马跃社长和徐倩女士、方小丽女士积极鼓励我申报《国家哲学社会科学成果文库》，对此信任表示感谢！感谢诸位《国家哲学社会科学成果文库》评审专家对本书的认可！感谢徐倩女士、王丹妮女士和陶璇女士为本书出版所做的辛苦工作！

河南财经政法大学李冻菊教授不仅将笔者的批判系列（1～3）翻译成英文在 American Academic Press 出版，还为本部的中文版格式修订做出了标准化处理，特别是为参考文献和英文标注做了大量艰苦细致的溯源校正，工作量之大并非常人所能想象，特致以衷心的感谢！

江西财经大学统计学院院长平卫英教授为本书申报《国家哲学社会科学成果文库》做了大量基础性工作，郭同济博士是学院专门为笔者安排的科研助理，日常工作都由郭博士精心打理，这种家一样的工作氛围使笔者能够安心在学术问题之中探索。北京师范大学冯家豪博士生（导师王亚菲教授）坚持为笔者处理北京方面的事宜，令笔者感动，特致以衷心的感谢！

2021 年底，赵冬妮老师获得了第 19 届百花文学奖的散文奖。临近 2022 年年底，得到了本书入选《国家哲学社会科学成果文库》的消息，算是捷报再传。不过并不对称，本书的形成过程还有赵老师的贡献，因内容与文史哲丝丝相连，赵老师更有用武之地：不仅可以更为精准地推荐、购买相关参考书目，还可以就某些论题进行较为深入讨论和争论。因为这个氛围，本书不仅内容更为充实，行文风格也有更多的人文味道。既为"读壁斋"，"书卷气"自然少不了，不过屋里每天还会弥漫阵阵"烟火气"，如东坡先生所倡导的精神：食不可无肉，居亦需有竹，倘若两种气息充盈，笃行之远可期。

前些日子，一位朋友告诉笔者，学生为他执教四十周年搞庆祝活动，希望笔者能写几句话。笔者的贺词中有这么 20 个字："传经济之道，授统计之业，论国势之惑，树耕耘之范。"虽然笔者执教时间还没有那么长，但愿意与同业者共勉。

江西财经大学讲席教授 邱　东

2022 年 12 月 29 日于读壁斋